U0898575

漓江智库丛书

访谈与探究 说说桂林旅游

了解『追梦者』的作为和思域

李志刚◎编著

中国旅游出版社

项目策划：段向民
责任编辑：孙妍峰
责任印制：孙颖慧
封面设计：武爱听

图书在版编目（CIP）数据

访谈与探究 ：说说“桂林旅游” ：了解“追梦者”的作为和思域 / 李志刚编著. -- 北京 ：中国旅游出版社，2023.7

（漓江智库丛书）

ISBN 978-7-5032-7139-7

Ⅰ. ①访… Ⅱ. ①李… Ⅲ. ①地方旅游业－经济发展－研究－桂林 Ⅳ. ①F592.767.3

中国国家版本馆 CIP 数据核字（2023）第 115939 号

书　　名：访谈与探究：说说“桂林旅游”——了解“追梦者”的作为和思域

作　　者：李志刚
出版发行：中国旅游出版社
（北京静安东里6号　邮编：100028）
http://www.cttp.net.cn　E-mail:cttp@mct.gov.cn
营销中心电话：010-57377103，010-57377106
读者服务部电话：010-57377107
排　　版：北京旅教文化传播有限公司
经　　销：全国各地新华书店
印　　刷：北京工商事务印刷有限公司
版　　次：2023年7月第1版　2023年7月第1次印刷
开　　本：787毫米×1092毫米　1/16
印　　张：23
字　　数：409千
定　　价：69.80元
I S B N　978-7-5032-7139-7

“漓江智库丛书”编委会

“漓江智库丛书”已出书目

生态文化旅游融合发展的桂林样本——基于国际旅游胜地建设的视角

访谈与回忆：说说“桂林旅游”——来自“深耕者”的经历和思考

访谈与杂谈：说说“桂林旅游”——聚焦“奋进者”的脚步和思索

前　言

本书搁笔，“说说‘桂林旅游’”三部曲，即《访谈与回忆》《访谈与杂谈》《访谈与探究》，算是完成了。

回过头看，每一本书，都是以人物访谈为主的。其实这也正是我做“三部曲”的初衷，铺一个平台，尽可能多地展示“深耕者”“奋进者”“追梦者”在“桂林旅游”发展过程中的经历、脚步、作为和有关见解及研究成果，以让更多的人能够通过本书了解“桂林旅游”相关信息、把握“桂林旅游”发展脉络，为学者们进行学术研究提供线索，给实际工作者做好工作启发思路。第一本、第二本出来以后，不少专家学者、在职和退休领导、企业界人士，对我的做法及成果都给予了很多好评，广西桂林图书馆、桂林市档案馆和有些县区图书馆、档案馆，也把这两本书收进了他们的馆里。

第一本书“前言”中，我提到最开始时，并不是想做成一本人物访谈集，是在做着做着的过程中，越发认识到做这类书的意义，也主要是得到了不少有见地的专家学者和领导、朋友的肯定和鼓励，后来不仅坚持做完了，还实施了第二本书的计划。第二本接近尾声时，又萌生了做第三本的念头。就这样，最终变成了摆在大家面前的这套“三部曲”。

这三本书，客观上形成了这样一个“说说‘桂林旅游’”的“规模”：访谈录64篇，其中单独访谈的访谈录60篇，以“专题”方式的“集中访谈”4篇，加上后两本书“附录”里“学术研讨会特邀专家发言实录”、专题咖啡沙龙“聊天”实录和书评，我这“三部曲”中，说说“桂林旅游”的总人数已超过了100人。因此，“三部曲”的别名，或许也可以叫作“‘桂林旅游’百人谈”。

关于“访谈”本身，我在头两本书的“前言”里，说到了一些做法和感受。尽管做人物访谈不是一件容易的事情，但很多受访者给予我很大的支持，过程当中我自己也不断学习和总结，以不畏艰辛的“坚持”，努力做了下来。这本书中的“访谈篇”部分，也同样是“拿出”了自己的毅力，以及做前两轮访谈中形成的“功力”。可以说，本书23篇单独访谈、2个“专题”，也相当具有“分量”：单独访谈的人士里，在保留头两本书访谈对象选择范围的特色之外，第一次增加了两位“30后”人士——余国琨先生和麻承福先生，还首次增加了三位原省部级领导：曹伯纯先生、何光暐先生和袁凤兰女士；在“集中访谈”专题中，与广西师范大学旅游研究所所长陈伍香教授联手，策划了邀请国内专家学者就同一个话题发表观点的活动。因此，这“三部曲”，即“‘桂林旅游’百人谈”，说说“桂林旅游”的人，范围更大了，层面也更高了，也让我这“三部曲”作为当代桂林旅游“口述史”“历程展”“资料馆”“观点库”以及“问题筐”和“对策锦囊”的“整体形象”更加鲜明了。

既然是“三部曲”中的第三部，关于“访谈”，在此我还要补充说明两点。其一，旅游人物访谈是做不完的，越访谈就越会感觉还有更多的人应该去拜访、去访谈，可又不能一直访谈下去，所以很多遗憾就产生了，就一定会“漏掉”不少重要或者关键的人士。诚望看到本书的人，以及知道我做了人物访谈的人士，千万不要认为我“有意”不去访谈谁。当然，这其中确实也有2~3位时间一直不凑巧和不愿意接受访谈的人。其二，关于对受访者的称呼，在标题某某某访谈录上，第一本，“口述历史”成分多一些，当时又没有确定要做第二本，就都以“先生”“女士”相称呼，第二本，相对年轻一些的人分量加大，加之“现状”含量大些，便均以职务、职称和学位称呼了，没有在哪一位受访者名字后面使用过“先生”或者“女士”。到了这一本，只能“实行”“两种制度”，对有职务、职称和学位的人士，使用这些“身份”；其他一些人士，则仍以“先生”“女士”称呼。

访谈的话题，完全如同前两本书“前言”上的说明。

表述方面，我一贯愿意使用直白、平实的语言。文字水平未及，加之也不喜欢“文绉绉”的风格。头两本是这样，本书也是这样。

回顾做这“三部曲”的四年，除了主要编制《桂林旅游发展轨迹年表（1950—2020）》的2019年，除了《颜邦英先生访谈录》，其余所有访谈和我自己的回忆等，都是在“疫情”期间完成的。我在本书“探究篇”“跨越新冠疫情，重启‘桂林旅游’”的话题里，曾说到这几年，实际上还真不是讨论旅游问题的时候，旅游业遭受前所未有的冲击，包括桂林旅游人在内很多人的心情都不是很好。同时，我在那一话题中，也说到2021年4月习近平总书记来到桂林，在桂林期间赋予桂林打造世界级旅游城市的新使命，桂林从此又站到了新的历史起点上，这又让桂林各界人士兴奋不已。上述这两件事情，一件给“桂林旅游”造成的损失是前所未有的，一件则给桂林带来的幸运是历史性的。我这“三部曲”，正是在这样的一个极其特殊的历史性时间段里完成的。

打造世界级旅游城市，到本书完稿时，刚好过去了一年多的时间，为此我特地在这一本书里补充了《桂林旅游发展轨迹年表（2021.1—2022.6）》，还专门访谈了桂林市文旅局负责相关工作的陈连生副局长，比较完整地为大家提供了桂林打造世界级旅游城市如何起步的一些基本情况。

新冠病毒肺炎疫情，使“桂林旅游”进入了“空前寒冷的严冬”。桂林是典型的旅游城市，疫情让“桂林旅游”蒙受损失的相关情况，桂林旅游人在疫情期间的“所思所想”是什么，“桂林旅游”如何跨越疫情重新开启……我觉得把这些情况记录下来，也是“三部曲”的一个责任。为此，访谈之外我也专设了一个话题。

从历史上看，疫情毕竟是一时的，也是终究可以跨越的，但打造桂林世界级旅游城市，却是桂林今后十几年要去努力奋斗的一件大事！我们必须要认真思考、全身心投入、积极作为。打造成功，桂林城市的发展变化一定是巨大的，“桂林旅游”的发展变化也一定是不同寻常的。桂林更加美好的前景，指日可待。

近一年时间里，我参加了有关打造世界级旅游城市的一些会议，也参加了一些相关课题的研究讨论，做人物访谈时也特别注意和大家探讨这一问题。我在这一本书里，还在之前设定的“探究篇”中，将话题主要集中到了在打造世界级旅游城市大环境和新背景下“桂林旅游”如何发展的问题。

需要说明一下，本书书名含有“探究”二字，书的组成部分有“探究篇”，但“探究”并不只是反映在“探究篇”里，更多是散见于很多访谈录中。一些问题究竟应该怎么看和怎么办，通过“访谈篇”（包括前两本书的“访谈篇”）可以找到很多答案。本书“探究篇”的11个话题，是我针对三轮访谈中大家谈到的相对比较集中的问题，加上我平日从事行政工作感到比较重要的一些心得，梳理出来的。说是“探究”，并不是学术角度的专题研究，也不是学术上的“一探究竟”，而是我个人结合大家谈到的问题和观点，也结合自己多年工作中出自行业角度的一些分析和思考。当然我知道，对这些话题，很多专家学者都在进行研究，也有了很多很好的见解，有的学者还正在进行更深入的研究，我真心希望学者们的研究能够更加贴近行业发展的实际需要，提出更多更好的意见建议，也希望政府及有关部门和旅游业界尽可能多地学习、采用学者们的研究成果。

从1983年第一次来桂林算起，我到今年直接认识桂林已有39年了。我深深感到，桂林是一个始终有“梦想”并一直善于“追梦”的城市。城市的“梦想”，通过每隔几年召开的党代会用“奋斗目标”的方式体现出来，相当长一段时间内表述为“现代化国际旅游城市”；21世纪头十年，桂林的“梦想”明确为“国际旅游胜地”，20年代，桂林的“梦想”则为“世界级旅游城市”。桂林一直在“追梦”，桂林人一直在“追梦”，桂林旅游人当然也更是一直在“追梦”。为使“桂林旅游”发展得更好，让桂林这一国内外著名的旅游城市更加名副其实，几十年来桂林旅游人不断地在“深耕”，不断地在“奋进”，不断地在“追梦”，脚步一刻都没有停歇。即便是这次疫情让“桂林旅游”被迫一时“歇业”，但他们也不仅依然坚守，全力让“桂林旅游”的基本盘得以保全，还在反思“桂林旅游”存在的短板和不足，思考怎样让“桂林旅游”发展得更好，怎样让桂林建成“世界级旅游城市”的“梦想”成真。我的这“三部曲”，我认为真实反映了他们一直以来对“桂林旅游”的思考、思索和思域，也反映了桂林旅游人的一种精神。中国旅游协会副会长、原国家旅游局副局长杜一力女士曾评价说：40多年，几代桂林旅游人从拓荒到深耕，从建设“世界旅游名城”到“打造世界级旅游城市”，奉献着“热爱”，热爱着“奉献”，培育了一种“桂林旅游精神”，说我这套书，也是在讲述“中国桂林旅游精神”。我自己也算是一个“老旅游人”，三轮访谈让我深深相信，桂林“世界级旅游城市”的梦想一定会实现，“桂林旅游”的“追梦”一定能成功！

最后，再顺便说一下，广西师范大学历史文化和旅游学院二年级学生周金明同学，在一个场合拿到了我的书，一个多月前在微信中和我说：“老师的书，我才看了十多页，已经启示我去思考一些问题了，虽然还是很浅薄，但是我觉得我进步了！”没想到我的书，还能对一名在校大学生产生这样的效果，我感到高兴。我联想到不少大学里的老师也给了这套书很好的评价，包括广西师大旅游研究所所长陈伍香教授写在本书的推荐语。因此我也很希望，这套“三部曲”能够在更多高校的师生中起到作用。

李志刚

2022年7月

目 录

上篇 访谈篇

下篇 探究篇

上篇　访谈篇

王亚娟院长访谈录

（访谈时间：2022 年 1 月）

早就听说桂林旅游学院有位保继刚老师带出的博士，叫王亚娟，但见到亚娟却比较晚。2020 年 12 月中旬，桂林旅行社协会举办“广西旅游复兴论坛暨全区旅行社协会会长研讨会”，亚娟应邀以桂林旅游学院文化与传播学院院长的身份在会上做主题演讲，这是与亚娟的第一次见面。接下来，见到亚娟的次数多了起来，2021 年 1 月桂林愚自乐园的“融创度假区对地中海度假村未来的影响研讨会”、2021 年 2 月桂林旅游学会的年会等，其实亚娟活跃在很多场合，很晚见到她是由于我之前参加这一类的活动比较少。

桂林旅游学院官网上这样介绍亚娟：王亚娟，文化与传播学院院长，中山大学旅游管理博士，教授，美国天普大学访问学者，前国家旅游局青年旅游专家，桂林旅游学院旅游管理专业学术带头人，桂林旅游学会常务理事，广西红色旅游协会副会长。长期致力于旅游扶贫开发、旅游文化、旅游营销与旅游规划方面的课题研究，注重探讨旅游前沿的理论和方法，并能根据旅游行业发展需要不断总结和提炼研究，同时注重科研与社会服务创新发展。长期致力于研究漓江流域旅游管理体制和沿江社区旅游减贫问题，取得了明显成果。其在旅游扶贫方面的研究成果和经验，被阳朔县、大新县、龙胜各族自治县等应用到政策制定和规划方面，有良好的社会效益。

后来在和亚娟的聊天中，我还了解到她是桂林人，中学是桂林最好、广西名列前茅的桂林中学，本科被保送到广西师范大学培养贯通文史哲人才的教育部文科基地班，后来从广西师大保送到四川大学，就读比较文学和世界文学专业。亚娟说她当时选择这个专业的目的，是为了实现把中国最优秀的传统文化传播到国外去的理想。后来她想回到家乡桂林，考虑到旅游能够把自己的命运和城市发展紧密结合，便选择了桂林旅游高等专科学校，2004 年进入桂林旅专，刚好那年学校起步升本，她也经历了旅专长达 10 年的升本历程。其间她于 2008 年考入中山大学，开始在保继刚老师指导下攻读博士学位。从中学到博士研究生毕业，亚娟一路都以优异的学习成绩奔跑过来，她在桂林旅专工作的业绩也很不错，博士读完回校做教研室主任，2015 年桂林旅专升格为桂林旅游学院后，她在 2016 年获国家资助到美国天普大学做了为期一年的访问学者，2017 年 6 月担任管理学院副院长，2019 年 6 月任文化与传播学院院长。

就“桂林旅游”话题，我启动新一轮访谈后，一次向保继刚老师请教相关访谈人选，亚娟在保老师提议的几名人选之内。2022 年年初，我联系了亚娟院长，对她做了访谈。

一说：“桂林旅游学院在建‘旅游博物馆’”

前几年我曾听林娜书记和道品校长说过，桂林旅游学院打算筹建“旅游博物馆”，林书记还说想请我把原国家旅游局局长何光暐亲笔签名的高级导游证捐献出来。访谈亚娟时，了解到亚娟恰好是筹备“旅游博物馆”的具体负责人，便请她先介绍一下这方面的情况。

“这项工作最初是林娜书记提出来的，缘起是 2009 年年底桂林成为国家旅游综合改革试验区，学校和市里将拟建一旅游文化展厅的意向写进了规划纲要。2019 年任务交给我的时候，林娜书记说这是学校顶层设计的一项很重要的内容。如果做起来了，桂林旅游学院将来升格为桂林旅游大学，就会是一个很好的基础，也将会成为桂林旅游发展史上的一个里程碑。”

“2020 年，自治区文旅厅党组书记、厅长甘霖来学校，学校领导把我叫去作汇报。到底叫文化旅游博物馆，还是就叫旅游博物馆，当时我们连馆名还没确定，甘厅长说叫广西旅游博物馆，而且给了我们一个很高的定位，说广西目前有三个省级博物馆，自然博物馆、广西博物馆和广西民族博物馆，我们就定位为广西第四馆。当时我们正好刚建成一栋楼，总面积为 3.6 万平方米，可以容纳旅游的产业链和全要素，配得上‘广西’二字，桂林旅游学院也有能力把广西旅游的发展历程和全貌完整展示出来。甘厅长听了很高兴，还说桂林旅游学院应该发挥长期培养服务运营人才的优势，结合博物馆运营培养博物馆方面的人才。甘厅长了解所需经费情况，我当时想着先做起来，报了 1200 万元，他说这笔钱厅里支持。经费解决了，我们就动力十足开始去做。”

“当时想法很简单，就是想把旅游发展成就展示出来。可是当我们跟博物馆专家研讨展陈大纲的时候，才发现没那么容易。博物馆专家跟我们的认识不一样，我们的设想在他们看来就是展览，而博物馆本身要有‘物’做基础，要把一些人类历史的记忆通过‘物’展示出来和传承下去。旅游历史很短，作为专门学科的历史更短，收集作为博物馆的‘物’就更难。就说铜奔马，它并不是旅游的‘物’，而是文物，被拿来作旅游的标志而已。所以，对什么是能讲好旅游故事和传承旅游记忆的‘物’，我们感到很困惑。我们学校于 1985 年建校，历史短，本身也没有注重收集这一块的素材。为了建馆，我们到很多博物馆，包括社会博物馆、公共博物馆、高校博物馆走访学习，像桂林理工大学的博物馆，地质专业能够起到支撑作用，他们采集了很多地质标本，很多还有着历史价值、科考价值和科普价值。我们就很难，对什么是旅游的‘物’，不很清晰，也没有积累。”

“博物馆专家对于什么是旅游，几乎没有概念，甚至认为旅游就是去玩，谈到旅游博物馆怎么建，他们也不知道，从专业角度他们认为做不起来。他们说比如民族博物馆，是有意识地收集了各个民族的东西，还有国家大量的经费支撑，你们没钱也没想法，特别是没‘物’，怎么做？我了解到中国第一个以旅游命名的博物馆在浙江旅游职业学院，是省级的，牌子是浙江省旅游博物馆，而且他们也在筹建世界旅游博物馆，他们对旅游博物馆的概念、藏品和展陈也都没有非常清晰的概念。我们请教了保老师，保老师给我们提了方向性的建议，说从桂林角度来考虑，第一是桂林在世界旅游中的位置，把桂林在世界旅游几个关键节点上的作用讲透，包括每一年在桂林开的国际会议，以及会议主题；第二是全世界研究旅游的几十位顶级专家，把他们的学术成就用图片展示出来；第三是桂林作为国际旅游城市，跟世界很多城市进行的友好往来，包括很多领导人访问过桂林，把他们在桂林留下的一些东西展示出来。这是保老师从学者角度提出来的，可博物馆专家仍然认为这还只是陈列展示，博物馆要对每一个‘物’讲清楚它的故事，所以工作的过程很痛苦。”

“2021 年 5 月，桂林旅游学院接受升本以后的预评估，学校领导说要赶在这个时候开馆。当时也只有一年的时间，我们感到非常为难，后来决定向广西民族博物馆借展，以广西 14 个世居民族少数民族服饰为主，辅以学校这么多年在民族旅游方面取得的科研、教学和社会服务成果，用学校特色的展陈方式展示。‘展’是开了，但筹建博物馆的路还必须继续走下去。我们请了桂林理工大学吴忠军教授、广西师范大学陈洪波教授、桂林博物馆和桂林甑皮岩遗址博物馆专家继续探讨，2021 年 11 月，我们跟自治区文旅厅签署共建桂林旅游学院协议。如果说前面的工作是第一期的话，那么就要在其基础上展开二期工作，主要是在‘场景’上下功夫。我们开始对展区造型进行改造，如从壮族村庄买堂屋在馆内搭建起来，还原生活场景。我们的想法是依托我们旅游管理学科的研究成果，做一个场景式的活态博物馆。”

“我们还请了非遗传承人，织壮锦、做瑶绣；请了艺术设计学院做工艺、蜡染；请了文传学院做音乐舞蹈展示等，这些展示成为一种新的博物馆展示方式。我们的‘物’不够多，但我们有方式上的创新。后来甘厅长过来挂牌时，跟我说，做这件事儿头顶上有很大的压力，做一个博物馆只用几年时间是不现实的，更别说你们才短短一年，已经搭起了很好的架子，未来还有很多方面需要完善，甘厅长给了我们充分的肯定和鼓励。”

“现在我也在反思，桂林要做世界级旅游城市，要有相匹配的世界级旅游资源或者旅游服务，有相匹配的一些文化消费产品和文化生活。桂林虽然有国家一级博物馆，但在讲好自己故事这一块依然欠缺一个旅游博物馆，我们要承担起这个使命，把桂林旅游故事讲好，在桂林旅游学院里面讲好旅游故事，然后也讲好广西旅游故事、中国旅游故事，我觉得做旅游博物馆应该有这样一个长远的设想。桂海碑林、王城、甑皮岩，最早的桂林地图，或者是桂林城的规划，景区规划，把这些东西都收集起来，包括第一次外国领导人访问桂林乘坐的木船，哪怕是船的一些残骸，又比如竹筏，旅游的照片，接待人员讲述的故事，从源头找出这些‘物’，慢慢积累起来，我们的旅游博物馆就应该很有分量、很有味道。”

“目前博物馆和桂林旅游的直接关联还不强，我计划用一个大馆讲桂林的故事。桂林作为中国旅游的缩影，作为世界旅游的一个品牌，是怎么塑造起来的；相关的一些研究，是怎么做出来的，这也是对桂林打造世界级旅游城市的一个贡献。博物馆有三大功能，其一就是社会服务功能。我们这个博物馆要想对桂林世界级旅游城市建设有所贡献的话，就要把博物馆建成桂林的城市会客厅，想了解桂林甚至整个中国旅游发展的进程，可以到桂林旅游学院看旅游博物馆。我们有专业讲解，有专门的研究，可以给学生讲解和做研究的老师讲解两种体验，把桂林这么多年接待的、来自国内外重量级客人的故事都讲清楚，让它真正能够起到桂林城市会客厅的作用。桂林旅游学院本身是4A级景区，又位于桂阳公路上，在这里要让人看到整个桂林旅游乃至中国旅游，甚至世界旅游的脉络。我们下一步要实现这些设想，包括保老师那三个提议，以及为什么保老师对桂林情有独钟，为什么他的博士生很多都研究桂林旅游。”

亚娟用心在做旅院旅游博物馆这件事情，用心在完成学校领导交办的这项任务，做到现在这一步，并且形成了今后继续做好下一步工作的基本思路，她的作为、她的“追梦”受到肯定和赞赏，是很自然的。无疑她现在仍然面临很多困难，如收集“物”等。但完全可以相信，在学校领导、上级部门和桂林市政府的支持下，在亚娟的不断努力下，桂林旅游学院“旅游博物馆”，一定能精彩地呈现在人们面前。

二说：“学院建设紧密结合了桂林旅游发展实际”

2020 年 12 月访谈程道品校长时，他告诉我，桂林旅游学院准备在已有三大学科群（管理学科群、艺术学学科群、经济学学科群）基础上，酝酿组建第四学科群，就是以文旅融合为核心的文化传媒学科群。亚娟是文化与传播学院现任院长，向她了解文传学院的建设发展情况，是访谈目的之一。

“2019 年 6 月，我到文传学院做院长。文传学院是 2015 年成立的，由导游系和表演系合并组建。2019 年学院换届，林娜书记找我谈话，说文旅融合提上议事日程，学校目前挂文字头的只有文传学院，林书记说话非常幽默，说我本科及硕士学文学，博士学旅游，身上体现了文旅融合，说在全校搜寻了一遍，我做学院院长最为合适。学校决定，我就上任了。”

“文传学院现在共有 5 个本科专业，2 个专科专业。本科专业跨了两个大类：一是文学类，有汉语国际教育、网络和新媒体，以及传播学；二是艺术类，音乐表演和录音艺术。两个专科专业为导游和舞蹈表演。文传学院教职工 90 多人，学生 17000 余人，本专科中本科比例接近 8 成。文传学院的基本情况，大概就是这样。两年多的工作实践，我认识到我们学院的专业很契合当今旅游发展的实际需要，因此学校考虑建立文化传播专业群，自然符合旅游业人才需求的趋势。”

“从旅专发展到旅游学院，我的一个重要认识，是旅游教学一定要与旅游发展实际紧密结合。桂林旅游学院地处桂林，这方面有着广阔的空间。当初来这个学校，我就觉得它的文化是跟桂林旅游发展契合的。我们培养的人有气质，因为桂林是美的，桂林旅游的气质是开放的。学校从建校时的职业中专然后到大专，专业设置一直契合了桂林旅游发展的实际需要。为什么办外语专业？因为桂林接待的外国游客多。为什么有导游专业？因为桂林旅游需要导游。为什么有工艺系？因为旅游工艺品要有人去设计。为什么有经济管理专业？因为旅行社、景区，包括行政部门，缺乏管理人才，桂林旅游发展过程中需要什么，我们就办什么，学校的专业跟桂林旅游发展高度关联。”

“后来似乎出现了一点偏差，桂林市没有太多地意识到学校对桂林旅游人才的培养和贡献，对学校的项目支持也不是很多了。我觉得有几个原因：第一，北上广经济发展最好，旅游产业规模大，人才缺口也大；第二，我们作为高校，除了社会功能还有教育功能，要体现培养人的成果，看学生初次就业的地方、岗位和起薪，实习也一样，连广西都留得少了，比如说酒店管理学院，广西酒店给学生实习工资非常低，酒店品牌也不能和北上广相比，学生本来就冲着好的品牌去，这样才能学到好的管理经验；第三，我觉得是因为我们更想发展自己的学校，特别是这10年专升本总是要看齐本科院校，客观上忽视了该承接的应用型的职能，把一些专科专业弱化了。我去参加导游协会年会，就觉得挺悲哀，我们一届才招五六十人，而浙江旅游学院导游专业一年是8个班，学生达三四百人。学校其他专业跟桂林旅游发展更少结合。近两年受到疫情影响，桂林旅游明显变淡，导游专业2022年招生可能都成为很大的问题。”

“我在文传学院一直在思考这个问题，最接近桂林旅游实际的，是文传学院的导游专业，他们实习90%在桂林，所以我们就跟桂林各个旅行社建立了良好的合作关系，甚至他们愿意在我们学院设立奖学金，设立项目班；桂林大的景区，我们也谈合作，我了解到就连酒店，也希望录用我们导游专业或者文秘专业的学生，他们说酒店管理非常需要沟通交流型人才。我就在思考，怎样契合桂林的发展来办专业。第一应该与桂林各类旅游企业建立联系，我们原来比较多的是限定于旅行社，现在我跟旅行社、景区、旅游演艺、红色旅游、研学旅行，还有一些高科技企业，如网络视频的企业，融媒体的企业，广泛建立了联系，文传学院就要立足桂林、扎根桂林，这些企业都是我们的资源。老师大部分没有行业经验，但这些企业他们有大量的、丰富的经验，把他们请进课堂，我们就能获得这些经验。学生实习也好，毕业也好，不一定留在桂林，但在学校培养过程中，融入了这些企业的人，学生们对桂林的认可度就会提高。我们从大一认知实习开始，就让他们到各种类型的企业去看，我们汉教专业都到景区去倾听景区如何讲故事，表演专业帮助企业编排节目，老师和学生一起去帮企业做运营策划，企业也获得了优秀的源源不断的人力资源，这是第二。第三学生到企业里面去，实践阶段免费，甚至是我们可以付费给企业，因为我们得到了学校给不了学生的教育资源。只有建立在共赢的基础上，我们才能合作得更长久。比如桂花公社，我们老师和学生一起帮助策划研学的课程，编排演艺的节目，和他们共同讲好桂花的故事，把桂花的品牌打造出来。企业得到发展，我们老师和也得到了锻炼；再如东漓古村，帮他们策划‘三月三’节目，网新专业和传播学专业帮拍一些视频，大家得到实践机会，企业提高了知名度、热度和人气。我们没花多少钱，企业也没花多少钱，但我们得到了锻炼，企业获得了客量。这些，都是共赢。我们把这种共生共赢关系建立了起来，然后再在我们院内建立一些实验室，承接企业的项目。我们跟企业共生共赢，其实最终获利的是桂林市。这样下去，桂林市慢慢就又会注意到学校的贡献。还有一个，我认为学校不是单向的跟企业建立关系，还应该是一个很好的平台。比如说我们学院，就把很多企业拉到了这个平台上，他们互相之间可以有业务的共生，比如说我有音响专业，有表演专业，东漓古村和千古情，他们便可以互相借鉴学习，甚至有客源的双向流动；我们跟旅行社联系比较多，这些旅行社企业跟我们一起策划与景区企业如何展开合作，我觉得学校在人才培养上最重要的是发挥好这些职能。”

“我们不断强化学校跟桂林市的联系，后来桂林市红色旅游规划、红军长征文化公园桂林段的规划，都请我参加了评审，我们周书记也写了湘江战役简史。其实我们代表的就是桂林旅游学院，规划评审桌卡写的是桂林旅游学院王亚娟。我有意识地做这些事儿，学院能够提供各种类型的合作，跟政府，跟桂林融媒体，跟桂林市委宣传部做的这些实践，让我们学生去那里跟拍，然后把里面的素材拿回来做教学案例，还请融媒体中心主任做我们的老师，学生也到融媒体那里实习，帮他们策划拍摄主题等。就这样，我们文传学院建设发展与桂林旅游发展实际紧密结合，我们自身的运作环境也更好了。”

在建设文传学院方面，亚娟同样非常努力，用心去做，把文传学院建设到最佳状态，并在结合旅游发展实际和让学院与桂林旅游企业“共生共赢”上下足了功夫，使学院借助桂林这个旅游胜地企业资源发展得更好，也使桂林旅游企业借力旅游学院文传学院运营得更好，其实一切办学的初衷就该这样。

三说：“我对打造世界级旅游城市的一点思考”

亚娟是研究桂林旅游的桂林人，和她自然聊到打造桂林世界级旅游城市的话题，我请亚娟说说她的研究和思考。

“以研究的角度看桂林旅游，是从我进入桂林旅专后逐步开始的。做博士论文时，我发现桂林对漓江的态度，首先是经济利益的考量重于品牌的塑造和对未来发展的谋划；其次在治理方面，出事了就运动式地去管，比如集中治理竹筏；再者是发展旅游过程中，缺乏与社区居民共赢的考虑，导致居民发现旅游没有给他们带来好处，对旅游便开始拒绝，也不配合政府的治理。所以，我认为从政府的角度，开始时就应该有一个整体的发展思路和超前性的发展规划。这里面还有一个问题，就是官员很少有专业出身的，这可能会带来一些问题，县里面和乡镇一级的干部，其素质和执政能力跟旅游城市的品牌塑造有不相匹配的一面。打造世界级旅游城市，急缺一批懂旅游、懂经济、懂品牌塑造的行政管理人员，市政府要拿出魄力引进一些专业人员，这是一。第二，1998 年城市改造之后，桂林穿上了一件漂亮的衣服，之前被形容是‘美丽的少女穿着破烂的衣服’，后来创文明城整个过程也做得不错，桂林正在逐步塑造城市旅游品牌。现在说全域旅游，这个概念在其他国家世界级旅游城市虽然没提，但他们一直在做，旅游服务设施之外，城市基础设施和便利性、安全性都做起来了。第三，我们还缺一块儿，就是城市整体吸引力的构建。世界级旅游城市是要从旅游基础设施去考量，但我觉得它更是系统性的工程。首先要打造成宜居、便捷和便利的城市。以前大众旅游，主要看景点，如象鼻山圈起来就可以得到门票收入，可现在大家去阳朔遇龙河了，走在河边不收钱。现在的人追求一种生活方式，到一个城市想看的东西和以前不一样。像我们这个年龄层，有一定消费能力，包括去国外，如果是巴黎，圣母院博物馆肯定要去，但哪一个特别的景点不一定去，艺术馆以及市民咖啡馆，体验这些地方可能更吸引人。所以我觉得这种休闲生活场景的打造，应该是一个重点。象鼻山免费开放很有意义，实际上是在向世界传递了桂林的一种信念。桂林整个城市就是一个大景区，山水风光在桂林随处可见，在桂林走走停停看看，喝喝咖啡休闲休闲，这更能吸引人。这是一个很重要的概念，桂林要思考现代人生活方式的转变，与城市建设和服务设施之间的关联性，要能够把这些呈现出来。另外就是整个城市品牌的营造，理念不新，手笔也不大。如果说用企业发展思维去看桂林的发展，桂林整个城市品牌做大，就要投入一般企业不会去投的项目，政府应该强化这个理念。以重庆为例，红崖洞等景区景点，以及街上的网红店都是人工的，但没有妨碍重庆成为一线网红城市。包括一些吃的主题，重庆都有专业网红在打造，我们桂林目前还没有有意识去塑造桂林的网红点。这方面，政府可能要花一笔钱跟专业企业合作，如抖音、同城、携程等，他们都在做品牌推广的研究，像抖音集中了一批人专门策划主题宣传，我们要跟这种头部企业合作。”

“我记得以前有一些画或者说照片，江面上一艘竹筏，一个渔翁在撒网，很多老外看了以后就来桂林，很多人还是想追求这样一种情景。我们要做世界的桂林，就不能够只做广西的桂林，我总觉得现在的发展模式是在做广西的桂林。习近平总书记这次提出打造世界级旅游城市，我的理解就是总书记想让我们好好思考一下，桂林究竟应该怎么发展。桂林应该是一种生态文明的体现，而不是商业文明。我觉得要做世界级的旅游城市，必须站在世界的角度去看桂林，桂林给世界传达的是什么？如果从这个角度去思考，我觉得现在做得还远远不够。换句话说，桂林还有很大的努力空间。我们总是说要建设什么项目，可能世界并不希望这样，可能更期望就是一条宁静的河流，有竹筏捕鱼的景象，还有沿漓江散落的咖啡馆，大家坐下来聊聊天，享受这种悠闲的生活。我觉得这可能是我们要考虑的，桂林应该打造出这样的一种形象，传递出一些视觉上的信息，来吸引世界的目光。”

“桂林包括一个老城，一个新区，正在强化老城新区建设。老城区就要追求一种旅游的时尚，追求一种审美的场景。现代人的旅游审美，是回归到一种极简的水墨山水画似的环境，静谧的而不是喧嚣的生活方式。新城区可以发展新型工业、高科技工业、智能化工业，我们用高密集技术这种高收入的企业来反哺老城区生活的维护。很多城市都是这样的，苏州就是，吴侬软语、小桥流水的生活和它的产业园区是分开的。如果我们把给世界传递的东西，在老城区呈现出来，用舞台化的形式给游客呈现老城区水墨山水园林的景观，用新城区的工业收入谋求经济上的发展，桂林就是成功的。这一点，现在大家应该形成一个共识，并扎扎实实加以实施，我想我们桂林是大有希望的，世界级旅游城市的建设目标是一定能够实现的。”

亚娟院长一口气说了很多，体现出她平时对“桂林旅游”和桂林旅游城市建设的观察和研究，也体现出她作为桂林人对桂林的热爱，以及她对家乡桂林高质量发展的期望。我认为她说的很多观点，都值得有关部门研究采纳。

成伟光先生访谈录

（访谈时间：2022 年 2 月）

我与成伟光先生的交往开始于 1996 年，彼时他在广西壮族自治区旅游局，而后又先后到自治区政府办公厅、住房建设厅、发改委、扶贫办、社科联等多部门工作，无论他在哪一个岗位，我们的联系都从未间断，彼此间无话不说。在我看来，伟光怀揣赤子之心，为人热情、做事认真，还极富情怀和胸怀。博学多识、视野开阔、见解独到，也是大家对他的普遍评价。他总是全身心投入工作，精益求精、奋力拼搏，如脱贫攻坚，他牵头设计的精准识别体系和“八有一超”精准考核体系被传为佳话，为广西打赢脱贫攻坚战发挥了重要作用，他两次立功，中央电视台、新华社等媒体都作了不少报道。不久前，伟光获批从广西社科联副主席岗位上提前退休，现仍担任着广西决策咨询委员会专家、研究员。

外交部原部长李肇星曾为伟光《草根与大地》作序，他说从书中“读出作者成伟光的朴实与厚道”；中国俗文学学会常务副会长、北京大学国学研究著名专家程郁缀在为伟光《红月亮》所作的序言中说，“《红月亮》最为突出的是伟光君的一个‘真’字：所写的事情真实，所描写的情境真切，所抒发的感情真挚”。两位名人所言极是，在与伟光几十年交往中，我也常常为他之“善”之“真”所打动。

伟光长期从事广西重大政策和经济发展研究，提出并推动珠江—西江经济带、北部湾城市群、粤桂合作特别试验区等上升为国家战略；主持重大课题 30 多项；专著和主编有《国际区域经济新高地探索》《广西通志·旅游志》《中国地理通鉴·灾害卷》《广西经济社会若干问题对策研究》等著作；主笔起草多个国家支持广西的重大政策和重大规划，是迄今广西唯一国家发改委优秀成果一等奖获得者，也是唯一 3 次荣获国家发改委优秀成果奖的人。我听说他还荣获各类奖项 60 多项，仅省部级以上达 15 项。他博学多才，勤于笔耕，《红月亮》《青春的明证》《草根与大地》都是他的文学专著，其中不乏赞美桂林山水的诗词和文章。

需要特别指出的是，伟光20世纪90年代起就关注桂林旅游业发展，他对“荔浦模式”“龙胜模式”做过全面概括，也系统研究过桂林旅游，发表过《桂林旅游业跨世纪发展对策》。他还曾发表广西建设旅游大省系列论文，提出要建设广西旅游强省，主持编撰了《广西通志·旅游志》，这些都彰显了他厚实的旅游研究功力。即使2003年他离开旅游部门，仍推出了许多新的旅游研究成果，有些成果还成为高被引文献。限于篇幅，这里暂不一一赘述。

就“桂林旅游”做人物访谈，伟光先生我不能不访。

一说：“我曾努力为‘桂林旅游’做了点事情”

伟光站在自治区几个部门的高度，为“桂林旅游”做了不少工作，我们首先聊到这方面的情况。

“1981年，我在家乡河北读书时，就从课本上知道有个美丽的地方叫桂林，但那时对我来说，桂林还十分遥远。1995年我为广西建设旅游大省口号所迷，毅然放弃到北京、深圳、重庆等地的工作机会，从陕西师范大学直奔广西民族大学报到，名头是人才引进，从事旅游研究与教学。此时感觉桂林已离我较近并为我打开了一扇窗户，成了我最为注重的研究对象。1996年到广西旅游局作助手，随后正式调入局里，此时我仿佛已经来到桂林山水之间，或者是站在了象鼻山俯视漓江眺望城市，显然桂林旅游开始占据了我的心间。”

“记得从《对广西建设旅游大省若干问题的思考》一文开始，我紧紧围绕广西和桂林旅游业发展主题展开研究，接连在《广西日报》和《广西民族学院学报》《社会科学家》《广西经济》《政策天地》等发表10余篇论文，其中《广西与发达省市旅游业发展比较》《桂林旅游业跨世纪发展对策》《旅游业对我区国民经济贡献有多大》还颇受好评，这在当年的《中国旅游年鉴》和国内大牌出版社汇编的文集中都能看到到被转载和摘引。如今25年过去了，即便现在看来当年我提出的桂林旅游业需要‘出政策、强管理、引人才、增内涵、抓促销、调机制’六大举措中的一些具体意见依然有可取之处。”

“我在逐个剖析桂林旅游业成功案例时，发现了旅游开发中的荔浦模式、龙胜模式，我及时总结提炼并上报国家旅游局作为全国典型争取支持。每年11月到次年4月漓江处于枯水时段，水流量太小，游船只能行走半程，这让很多国际国内游客，特别是他们跨大洲、越大洋，路上三五天走了几千乃至于上万里来到桂林，却只能游半程漓江而深感遗憾。那时桂林和广西财力有限，不可能拿出大笔资金建设大型蓄水工程。当时我在自治区旅游局政策法规处工作，为主持编纂《广西通志·旅游志》来桂林调研，我把调研了解到的一些桂林旅游业发展重大瓶颈问题都一一记下。1999 年 1 月，国务院分管旅游工作的钱其琛副总理来广西视察，当时自治区党委办公厅布置自治区旅游局紧急提交一份汇报材料，具体任务落到我头上，在起草文稿最后一部分‘请求支持的事项’时我根据自己平时掌握的情况，把漓江补水工程列在支持事项的第一位，将补水原因及缺水带来的负面影响、建设所需资金估算等内容都写了进去，自治区汇报给了钱副总理。机遇尤难得，好事需多磨。2001 年 1 月，时任国务院总理的朱镕基到广西同各族人民欢度春节，期间听取了广西壮族自治区党委、政府工作汇报，按要求我又将自治区旅游局请求事项上报自治区党委办公厅汇总，请求朱总理帮助解决漓江补水问题。会后听领导们说，朱总理要求支持此项目并加紧规划建设。我觉得，充分发挥自身才智奉献社会、助力一方发展，应该成为我们每个干部自觉的追求。干成事需要机遇，更需要平时各方面的储备，机遇总是留给有准备的人。”

“随着对桂林旅游业的再认知再研究，我迎来了旅游研究的第二个黄金期。2000 年起，我陆续在行业顶尖的《旅游学刊》《人文地理》《旅游导报》《中国旅游报》《中国改革报》等发表十多篇论文，代表作有《大篷车促销：中国旅游市场市场营销创新的成功实践——大篷车营销实现从实践到理论的飞跃》《论旅游城市形象战略》《论旅游产业核心竞争力》《体验式经济时代旅游业何为》等，当年这些文章大量被旅游行业的专家学者引用。我尤其感激桂林山水和人文不断触发我的灵感，多年来我创作出十多篇关于桂林的诗歌和散文，譬如《题桂林象山驼山》：‘象山驼山两座丘 \ 名甲岭南天下秀 \ 双峰对出隔江语 \ 情似漓水滚滚流’；又如《龙脊金寨》：‘久闻龙脊居龙人 \ 群峰深处逸清尘 \ 传言富甲八百里 \ 若非眼见谁堪信 \ 夜夜梦中踏云至 \ 今得闲暇登寨门 \ 恰逢重阳终揭秘 \ 满山披挂尽黄金’。我热爱桂林，每次走进桂林山水间、田园里，都不时激发出我愉悦的灵感，都禁不住要为桂林写下几行沾满山水气息的文字。”

伟光就是这样，做任何事情都追求质量和效果，干工作他注重从全局高度看问题，千方百计解决问题；做研究他以严谨的思维逻辑和充分的论理论据取胜；写起诗来，他则激情洒脱拿出极感染人的招法，干啥成啥是他一大绝技。

二说：“如何认识打造桂林世界级旅游城市是一个巨大的飞跃”

伟光长期关注重大规划和重大政策前瞻性研究，我请他谈谈桂林如何实现从建设国际旅游胜地到打造世界级旅游城市的这一大步跨跃。

“首先，桂林旅游业成长和发展符合旅游行业发展规律。任何经济社会的发展都有其内在规律，这个规律不以人的意志为转移，桂林旅游业成长也不例外，必须尊重旅游业自身的成长规律。我记得桂林先后邀请到世界旅游组织秘书长弗朗西斯科·弗朗加利和继任秘书长塔勒布·瑞法依访问桂林。弗朗加利由衷赞叹桂林独一无二的旅游资源，瑞法依赞不绝口地说‘漓江是世界上最美的地方，世界上每一个人在一生中都应该到漓江至少游览一次’。”

“判断一个地方旅游业发展前景，主要看以下六个方面：一是游览价值，包括资源质量等级、地域组合、集群性。从资源质量看，要具备较高的审美价值或历史文化价值，‘人无我有，人有我优’的旅游产品更具强烈的诱惑力；从地域组合看，资源在景观特征上雷同于邻近的景点其游览价值便大打折扣；从景观集聚看，只有那些既有一定质量又有多种景观、多类型资源的目的地，开发价值和吸引力才大。二是通达性，旅游地位置优越与否、交通便捷与否对旅游业兴旺程度有很大关系。三是与主要客源市场之间的距离，通常旅游业规模与距离主要客源市场远近成反比，旅游地越靠近客源市场其产业规模越大，旅游业就越兴旺。四是接待能力，食、住、行、游、购、娱等配套设施完善程度，具体包括旅游景区所容纳的游客人数、宾馆床位数、餐饮容纳的就餐人数、交通车辆座位数等之间的匹配度，旅行社等旅游企业组织游览能力，旅游地的服务水平和质量。五是宣传促销力度和方向，通常是宣传力度越大、精准度越高，引来旅游者越多。六是地方政府管理能力和创新发展水平，规范的旅游市场、不断创新的旅游产品，才能维护旅游业持续发展。显然，桂林在这些方面的条件相当不错。”

“其次，建设国际旅游胜地是桂林旅游业发展到一定程度的必然选择。桂林旅游资源是上天的恩赐，是几千年人文的积淀，桂林旅游形象鲜明突出、全球知名度高、旅游吸引力强、交通便利、设施配套完善、旅游产业体系完备，这些都标示桂林游览价值绝无仅有，旅游产品国际一流，旅游业核心竞争力处于全球顶尖位置，‘桂林山水’早已成为‘美丽’的代名词，也永远镌刻在世界旅游的丰碑上。换句话说，桂林旅游业成长壮大到今天，完全符合旅游业发展规律，无论从国家层面还是从广西层面都一直顺应这个规律，大力支持桂林发展旅游。从国家层面来说，专门为一个市的一个产业制定规划极为罕见。2012 年 11 月经国务院同意，国家发改委正式批复了《桂林国际旅游胜地建设发展规划纲要》，标志桂林国际旅游胜地建设上升为国家战略。国家赋予桂林全国旅游创新发展先行区的新定位，明确了把桂林建成世界一流旅游目的地的新目标。出台这一规划纲要，要从2009年12月国务院发布的《国务院关于进一步促进广西经济社会发展的若干意见》说起，该文件中明确提出桂林建设国家旅游综合改革试验区、打造国际旅游胜地总思路。这个文件先由广西提交建议稿，文本由我具体牵头执笔起草，其间我们做了大量的工作。文件缘起于2008年10月4日国务院总理温家宝考察广西时指示国家发展改革委、国务院研究室牵头研究制定一个文件，由广西先拿出建议稿，此后10月22日广西党委办公厅和政府办公厅印发文件成立广西工作组，文件明确工作组办公室设在自治区发展改革委，委里指派我担负办公室具体工作，承担组织统筹、文件起草报送等工作，经过多次调研和十多次修改，2008年年底报送国家发展改革委，又经过修改直到2009年年底国务院发布了这个文件。从广西层面来说，自治区十分重视桂林旅游业发展，几十年来对桂林旅游项目一直在资金、项目、政策上给于大力支持，出台了一系列扶持政策，如最近几年出台的《以世界一流为发展目标打造桂林国际旅游胜地的实施意见》《桂林漓江生态保护和修复提升工程方案》等都是为桂林量身定制的，强调瞄准世界一流，推动桂林旅游升级增效，促进旅游与文化、康养等融合发展，加快建成世界级旅游目的地，具体提出7个方面目标任务，为桂林旅游业再提质夯实基础。”

“最后，打造世界级旅游城市对新时代桂林旅游业腾飞发展意义重大。2021年4月26日，习近平总书记来到桂林市象山公园考察调研，同游客亲切交谈，指出桂林山水甲天下，是大自然赐予中华民族的一块宝地，一定要呵护好。要坚持以人民为中心，提高服务质量，提升格调品位，努力打造世界级旅游城市。回顾中华人民共和国成立以来桂林旅游业发展中几个有代表性的定位，1964年定位是中国式风景游览城市，1985年是社会主义风景游览城市，2001年为现代化国际旅游城市，2009年建设国际旅游胜地，2021年打造世界级旅游城市。由此看来，这是新时代习近平总书记高瞻远瞩，推动桂林发展全面升级的新要求，也是习近平总书记对桂林的新期待，对桂林来说是重大的发展机遇。要实现这个新目标，需要国家大力支持，需要自治区指导帮助，更需要桂林人民拼搏奋进和大胆探索。”

“打造世界级旅游城市是桂林又一次巨大飞跃，我个人理解主要有三个方面。一是打造桂林世界级旅游城市是一个神圣使命。桂林打造世界级旅游城市承载着习近平总书记一贯对桂林加快发展满满的关怀，尽快把桂林打造成世界级旅游城市是神圣的使命任务。二是打造桂林世界级旅游城市是一项重大任务。桂林要勇于担当为国家高质量发展做出示范，当前桂林经济社会发展还比较滞后，但生态、科教、旅游产业优势突出，具有较大的世界知名度，打造桂林世界级旅游城市，可在创新、协调、绿色、共享、开放发展上做出示范，成为我国旅游业发展的一面旗帜。三是打造桂林世界级旅游城市是一次重大机遇。打造桂林世界级旅游城市，需要按照世界水准、国际一流、国内领先规划和建设桂林城市，需要实现城市功能和公共服务的大幅度提升，需要推动城乡协调发展逐步形成以城带乡、产业融合、生态环保的发展新格局，需要旅游产业链延伸和提升并带动相关产业振兴发展，因此打造桂林世界级旅游城市是习近平总书记送给桂林人民的绝无仅有的'大礼包'，是促进桂林市规划建设、城市功能配套、经济社会发展等全面升级的天赐良机，桂林人民乃至于广西人民都要倍加珍惜。"

伟光站在自治区重要部门的高度，以他多年对桂林旅游和桂林城市发展的研究成果和新思考，谈出了一些非常重要的认识。我认为这些观点都很到位，值得桂林在具体工作中吸纳和落实。

三说："打造桂林世界级旅游城市重大举措建议"

伟光先生有丰富的工作阅历，现在仍然担任着广西决策咨询委员会专家，他还给不少部门、市县乃至外省做过讲学和项目咨询，桂林怎样才能尽快打造成世界级旅游业城市，我请伟光在举措方面再谈点意见。

"首先，最紧迫的任务是尽快请求从国家层面研究制定《打造桂林世界级旅游城市总体规划》，或出台相应政策支持文件。桂林国际知名度高，已经成为中国的旅游符号，国际旅游大咖谈旅游言必桂林。按照习近平总书记的要求，尽快把桂林打造成世界级旅游城市，这个任务不仅摆在桂林人民面前，也摆在广西人民乃至全国人民面前。桂林要承载我国旅游业的新希望，必须达到一个世界级的新高度。实现这一目标任务是巨大的系统工程，需要广西和桂林共同努力推动国家层面制定总体规划，搞好顶层设计，明确实现路径，摆出主要任务，拿出重大举措，国家有关部门、自治区党委政府和桂林市从不同领域、不同角度、不同层面分别抓好落实。众所周知，深圳特区四十多年前起步就得到了全国人民的支持，而今深圳建设中国特色社会主义先行示范区依然需要全国人民支持。2019 年 8 月《中共中央 国务院关于支持深圳建设中国特色社会主义先行示范区的意见》（简称《意见》）发布不久，我看许多媒体报道，中央和国务院所属各有关部门纷纷行动，或出台具体方案或拿出具体支持措施，广东省委召开会议传达学习贯彻文件精神，研究贯彻落实意见，要求全省各级各部门要从全局和战略高度深刻认识《意见》的重大意义，动员全省全力支持深圳建设中国特色社会主义先行示范区。2021年深圳地区生产总值30664.85亿元，全球城市GDP排名第十，尚且需要支持，桂林地区生产总值仅为深圳的1/13，更需要大力支持。正如著名旅游专家、中山大学保继刚教授上次接受访谈时所说，‘世界一流实际上没有一个统一的标准’。因此，打造桂林世界级旅游城市是前人没有走过的路，没有标杆可参考，连基础的指标体系、评价体系、建设标准等都需要摸索，而且搞世界级旅游城市还涉及我国国际形象，搞好了形象高大，树起标杆，成为一面中国旅游的旗帜，搞不好就不好说了。因此，最紧迫的任务是尽快请求从国家层面研究制定《打造桂林世界级旅游业城市总体规划》，从高层面、全方位、广视野统筹谋划，然后由广西和桂林下功夫落实好、建设好。”

“其次，最关键的工作是既要发挥优势又要认清差距，从国家到基层各级各部门按照职能多管齐下支持桂林打造世界级旅游城市。总的来说，桂林发展旅游业优势条件十分突出，短板弱项也非常明显，下一步就是要扬优势、补短板、强弱项。桂林的优势，是世界级的旅游资源和旅游品牌，旅游业发展起步早、产业成体系、管理水平高。不足是支撑世界级旅游城市的现代化产业体系尚未形成，引领世界旅游创新不足，城市配套建设、交通通达性、旅游服务差距大，旅游市场环境有待提高等。建设世界级旅游城市，需要上级各部门大力支持，需要桂林市各部门协同奋进，需要汇集来自海内外各方的智慧和力量。只有把所有的智慧和力量凝聚起来，才能补上短板、增强弱项。一是在国家层面建立打造世界级旅游城市统筹协调机制，主要负责指导和协调工作，国家层面在文旅部设立办公室，研究制定一系列支持桂林打造世界级旅游城市的指标体系、规划、政策、考评激励等，必要时召开部际协调会，协调推进有关部门出台具有操作性和针对性的举措。二是在自治区层面建立打造世界级旅游城市统筹推进机制，办公室设在文旅厅，主要负责重大项目、产业谋划、重大事项、考核评估的落实，及时发现问题并提出应对措施。自治区建立部门联席会议制度，统筹协调推进世界级旅游城市建设工作，推动需要自治区层面解决或需要向国家层面争取支持的重大项目，及时向自治区政府报告重大事项，积极向国家部委汇报沟通，争取对应部委相关政策举措的落地。三是在桂林市级层面建立打造世界级旅游城市实施机制，主要负责各项工作的落实，强化实施主体责任，细化工作措施，健全领导机制和工作机制，及时解决建设中出现的突出困难和问题，定期向上级报告并提出解决建议。”

“最后，最核心的内容是打造桂林世界级旅游城市需要多措并举，我认为主要应包括以下几个方面。一是对标国际一流城市完善配套设施，加快提升城市服务功能。要突出枢纽功能，构建以交通为重点的现代基础设施体系。加快高速公路、高速铁路和国际航线综合交通网络体系建设，大幅度提高桂林旅游的通达性，让出入桂林更便捷。建设魅力城镇，推动旅游扩容，加快建设灵川桂北新城及荔浦、全州副中心城市，加快推进灌阳、龙胜、资源、恭城等民族生态文化特色县建设等。二是打造世界顶级旅游产品，加快提升旅游品质。以引领国际旅游业态、提升国际吸引力和建设世界旅游标杆为目标，进一步强化已经是世界级旅游产品的引领力和辐射力，不断拓展世界级旅游产品的覆盖面，把世界级漓江旅游区拓展到漓江全域，建成世界级漓江生态旅游区。以阳朔、龙胜梯田为龙头打造世界级体验休闲旅游区，发挥秀美的山水和厚重的文化双优势，建设一批世界级文旅融合产业项目，紧紧围绕旅游要素结合桂林特色，打造一批知名产品品牌。三是加快提升城市品位，打造世界级最宜居城市。优化城市空间布局，构建功能完善、城景和谐的城市空间，实现生产空间集约高效、生活空间宜居适度、生态空间山清水秀。充分发挥桂林城市与山水交融的优势，大力打造宜业宜居宜乐宜游的优雅环境，努力创造让世人流连忘返的桂林。四是加快建立现代产业体系，推动桂林高质量发展。建立具有桂林特色的绿色低碳循环发展经济体系，大力发展智力密集型、绿色低碳型、创新驱动型工业，把桂林打造成绿色工业示范市，实现工业与世界级旅游城市协同发展。加快服务业提档升级，加快推动生产性服务业向专业化和价值链高端延伸，推动生活性服务业向高品质和多样化升级，大力扶持服务业的新业态。聚焦特色发展，坚持特色品牌农业、农旅融合发展思路，加快建立与桂林世界级旅游城市相匹配的农业产业体系。打造一批国际知名品牌、企业品牌、农产品品牌，形成世界级旅游城市与乡村振兴相互促进，相互提升的格局。五是着力营造良好环境，与世界级旅游城市相匹配。世界级旅游城市的氛围，是否可用这 10 个字概括：‘文明、友善、优美、舒适、安全。’城市文明是根本，是重要考量，大力培育和弘扬社会主义核心价值观，营造和谐友善的社会氛围。坚持绿水青山就是金山银山理念，充分利用桂林国家可持续发展议程创新示范区、全国生态文明先行示范区等优势，争做世界生态优先发展典范。借打造世界级旅游城市之力下好改革的先手棋，营造一流营商环境，营造创新创业文化，塑造桂林创新型城市。”

伟光最后说，桂林山水、桂林文化、桂林民俗、桂林美食都无时不激发他对桂林的热爱，他衷心期盼桂林早日建成世界级旅游城市，到那时地球上每一个人更应该至少到桂林旅游一次，共享天下最美风景带来的幸福和快乐时光。

刘涛先生访谈录

（访谈时间：2021 年 11 月）

“我工作过的单位比较多，市教育局、市委办、市政府办、市旅游局、市园林局、市投资促进局、市国土资源局，还有桂林旅游股份公司，所以经历也相对丰富一些，不过仔细想想，我与‘桂林旅游’相关的经历算是最多的。”访谈开始时，刘涛先生说道。

的确是这样，他的这些经历，尤其是与桂林旅游有关的经历，我都亲眼所见，这正是我要访谈他的一个理由。不仅如此，他还是一位才思敏捷、工作能力很强的人，每一个单位都留下了奋进和“追梦”的印迹和业绩。这方面，我也知道不少，这是访谈他的另外一个理由。

我们是 1996 年认识的，那年 6 月，市委宣布新组建的桂林市旅游局领导班子，局党组书记黄家城同时担任局长，刘涛为党组成员、副局长之一。我是局长助理，不属于班子成员，只是同时宣布。由于有局长助理的身份，我常常列席局党组会议，也经常和局班子成员商讨工作。我和刘涛年龄接近，因此来往较多。

刘涛先后担任过桂林市旅游局党组成员、副局长；桂林市园林局党组副书记、副局长；桂林市投资促进局党组书记、局长；桂林市国土资源局党组书记、局长；桂林旅游股份有限公司党委书记、董事长，舞台很多也很大，他“出演”得都比较好，都给人留下深刻的印象。

这次访谈，内容上我给出了三点建议：一是在市旅游局期间，旅游信息化建设和旅游资源普查有关情况；二是在市国土资源局期间，争取桂林成为国家旅游产业用地试点城市有关情况；三是在桂林旅游股份有限公司期间，促进公司发展有关情况。我觉得这些都是桂林旅游发展史上不可不记的事情，也都是说说“桂林旅游”不可或缺的内容。

一说："市旅游局期间最难忘的两项工作"

旅游局期间旅游信息化建设和旅游资源普查这两项工作，我想是令他难忘的经历。

"桂林是国内外闻名的旅游城市，能在桂林市旅游局工作一段时间，感觉非常幸运。我 1996 年 6 月到旅游局，1999 年 4 月离开，跨 4 个年头，我先说说你提到的两项工作吧。"

"1998 年 6 月，我陪同康天保副市长，到北京参加中央文明办、建设部、国家旅游局'全国文明风景旅游区示范点'授牌会议，桂林漓江（叠彩山至阳朔）当时获得了全国首批文明风景旅游区示范点。就在那次，康市长带我们去了北京航空航天大学，他说市委姜兴和书记拟推动桂林市和北航在信息化建设上的合作，桂林是知名度很高的旅游城市，而北航在国内高校信息网络建设是一流的，这次就是洽谈合作的事情。到了北航，在谈到桂林旅游有什么需求时，康市长让我发言，当时我从市场营销，旅游监管，提高机关办公效率几个方面谈了意见。北航在场的赵平副书记说他和姜兴和书记通了电话，今天就成立北航和桂林市信息化建设领导小组，姜书记说他和市长当组长，赵平副书记和康天保副市长做副组长。领导小组办公室主任，康市长现场任命我做。在北航那天，领导小组就成立了。"

"回到桂林，我先从组建队伍抓起。抽调曾荣发、周达，开始了筹备工作。7 月，北航十几个人来桂林现场调研，8 月中旬局里成立了信息网络中心，双方确定建设基站和局域网，把桂林旅游资源都搬到网上，局内部办公另做一个网站。同时确定桂林旅游网要面对国际国内，在网络上宣传桂林，这样就把相关工作确定了下来，也签署了市旅游局和北航合作的协议。接着，北航派了多批次师生进驻桂林，一件一件落实商定的事情。"

"当时也讨论，要把桂林本地专家队伍组建起来，以后维护不能老找北航。经过各方推荐，确定维护团队由桂林高炮学院刘洋、桂林电子科技大学韩传久和王勇、桂林电信局梁建林和胡常红几人组成。我们这个团队经常开会，还下企业了解旅行社、车船、酒店的需求情况。"

"两三个月，基站建成。11 月局各科室就安装了电脑，局域网也组建完毕，12 月桂林旅游网站正式开通。我们抓得很紧，6 月到 12 月，半年时间全部做起来了。"

"光有硬件不行，就组织大家学习做资料，全面介绍桂林旅游。首先是景区景点，我们要求各单位提供资料，又请广西师大外语系翻译成英语。最后是包括汉语、英语、日语、韩语、俄罗斯语、法语、德语等几个国家的语言，从景区到酒店、车船等方面，都出现在了旅游网上。记得当时点击量一天有 1 万多，我高兴得不得了，局党组会上还专门做了汇报。”

“1999 年 1 月，全国旅游工作会议在桂林召开，各省市局长云集桂林。一天康副市长和钟局长去看望国家旅游局何光暐局长，还汇报了桂林旅游信息化建设情况。何局长听了非常高兴，说要来看看，而且要带上参会的局长们。会议期间何局长带队来到旅游局，我们一边汇报，一边演示。我这有张照片，那天袁凤兰副主席、康天保副市长在现场，这边是自治区旅游局陈听正局长，曾荣发穿着白大褂做介绍。何局长现场给予高度肯定，说桂林敢为人先，开拓创新，在旅游网络建设上走在了全国前面。那天何局长非常满意，说中国互联网建设尚属起步阶段，国内旅游界大都还有些茫然，而桂林在北航帮助下，步入了旅游信息化建设快车道，成为全国的一个品牌。”

刘涛作为领导小组办公室主任，他的积极作为和扎实推进，起了很大作用。我后来接管这项工作，对其中的不易深有体会，对刘涛的贡献深有所知。

“旅游资源普查，开始于 1997 年 4 月。桂林市旅游局牵头，联合桂林地区旅游局、柳州市旅游局、柳州地区旅游局和贺州市旅游局，做了广西整个桂北的旅游资源普查。为什么跨行政区域，我和大家当时琢磨了一下，如果仅就桂林市而言，一条漓江都还不能包括兴安的上游和平乐的下游，另外像龙胜、恭城、荔浦、资源等县也不在里面。旅游资源是地理地貌自然形成的区域，和行政区划不是一回事。这样，就由我们局牵头成立了旅游资源普查办公室，我总负责，下面有秦海滨、蓝海、王莱豫等常设人员，又邀请了桂林市政府发展研究中心和市广播电视局、园林局、文化局、桂林日报社、桂林电视台、桂林电台相关人员，先后有十多个单位、近千人参与了普查活动。我们历时一年半，行程近万里，走访桂北共 18 个县、120 多个景区、1000 多个景点。”

“普查分成三个阶段，第一阶段是确定普查对象，我们通知各个乡镇，请他们先填写，之后县旅游部门筛选，最后我们再来确定。第二个阶段，用半年多时间进行资料收集。普查人员跋山涉水，风餐露宿，做记录、拍照片和影像。第三个阶段是伏案工作，对普查所获材料，包括 1000 多分钟录像，4000 多张照片，十几万字文字资料，归类建档。”

“这次普查的特点，一是面广，18 个县 4 万平方公里，是有史以来最系统、最全面、涵盖面最广、规模最大的普查。二是有深度，凡是能够为发展旅游所用，产生经济效益和社会效益的自然和人文、社会因素都一并纳入。三是材料翔实。五地市 120 个景区数据影像图片全方位采集。四是成果丰硕，其一，把录像资料编辑成宣传桂林旅游的风光片，名字用了李鹏总理给桂林的题词‘桂林，国际旅游明珠’。风光片采取清新活泼的形式，请姜昆、郁钧剑、罗宁娜、廖忠 4 人做了个节目，在中央电视台侃桂林。如果没有普查，我们提供不了如此翔实的材料。另外，普查小组提出了新的桂林旅游线路，叫‘三环一线’，一环是桂林市区，名山名洞加漓江，也叫内环；二环包括桂林地区和阳朔临桂，从北边开始，资源资江、八角寨，兴安灵渠、猫儿山，到龙胜龙脊梯田和温泉，再转到临桂义江、李宗仁家乡、十二滩漂流，往南到平乐—荔浦—阳朔—灌阳一大圈；三环就是柳州、贺州，也算半个环，因为还不便绕到湖南去。一线，从桂林通过柳州、来宾、南宁到崇左和越南的‘水上桂林’，搞出国游。还有就是跟文化结合，当时提出了甑皮岩为代表的史前文化、灵渠为代表的水利文化、靖江王府和王陵为代表的明代文化、摩崖石刻和山水诗文为代表的山水文化，以及西南剧展为代表的抗战文化。这个概念，是刘寿保提出来的，我觉得他功不可没。再一个成果，我们在 4000 幅照片中选取 70 多幅，于第六届山水旅游节期间做了‘桂北地区旅游普查成果展’。最大的成果是我们编撰出版了百万字的《桂林旅游资源》一书。一本书一个展一部片子，还有提出了旅游和文化结合的新说法，是这次资源普查的总体成果。”

刘涛说，启动这件事情的人，是黄家城局长，他觉得历史应该被记住。后半段是钟新民局长非常重视，拨款出版了《桂林旅游资源》这本大书。

“《桂林旅游资源》一书全面展示了桂林旅游资源的多样性和独特性，以文字、照片形式，详细记载了旅游资源全貌，并对其进行了评价和总结。应该说，这本书是理论研究与实际结合的一部专业大词典，编审人员都是业内非常有名气的人，像中国科学院地理研究所研究员尹泽生，是该所的头牌专家，国际上也颇有名气。还有该所研究员马绍佳。他们两个重量级人物先后七八次专程来桂，审稿并提供技术指导。中国地质科学院岩溶地质研究所研究员朱德浩、桂林市政府发展研究中心研究员刘寿保、桂林文物工作队队长赵平，都参与了编审工作，确保了书的规范性、科学性和专业性。这本书 1999 年 10 月由漓江出版社出版，反响非常好。”

二说：“力争国家旅游产业用地政策率先落地”

“《国务院关于进一步促进广西经济社会发展的若干意见》里面有一句话，就是建设桂林国家旅游综合改革试验区，打造桂林国际旅游胜地。这个意见2009年12月下发，说来也巧，恰好在这一年我调到市国土资源局当局长了。”

“我了解到，国家在土地分类上有三块：一是建设用地，需要交出让金，进行招拍挂；二是农用地，用于农业方面，包括水田旱地；三是未利用地，比如戈壁、石漠化土地，没有专门的旅游产业用地。桂林旅游建设项目多，用地往哪边靠是个问题。靠建设用地，价格高，拿景区打比方，连草地、山体都得算上，投资商受不了。要解决这类问题，就得向自治区国土厅、国土资源部要指标，而且每次也只能以项目为单位得到一点而已。怎样建设旅游综合改革试验区？桂林能不能在土地政策上有所突破？带着这些问题，2010年开始，我就带队经常跑国土资源部调控司、规划院，跟他们汇报、沟通，邀请他们来桂林调研。他们也很支持，就按我的邀请组织人员来桂，跟我们市县政府及相关部门、一些旅游大型企业座谈，了解桂林的需求。桂林是旅游城市，应该实施一点特殊政策，这是他们调研后留下的印象。2011年3月他们来桂，6月就在海口召开了旅游产业用地政策座谈调研会。我参加了这次会议，会议确定考虑将成都、张家界、秦皇岛、舟山、桂林5市作为试点，先由城市提出政策需求。这样，旅游产业用地政策问题有了解决的希望。”

“我在市旅游局工作过，对旅游略知一二，于是由我牵头，成立了旅游产业用地试点办公室，重点了解什么政策最适合桂林。我们先后去海南、云南、成都、舟山学习取经，同时也不断联系国土资源部，部规划院姚丽老大姐，曾几次来桂林指导我们旅游产业用地。我们初步确定，与旅游资源开发密切相关的基础设施、服务设施和管理设施等旅游设施用地，包括游客服务中心、游客广场、游客休息点、医疗点、固化停车场和道路宽度超过6米或路基宽度超过6.5米的景区道路，以及服务于旅游项目的会议、餐饮、住宿等地产开发项目用地，按建设用地管理；景区中未改变农用地、未利用地用途和功能、未固化地面、未破坏耕作层的生态景观用地，及道路宽度未超过6米或路基宽度未超过6.5米的景区道路等用地，按实际地类管理，不办理农用地转用手续。针对旅游用地，有针对性地制定基准地价评估交付，这样就实事求是面对旅游产业使用土地的问题了，桂林也就率先拿出了政策需求和解决方案。2012年11月，经国务院同意，国家发改委批复了桂林国际旅游胜地建设发展规划纲要，标志着桂林发展上升为国家战略。2013年1月，国家发改委组织14个部委来桂林考察调研，国土资源部调控司的人也在考察队伍当中，因为我们‘功课’比较充分，有关旅游用地政策的部分，调研组回去之后就放到了胜地建设的方案里面。后来在自治区领导和国土厅肖建刚厅长大力支持下，5 月 20 日国土部就召开了审定桂林旅游产业用地改革试点方案专题会，明确桂林在 5 个城市中率先作为试点。2013 年 6 月 18 日，国土资源部《关于桂林旅游产业用地改革试点总体方案的批复》（国土资函〔2013〕374 号）正式批复同意《桂林旅游产业用地改革试点总体方案》。这是《桂林国际旅游胜地建设发展规划纲要》获批后，国家部委出台的第一个配套性政策，标志桂林旅游产业用地改革试点正式启动。"

"5 个城市只批了桂林一家，2013 年 9 月 9 日，桂林市政府印发了桂林旅游产业用地改革试点推进工作方案，明确了市直部门和各级政府职责，17 个县（区）都成立了以县（区）长为组长的领导小组，我们又成立了一个专门的办公室，试点工作就正式开始了。试点时间是 5 年，5 年期间所使用的政策，自治区和桂林市有审批权，报国家备案即可，我们当时就列出 120 个旅游项目。2015 年 5 月，我们局出台了桂林市开展城镇低效用地再开发利用暂行办法，后来又出台了项目用地的补充意见；出台了开发项目配套保证性住房使用问题的文件等，一系列的小政策相继出台。5 年期限是 2013 年到 2018 年，由于我们试点工作做得扎实，很多政策报到了部里面，部里面逐步在国家政策层面进行调整，2019 年以后我们用国家政策就没有问题了。"

"效果是什么？全市 33 个重大旅游项目获得批准，总投资 587 亿元，项目总占地面积 3.9 万亩，获批新增建设用地 1 万亩，6 个县获得了休闲农业与乡村旅游示范县的称号。三星级以上示范点 22 个，自治区休闲农业乡村示范点 9 个，整个试点期间，我们节约了很多建设用地指标，用到市里做其他建设项目。说直白一点，旅游项目不用专门再要指标，靠政策就可以干起来。旅游产业用地政策极大推动了桂林旅游建设项目使用土地，开拓性地扩大了我们的土地使用范围，增大了地方自主权，企业节约了大量资金。而且，我们的做法自治区在全区推广，同样的政策其他地方也用到了。"

桂林能够在全国 5 个试点城市中率先获批，完全在于桂林的扎实跟进，最先提出了政策方案；试点期间能够取得这么多的成效，也完全在于在政策使用上毫不迟疑！刘涛和他领导下的市国土局、灵川县国土局以及试点工作办公室，起了很大的作用。

三说："旅游股份公司'345 战略'和几件往事"

刘涛和桂林旅游股份有限公司现任副董事长周茂权曾经出过一本书，叫《企业战略管理随笔——桂林旅游股份有限公司战略管理实践》，专讲企业发展战略，于是便请他说说。

“2014 年 10 月我调到桂林旅游股份有限公司任党委书记、董事长，在那里干了 4 年。那我说说这本书，以及我们自己编制的‘公司 345 战略’。有了这个战略以后，能否系统归纳总结公司的战略管理实践？我们立即行动起来，以谈体会、谈思路为主，也参考其他领导和部门编制、起草的东西，所以说这本书就不光是编著者的心血和心得。该书由中国旅游出版社出版，现在回过头看，它是有实用价值的，一些观点也颇有见地，我觉得这本书挺有意义。”

“为什么弄一个‘345 战略’？我到公司后，了解到公司旅游业务链条还比较完整，有酒店，有景区，有车船，有温泉，还参股了桂林市管道燃气等，在市区、桂林周边各县，甚至在井冈山，都有不少好东西，一定意义上说都是垄断和稀缺性资源。但问题也不少，公司行政化的东西比较突出，不求上进，不思进取，公司相对独立经营的 14 个单位有 10 个亏损。自己比自己有不少进步，但横向一比差距较大。公司市值也很低，和同类公司比，我们是中等偏下，比不了华侨城、宋城演艺。更难以理解的是，公司多年没有一个战略性、指导性的东西。如何把企业做强做好？我觉得应该有一个清晰明确的战略，通过战略凝聚人心，鼓舞士气。于是我和公司班子研究，成立了公司战略编制工作组，我任组长，相关领导和部室同志为成员。大家用大半年时间拿出了初稿，听取意见，讨论修改。最初并不叫‘345 战略’，而是‘3848 战略’，有人说‘3848’太长了，在桂林方言中寓意不好，于是又进行修改，最终出台了‘345 战略’。战略出来后，我们做了大量宣贯工作，编印小册子人手一册。”

“‘345 战略’，即‘三大目标、四大重点、五大行动’，把目标、重点、行动贯通起来，形成了一体化的工作体系。三大目标就是‘效益好，市值大，品牌强’。作为企业，效益好是第一位的；第二是市值大，市值大小是评价公司最直观的指标；第三是品牌强，品牌是内外兼修的一套功夫，是我们做企业的归宿点。有了目标后，我们确立了四个方面的重点。重点一是抓资产经营，促内延增长。一是对亏损、不良、无效资产实施剥离、处置、重组等盘活措施；二是对一般资产或略为盈利的资产实行改造、提升与赋能，让其焕发活力；三是对效益好的资产，还要重点扶持，让其做强做优。重点二是抓资本运作，促外延扩张。上市公司要插上资本运作这支翅膀，在资本平台上振翅起飞。重点三是抓深化改革，促机制创新。这个我多说几句，不改革不创新，企业就不会有活力和发展。过去企业营销活力不强，像两江四湖搞营销只有 5 人，这怎么行。还有很长一段时间公司内部主配角差别不大，我们就先跟银子岩公司签合同。我来时银子岩收入是3500万元，我们要求他加1000万元，完成了就奖励他们班子，并明确董事长在奖金里面占25%，完不成扣董事长也是25%。后来银子岩公司每年都差不多增收1000多万元，最后达到了年营收6000多万元。此外，还要通过改革，尽可能去行政化，企业就是一切围绕效益说话，少一些扯皮拖沓。重点四是抓文化建设，促品牌塑造。努力建设有特色的、符合公司实际的企业文化，形成公司的品牌产品和品牌形象。有了目标和重点，还必须采取切实可行的办法和措施，为此我们根据各年度不同情况，每年拟定‘五大行动’。以2015年为例，说说当年的‘五大行动’：一是以效益为中心，狠抓增收增效和扭亏增盈，在内延增长上取得新成果；二是以增发为契机，全面深化资本运作和项目管理，在外延扩张上实现新突破；三是以改革为动力，全方位推进各个环节的体制机制创新，在精神面貌上焕发新活力；四是以两江四湖创5A为带动，着力抓好质量提升和文化建设，在品牌塑造上推升新高度；五是以与大型集团的战略合作为桥梁，推进公司区域化发展步伐，在‘走出去’上促成新进展。”

刘涛有多部门工作的丰富经历，所以他提出战略方面的思路和举措，我觉得很自然。刘涛还说了他在旅游股份公司期间有不少难忘的往事，我请他说上几件。

“先说说两江四湖创5A。5A级创建是2015年3月，也是我到公司半年之后开始的。我们先在公司成立机构，研究5A级景区标准和筹措资金。当时市委市政府也成立了相应的机构，办公室设在市旅游局。一次林业江局长和我们商量，他说漓江5A级景区没有包括象鼻山。我说好，要把象鼻山放进来。这样我们的牌子就叫‘两江四湖·象山景区’了。启动创建后，我们请了文化园林规划方面的专家，谋划景区新的提升，其中一个是把交通设施做得更好。有些路游客走起来不方便，如从大瀑布饭店去往知音台，一段路是跳石的，晚上或者下雨天、冬天容易打滑，我们就在旁边修了一个小桥；两江四湖不能光是船上看岸上，要水路并举，我们就把岸边的路都修好；旧游船噪声有点儿大，有的没有空调，就对游船提升改造，建造了一批新式游船；景区游览服务需要强化，如售票点、游客休息点、上下船码头，我们都改造得敞亮舒适；杉湖靠近人民医院有一段被围住了，一些市民在里面钓鱼，后来通过协调拆掉了，又做了石凳，石台，种上了漂亮的树木，等等，对这些改造我们投资了4000多万元。从2015年3月到2017年2月，一共一年11个月，我们拿到了国家5A级景区牌匾。我完完整整做了这件事，景区现在是公司第二大盈利企业。”

“《漓江千古情》也值得一讲。《宋城千古情》在中国旅游演艺里面做得非常好，号称几个‘第一’：观众人数世界第一；座位数世界第一，杭州两个剧场在一起，每个剧场演一场戏都是3000人观看，收入最高。我了解到春节的时候，每天演18场。做旅游演艺的还有几个，包括华侨城，但商业化方面做得好的是宋城。”

刘涛说与宋城集团合作，是他亲自操作的一个项目。

“2014年11月，我到上海参加国家旅游局一个交易会。这次要感谢罗桂江，他建议我去看看‘宋城’，说如果可能，可以在木龙湖做一做。那天下午我就去了，‘宋城’实际上是个旅游综合体，演出之外还有一个‘城’可以转悠，有吃有喝有巡游，人山人海，人气旺收入高，给我很深的印象。我就问他们怎么不来桂林，当天我留下电话就走了。后来黄巧灵来了，下飞机就去木龙湖，他感觉场地太小，我又带他去股份公司旁边的一块地方，以及临桂新区，他都没有表态。后来说想去阳朔看看，最后说他看中阳朔了，我也很痛快说可以，不过我说阳朔有个《印象·刘三姐》，他说我是剧场型的，属于错位经营。我跟市委市政府领导汇报，得到支持。于是我们两家开始操作，第一是找100多亩的场地；第二是谈股权，确定我们30%。分工是我负责前期工作，我找阳朔县委书记、县长，县里给我推荐了18块地，我们评估分析和与宋城集团沟通，最后选择了现在这个地方。调整土地空间规划方面，我到自治区国土厅，情理并用打动了肖建刚厅长，得到同意后又去国土部，前后半年把用地办完了。2015年9月17日第12届东盟博览会召开，阳朔县、宋城集团、我们公司在会上签订了《漓江千古情》项目投资协议书。2015年12月17日，桂林漓江千古情演艺发展有限公司在阳朔注册；12月30日，自治区政府用地批复下发。经过三年左右建设和准备，2018年7月27日，景区正式试运营。‘727’成为桂林《漓江千古情》开业纪念日。这里面有几个重要人物应该提一提。刘学明功不可没，他既管大瀑布饭店又管战略办，主要参与了项目的具体推进。第二是杨东菽，从灵川土地局调来，之前跑旅游产业用地就有战功。还有就是公司派到阳朔公司的伍菁、黄琳，有这么一批人，几年日夜工作，为项目做出了贡献。”

“再讲讲‘荣宝斋’。2015年我到北京，去见曾在桂林挂任市委副书记的王涛，他在中国出版集团任党委书记。聊天中我了解到，做文化艺术品拍卖的‘荣宝斋’是他管的，他说曾经叫荣宝斋来桂林合作，没有做成。我说我愿意合作，第二天一早我就跟马五一大姐见了面。她有思想有魄力，当场就同意合作。我回来后跟刘学明说把荣宝斋放在大瀑布饭店，我们请马总过来考察，两家便开始洽谈。2015 年 7 月 16 日，桂林旅游股份有限公司，大瀑布饭店，还有‘齐尔’新媒体文化公司，正式和荣宝斋签署了合作协议。荣宝斋拍卖公司注册资本 1000 万元，其中荣宝斋占 51%，我们公司和大瀑布饭店是 37%，另一公司是 12%。2015 年 7 月 27 日，办完了合作公司登记手续。2015 年 12 月 26 日，荣宝斋在桂林举行首届秋季艺术品拍卖会，拍品 373 件，数量很多，而且有很多大师的作品，包括张大千、齐白石的作品，成交比达到 89%。全国各地买家都来了，总成交额超过了两个亿，首次拍卖取得圆满成功。我们商定，在桂林一年进行春季和秋季两次拍卖。拍卖起到的作用：第一，桂林作为一个旅游文化城市，要有艺术品的拍卖，这样可以聚焦国内外收藏家和买家，还有中间商，这种聚焦是文化聚焦，拍卖不仅仅在北京、上海，我们桂林也有，而且拍品都上网，还有一本很重要的杂志，全国收藏界的人都看，这也扩大了桂林的影响力和吸引力；第二，提升了桂林文化品位，我们有画家、有书法家，还有大量装裱师，我们可以成为一个聚集地、一个中心。公司战略里面也有旅游加文化，我们要让大瀑布饭店增加文化氛围和文化活动，所以说对桂林的积极影响是多方面的。后来文化市场有些衰落，购买力下降，全国性拍卖活动减少，我们也走了出去，到云南与云南企业合作，还有去长沙、广州、深圳等地去拍。跟外面合作其实也很好，公司的收入和桂林的影响也都扩大了。”

在桂林旅游股份有限公司的时间同样不是很长，但闲不下来以及一定要把事情做到位的刘涛，同样做出了很大的贡献。我相信他今天说的只是一部分工作，而即便是这一部分工作，也因为时间关系没有说全，有机会再找他聊吧。

阳正良秘书长访谈录

（访谈时间：2022 年 1 月）

阳正良，广西红色文化旅游协会秘书长，桂林市红色旅游协会秘书长，广西桂学研究会桂林联络处秘书长。

正良的简历简单又丰富，最初在市工艺美术厂做雕刻石刻，因此刻得一方好印，也写得一手好字；1991 年参加公考进入桂林市旅游局；2008 年提拔到桂林市人大常委会机关工作，退休后受聘担任旅游方面几个协会的秘书长，算起来他直接从事“桂林旅游”工作的经历已超过 30 年。

我对正良非常熟悉，1996 年 6 月我到市旅游局时，他已是局里的中层干部，我从局长助理到副局长 8 年期间，我们经常在一起工作，共同完成局班子交代的任务，因此我对正良为人处世和工作能力深有认识。2004 年 5 月，我接任市旅游局局长后，为更好地完成市旅游发展各项工作，我带领局班子反复研究，在当年 11 月对局内设机构进行了调整，这时正良从业务科室被调到局中枢性部门——局办公室担任主任。

正良在几个科室的工作都比较出色，领导和同事们的评价都非常好，特别是到局办以后，他根据每个时期的工作重点，对内组织、统筹相关科室和局二层机构；对外联络、协调有关部委办局和旅游企业，总是顺顺当当、及时准确、成效明显，让我感到十分放心和得力。

2008 年 7 月，正良被提拔到桂林市人大常委会，先是担任机关党委专职副书记，之后又先后担任人大旅游委员会副主任委员、主任委员。在市人大期间，他也以一贯认真负责的态度和努力奋进的精神，做好每一项工作。这期间，即便是我 2010 年年初已到市商务局工作，但与正良的往来却从未间断，我也常常有机会和市人大常委会领导接触，感觉领导们对旅游委和正良的工作也一直是满意的。

这次访谈正良，主要从三个方面考虑：一是正良在市旅游局工作 18 年，其间一些工作尤其是正良涉及的旅游交通工作，他可以回忆出很多往事；二是桂林市人大旅游委员会（简称“人大旅游委”），在全国各级人大机构里面，设旅游专委的唯桂林市所独有，他当过主任，对相关情况说得明白；三是他退休后受聘出任桂林和广西红色旅游协会秘书长，近两年迎接和庆祝建党 100 周年，红色教育和红色旅游发展势头正旺，正良作为秘书长，能够介绍相关情况。他的这些经历，会让我关于“桂林旅游”的访谈在内容上更加完善和充实。

一说：“旅游局期间我所做的‘交通’工作”

“到市旅游局是 1991 年，当时桂林旅游已经比较火爆。我先在国内旅游管理科，1996 年大概是 7 月，李克强副局长不再兼任交通管理科科长，李爱国副科长升任科长，此时我被调到交通管理科任副科长。年底李爱国因工作调动，我主持工作，第二年做了科长。交通管理科，是当时市旅游局三大业务（旅行社、旅游饭店、旅游交通）科室之一。”

“当时市旅游局交通管理，是负责涉外旅游用车用船。据说 20 世纪 80 年代中后期，漓江游船票价格比较混乱，缺乏规范化服务管理，加上境外游客较多，游船上经营活动非常活跃。每天游船启航后，船员便开始向游客销售漓江河鲜、山水画及旅游工艺品，所以一些民营船队和个体船家都不在乎船票收入，但国有运输企业在乎，船票以外收入绝大部分落到船员手上，公司营业收入会失去很大一部分。旅游汽车也存在类似价格混乱情况，主要是在佣金方面。针对这些情况，1988 年旅游局和交通局联合出台了旅游游船实行‘四统一’管理，即‘统一票证、统一售票、统一调度、统一结算’；旅游局二层机构桂林旅游汽车调度结算中心对涉外旅游经营的汽车实行‘统一调度、统一结算’管理。通过管理，旅游车船经营单位和经营者的收入有了保障，也确保了接待服务质量和游客的体验感，还减少了国家税收的流失。旅游局对旅游车船的管理主要通过颁发《旅游经营许可证》实现。我到交通管理科后，基本上延续了之前的做法。为规范国内旅游市场，我还对经营国内团队的旅游汽车沿用了《旅游经营许可证》的举措，每年淡季对驾驶员进行两天脱产培训。那时一些旅行社，只想自身的利益，谁家车、船价格低就将游客输送给谁，不太重视旅游者的体验感。现实地讲，我们对游船实行统一调度，对发挥经营者主观能动性是有影响的。因为游船不论大小、好坏，都代表一个单体按序排班承运游客，游船大（座位多）收入就多。因此船家在改造旧船时，想方设法把船造得大一点，以增加几个座位。因此游船改造时，管理部门对座位只能按该船籍原座位数核定，旅游局必须介入并强化旅游服务质量管理。”

“1997 年市里将旅游局局长和交通局局长对调，加上第二年年桂林地市合并，景区景点多了，游客到桂林旅游的选择也多了，国家有关法律法规也不断完善，工作形势发生了变化，旅游局交通管理工作重点也需要进行调整。时任局长钟新民做过交通局局长，深知旅游局继续管理车船法规上不适合了，1999 年年底和 2001 年年底，市旅游局分别把二级机构漓江涉外游览管理处和桂林旅游汽车调度结算中心两机构及人员交给了市交通局。至此，市旅游局结束了对涉外旅游车船的管理，交通管理科也更名为标准化建设管理科，主要工作转到对旅游景区（景点）标准化建设管理和旅游‘大交通’的管理，我继续在科里担任科长。”

“旅游永远不能没有交通，科室名称更改，但涉及有关交通的业务还保留在标准化科，我们转向旅游‘大交通’工作。当时桂林旅游市场火爆，很多航空公司，都想开辟往来桂林的航线，除了三大国有航空公司，还有一些国有地方航空公司及民营航空公司，都想来桂林设立办事处。他们常常来旅游局拜访，这样我们就有了与航空公司建立工作关系的渠道，也为拓展游客市场奠定了与航空公司合作的基础。”

“当时没有直飞台湾的航班，往返台湾要乘坐澳门航空公司航班经澳门转飞，或者乘坐港龙航空公司飞机到香港转机。2003 年前后，澳门航空、港龙航空、曼谷航空、韩亚航空、马来西亚航空，先后在桂林设立了办事处。在航空公司的概念里面，旅游局掌握境内外组客资源，找到旅游局基本可以解决客源问题。我印象中航空公司在桂林设立办事处最多时有 16 家，其中境外航空公司 5 家。我记忆比较深的，是协助和支持韩亚航空和曼谷航空开辟航线以及在桂林设立办事处。我与他们的代表多次磋商，努力帮助解决他们担心的问题，让他们底气更足，最终都如愿开通了航线。实际上，支持国际航线，是旅游局客源招徕的一种吹糠见米的工作。由于这些工作做得比较出色，钟局长还特意给了我一个奖励，安排我到韩国和台湾地区考察学习和参与宣传促销。”

“航线这块儿，我记忆深刻的，还有马来西亚航空公司往返桂林定期包机的开通。那时您是副局长，分管境外市场促销，一年中我们连续跑了几次吉隆坡，促成了包机开通。这里面桂林中旅起到了不少作用，他们负责包机的具体执飞。当年我们还在马来西亚组建了‘桂林旅游大联盟’，其中联盟的旅行社负责组织客源。包机连续飞了 5 年，比马航往返中国其他正式航班还飞得好。我和境外市场科的同志在您的带领下，一年内多次到吉隆坡，支持双方旅行社，我们的做法给了马航充足的底气。我深切感觉到，旅游局抓旅游‘大交通’，与过去管旅游车船有质的区别，其成效也远远大于以往。”

“旅游‘大交通’，还包括铁路。那时旅游旺季时，卧铺票很难买到，成为影响旅行社经营的瓶颈。1998 年开始，国家旅游局推进创建中国优秀旅游城市工作，很多城市都想发展旅游，都在强化基础建设，其中包括高速公路、机场扩建等，客观上让当年‘铁老大’也受到触动。1999 年铁道部部署‘路网分离’，柳州铁路局客运处改为柳州铁路局客运公司。他们也在转变工作思路，考虑到桂林游客多，便计划以桂林为一个基点拓展工作。从旅游管理部门来讲，解决好游客进出通道，也是重要的问题。所以在当时，我们与柳州铁路局增加了来往。大约在 2002 年，钟局长与您带着我多次去柳州探讨相关事宜。2004 年柳州铁路局客运公司改回柳州铁路局客运处，一天郑萌处长说他们有个大胆的想法，把一趟‘夕发朝至’列车开进香港，游客可以傍晚在香港上车，第二天早上就可以游览美丽的桂林山水。我们马上分析研究，我还与他们赴上海考察，当时北京和上海已经开进了香港。调研发现列车开进香港投入非常大，车站必须要有口岸检验设置，后来柳州铁路局客运处把开进香港改为先开到深圳。当时柳铁客运处郑萌处长、凌达北副处长对桂林—深圳这条线抱有极大的信心，希望桂林市旅游局给予配合、支持，多组织一些游客。我们联系旅行社组织客源，有力支撑了该车运行。”

“桂林往返深圳的列车，一个最值得记住的事情，就是把列车员‘大盖帽’给摘掉了。这在全国应该是最率先的。长期以来，列车员带‘大盖帽’人们习以为常，摘掉大盖帽让列车员增强了作为服务人员的服务意识，也让乘客产生了轻松感和亲切感。这个举动，应该说我们旅游局起到了不小的作用。当时为做好这项工作，柳铁还专门从桂林旅专招收不少学生做列车员，招收条件非常高，能被招收的学生也非常自豪。”

是的，这些往事我都全程参与过，记忆犹新，特别是摘掉列车员“大盖帽”，我觉得有里程碑式的意义。我在日本学习和工作过，那里的服务人员当时就像“空姐”一样的装扮，让旅客感到亲切。我当时参与和柳铁的会见座谈，以及这次访谈正良，我都谈到这件事情。记得当时我们和柳铁还做了其他一些策划，如直开青岛，叫“刘三姐号”；直开北京，叫“漓江号”，以及如何在车上系列宣传桂林旅游，销售桂林旅游纪念品等。遗憾的是由于种种原因，后来没能实现。

正良非常热心、非常勤奋、工作上非常努力，后来他到市人大也完全一样，他经手的工作一定是有成效的。从最初的旅游交通管理到后来的“大交通”，以及之前在市旅游局国内科和后来到局办公室所有的工作，都证明了这一点。限于篇幅和访谈内容，他的其他业绩，这里就只能先省略了。

二说：“我在市‘人大旅游委’工作了七年”

“桂林市人大设立‘旅游委员会’，在全国各地人大系统中是特例。2008 年 7 月，我调到市人大常委会机关，最初是做机关党委专职副书记，第二年 10 月市人大换届，我被选为人大代表，进入旅游委员会做了副主任委员。”

“1998 年桂林地市合并，新桂林市召开第一次人民代表大会，旅游委员会是在这次大会上设立的。桂林是国内外著名的旅游城市，早在 1973 年桂林就在全国率先对外开放旅游，1998 年桂林地市合并进一步整合了原桂林地市旅游资源，桂林发展旅游的整体空间和资源优势更加突出，在这种背景下，按照市委建设桂林现代化国际旅游城市总体部署，市人大常委会决定设立旅游专门委员会。后来根据国家行政机关大部制改革精神及自治区机构改革要求，在 2019 年 1 月市五届人大四次会议第二次全体会议上，决定不再保留旅游委员会设置，相关职责移交到其他专委。桂林市‘人大旅游委’工作的 20 年间，正是桂林旅游快步发展和城市建设阔步前行的 20 年，发挥了比较重要的作用。‘人大旅游委’，曾正坤是第一任主任委员，张海明是第二任主任委员，我是第三任主任委员，欧阳夏薇是第四任主任委员，她也是最后一任主任委员。‘人大旅游委’的主要职责，是联系旅游和交通两大系统，这两块工作，刚好都是我熟悉的领域。”

“2014 年我担任主任委员，工作期间令我记忆较深的，一是推进城乡公交一体化发展，让城乡居民共享公路建设成果，将城市和乡村公共交通发展纳入同一幅发展蓝图之中。2014 年 7 月我委建议，请常委会组成人员深入有关县区进行视察，还在平乐召开现场办公会，对下一步工作提出要求。截至 2014 年年底，全市累计开通城乡公交线路近 100 条，投入车辆 500 辆，覆盖全市 12 县、90 余个乡镇、430 余个行政村，受益群众近 200 万人。二是协助开展有关立法工作，《漓江风景名胜区管理条例》是在我们手上启动的。2015 年 7 月，自治区人大给桂林、柳州等 6 个设区市以立法权，桂林最早是想在古村落保护方面立法，后来考虑第一炮一定要打响，决定做漓江管理和摩崖石刻保护的条例。就《漓江风景名胜区管理条例》，常委会领导黄书明副主任带着人大法制委、市法制办主要负责人和我，专程到自治区住建厅与相关领导、部门座谈、沟通，并达成一致意见，《漓江风景名胜区管理条例》由桂林市地方立法。旅游委根据相关部门意见，写出立法前调研报告报常委会。由于《桂林漓江风景名胜区管理条例》涉及面广，桂林第一部法先转到了《桂林石刻保护条例》，经过相关部门一年的共同努力，该条例经自治区人大批准颁布实施。尽管《桂林漓江风景名胜区管理条例》最后通过实施是我退休以后的事情，但这段经历令我难忘。”

“2011 年 2 月，桂林市人大常委会发布了《关于加快推进桂林国家旅游综合改革试验区建设的决议》。当时我虽然是旅游委副主任，但由于我在市旅游局工作过，对桂林旅游发展情况比较熟悉，因此全程参与了调研准备工作。2009 年 12 月国务院公布了促进广西经济社会发展的若干意见，提到建设桂林国家旅游综合改革试验区，桂林市委市政府采取了很多举措予以推进，市人大打算做一个决议，推动试验区建设工作。这个决议，经过充分准备，在市三届人大常委会七次会议四次全体会议上通过。旅游综合改革试验区决议做出之后，2012 年 11 月桂林进入国际旅游胜地建设新阶段，我们旅委又开始了相关督办工作，如连续两年请市委常委、副市长陈丽华到常委会上汇报有关工作。”

“2014 年，我得知市旅游产品开发办、工信委、旅游局联合举办‘2014 年桂林特色旅游纪念品、工艺品和旅游产品包装设计征集评选活动’。我想作为旅游委，应积极参与这次活动，以共同推进我市旅游产品——龙胜鸡血玉、非遗文化旅游产品——团扇的宣传，给我市大专院校美术艺术学生在桂林提供发展的平台和空间。为此，我委加入了相关工作，常委会黄书明副主任还在活动开幕式上讲话。同时，我委还对临桂五通镇农民画产业发展情况开展调研活动。”

“2012 年年底，《桂林国际旅游胜地建设发展规划纲要》实施，标志桂林经济社会发展上升为国家战略。2013 年 8 月，市经济学学会副会长陈宪忠副教授找到我，说经济学学会想与人大旅游委围绕桂林国际旅游胜地建设联合做一些事情。我想这很有意义，征得领导同意后我就来负责这项工作。常委会黄书明副主任与联合调研组专家、学者分别到兴安灵渠、临桂相思埭等地，开展连通古运河、建设泛漓江流域旅游区工作调研并召开座谈会。这项工作从我做副主任时开始，做主任后完成。回想这次合作，我觉得建设泛漓江流域旅游区、连通古运河意义很大。灵渠链接湘江、漓江，是沟通长江和珠江两大水系的纽带，也是推动中原与岭南经济文化融合的重要通道，还被誉为‘世界古代水利建筑明珠’；相思埭是开凿于唐代的古运河，位于临桂会仙镇，距桂林市区 30 公里，与灵渠同为广西古代两大水利工程，还地处会仙喀斯特国家湿地公园核心地段，与会仙湿地融为一体，也被列为国家湿地公园和全国三大湿地保护与修复工程之一，利用好灵渠、相思埭资源，对发展桂林旅游十分重要。当时我将调研材料整理出来，为后期形成报告准备素材。2014年年初，旅游委和经济学学会与兴安县委政府、临桂县委政府联合课题组共同完成了《实施泛漓江生态水系工程加快构建世界一流旅游城——灵渠、相思埭保护与持续发展研究报告》，该报告登载在市委刊物《今日桂林》上。”

“我出身市旅游局，一到旅游委便参加了常委会黄阐副主任计划出版桂林旅游宣传书籍的编辑工作。我从专业角度认为编委会部分同志思路不很清晰，于是提出了重搭班子的想法，并提出做成一本旅游工具书的思路。我们用大概近十天的时间，拿出了该书结构和内容上的方案。在黄阐副主任亲自主持下，我邀请旅游界知名专家，院校旅游学者参与，还请了专业设计公司，最后交漓江出版社，黄阐副主任对编辑出版非常满意。这本书，定名《桂林旅游》，涵盖食、住、行、游、购、娱六大元素，以及一些特色旅游线路。黄阐主任后来说，这本书反响很好，至今还起着作用。”

正良还谈到，他从旅游局带过去一项工作，就是编辑《当代名人与桂林》一书，在2012年也顺利完成了。正良说袁凤兰副主席主编的这套书，2008年11月由中国新闻出版社出版了一套三卷本，由于编写过程中积攒了大量图片、照片，袁主席倡议编辑一本《附卷》，前三本正良就直接参与过编辑工作，《附卷》则受袁主席委托承担编委会副主任和执行主编工作。袁主席对他的工作很满意，《附卷》的效果也很好。

市人大旅游委这个舞台，正良同样“演出”得很好。

三说：“桂林市红色旅游协会促进广西红色旅游发展”

“桂林市红色旅游协会，2018年3月挂牌工作。2017年，自治区党委书记彭清华提出桂林、百色两市成立红色旅游协会，促进广西红色旅游快速发展。这一指示传达下来，市旅发委罗建章主任找到王城景区戴东辉董事长，研究组建协会事宜。经过半年时间准备，由市民政局核准，2018年3月桂林红色旅游协会正式启程，东辉董事长出任协会法人代表、会长。”

“桂林成立红色旅游协会，当时全国地级城市是第一家，即便省级层面也比较少。协会成立之初，秘书长是梁翔云女士，她是协会会员单位西山景区总经理。协会会员单位来自有关方方面面，工作上联络协调事项比较多。考虑到这一点，东辉董事长根据旅发委领导意见，便想找一位退休的处级干部做秘书长，也有利于把握协会政治上的方向。2019年10月，协会召开大会，宣布并介绍了我的情况，市文广旅局领导、市红色文化传承中心领导参加了这次大会。”

“我上任后，感觉协会宣传工作比较薄弱，当时重点主要放在湘江战役上，当然湘江战役是桂林非常重要的红色资源，但若要对桂林红色资源进行整体宣传，须做一个全面的梳理。我首先考虑做宣传册，完整宣传好桂林红色文化。桂林红色文化往前追溯的话，应从孙中山先生在桂林王城设立北伐大本营，在这里会见共产国际代表马林及其翻译、中共代表张太雷开始，他们在这里的几次会谈，为孙中山新三民主义的形成奠定了基础。在会长全力支持和理事们共同努力下，我们把桂林红色革命文化分成 4 大板块，即辛亥革命、湘江战役、抗战文化和桂林解放。我通过各纪念场馆和热爱红色文化的摄影家，收集大量文字、图片，并交给专业设计公司，编印了《红色桂林》宣传册。紧接着还请专业影视公司，做了《红色桂林》宣传片。”

“在桂林红色旅游发展中，出现过一些导游对湘江战役相关人物、时间把握不准、讲解随意的现象。2021 年为庆祝中国共产党建党 100 周年，桂林将迎来大批前来湘江战役遗址、纪念场馆缅怀革命先烈的团体和个人，为确保桂林红色文化宣传的正确性，年初春节期间我们就开始研究讲解员培训计划，当时我找到协会红色旅游专家委员会主任、广西师范大学原副校长钟瑞添教授，跟他进行深度交流，尔后我还请了本协会 3 位红协专家，拿出培训计划交钟主任综合考虑，确定了培训方案。课程内容定稿后，我们还上报市委宣传部和市文广旅局请求指导。后来培训班由市文广旅局、市红色文化传承中心主办，协会和市导游公司协办，每期 5 天，室内教学 3 天，现场教学 2 天。两期培训班共培训学员 600 余人。”

“广西有个红色旅游协调办公室，隶属自治区文化和旅游厅。2020 年 7 月 1 日，我陪东辉会长去兴安参加一个活动，当时自治区红色旅游协调办主任叶文也来参加活动，期间戴会长说，广西考虑成立一个红色旅游联盟，代拟一个联盟章程，随后我便拟了出来。11 月初，叶文主任委托市传承中心张明道主任在桂林召开了《联盟章程》征求意见座谈会。12 月 22 日自治区文化和旅游厅办公室在桂林召开了广西红色文化旅游协会筹备会，会上选出 11 家理事单位，确定筹备成立工作由桂林戴东辉理事负责。次年初我们向自治区民政厅申报，5 月初民政厅同意筹办。6 月 6 日，在我市召开了协会第一次代表大会，戴东辉当选为会长。在新一届理事会会议上，戴会长提议聘任我为秘书长。第一次代表大会完成了所有议程并上报成立协会材料，9 月 4 月获得自治区民政厅批复。12 月 29 日在桂林召开的广西自驾游大会上，自治区文化和旅游厅副厅长谢日万、桂林市人民政府副市长蒋春华为广西红色文化旅游协会成立揭牌。至此，广西红色文化旅游协会正式启程。”

正良说，下一步，一是宣传上继续加大力度，二是强化与区内外特别是国家长征文化公园沿线城市的交流，三是研究好广西各市红色文化包装，四是深挖自然景观、历史文化景观、生态乡村旅游里的红色文化元素，五是桂林市红色文化相关责任部门，尽快制定出台《桂林市红色教育培训机构标准》。正良表示相信，红色文化资源一定会成为桂林、广西旅游发展一个新的增长极。

何光暐先生访谈录

（访谈时间：2021 年 12 月）

早在 2005 年 3 月，我就在有关资料上看到了何光暐局长在国家旅游局干部大会上的一个材料，这是他当时离开局长岗位时的讲话。何局长在讲话中说："从 1995 年 11 月，我担任国家旅游局党组书记、局长，至今已经九年多了；从 1986 年 3 月，我到国家旅游局工作，至今已经整整 19 年了。这 19 年，中国旅游业从小到大，从弱到强，经历了不平凡的发展历程。2004 年，中国接待入境旅游者 1.09 亿人次，是 1978 年 181 万人次的 60 倍；旅游外汇收入 257 亿美元，是 1978 年 2.63 亿美元的 98 倍；国内旅游人数达到 11 亿人次，出境旅游人数达到 2885 万人次，三大旅游市场实现了新的历史飞跃！中国已发展成为世界旅游大国，旅游国际排名由 1978 年的世界第 41 位，跃升为世界第 5 位，令全世界为之瞩目！"看得出，何局长讲话是充满深情的，总共 19 年国家旅游局副局长、特别是 9 年多局长的工作历程，每一步都留下了他对国家旅游工作深深热爱的印迹，留下了他全心促进中国旅游业日益前行并不断取得非凡成就的努力。当时我作为地方旅游局的一名干部——桂林市旅游局局长，看到后也是感慨颇多，何局长对地方旅游业发展的关心支持，以及对地方旅游局干部的关怀指导，也让很多地方旅游局的同志感触极深，大家开会聚在一起就不时谈起这一话题。

我 1996 年 6 月进入桂林市旅游局，第二个月即 7 月就有幸在桂林见到何局长。当时何局长带着分管旅游工作的国务院副总理钱其琛同志的一份批示，来桂林指导旅游市场建设工作。何局长在桂林期间，我随黄家城局长参加了他和黎明智市长的会见等一系列活动。这次与何局长的接触，让我进入旅游工作大门即感受到了旅游市场状况对旅游业健康发展的重要性。

从 1996 年到 2005 年，我自然又有很多机会见到何局长，聆听他的讲话、谈话，以及与他聊天，何局长平易近人的作风拉近了包括我在内的很多地方旅游局干部与他之间的距离，我在他面前便也常常是既敬重同时又感觉非常轻松。

这次启动“说说‘桂林旅游’”新一轮系列访谈活动后，曾担任过桂林市副市长的潘建民先生说应该访谈一下何光暐老局长，我感到非常有道理。桂林作为国内外知名的国家重点旅游城市，一直得到原国家旅游局的关心和支持，想要说说“桂林旅游”，不能不包括感恩国家旅游局的有关内容，更何况何光暐局长对桂林的厚爱、指导和帮助，又是我切身感受到的。因此，我通过时任国家旅游局办公室主任徐惠芳女士、时任何局长秘书单钢新先生联系何局长，工作过程中我也和他们两位都非常熟悉了，令我十分高兴的是，没过几天徐主任就告诉我，何局长同意接受访谈。

一说：“桂林的工作一直是做得不错的”

访谈自然先从 1996 年 7 月何局长专程来桂林指导旅游市场建设工作开始。

“桂林是国家最早支持发展的重点旅游城市之一，从 1973 年经国务院批准在全国率先对外开放旅游以来，桂林就走在全国前列，在服务国家外交大局、为国家创汇以及为全国旅游业发展积累经验等方面，都做了大量工作，取得了很大成绩，做出过很大贡献。桂林早期就是中国旅游的风向标城市，在国际上的知名度也非常高。这样的桂林，哪怕出现一点点问题，影响就会不小。包括桂林在内，全国旅游业在发展过程中，都曾经发生过一些值得注意的问题。那次到桂林，我是带着钱其琛副总理批示去的。美籍华人马先生在桂林旅游时，遇到了他对旅游服务感到不满的事情，后来他写信给钱副总理。旅游市场秩序正是我在国家旅游局工作多年一直注意到的全国性的一个问题，也是我任局长以后想要着手解决的问题。钱副总理批示后，我便来到了桂林。到桂林后，我向桂林市市长黎明智同志传达了钱副总理的批示，与桂林市领导商量如何解决好相关问题。桂林市对此高度重视，立即制定旅游市场整治方案，8 月就开展了较大规模的整顿工作，力度很大，效果也非常好。这次市场整顿，实际上也积累了一些经验，为其他地方建设好旅游市场起到了一定的示范作用，我对桂林市的工作是充分肯定的，也是比较满意的。”

“国家旅游局布置创建中国优秀旅游城市活动以后，全国各地都在积极按照相关标准开展各项工作，桂林在这方面同样很努力，包括旅游市场建设在内的所有工作都在有效进行，国家旅游局验收组对桂林创建中国优秀旅游城市工作的评价不错，1998 年年底桂林进入了首批中国优秀旅游城市名单。国家旅游局充分肯定桂林的工作，决定 1999 年度全国旅游工作会议在桂林举办，中国首批优秀旅游城市颁牌仪式在桂林举行。1999 年 1 月上旬，全国旅游工作会议暨创建中国优秀旅游城市工作会议按计划如期在桂林召开。我在会上作工作报告，孙钢副局长代表局党组宣读了《关于命名第一批中国优秀旅游城市的决定》。国务院副总理钱其琛同志出席了这次大会，发表了重要讲话，并为‘中国优秀旅游城市’标志奖杯揭幕，向获得优秀旅游城市称号的 54 个城市颁发了牌匾。这次会议开得很隆重，很成功。国务院台办主任陈云林、国务院侨办主任郭东坡、国务院副秘书长崔占福、广西壮族自治区副主席袁凤兰、北京市副市长张茅、上海市副市长周慕尧、河北省副省长杨迁、海南省副省长李东生、国家旅游局副局长程文栋等有关领导同志都出席了会议，他们也都参加了授牌。桂林市主要领导在会上作典型发言并在主席台上接受了首批中国优秀旅游城市的牌匾。”

“因为桂林生态环境保护工作做得比较出色，国家旅游局决定把‘1999 生态环境游’开年仪式也放在桂林。1999 年 1 月初，‘1999 生态环境游’开幕式在桂林举行。我在仪式上宣布开幕，并和广西壮族自治区党委书记曹伯纯同志一起击响了象征活动开始的大鼓，程文栋副局长、自治区袁凤兰副主席也先后在仪式上讲话。当时自治区、桂林市非常重视这次活动，除了曹书记，李兆焯主席、桂林市委书记、桂林市市长都参加了开幕式。”

“2002 年我又到桂林，这一年在桂林参加了两次会议，我记忆非常深刻，桂林市承办会议工作做得十分完美。一次是 7 月的全国旅游市场打假打非专项整治工作会；一次是 11 月的博鳌亚洲旅游论坛。”

“打假打非那次会上，我代表国家旅游局党组作了题为《深入开展打假打非专项整治工作夺取旅游市场治理整顿的新胜利》的工作报告。我在报告中提到，这次会议之所以放在桂林召开，就是因为桂林是一座在国内外享有盛誉的旅游城市，这些年来，桂林在积极发展旅游业方面做了大量富有成效的工作，使桂林城市面貌发生了很大的变化，全国旅游市场打假打非专项整治工作特别是桂林在整顿和规范旅游市场方面取得了很大成绩，到桂林开会就是让与会各单位现场交流学习，以推动全国旅游市场整顿工作。对桂林的工作，我是充分肯定的，做得好我就来开全国的会，让大家过来学习，现场交流。”

“记得是 11 月下旬，国家旅游局和博鳌亚洲论坛、亚洲合作对话组织在桂林联合主办了首届博鳌亚洲旅游论坛。这是博鳌亚洲论坛的第一个分论坛，确定以旅游为主题，桂林市承办得非常成功，各项准备工作很到位，论坛及相关活动很成功，论坛结束时发表了《桂林宣言》。全国政协副主席陈锦华、瑙鲁代总统纳马杜克、越南副总理武宽、世界旅游组织秘书长弗朗加利、世界旅游理事会主席鲍姆加腾、旅游局孙钢副局长、广西壮族自治区副主席袁凤兰、博鳌亚洲论坛秘书长张祥、亚洲合作对话组织协调人沙提拉泰以及几十个国家和地区的代表500多人出席了论坛，外交部部长唐家璇为论坛发来了贺信。论坛期间，作为论坛东道主，我还主持召开了亚洲旅游部长圆桌会议。通过国家旅游局、博鳌亚洲论坛和桂林市方面共同努力，在桂林的这些活动，事实上也在一定程度上拓展了中国旅游的国际活动空间，提升了中国旅游在国际上的话语权。”

“桂林在国内旅游方面，也一直在谋求较好的发展，工作也做得不错，成绩是大家看得到的，所以国家旅游局在2004年经过严格的工作程序，明确了2005年4月的中国国内旅游交易会举办地为桂林，并在成都举办的2004年中国国内旅游交易会上，把国内旅游交易会大旗交给了桂林。”

衷心感谢何局长！衷心感谢国家旅游局对桂林的指导关怀！作为地方旅游局的一名干部，我相信不论哪一个城市，都能体会到国家旅游局支持指导的重要性，我本人对此就有深深的切身感受。让我记忆犹新的还有三件事情：一是2006年12月，自治区旅游局在桂林乐满地举行桂台旅游业联谊座谈会，台北旅行商业同业公会三十多名旅行社总经理专程来桂参会交流，时任全国政协人口资源环境委员会副主任的何光暐老局长也应邀前来，使联谊座谈会效果大为提升；二是2012年12月，何局长到桂林休假，受到市领导和旅游界同志们的热烈欢迎，晚餐会上还在我和钟新民、李克强三人的高级导游证背面亲笔签上了他的名字；三是2018年11月，第18届世界何姓文化旅游暨恳亲联谊大会在桂林召开，大会主题是：“弘扬中华民族优秀传统文化，传承中华文明，团结海内外炎黄子孙，为实现中国梦和中华民族的伟大复兴而奋斗！”何局长莅临桂林宣布大会开幕。大会期间，桂林旅游界很多人又一次与何局长亲切交流。

二说：“桂林应该继续走在全国旅游城市的前列”

我请何局长继续对“桂林旅游”发表看法。

“今年4月，习近平总书记视察桂林，提出桂林要打造世界级旅游城市，我听到后很是为桂林感到高兴，桂林旅游和桂林城市发展受到总书记的重视，总书记亲自给桂林定位定向，这对桂林来说是一次千载难逢的重大机遇，相信桂林一定会在以往工作的基础上，紧紧抓住这一机遇，乘势而上，发展好自己，真正把桂林建设成为世界级旅游城市。我认为，桂林应该继续走在全国旅游城市的前列。”

“我对桂林有着很深的感情，以前和你们聊天时，我几次说到，20 世纪 80 年代初期我就到过桂林‘扫大街’，那时我在团中央书记处做书记，团中央倡导开展‘五讲四美三热爱’活动，受到全国各地欢迎，也得到了党中央的肯定。那时候我到桂林指导有关工作，看到桂林旅游那时就已经热火朝天了。1986 年 3 月，我调来国家旅游局工作，对桂林这样的旅游热点城市就更加关注了，也曾多次来过桂林。我越来越感到桂林旅游在全国是走在前面的，桂林一直是全国重点建设的几个旅游城市之一。”

“前面说到的旅游市场建设，我 1996 年到桂林直接抓过，后来桂林力度大、成效好，旅游市场秩序管理工作当时在全国走在了前面，2003 年 7 月全国旅游市场打假打非会议就放在了桂林，我在会议正式讲话里面就直接表扬过桂林。今后桂林在打造世界级旅游城市过程中，我认为仍然要坚持把旅游市场建设好，让作为世界级旅游城市的桂林有一个非常良好的旅游市场秩序。”

“桂林旅游信息化建设也是走在全国旅游发展前列的，1999 年年初那次在桂林我去桂林旅游信息中心，看到‘桂林旅游网’在全国旅游城市当中比较早地建成使用了，桂林还有专门的旅游信息工作队伍，我很高兴，感觉桂林的旅游信息化工作做得非常不错，旅游信息咨询工作开展得也很不错，2002 年全国旅游市场打假打非会议在桂林召开时，我还倡导参会人员去桂林旅游信息中心走走看看。我觉得信息化这个工作现在仍然需要继续抓好，旅游与科技结合也是现代旅游发展的一大特征、一大趋势，打造桂林世界级旅游城市，信息化建设也要跟上，桂林应该继续走在全国前面。”

“中国优秀旅游城市，当年桂林是第一批，也算是在这方面走在了全国的前列。当年国家旅游局在全国开展创建中国优秀旅游城市，就是为了城市建设和旅游发展更加协调，城市对旅游发展的支撑作用更加有力；旅游对城市发展的各种作用发挥得更加到位，包括桂林在内的很多城市对创建工作非常重视，都能迅速响应，桂林的工作卓有成效，国家旅游局在评定时感到比较满意，因此桂林得到了第一批优秀旅游城市的称号。1999 年 1 月，全国旅游工作会议暨第一批优秀旅游城市颁牌大会放在桂林，客观上就是对桂林的肯定。桂林现在打造世界级旅游城市，我认为就要拿出更大力度的举措，在新的形势之下，按照习近平总书记的要求，全力把桂林城市各项建设工作都做好。”

我告诉何局长，后来创建中国最佳旅游城市，桂林也是非常重视，召开过全市高层次的动员大会，对最佳旅游城市，桂林也是志在必得，我本人还专门到大连等地参加相关讨论，后来这项全国性工作因故没有继续，但桂林为了把城市建设得更好，仍然继续做了不少事情，这些对桂林城市建设和旅游业发展都起到了很大作用，何局长说这些都很不错。

“旅游厕所建设，桂林开展得比较早，也比较好，走在了全国旅游城市前列。2000 年桂林启动‘厕所革命’，随后 2003 年南京等地也开展了‘公厕革命’。桂林厕所建设的做法成效都很好，2001 年国家旅游局在桂林召开了‘新世纪旅游厕所建设与管理研讨会’，这在中国是第一次以厕所为主题的全国性会议，会上发表的《桂林共识》成为中国第一个关于推进厕所革命的共同宣言。我当时有别的安排，让孙钢副局长去的。我认为旅游厕所既是城市形象，也是国家形象，桂林采取市场运作方式，先后建设了 800 多座旅游厕所，极大改变了桂林旅游厕所落后面貌，大幅度改善了海内外游客对桂林的印象，树立了桂林国际旅游名城的新形象，在全国起到了带头作用。国家旅游局主持的旅游厕所桂林研讨会，事实上也是一个现场会，我听说全国各地的局长们看后都很有一番感慨，都表示回去以后要好好抓抓本地的旅游厕所建设工作。打造桂林世界级旅游城市，桂林要在旅游厕所方面继续保持全国领先的位置。”

“桂林的自然生态环境保护，是国家一直重视和关注的，桂林从改革开放当初就始终非常努力，也取得了很大的成绩，当初关停并转了一批工厂，后来又在生态环境建设方面下了很多功夫，这方面工作也得到了国家领导人和环保部门的肯定和称赞。桂林生态环境保护工作也是走在前列的，国家旅游局把 1999 生态环境游开年仪式放在桂林，我和曹伯纯书记在桂林击鼓开年，就是国家旅游局和自治区党委政府对桂林这方面工作的肯定。世界级旅游城市建设，当然要包括保护好桂林的自然环境，桂林一定要继续做好相关工作，使桂林生态环境保护工作特色鲜明、成效卓然。”

看得出，何局长对桂林这样的城市，是重视的，是关心的，谈起桂林他一口气可以谈到很多方面。当初何局长既从全国旅游发展大局上思考很多重大问题，又从包括桂林在内的一个个旅游目的地城市着眼指导很多具体工作。推动中国从世界旅游大国向强国行列迈进，何局长是全身心投入的。

三说：“世界级旅游城市的建设目标一定能实现”

接着，何局长继续谈打造桂林世界级旅游城市的话题，他说桂林世界级旅游城市的建设目标一定要实现，也一定能实现，桂林一定不会辜负习近平总书记对桂林的厚望。

“今年4月习近平总书记视察桂林时，强调桂林是一座山水甲天下的旅游名城，要坚持以人民为中心，以文塑旅、以旅彰文，提高服务质量，提升格调品位，努力创造宜业、宜居、宜乐、宜游的良好环境，打造世界级旅游城市。这是习近平总书记站在党和国家发展全局的高度，对桂林立足新发展阶段、贯彻新发展理念、服务构建新发展格局做出的精准指导，是对桂林城市发展的全新要求。桂林市委市政府能够在第一时间就积极行动，策划安排了很多工作，这些都非常不错。打造世界级旅游城市，要做的事情很多，桂林有基础有条件，只要踏踏实实按照总书记的要求去做，我相信桂林完全能够成为一个响当当的世界级旅游城市。”

“打造世界级旅游城市，当然涉及城市建设、产业发展等很多方面，有很多工作需要做好。”

我请何局长给些具体指导。

“比如，保护好桂林的生态环境，我前面也多次说过，桂林山水这一大自然的杰作，是桂林成为著名旅游城市最基本的依托，因此保护好自然生态环境，依然是桂林必须高度重视的工作。美好的自然生态环境，让桂林旅游延伸出很多高水平、有特色的旅游产品，而一旦没有了好的自然生态环境，桂林旅游的生命力就会受到严重影响，更别说打造世界级旅游城市了，下一步桂林一定要把这项工作放在重要的位置，秉承‘绿水青山就是金山银山’的理念，保护好自然生态环境。这方面，我在任时在各种场合、大会小会都曾经不断地讲过，你们可能也都听过，我愿意在此首先强调这个问题。”

“今年是建党100周年，红色旅游也是今年的一个热门话题，全国各地都开发推出了很多红色旅游活动，这非常好。我认为红色旅游是当代中国极具特色的旅游产品，它的意义和作用也都很大，发展好红色旅游，丰富了中国旅游产品的体系。早在2004年，当时按照中央领导同志的意见，国家旅游局就与中央文明办一起，推出了《2004—2010年全国红色旅游发展规划纲要》。2005年年初的全国旅游工作会议，又正式部署红色旅游工作。2005年3月，我还就发展好红色旅游问题应《求是》杂志约稿，专题发表了有关文章。《纲要》提出的红色旅游线路、景区里面，都有桂林。”

我告诉何局长，桂林当时紧跟国家旅游局部署安排，2005年年初就举办仪式，声势浩大启动红色旅游活动。

“桂林红色文化资源丰富，当年红军长征湘江战役悲壮惨烈，意义非凡，保卫了党中央安全渡过湘江，应该说湘江血战是对中国革命做出了杰出而重大的贡献。4月习近平总书记视察桂林，第一站就来到湘江战役旧址，他还发表了重要讲话，讲到赓续红色基因的问题。听说现在红军长征国家公园桂林段建设正在加快进行，一些红色文化设施都已建设完成，这些都很让人高兴。我自己就是红二代，对红色文化有着特殊的情感，我认为红色旅游对我们不忘初心牢记使命，奋力建设社会主义现代化强国都极具意义。桂林充分利用好红色文化资源，把红色旅游发展好，条件是具备的，今后应该更加有所作为。这对丰富桂林旅游产品，打造好世界级旅游城市，会有很重要的促进意义。”

“打造世界级旅游城市，规划要做到位，标准要高，内外交通要通畅，城市精神文明要抓好，旅游产品要适应发展需要，旅游服务、旅游管理都要跟上，旅游市场秩序方面不能出现任何问题，等等这些，全都要抓好才行。就是说，旅游设施要一流，旅游产品要一流，旅游服务要一流，旅游管理要一流。另外，保证世界一流的同时，桂林的特色也要保持好，否则就不是桂林了。所以，工作千头万绪，要做好的事情很多，需要国家有关部门和自治区党委政府大力支持的东西也很多，桂林要一一理清楚，把所有的工作都做好。不过话说回来，桂林基础具备，经验丰富，现在各方面环境、条件又都很好，我非常相信，在桂林市委市政府的坚强领导下，在国家各相关部门的关心支持下，在自治区党委政府的有力指导下，习近平总书记提出的打造桂林世界级旅游城市的目标一定能实现！”

何局长对桂林充满期待，对桂林打造世界级旅游城市既有具体的意见，又有总体上的指点；既有鼓励，又有希望。这次访谈，让我又一次感到何局长对地方旅游城市——桂林的情谊；感受到老领导对地方老下属的亲切关怀。老局长的大局观、全局观以及看问题的精准性、全面性，着实又让我受益匪浅。

陈连生副局长访谈录

（访谈时间：2022 年 5 月）

陈连生副局长 2015 年调来桂林市旅游发展委员会，2019 年机构改革文旅部门合并继续留任桂林市文化广电和旅游局，至今在市旅游行政主管部门担任领导已有 7 年。在此之前，连生在国内外闻名的旅游目的地——阳朔做县委副书记。多年的阳朔工作经历加上旅发委、文广旅局 7 年的工作时间，让他对桂林旅游、对旅游行业已经非常熟悉，并对从政府角度如何研究和推进桂林旅游发展也十分有数。

连生的经历和能力，自然又让他成为 2020 年 8 月底到市文广旅局担任局长的王子西同志在旅游工作方面的得力助手。特别是 2021 年 4 月，习近平总书记视察桂林期间，作出打造世界级旅游城市的重要指示，这是习近平总书记站在党和国家发展全局的高度赋予桂林发展的新使命新要求。市文广旅局无疑就又面临很多具体的研究和落实工作。在这样一个重大背景之下，作为市文广旅局一线领导中唯一一位原市旅发委领导的连生同志，自觉、有力地配合局长，发挥了他懂旅游行业、懂旅游工作的作用。

2021 年 4 月到 2022 年 4 月，这是桂林市经济社会发展史上，也是当代桂林旅游发展史上极为重要的一个时段，同时也是桂林市文广旅局工作人员人生和工作中极为难得的一个时段，当然也是连生，作为市文广旅局分管主要旅游工作的领导一生中最难忘的一个时段。习近平总书记到桂林之前和在象山景区发表重要讲话之时，以及之后一年来的贯彻落实工作，连生始终在具体工作第一线。工作自然十分辛苦，但每每讲起来，连生又显得很兴奋，说他能拥有这个经历是万分幸运的，能在一线做些相关工作是万分幸运的，我就直接听他说过几次。

记录一些重要的历史性事件，记录一些亲历者的讲述和感受，并分享给更多的人，也在纸面上留下桂林旅游人的奋进和“追梦”作为，是我这两年进行“桂林旅游”人物访谈的主要目的。因此，我联系了连生，对他进行了访谈。

访谈连生，还有一个考虑，就是可以顺便听听，一位从阳朔来到桂林市文广旅局的旅游工作者，对“桂林旅游”和桂林“打造世界级旅游城市”，有着怎样的一些思考。

一说：“去年当时的情景和今年系列文旅活动”

2021 年 4 月，习近平总书记在桂林作出打造世界级旅游城市的重要指示，桂林上下群情振奋、欢欣鼓舞，桂林市委、市政府以及全市社会各界纷纷表示要不负重托，感恩奋进，全力打造世界级旅游城市。一年过去了，人们对当时的情景都历历在目，常常感到仿佛就在眼前，就在昨天。当时，连生一直身在现场，自始至终聆听了总书记的讲话，亲历了当时的整个场景，我也几次听他说过。这次访谈，自然还要请他再讲一次。

“2021 年 4 月，我有幸在象山景区与来自各地的游客一起，现场聆听了习近平总书记作出打造世界级旅游城市的重要指示。当时的情景，在您去年 7 月召集的‘打造桂林世界级旅游城市’主题沙龙上我也说到了一些。4 月 26 日下午，约 2 点半，总书记来到了象山景区。在象山景区，总书记发表了重要讲话，后来新华社都进行了报道。总书记提出‘打造世界级旅游城市’这么一个桂林今后发展的方向，还说了桂林要提升城市的格调品位。当时在现场，我们大家都非常激动，局里面十几名工作人员，都是第一次如此近距离聆听总书记讲话。”

“说起来很有意思，总书记说来象山景区，那是一定会来的，这也许是老天的安排。4 月 26 日上午下了暴雨，中午便暴雨不再，雨过天晴。我们正好在象山景区组织‘迎五一、提消费、促复苏’活动，恰好有来自浙江嘉兴、福建福州等地以及桂林本地的旅游团参加活动。顺便说一句，后来我们还成立了一个‘福嘉桂’文化旅游城市联盟，这个名字蛮好听吧？总书记在福建工作过，在浙江也工作过，他也很关注这些地方。这次在桂林，又刚好有福州、嘉兴的游客，所以这全是‘天意’吧。总书记大概 2 点半多到了象山景区，大家看到总书记来了，都很激动，也深感荣幸，大家都是第一次，包括我们工作人员和所有的外地、本地游客都是第一次这么近距离见到总书记。总书记满面笑容走了过来，向大家招手示意，一时间‘总书记好！’呼声响起，游客们纷纷围拢过来向总书记问好，总书记问游客从哪里来，大家争着回答，‘我们是浙江嘉兴的！’‘我们是福建福州的！’‘我们是桂林本地的！’总书记说，嘉兴有美景，福州也有美景，桂林也有美景，大家要彼此借鉴。这些场景，媒体上都报道了。”

“总书记在象山景区，和大家亲切交谈，场面令人难忘。总书记说，桂林山水甲天下，绿水青山，天生丽质，是大自然赋予中华民族的一块宝地，一定要呵护好，要坚持以人民为中心，以文塑旅、以旅彰文，提高服务质量，提高格调品位，营造宜业、宜居、宜乐、宜游的良好环境，打造世界级旅游城市。这是总书记亲自给桂林定下的发展方向！当时景区管理处党支部书记莫海现场向总书记介绍了景区的一些历史文化和主要景点，他也深感能为总书记做讲解十分荣幸，后来他还深有感触地说，总书记对桂林有着很深的感情，对桂林历史文化的了解很深入。在现场，我们桂林的导游还和总书记聊到桂林米粉，总书记说桂林米粉很好吃，这次在桂林也是天天吃。总书记走进景区主题邮局，详细了解了邮政发行的广西题材邮票、集邮品，桂林漓江风光文创产品等，令当时负责柜台服务的营业人员感慨万分，也表示要提升业务水平，让每位游客都对桂林留下美好的印象。总之，总书记在象山景区视察并发表重要讲话的情景，我都是在场的亲历者。”

转眼一年过去了，时间指针到了今年4月，桂林隆重举行了一系列活动，我请连生介绍一下。

“总书记在桂林提出打造桂林世界级旅游城市，时至今日，已经有整整一年了。在一周年之际，市委、市政府高度重视，桂林在刚刚过去的4月，举办了一系列的活动，这些活动，我觉得完全应该说上一说。”

“4月24日，在习近平总书记视察桂林一周年之际，桂林市召开了‘进一步深入贯彻落实习近平总书记视察桂林重要指示精神大会’，对习近平总书记重要指示精神再学习、再领会、再部署、再落实，周家斌书记在会上指出，要努力推进打造世界级旅游城市进入快车道；4月26日，市委理论中心组在全州召开‘进一步深入贯彻落实习近平总书记视察桂林重要指示精神专题学习会’，周家斌书记强调，要牢记重托、感恩奋进，更加坚定自觉地以打造世界级旅游城市为统领，推动桂林经济社会实现不可逆的快速发展；4月25日，桂林市举办‘漓江论坛’，凝聚共识、汇聚智慧，以保护好漓江，保护好桂林山水；4月22日，桂林市人大常委会第五次会议，表决通过了《桂林市人大常委会关于设立‘漓江保护日’的决定》，将每年4月25日设为‘漓江保护日’等，这些都是重要的全市性系列活动。”

“重要的活动还有一些，比如4月1日，桂林市委宣传部启动了2022年‘桂林向您汇报’新媒体宣传月活动，桂林各县（市、区）、各部门踊跃展开各自的汇报篇章；4月中旬开始，《桂林日报》陆续推出《牢记嘱托感恩奋进这一年——

总书记，我们向您汇报》大型宣传报道活动，做了上百个版面；4 月 25 日，市里举办“打造桂林世界级旅游城市 2022 年重大项目集中开竣工暨招商引资项目集中签约活动，当天集中开竣工项目共有 100 个，总投资额达 300 多亿元；还有桂林市公安局生态环境保护分局、桂林融媒体指挥中心和桂林国际融媒体中心、桂林世界级旅游城市特聘专家活动中心等也在 4 月揭牌成立。”

“作为重要系列活动之一，《打造世界级旅游城市一周年成果展》也于 4 月 24 日在桂林博物馆隆重推出，周家斌书记等市四家班子领导到展地观展。一周年成果展，是清明节前提出来的，由市委宣传部牵头，我们局具体负责，要把各部门一周年来的工作及其成效系统地进行梳理并展示出来。大家自然非常辛苦，不过大家都非常努力，天天加班，较好地完成了办展任务。这个展览，很值得去看看，展览将会持续一段时间，至少半年甚至是一年。”

讲去年 4 月当时的情景和上个月的系列活动，连生是激动的，这我完全能够理解，在著名的国际旅游城市——桂林市旅游主管部门工作，又有机会近距离见到党和国家最高领导人，并现场聆听总书记关于桂林打造世界级旅游城市的重要指示，这个重要的、历史性的时刻是不容易遇到的，也不是谁都能够遇到的；之后的一年，他又参加了多项贯彻落实的有关工作，还亲历了总书记视察桂林一周年之际的系列活动，连生的确是幸运的。

二说：“去年 4 月以来的这一年，桂林做了些什么”

2021 年 4 月以来的一年，桂林一直在牢记重托，感恩奋进。接着，我请连生说说一年以来，桂林都做了哪些工作，我想这也是很多人都想知道的。

“当时总书记提出打造世界级旅游城市，从贯彻落实的工作上说，我们局里面，包括局长，都在欣喜之余感觉压力也比较大，但我们行动迅速，动作很快。‘五一’期间，我们就委托了一个团队，用了十多天的时间，做了关于世界级旅游城市的课题，意在先解决什么叫世界级旅游城市、怎么着手去建设这个最基本的问题，课题成果后来获得了广西文旅系统十佳调研案例，广西文旅厅还将之推荐给了文化和旅游部，争取获评全国文旅系统十佳调研案例，据说已经提名了。这个课题，我们委托的是南宁师大博士、副教授曹世武带领的团队，初步回答了世界级旅游城市的基本问题，这也是最早由我们局里拿出的一份基础性的东西。紧接着，市里面各项任务就下来了，包括 6 月 11 日举办专家研讨会，过了‘五一’我们就开始筹备，我们用了 1 个月不到的时间，就确定和安排了 8 位专家到会演讲。戴斌院长我们不很熟悉，吴文学副局长也不很熟悉，是请林业江帮助联络的。旅游口在不到一个月时间里，能够把吴文学副局长和戴斌院长请过来，确实很不容易。周家斌书记请了俞孔坚教授，俞孔坚教授又请了李迪华教授，这样北大有 2 人了。世界级旅游城市是全新的话题，这么短的时间，把这个事情讲清楚不容易。像戴斌院长，接到邀请立即组了一个群，七八个人，我也在群里，他展开研究世界级旅游城市这个课题应该讲什么东西。他经常晚上三四点钟，在群里提出需要提供的资料。我早上六七点钟起床，第一件事就是打开微信，看看戴院长有什么需求。他这次确实讲得挺好，深度很够，又有数据做支撑。有点遗憾的是，因为疫情保继刚教授没能过来。开完研讨会，所有会议材料的整理，全是我们局做的。这个头我觉得开得挺好，大家基本上又有了一些工作思路。世界级旅游城市是个什么概念，专家们讲得很清楚了。后面市第六届党代会时，家斌书记的报告里，就有了三步走战略的提出，三步走一步 5 年，用 15 年时间来打造世界级旅游城市，就是说进一步明确了打造世界级旅游城市的分阶段目标。紧接着，市委、市政府领导就考虑做一个规划。党代会以后，马上启动了规划纲要的编制工作。当时市里定下三个事情：一个是编制规划纲要；一个是做桂林生态基础设施专项规划，总书记说了，要当好保护桂林山水的二郎神；一个是关于标准体系的研究。标准这一块，现在是由中国旅游研究院来做；规划纲要已经完成了，现在已由自治区人民政府上报到国务院了；生态基础设施规划初稿已经做完，也讨论了几次。此外最重要的，是首先要有国家政策的支持，目前需要国家支持的政策梳理出 18 条，涉及旅游这一块，比如说品牌创建、航线培育、旅游基础设施建设、文化项目建设，我们都提出来了。自治区的政策支持，市里面梳理了 32 条。我觉得在这一块，就是一周年之际，桂林把这几个文件和政策上报到自治区和国家，这是最大的一个成果。其次，世界级旅游城市建设支撑，当然很重要的是项目，市里面也列出了 100 个重大项目，100 个重大事项，其中包括了一些标志性的项目。再次，我觉得世界级旅游城市，我们也从小事来切入了，比如说象山景区免费开放，就是一个标志性的工作。象山景区免费，中国旅游研究院评价“免费开放这一小步是桂林建设世界级旅游城市的一大步”。这件事情，我觉得就是以小见大，市委、市政府干成了一件多年想干但没有干成的事。”

“作为文旅部门来说，建设世界级旅游城市，我们是主力军，是要打头阵的。后面发改委主导做了两件事情，第一是包装项目，第二是做规划纲要。政策类的东西我们打了基础，后面他们加上了争取政策这一块。去年下半年，市里成立了世界级旅游城市领导小组办公室，把科技局可持续发展中心转了过来，有十来个人开始具体操作这项工作，他们陆陆续续做了不少行政协调的事情。我局现在从大量的事务性工作当中稍微解脱了一些，可以专心思考相关的一些重要工作了。去年下半年十一二月，世界级旅游城市领导小组有了明确的安排，就是分了 1 个办公室和 10 个工作组。我们文广旅局现在主要负责品质提升这一块，是旅游品质提升工作组办公室，组长是市政协陈丽华主席，办公室在我们局里，所以从去年年底开始，我们主要就做旅游品质提升这块工作了。旅游品质提升组今年开过第一次会议，明确了今年主要工作任务，如开展 6 个行动，包括公共服务设施如何加强、市场如何监管、品牌怎么创建、文旅怎么融合等。”

“建设世界级旅游城市，从总书记提出来，到我们统一思想，把概念搞清楚，再到我们业务部门应该做什么，总之是大家理清楚了。一年来，我们处于边学边想边干这么个过程之中，大家都很艰辛，很多材料也不知道怎么写，写了又重写，反复摸索，到今天我觉得大家应该很清楚了，包括各个职能部门要做些什么事情。说实话，这一年压力很大，大家都摸着石头过河，心里也都比较着急，想尽快做出成效。我这边有两个人很得力，就是廖艳丽、唐飞鸿，两人工作时间长也有经验，文字这一块有相当多的事情，像研讨会专家演讲的记录，我们都是连夜整理，然后梳理出一条一条再落实到各个部门。”

“去年有两件事我也顺便说一下，10 月 26 日在北海召开的广西文化旅游发展大会，自治区党委刘宁书记提出了桂林建设世界级旅游城市的 4 个定位。26 日下午，子西局长打电话给我，说明天市委开常委会，她还在北海赶不回来，让我去汇报。我就马上跟廖艳丽、唐飞鸿两人准备汇报材料。刚好那天是我生日，他们还给我买了蛋糕，汇报材料到半夜 12 点半才做完，我们吃蛋糕实际上是第二天了，我过了一个难忘但很有意义的生日。第二件事，是 12 月 28 日自治区党委要召开第一次桂林世界级旅游城市建设工作推进会，27 日中午我接到任务后，我们就开始准备，晚上 8 点前赶到了自治区党委办公厅一处。27 日晚上，我们从晚 8 点写到第二天早上 7 点，搞了一个晚上不觉得累不觉得困。这两件事，我一辈子也忘不了，任务特殊而且有意义，所以为建设世界级旅游城市，我觉得干得非常有意义，有了自己难以遇见的很多些事情，别人没这个机会。”

从连生的讲述中，我了解到了一年来桂林贯彻落实习近平总书记重要讲话所做的主要工作，也了解到了作为桂林市文化旅游主管部门领导，清晰到位的思想认识和认真自觉的工作态度。市文广旅局的积极作为是有很大成效的，连生他们的奋进精神是值得点赞的。

三说："这些年的工作感受和对下一步工作的思考"

访谈进入最后一个话题，我说想听听连生这些年在市旅游主管部门工作的感受，对下一步工作有些什么思考。

"我先说个很深的感受，就是觉得旅游这个概念，大家还真不是弄得很清楚。我在旅游主管部门工作 7 年了，感觉我们局的职能很模糊，叫你干啥都有理由，旅游是个筐什么都能往里装，与其他城市交流时，他们也有类似的感觉，就是旅游这个词用在行政部门，就没了一个具体的含义。特别是现在，我们所有部门差不多都加了旅游，因此很多事情都叫我们去配合。打个比方，培育购物店变成限上企业，也需要我们局参与。商务部门把住宿业交给我们，疫情期间隔离酒店也是由我们负责。另外现在我们感觉很矛盾，一手拿着矛一手拿着盾，疫情期间防控希望少来一点人，但文旅复苏和经济指标方面我们又是主要成员单位，叫你多消费多来一点人。其实很多时候我们很无奈，就是拿着一对矛盾。现在的旅游统计，我们也很尴尬，旅游车交通周转量由交通局统；批零住餐由商务局统；旅行社和旅游景区的数字由服务业办统；旅游快递邮寄由邮政局统；旅游贷款存款由金融办统，旅游统什么？我们其实没有一个指标，因此很多人都说旅游对 GDP 的贡献、对财政贡献不大。多少年来都是这样，不过这也是一个全国性的问题，越到下面我们就越被动。"

"我再说几个思考吧。旅游的发展，尤其像桂林，包括景区景点、酒店饭店，这些市场主体很多都是民营的，不像我们'旅股'，政府有什么事情都肯承担，民营企业就不一定了，即便是承担也没有那么到位。所以我觉得，这对我们旅游品质的提升有不利的一面。今后，要么优质资源政府来控制好，要么就招大商来做。融创进来后，对桂林旅游市场的促进作用就很明显。去年融创做了一批客人，上亿万的富翁来融创做活动，尽管有疫情最后也来了 1000 人，都是亿万富翁。所以我说要招大商，作用是相当明显的。融创还有二期，1000 亩地，我听说将来可能做桂林第一个高端购物市场，看看这作用发挥得多好！融创桂阳公路路边，下一步一定很有前景。所以我觉得，在招引大资本进入桂林方面，必须要有接下来的努力，这是一条；再一条是人才，这也是很关键的。作为文旅部门，要做好一个管理者，就要提升自己，以适应现在发展的需要，因此我们需要一大批人才，包括理论研究人才，跟实践结合的人才。海南这几年为什么发展得不错，就是因为吸引了各方面的人才。在那里有很多搞研究的智库，他们给当地政府或者省委省政府提供了很多可行性的措施建议。现在要我们局提政策，我们一是精力有限，二是专业水平有限，研究的东西很难去面向全国，面向全世界。海南有很多东西比较超前，就是他们有一批智囊在做研究。国内外一些成功的案例或者信息，他们能够及时收集起来进行研判。海南在智库建设投入也很大，中国改革研究院就在海南。海南提出的一些东西，确实都很有前瞻性。我们就受限了，我们没有这样的研究机构、智库机构，去了解外面的动态动向，上接天线下接地气。很多时候我们请来熟悉桂林的本地团队理念层次不够高，请来设计理念很好的智库团队又不够接桂林地气。所以我觉得非常重要的一个问题，就是人才问题，这也是一个制约我们发展很大的瓶颈。我们吸引人才的政策不是没有，但吸引力不大，甚至不能跟南宁柳州去比。下一步，特别是要做好世界级旅游城市的打造，一定要把人才问题解决好。”

连生说的一个感受、二条建议，是他脱口就说出来的，可见都是平时所想，平时所思，我觉得他的思考应该受到重视。

我们还谈到了文旅局最近做的网红评选工作。

“前段时间，我们启动了网红景点的评选活动，既是习近平总书记视察桂林一周年之际的系列文旅活动之一，也是基于一个创城的需要，目前桂林正在创建国家文化和旅游消费示范城市。现在民间网红打卡点比比皆是，但政府背景的网红评比确实也还没有启动，我们也想通过这么一个形式来做一下，最终是想通过这个形式把桂林好玩的、好吃的一些地方宣传和推荐出去。活动持续三四个月了，宣传效果非常好，这其实就是一个品牌的培育工程。5 月 20 日已经发布了，我们会进一步宣传造势。这样的活动持续时间长，参与面又广，花钱又不多，几万人转发，投票参与度都非常广泛，成效我认为是很好的。”

连生最后说，打造世界级旅游城市，既要紧盯大的目标，始终朝着大的方向，同时也必须从细微处着手，做好每一个活动，办好每一件事情，扎扎实实，一步一个脚印，这样我们的目标就会如期实现。明天的桂林城市、桂林旅游业，在世界级旅游城市这个巨大光环之下，一定会更加大放异彩。

余国琨先生访谈录

（访谈时间：2021 年 10 月）

刚迎来 90 周岁生日的余国琨先生，看上去精神抖擞，走起路来显示出良好的健康状态，一见面就叫我“小李”，还说现在年龄大了，一般不出来接受访谈等活动了，但听说你在对桂林旅游发展历程做记述，钦佩你努力为桂林旅游做些事情的这种精神，就答应了。

余国琨先生退休的时候，我还相对年轻，那时他是桂林市人大常委会副主任，那几年我在外事部门工作，和包括余先生在内的很多市领导都比较熟悉。余先生退休以后，除了偶尔在街边看到他散步以外，几乎没有再见过面。

一次我与曾访谈过的颜邦英先生聊天，得知 1973 年桂林开放时做过一些工作的人，仍然健在的，余国琨先生是一位，当时和后来他做过不少对外宣传桂林的工作。桂林开放旅游之初以及以后桂林旅游城市的对外宣传，正是我要访谈了解的内容之一，我决定找到余国琨先生，对他做一次访谈。

10 月，我启动了新一轮的访谈，便请与他保持着联系、我也曾访谈过的凌世君女士帮忙问问。令我高兴的是，凌世君告诉我，余先生答应了，她说服了余先生，尽管余先生反复表示由于年龄原因不太愿意出来参加活动，但听说我是在为记述桂林旅游到处奔波之后，表示说这要支持。

见面时，余先生送我他著的一本书《桂子飘香满桂林》（“21 世纪广西作家丛书”，广西人民出版社，2004 年出版），上面印有作者简介，我在这里做一抄录：余国琨先生，1931 年 10 月出生，籍贯广东省台山市。中国民间文艺家协会会员、广西作家协会会员。担任过新闻记者、编辑、文艺副刊主编、总编室主任；桂林市文艺创作办公室主任；《漓江》文艺杂志社主编；桂林市文联主席；中共桂林市委宣传部部长；桂林市人大常委会副主任等职。1986 年当选广西壮族自治区文联副主席、广西民间文艺家协会常务理事。主要作品为散文和游记，部分已收入《现代桂林山水散文选》《广西游记》等专集。已出版的个人专著有游记《漓江》

《阳朔》《芦笛岩》《穿山》《漓江行》等，还有合作出版的民间故事集《桂林的传说》、《桂林诗词》（选注）、游记《桂林山水》和大型丛书之一《桂林》等十一部。

访谈那天，我们一聊就是两个多小时。

一说：“1973 年以来十多年间的那些记忆”

访谈开始时，余先生指着他送给我的那本书，说这是一本散文集，大部分是 20 世纪 70 年代后期以来他的作品。余先生说他爱写散文，特别是写“乐山乐水”的游记，这本集子里大部分是桂林山水的游记，他觉得生活在人间仙境般的桂林，总是有“远胜登仙”的心境，桂林厚重的历史文化也不断熏陶着自己，他必须要做些真实的记录，并以文学的形式告诉别人。

“1958 年，我到《桂林日报》社工作，负责和诗人曾有云编辑副刊《叠彩》。1961 年《花桥》副刊问世后，又开始为这个副刊写稿。1961—1962 年为《桂林日报》副刊新辟《今日谈》和《说古道今》专栏一共写了 10 多篇杂感文，今天送你的这本书中，我选进了其中的 6 篇。后来在‘文革’中，我写的这些东西被作为‘毒草’，被罗织了大量罪名，1966 年 10 月，还给我戴上了‘反革命修正主义分子’的帽子，批斗我很长时间，从此我愤然搁笔。一直到 13 年后，1979 年才给我平反。”

余先生首先对我讲述了 1973 年前后他总体上的情况。

“1973 年年初，市委按中央和自治区通知，继续准备着对外开放旅游的一些工作。当时市里成立了一个‘外事工程办公室’，里面设立了宣传组。宣传组主要任务就是编写导游资料及主要风景点外景和内景导游词。我接到通知，参加编写，当时还没有获得平反，也没有恢复党的组织生活，就是在这么一个情况之下出来参加旅游工作了。这项工作的背景，跟颜邦英讲的那些情况一样。”

“当时叫我参加工作，我说我组织生活还没恢复，怎么工作？几个领导同志，包括原市委秘书长，还有原市委宣传部领导，他们都叫我参加到外事工程办公室宣传组，我是一边担心，一边参与了导游词的编写。当时一起工作的有刘英、刘克嘉，有颜邦英、梁锋，还有广西师范学院中文系的教授，大家一起编写导游词。就是说当时桂林要对外开放了，没有一点旅游资料不行，过去出版的时间已很长了，不适合再用，所以要重新编一些出来，要编导游词，还有做画册。从 1973 年开始，我就具体参加了这些工作。”

“开始时有些东西我们也都不太熟悉，我以前在报社当过总编室主任，负责办副刊，常接触一些著名景点、文化方面的东西，手头也有一些资料，这倒让我工作起来有些得心应手。那时候我就把手头上的东西，如20世纪60年代初一些桂林山水、还有阳朔风景的书籍找出来看，大家一起都想努力把导游词写好。当时对很多景点，包括洞内的、洞外的，我们都去实地查看，还找导游员一起讨论。不过，那时候‘文化大革命’还没有结束，导游员讲的都是老的东西，加之一些东西还是禁区，我们编写导游词很认真、很仔细。当时导游词一稿二稿三稿都要送到自治区党委审查。领导提了意见，拿回来我们修改，改了以后又送领导，我们按照领导提出的意见，回来再改。最后一稿是我跟刘英同志两个人，专程送到南宁去，领导审批之后，再带回来付印。”

“后来也需要有一点资料放在游船上或者宾馆，供客人取阅。要翻译成英文的，交给市外办负责，我们只管中文。本来我想找出来给你看看，一下子没找到。那时印出来的资料很简单，彩色的，16开，中、英文说明，上面也就是几行字。”

“那时候，还编印了一部摄影作品集，名字就是叫《美丽的桂林》，我查了一下这个集子，有英文、日文、德文、西班牙文、法文，一共5种文字，由外文出版社出版并对外发行。当时我负责写里面的文字说明。外办翻译好以后，就送到北京去。那时虽然没有恢复组织生活，但是要工作，就只有去了。当时我跟搞摄影的谢杰民两个人送到北京找印刷厂，随后又编了一份全彩照的《桂林山水导游图》送去北京，由于外文审校、照片更换等原因，特别是换照片，非常不容易，要把照片落在胶板上，我们去看了以后带回来，有些领导看了建议换照片，或者照片换位置，这在当时是很困难的，多个来回，就拖了很长时间，一直到1978年才出版。那时候不像现在有电脑，编排印刷条件没有现在方便，1973年送去1978年才印出来。”

“逐步地，旅游书籍有了，摄影集也有了，照片与文字兼备的全彩印导游图有了，明信片也有了。这些努力，基本上满足了当时和后面几年桂林开放和发展旅游的需要。”

余先生的这番回忆，让我头脑里浮现出了当初桂林对外开放旅游那些年的艰辛场景。

“我参与桂林旅游发展工作，是从这些具体事项开始的，后来也主要抓旅游文学，抓旅游出版物，即用文学的方式对外宣传桂林，扩大桂林影响力。”

“1979年我的党组织生活恢复了，那时候领导说，你们的任务就是侧重出些旅游读物，让外国人跟国内游客能够有些指南性质的东西。1979 年文联恢复活动，我到文联做秘书长（后来为市文联副主席兼秘书长，再后来为文联主席、党组书记——访谈人注）。1979 年那年，我和刘克嘉、刘英三个人合写了一本《桂林山水》，这样第一本《桂林山水》就由广西人民出版社出版了。以后刘寿保他们也出了《桂林旅游》（中英双语），很多人也都在编写这一类的书籍。我觉得从 1980 年开始，逐步掀起了一个高潮，各种桂林山水的书籍、摄影作品集越来越多。我翻了一下，我保存的就有十多种。有一些书或者宣传册子，还有外文的，我今天拿来了几本，你看看。这是广西版《桂林山水》的英译本，这本《桂林之旅》是日文的，以摄影图片为主，由中国人民美术出版社和日本美乃美株式会社联合出版，书中采用了徐肖冰、陈复礼等著名摄影家的作品，我写的文字说明，出版社翻译成日文，在日本发行。”

“其间有一个工作，我参加的比较多。那是 1977 年，香港新联影业公司来桂林拍摄一部彩色宽银幕纪录片《桂林山水》，时长 30 分钟。当时我在文化局创作办公室，任务交给了我们，开头我跟刘英两个人负责去找一些合适的景点，还有一些要采访的人物，做些事先准备。比如说采访农民，还有民兵、伐木工人等，还布置民兵在阳朔江边上操练，准备参加拍摄，我们就跑这些工作。没有交通工具，我们就靠骑自行车，坐班车，或者步行，去跟当地联系。我们和摄制组合作得很好，我们的工作也确保了这部纪录片在 1979 年成功收官并发行放映。”

“我爱好集邮，还参加过桂林市集邮协会，协会成立时是副会长，后来一直当顾问。那时候桂林就编了不少邮集，第一本就是《桂林山水》。文字是我帮助写的，摄影、美术设计，也是我去组织的。那段时间我们旅游客人很多，除了带走土特产品以外，我们认为还应该带些文化传承方面的纪念品，一些邮品和我参与制作的《桂林山水》《漓江》《灵渠》《两江四湖》等邮册，都发挥了一定的作用。”

余先生后来又到市委宣传部做了部长。1990 年 12 月，他到市人大常委会任副主任，1996 年退休。他从文化人以及市领导的角度，为桂林旅游尤其是当初刚起步的桂林旅游，特别在桂林旅游对外宣传方面，做出了不少贡献。

二说：“我与《桂林山水歌》作者贺敬之先生”

接着，我请余先生说说他几次接待《桂林山水歌》作者贺敬之先生的有关情况，我说我听说他写过这方面的文章。

“是的，我写过一篇文章，叫《桂林千篇史 漓江万卷诗——贺敬之四访桂林倾情放歌》。”

“《桂林山水歌》，是贺敬之1959年7月创作的，那一年他34岁。诗中‘云中的神啊雾中的仙，神姿仙态桂林的山，情一样深啊梦一样美，如情似梦漓江的水’，成为传世之作，广大读者都被作者诗句的艺术魅力所倾倒。我在我的文章里说过，它‘成为国内外最为人们熟知的当代桂林山水颂歌’。”

“贺敬之先生第二次来桂林，是在27年后的1986年。那年10月，时任中央宣传部副部长的贺敬之应邀来桂林参加首届‘漓江诗会’。我当时是市委宣传部部长，19日到机场接他并陪同他在桂林期间的活动。20日，在桂林市委书记看望他以及汇报工作等正式活动之余，我与贺敬之做了不少交流交谈，记得我还拿出了珍藏多年的他的诗集《放歌集》，请他签名留念，贺敬之当时曾深情地对我说，谢谢你这样完好地保存了这本诗集。贺敬之先生如此动情，是有原因的，他对我讲述了这样一个故事，说1972年人民文学出版社打算再版这本诗集，出版社告诉他这是根据周恩来总理在出版工作会议上指示的精神，由编辑部选定的，意在为解放一大批书目投石问路，却不知这件事情被‘四人帮’爪牙知道了，他们下发通知不准把这本书译成外文和选入课本，还下令组织批判，后来更把他作为‘右倾复辟’‘黑线回潮’的重点进行围攻、追查。他觉得基层的同志这样完好地保存着他的这本书，是令他感动的事情。”

“10月21日和22日，我陪同贺敬之在漓江游船上和诗人们交谈；在‘漓江诗会’上听他讲话；在桂林展览馆座谈会上与他交流。24日，我又陪同他游览了芦笛岩、叠彩山、七星岩等一些景点。这次在桂林，我与贺敬之接触比较多，聊得也非常好。在展览馆座谈会会后，与会者请他题词，他一口气写了很多条幅。贺敬之为我写的是‘三家村桂林分店重新开张志喜’，他说我在‘文革’中被诬为‘反革命修正主义分子’以及‘三家村’桂林分店‘黑掌柜’，被点名批判斗争过，我从他的这些话语中感受到了他对我的热情鼓励和热切期望。”

“贺敬之1986年重访桂林，留下诗作6首，分别为《漓江诗会席间》《漫步漓江题赠》《游芦笛岩》《访灵渠》《重游九马画山》《游七星岩、月牙楼述怀》，每首诗都相当不错，大家可以找来细细欣赏，其中《漓江诗会席间》写道：‘青山久违诉别意，碧水重逢话逝波。几番风雨知情重，犹念《桂林山水歌》。’你看写得多亲切感人！”

“1988年4月，第二届‘漓江诗会’举行，贺敬之前来出席，这是他第三次到桂林。诗会开幕式上，我们又见了面。这次他是和夫人一起来的，他夫人柯岩是著名诗人，抒情长诗《周总理，您在哪里？》的作者就是她。我们邀请他们一道参加了音乐电视风光片《桂林山水歌》的拍摄。我记得，贺敬之和我们谈起风光片拍摄时还曾幽默地说，这样美丽的桂林山水画面里，摆进我们两个老头子老太太是不是有点难看呀？我当时马上回答说，把一部享誉中外的名著连同作者一起介绍给观众，没有比这更加完美的视听效果了。听了我的这番话，他们两位都笑了起来。这里还有一个小故事，我后来也曾多次对人讲过，最初发表的《桂林山水歌》原诗里面，有‘三花酒掺一份漓江水，祖国啊，对你的爱情百年醉’的诗句，后来再版时删去了，电视片拍摄时，电视片文学本的作者曾有云就此专门问了贺敬之。贺敬之回答说，有人提意见说酒掺水就是掺假，我就忍痛删去了。曾有云说酒是要勾兑的，把‘掺’字改成‘兑’，人们就会接受了，另外再把‘一份漓江水’换成‘一滴漓江水’，也就更没有了掺假的嫌疑。贺敬之听了很高兴，欣然接受了这个建议，所以后面片子里面便出现了‘三花酒兑一滴漓江水，祖国啊，对你的爱情百年醉’这样的诗句。”

“贺敬之第三次来桂林，也写了 6 首诗。其中一首还与刚才我的这个小故事有关，这就是《兴坪联欢》，我带过来了，他是这样写的：‘兴坪渔火连篝火，一夜新歌换旧歌。二十九年情与梦，漓江小友知心多。’你看看，到 1988 年，《桂林山水歌》写成已有 29 年。贺敬之的这 6 首诗也都非常好。”

“贺敬之第四次来桂林，在 2000 年 9 月，是来参加第五届华文诗人桂林笔会。到桂林当天，我就到酒店看他，虽然年已 75 岁，而且重病缠身，但他还是那样谈笑风生，精神满满。这次来桂林，他还送给我一部他的诗集《贺敬之诗书集》。这本诗书集很是珍贵，收入了他 1962 年到 1993 年 31 年间创作的 221 首长诗短诗，以及 68 篇原诗手稿。这本诗书，我现在还不时拿出来翻看。”

“《桂林山水歌》是贺敬之的精心之作，也是送给桂林人民的一份大礼，我前面说过，半个多世纪以来，一直被世人传颂，成为经典大作。他曾应桂林市之约，手书了《桂林山水歌》全文，这部手迹已刻成石碑，立在了漓江之畔。贺敬之专门题写的《如情似梦漓江水，神姿仙态桂林山》手迹还在叠彩山明月峰北面的石壁上可以看到。”

余先生谈起贺敬之来，是充满情谊的。贺敬之后来三次来桂，他们都有比较密切的接触和交流。在桂林，余先生是很有资格来谈谈贺敬之的，他讲到的他们交流交谈的许多往事都让人感动，也让我很有感怀。贺敬之先生对桂林情谊深厚，为扩大桂林对外影响做出了极大的贡献，我们敬重他、感谢他。余先生与贺敬之先生的接触和交流，后来又专门撰写回忆文章，体现了桂林人对贺敬之先生的敬仰和感激之情。

三说："文化名人的资源应该充分用好"

我与余先生又聊起打造桂林世界级旅游城市的话题，余先生说习近平总书记4月视察桂林，提出打造桂林世界级旅游城市，这对桂林来说又是一个发展自己城市的大好机遇。

"用好这一机遇，桂林可以做的事情其实很多。我们要围绕打造世界级旅游城市这一战略目标，一件一件地策划好我们应该做好的事情。我认为，在诸多工作里面，充分利用好文化名人的资源也很重要。"

我感觉余先生说得很对，古代、近代和当代，桂林都吸引了很多的文化名人，他们又留下了很多的作品和故事，这对桂林而言，无疑是一笔巨大的财富和资源，其中有不少还是桂林所独有的。

余先生开始讲述他的建议。

"古代的先不说，你看抗战时期，来桂林的文化名人就非常多，我们现在利用文化资源扩大桂林影响力的工作就还有很大的潜力。我觉得我们可以进一步研究一下，看看怎么把这些资源用好，用充分，用到极致。"

"我今天说的贺敬之先生就是一位，关于贺敬之，他的《桂林山水歌》脍炙人口，可以进一步放大其效果;《桂林山水歌》全文手迹石碑，一直立在市区滨江路（穿山公园水边也复刻了一件），1998年城市改造时保护得尚好，我觉得可以把滨江路那幅刻石移到竹江码头适当的地方，让客人畅游漓江前驻足观看、品味。在领略了《桂林山水歌》的浪漫主义色彩之后，再去欣赏漓江的自然景观，一定能够大大提高人们的审美层次。贺敬之的《桂林山水歌》，从发表至今，影响就非常大。有一年桂林山水旅游节，曾请著名艺术家李默然先生现场朗诵，反响很好。"

余先生说得极是，当时我在演出现场——桂林市体育馆里面，李默然先生声情并茂的朗诵，演绎出了十分震撼的场内氛围。我从在北方读书开始，一直到现在，贺敬之先生的《桂林山水歌》就始终记在心里。我想很多人一定会是一样的，甚至在整个中国，可能也是无人不知无人不晓，因为这首《桂林山水歌》而来桂林一游的肯定不在少数。

"据我所知，中华人民共和国成立以后，特别是改革开放以来，来桂林的国内文化名人就很多。我参加编写的《当代名人与桂林》一书里，田汉、郭沫若、丁玲、高晓声、陆文夫、李瑛、柯岩、王力、王朝文、启功、六小龄童、赵丹、李默然、苏里、吴印咸、刘海粟、关山月、施光南、王洛宾、郭兰英等，他们的作品，他们的声望，他们在桂林的故事，我觉得都可以进一步挖掘，壮大我们桂林作为文化旅游名城的名气，有些则可以做成一些特色活动场所，让人有所体验。”

“国外也有一些文化名人来过桂林，他们在自己国度里声望都不错，我们也可以利用这些文人资源，吸引他们国家的游人。”

“我们桂林在过去和现在也成长起了一批文化名人，他们的资源也可以进一步挖掘，做些纪念设施，用以纪念他们和吸引文化旅游者。”

余先生还说到，世界级旅游城市，她的形象应该是丰满的和丰富多彩的，对国内外游客的吸引点应该是多种多样的，其中文化设施、文化品位一定是其中重要的方面。

再次感谢余先生接受访谈，感谢他的叙述和观点！

张博董事长访谈录

（访谈时间：2021 年 12 月）

2018 年年初，在桂林市社科联召集的一次研讨会上，我见到张博，当时还稍有吃惊，本是桂林旅游企业界的精英人士，也来参加这次主题明确且都是相关学会负责人的会议。我们握手时，张博用他一贯非常友善的笑脸向我做了“自我介绍”，说他现在还是桂林马克思主义理论与现实研究会法人代表、常务副会长，还说前些年看了电视片《社会主义 500 年》，唤起了对马克思主义理论以及社会主义实践进行探讨的浓厚兴趣，便想成立一个读书小组，后来与广西大学原党委书记阳国亮等一些学者谈到这件事情，在阳国亮先生提议下，最终成立了“桂林马克思主义理论与现实研究会”，而这个学会，隶属于桂林市社科联。

这是我对张博一个新的印象。彼时我离开桂林市旅游局已有 8 年，虽然和他在街上以及一些场合也不时见面，但几乎都匆匆忙忙，从未聊过这个学会的事情。

张博给我的第一印象，是他作为桂林和顺旅行社董事长，在桂林旅游业发展中，敢于做事、善于做事，肯干和能干。最早形成这一印象，是 1997 年认识他的时候。那时我还得知，他所在的旅行社，是桂林最早成立的国内旅行社。到 1997 年，虽说桂林接待国内游客的旅行社已有 50 多家，但和顺旅行社的业绩依然是比较突出的。

1997 年，我记忆较深的几件事情中，至少有两件与张博有关。一件是旅行社协会选会长，44 张选票中他得了 43 票，他说是他自己没投自己；一件是和顺旅行社成功改制，张博继续做董事长，他们的改制，在全市、全自治区、全国国内旅行社改制方面是第一家，《中国旅游报》曾做过一个整版的宣传。

后来听张博说，他接手和顺旅行社后，努力奋进，不断“追梦”，使旅行社发展很快。1997 年改制后，采用更多更适合市场发展规律的经营做法，旅行社更加壮大，连续多年成为全市十强、全区十强和全国百强旅行社。

和顺旅行社不断前行的脚步和轨迹，在很大程度上也见证了桂林国内旅行社以及桂林国内旅游的发展历程。

最近两年，在围绕“桂林旅游”进行人物访谈时，我对国际旅行社涉及较多，访谈了桂林天元国旅黄大东董事长和桂林唐朝国旅周晓光董事长，但我认为还必须要关注国内旅行社，对国内旅行社的过去和现状做些叙述。国内旅游，是关系到人民群众向往美好生活的重要领域，探讨和发展好桂林国内旅游是“桂林旅游”的重要内容。

张博现在还兼任桂林旅行社协会主持日常工作的常务副会长，综合上述考虑，我决定对他进行一次访谈。

一说：“‘和顺’见证桂林国内旅游发展历程”

我请张博董事长先说说和顺旅行社的相关情况，我想从中也一定可以了解到桂林国内旅游的发展历程。

“和顺旅行社成立于 1986 年，我于 1987 年接手。当时旅行社分为三类：一类社、二类社、三类社。我们是三类社，专门经营国内旅游业务。那时候，国家把旅游定义为与世界各国人民友好交往的民间外交领域，比较重视的是国际旅游。当时国内旅游算是刚刚起步，和顺旅行社是桂林成立最早的一家国内旅行社。”

“改革开放之初，国内老百姓生活水平、旅游意识还不是很高，国内旅游目的地也不多，比如像首都北京，富裕起来的人民群众想去天安门看一下，到那里照张相；桂林也算是大家比较向往的地方，‘桂林山水甲天下’，山水风光很吸引人。桂林当时的客源市场，主要是离桂林近一些的珠三角地区，90 年代逐渐延伸到长三角。邓小平先生‘南方谈话’以后，整个珠三角、长三角地区经济迅速发展，人们的旅游意识也逐渐增强，可以说国内旅游从大的方面来讲，它的兴起是随着改革开放进一步深入和人民生活水平进一步提高，老百姓手里有了余钱，才开始的。”

“起步经营国内旅游时，我们感觉非常艰难。那时国内旅行社没有订票权，飞机票、火车票都很难订到。买飞机票优先是用‘外汇兑换券’，国内旅行社没有这种兑换券，也没有港币、没有美元，只能等国际旅行社的团队走完了，剩下的机票，剩下的火车票，我们才能通过各种渠道去买。那时候桂林是火车运行中间的一个站点，车票也没有几张，别说卧铺，有座票就不错了。还有接待用车，都要和国际旅行社去抢。桂林旅游车船公司和桂林市出租汽车公司，他们都有空调车，但我们即便有钱也经常租用不到。为什么？因为要优先国际旅行社。在这种情况下，国内社就像在夹缝中生存发展。我记得非常清楚，桂林两江机场 1996 年开通的时候，为接待乘坐飞机的国内客人，我们在榕湖饭店订了很多房，可到了临近的时候，因为房间紧张，市外办通过旅游局动员我们把房间让出来。那一年的'十一'黄金周，我们交了押金，就在榕湖饭店，因为要安排给青旅一个国外团队，旅游局就来做工作，说要从民间外交大局考虑，最后我们没有办法，就把房间让了出来。"

"说到当时桂林旅行社的情况，我 1987 年接手和顺的时候，做过一点'功课'。1985 年以前，桂林是没有国内旅行社的，即便是国际社，到 1985 年时也只有国、中、青三家。后来按照国家旅游局推进全国旅游业发展的有关精神，也根据桂林旅游业发展的客观需要，1986 年以后，桂林国际旅行社的数量增加了，那时候受到重视的是国际旅游和国际旅行社，不过那时国内旅行社也起步了。1986 年当年，和顺等几家国内旅行社营业了，之后在 1987—1989 年间国内社又增加了十几家。进入 90 年代，国际、国内旅行社更进一步发展，1997 年我们旅行社改制的时候，桂林国际旅行社超过了 15 家，国内旅行社超过了 50 家。"

"随着人民生活水平逐渐提高，政策方面也有所松动，火车票、飞机票有一部分开始向国内社倾斜，我们是在这种情况下发展起来的。和顺旅行社是一个乡镇企业，名不见经传，经过 30 多年发展，我们已进入了全国百强旅行社企业行列，这期间我们付出了很大艰辛，是一步一步努力发展起来的。"

"回顾这段历史，和顺旅行社的业务，是顺应了时代的潮流逐步发展起来的。到现在已有 35 年，我们从一个乡镇企业小旅行社变成了全国比较知名，在桂林市上税、接待信誉各方面都比较不错的一家大社，先进入桂林十强，几乎年年都是，后来进入广西十强、全国百强。"

张博提到他们 1997 年改制，我请他谈谈有关情况。

"记得是在漓江饭店，应该是 1996 年 8 月，市旅游局组织我们开会，传达国家旅游局文件，就是一些旅行社可以进行改制，当时对国有企业，有'抓大放小'的精神。开完会，我就开始思考改制问题。我们旅行社所有挣到的钱，实际上几乎都被市乡镇企业局拿走，或者是局里买东西，比如桌子、座椅、窗帘，还有很多办公用品都拿来报账。这是无条件的，我们是乡镇企业局直属企业，不听婆婆的不行。企业发展不发展，职工有没有福利包括福利房，局里说这些是你们自己的事情。我们想，这样做下去永远都是给局里打工。当时大背景是'抓大放小'，精神是将那些无关国计民生的小企业，或者租赁或者改成股份制，以激活市场。我们的反应是最快的，我回来就运作这件事。最初局里说改制可以，局里占 51%，剩下股份旅行社怎么分，你们自己决定。我坚决反对，说如果这样就没必要改了，51% 和现在没有什么区别，要改就全部改成股份制，让所有员工都持股。后来局里说给 20 万元就不参与了，最后就是这样，按旅行社制定的方案改完了。我 1987 年接手和顺时，旅行社家底是负数，发工资靠贷款。到改制时，已经是既可以上缴管理费，还能给局里报账了。改制方案我们做得非常细，我占 21%，两个副总占百分之十几，所有员工按照工龄和岗位都持股。1997 年 1 月，和顺变成了股份合作制旅行社企业。”

“我们成功改制以后，时任市委书记姜兴和曾来旅行社调研，市政府康天保副市长、市旅游局钟新民局长陪同。我们那时在文昌桥办公，当天桂林电视台架着摄像机也来了。康天保副市长让我坐在姜书记旁边，他们坐两边，把我当典型宣传。康副市长对改制工作抓得很紧，所以我说桂林旅游真正市场化是这时候开始的，市里把和顺旅行社作为典型在全市铺开了改制工作，到 1999 年差不多都改完了。国内旅行社改制方面，我认为桂林是走在全国前面的。”

“从和顺旅行社的经历，确实可以见证桂林国内旅行社发展的一些历程。我 1987 年到和顺旅行社那年，桂林国内旅行社还只有 3 家。1988 年成立了山水旅行社，他们最初是国内旅行社。华林做旅行社业务也比较早，他们是桂林饭店的旅游部，有房有车，最有资源，在当时比较厉害。到 1990 年左右，旅行社逐渐有几十家了。桂林国内旅游发展很快，1997 年我们改制时，国内旅行社已经超过了 50 家。”

我在旅游局工作时，常常听到“四大黑社”这个说法，里面也包括和顺旅行社，我当然知道其中一些原委，但想请张博自己再说说这件事情。

“所谓四大黑社，就是和顺、桃源、华夏、桂海这 4 家旅游社。我们都是民营旅行社，开始都名不见经传。但我们在业务发展过程中，正因为是草根出身，就都不敢懈怠，都拼命跑市场，努力扩大客源，增加旅行社收入。我们的业绩还都不错，4 家旅行社占了桂林国内旅游很大的市场。正因为如此，我们在某种程度上就制定了一些规则，比如‘回佣’，我们不会给很高，其实不给太多，在某种程度上就是在规范市场。为什么是‘黑社’？一些司机、导游认为不给他们高回佣，就是我们在赚钱，就认为我们‘黑’了他们，说如果在别的旅行社，他们的‘回佣’就会高一些。我们拥有一定客量，在北京等主要客源市场有一定的掌控力，在桂林国内旅行社业界也有一定的话语权，实际上我们的做法在规范桂林旅游经营市场上，是有利的，我们对游客的服务质量管理也一直不错。一部分导游、司机从他们自身利益出发，说我们是‘黑社’，我们是被他们‘黑’了的。疫情这两年，虽说业务几乎完全中断，但正因为我们这么多年来有所积累，我们这栋房子还有些房租收入，就还能基本保障公司人员有工资收入。这也是‘黑社’期间积累下来的。所谓四大‘黑社’中，目前只有我们房产最多，5层楼，2000多平方米。”

“和顺旅行社，2000年起，连年荣获‘桂林市国内十强旅行社’，1996年开始多次被评为‘广西国内十强旅行社’，从2006年又连续多年被评为国家旅游局‘全国百强国内旅行社’。我们还于2009年、2010年连年成为桂林旅游发展总公司‘年度最佳合作伙伴’。和顺旅行社先后获得的其他荣誉还有：桂林旅游发展总公司‘最佳信用旅行社’、桂林市旅游局‘年度诚信旅行社’‘标志性品牌旅行社’‘桂林市旅游发展先进单位’‘桂林市旅游企业先进单位’‘桂林十大旅游先进单位’‘行业十佳诚信企业’‘十佳地接旅行社’、自治区‘全区旅游行业集体二等功’‘中国国内旅游榜中榜广西壮族自治区五大地接社’。2016年，我们还是广西唯一荣登‘国家旅游假日红榜优秀旅行社’的旅行企业。所以说在旅行社发展过程中，我总结一条，不管做哪个行业，都要坚持走下去、钻进去，哪怕一辈子只做这一件事，只要干好了就行。”

回顾往事，张博感慨颇多，也深感欣慰，我觉得他是成功的，成功来自他的不断奋进和不断“追梦”，而奋进、“追梦”，正是为了“桂林旅游”，而不仅是为了旅行社自己。

二说：“我对‘桂林旅游’的看法和思考”

接下来我问张博董事长，作为有着30多年旅行社“老板”经历的桂林资深旅游人，怎么看待“桂林旅游”？

“在全国各地跑业务的过程中，可以说各地同行对‘桂林旅游’都刮目相看。多年以来，桂林被国家旅游局认定为中国旅游的风向标、晴雨表，在中国旅游发展中起了带头作用。桂林旅游在市场化方面，比如旅行社改制，也走在全国前面。我们和顺旅行社改制，当时轰动了整个旅游界，中国旅游报进行了不少报道，做了通版宣传，随后我接到全国各地电话，连新疆都问我，当时是在什么情况下改制的。我告诉他们，说旅行社要发展，不改是不行的。那时候出差，坐卧铺要申请，坐飞机要报批，到外边请客户吃饭超标了，回来不能报账，这些常规性的规定限制了旅行社业务的发展，我们必须要改变这种状况，国家有了企业改制的精神，我们就该马上跟进。在这方面，桂林起了示范作用，事实上也着实带动了国内旅游和国内旅行社的发展，因此大家关注桂林，纷纷向我们学习，让我感到桂林探索奋进求发展，在当时就很有影响。'桂林旅游'，不仅在国际旅游上，就是在国内旅游方面，也做得不错。"

"回过头看，国内旅游在发展过程中，随着人民生活水平的提高，除了原来的几个目的地，如北京、上海、桂林，很快就延伸到了华东一些城市，后来又有了张家界、甘肃等。全国各地，包括新疆、西藏都逐渐铺开了。国内旅游，或者说是整个旅游业，即便是入境旅游方面，也早已是全国各地遍地开花了，桂林旅游业原有的优势已经被很多新的城市所追赶。全国各地旅游业都在迅猛发展，应该说是一片欣欣向荣的景象，'桂林旅游'早就处于不进则退的竞争格局之中。过去桂林游客比较多，无论是国际游客还是国内游客，到桂林的都比较多，你只要能够掌握资源，有房有车有飞机票、火车票，旅行社业务就基本上没有问题，被动地守株待兔坐等客源都行。之前除了桂林山水风光吸引游客之外，客观上做旅游的城市也不多。进入新世纪以后，这些情况完全变化了，'桂林旅游'也必须创新思变，既要发挥好独特的资源优势，利用好老牌旅游城市打下的基础，又必须不断进行新的探索。"

"在这个大背景下，包括我们旅行社在内的桂林很多旅游企业也在不断求变，奋力开创新的局面。拿我们和顺旅行社来说，2000 年以后，为了谋求更好发展，我们把触角伸到了全国各地的旅游市场，长三角、珠三角、京津唐以及以武汉为中心的华中地区，我们在这些地方共设置了 10 几家分公司，收集全国各地散客，只要你报名，我们马上就组团发到桂林。我们这种经营模式，也带动了桂林其他旅行社，他们也都走了出去，努力占领全国主要目标客源市场。实际上，这也形成了中国国内旅游发展的桂林模式。后来其他地方，像云南、四川、贵州、北京、甘肃等，全国不少旅游目的地城市的旅行社，都逐渐把触角伸到客源地城市。我们和顺旅行社从最上边的北京、天津到石家庄，到山东临沂又到南京、常州、无锡、苏州、上海、宁波、杭州、温州、金华，这些地方都设立了办事处或者分公司，只要有客人直接报名，我们就可以提供服务。这在客观上也减轻了当地组团社的压力，只要你有客人，给了我就不用操心来回的飞机票、火车票，我们都可以帮助订好。我们桂林开创的这种触角直接伸到目的地的模式，特色鲜明，效果又好，从实际成效上看，还促进了中国国内旅游的发展。我认为，类似这些创新性的做法，桂林还要继续不断研究，在竞争激烈的发展态势之下，不断频出新招，让老牌旅游城市不断焕发青春，焕发活力。"

“桂林旅游起步虽早，发展也很快，但在很大程度上粗犷的一面没有根本的变化，很多旅游企业甚至没有跟上时代的脚步，这一方面我认为要加速改变。比如旅行社企业，我多次说过，长期以来是你只要掌握了一定的资源，特别在‘黄金周’时能掌握飞机票、返程火车票，在事先控制住进出交通就可以了，当然这些都很重要，但很多现代经营方式、营销手段、现代科技运用等，仍然是有差距的。桂林唐朝国旅，在这方面就做得相当不错，在全国旅行社企业中走在了前面，相比之下，不少旅行社还停留于传统的操作方式。现在全国很多地方的旅行社，都有很多新的作为，我们桂林也要加大力度向好的城市学习，向这些城市好的企业学习。从总体上看，我们桂林在某种程度上，比其他城市在创新思变方面慢了一些。比如说我们认为，桂林作为旅游目的地很成熟了，以前出去开会，别人讲到张家界，我都不知道张家界在什么地方，但你看现在张家界的名气早已越来越大了，城市、景区各方面的基础设施建设也都很好。我们桂林靠吃老祖宗的饭，小学生都知道‘桂林山水甲天下’，但比较很多城市再看桂林，如果桂林要进一步往前发展，恐怕就要在城市以及景区基础设施的建设上持续加力。再一个是软件方面，人员培训等多方面也要跟上。我们桂林在旅游发展过程中，其实涌现出了很多优秀的从业人员，也有过很高质量的旅游从业队伍，但随着现在市场上的‘低价团’，整个服务质量就下降了一大截，这种‘低价团’现象虽然全国很多地方都有，但影响很大很坏。‘桂林旅游’服务质量要有提高，管理上和人才方面，应该引起高度的重视。”

张博说，这是他从自己的经历和角度，对‘桂林旅游’观察和思考的一些看法，现在很多人都在从各个方面分析、研究桂林旅游怎样赶超和得到跨越发展，相信桂林的前景一定会很好，特别是这次习近平总书记提出打造桂林世界级旅游城市，给桂林城市建设和旅游发展都带来了前所未有的战略机遇，我们桂林一定会乘势而上的。

三说：“说说‘打造桂林世界级旅游城市’”

最后自然是聊到“打造桂林世界级旅游城市”。

“‘世界级’旅游城市如何打造，我想是不是可以探讨一下，因为‘打造’里面包含了一个主观的愿望，就是要打造成什么样的。但从客观上讲，我说一个‘世界级’的旅游城市，它一定是经济方面很繁荣的，城市 GDP、市民人均生活水平要达到一定的高度才行。如果老百姓生活水平很低，他的精神面貌，各个方面的软实力要想提升就很困难。就说桂林米粉，20 年来几乎变化不大，这也说明桂林老百姓的生活水平，桂林经济发展状况和其他城市，特别是与长三角、珠三角一些发达城市相比，还有很大的距离，因此桂林米粉店在装修等方面，包括卫生条件，也都会受到一些制约。打造世界级旅游城市，应该涉及桂林的方方面面和边边角角。游客一来，不光是在主要街道，就是在任何一条街上都应该能够看到我们确实是‘世界级’旅游城市才行。像我刚说的，仅仅通过米粉店都可以看出，我们要打造‘世界级’的旅游城市，就还有很长的路要走。我认为，除了这些还好达到的‘硬件’以外，最主要的还是‘软件’，就是桂林市民的素质和文明程度。我们桂林，‘全国文明城’一直在创建，也终于成功了，但成果要长期持续下去。你看夏天的时候，仍然有光着膀子在路边喝酒，还呼呼地喊叫，这些都是市民素质较低的一个反映。要打造‘世界级’旅游城市，应该说政府在这方面还要下很大的功夫。”

“我们的旅游资源，应该是‘世界级’的，‘桂林山水甲天下’，一点都不含糊。但比如说我们漓江的游船，我们的旅游车，我们导游的素质等，确实还有差距。之前桂林坚持开展的比如‘导游大赛’，现在已经多少年没有了。‘一切向钱看’的倾向似乎有点突出，所以很多问题就出现了。我们应该高度重视，加强管理，加强旅游人才队伍建设，否则合格的旅游城市都称不上，更何谈‘世界级’？桂林一定要向以前那样，用心接待客人，必须坚持一切以游客为中心的指导思想，继续在全国做表率、当标兵。这次疫情使得整个旅游停摆，旅游从业人员队伍流失非常严重，很多人迫于生计改行了，去做‘美团’、当‘滴滴’司机，疫情过后怎样把旅游从业队伍拉回到疫情前的状况，把旅游从客源市场到服务质量方面先恢复到原来的水平，就是直接摆在我们面前的很现实的课题。旅游购物市场，特别是现在的购物商品，除了原来的珠宝、玉器、珍珠，又到了床垫子、菜刀等，加上一些高价高回佣，都对‘桂林旅游’负面影响很大，政府在这方面也应该加大力度，强化管理。我认为这首先是打造‘世界级’旅游城市的第一步。桂林旅游从业人员的文化素质，从整体上看，相对来讲还是有一定基础的，但要往‘世界级’旅游城市目标奋进，我想在这方面，我们还是要下些力气，把从业人员素质提升到新的档次。桂林现在有旅游学院，人才储备和人才培育很有优势，充分整合这些资源，桂林成为‘世界级’旅游城市，在旅游从业人员队伍建设和所需各类人才保障方面，我想就不会有问题了。”

张博董事长说得不是很多，但我认为都说到了关键点上。

张志红调研员访谈录

（访谈时间：2022 年 3 月）

张志红，1987 年毕业于北京第二外国语学院英语系英语专业，毕业当年即进入桂林旅游行业，开始接触“桂林旅游”，算起来至今已有 35 个年头。这期间，她在旅行社做过，也在酒店做过，酒店就分别经历了桂林喜来登饭店、假日桂林宾馆和桂林桂山大酒店，还在桂林旅游股份有限公司做过高管——董事会秘书。志红曾被桂林市政府派往美国密歇根大学迪尔伯恩工商管理高级研修班学习一年，2008 年公考做了桂林市旅游局副局长，现任桂林市文化广电和旅游局调研员。

其实她接触旅游还要早，1983 年考入北京第二外国语学院那年的 3 月，该校由教育部划归国家旅游局主管，当年首任校长由国家旅游局局长韩克华兼任，学校大门同时挂上了“中国旅游学院”的牌子。开始大学生活时，就在这样的一个环境里面，“旅游”两字，1983 年就刻在了她的心中。

最初认识志红，应该是她在桂山大酒店工作之时。我做市旅游局副局长期间，一次去桂山大酒店做工作调研，志红以营销总监身份接待了我，她干练的工作形象给我们一行留下比较深刻的印象。我任市旅游局局长后，几次去叠彩区看旅游项目，志红还以叠彩区招商局局长、科技局局长身份参加座谈，我听过她不少很有见地的发言。以后的再见面，就是 2008 年，市旅游局一副局长岗位参加全市统一招考副处级领导干部考试，志红顺利通过，由时任叠彩区书记、区长亲自将志红送到市旅游局的时候。2008 年当年和 2009 年全年，我们在市旅游局班子一起工作了。志红有桂林旅游各类企业工作的经历，又有国外学习和桂林城区工作经验，自然是我工作上非常得力的助手。2010 年年初，我到市商务局以后，偶尔也有机会在一些场合见到志红，得知她一直干劲满满地在市旅游局（后变成市旅游发展委员会、市文化广电和旅游局）工作着。

大学时在“中国旅游学院”学习外语，二十几岁一毕业就投身“桂林旅游”，在旅行社和多个旅游饭店追过“旅游梦”，2008年起又进入市旅游主管部门工作至今。有她这样经历的人，自然会是我进行访谈时所要选择的访谈对象。

一说：“桂林旅游做对了什么”

志红似乎很理解我要做的事情，访谈开始就说先谈谈她认为的“桂林旅游”这么多年做对了什么。

“其实在今天看来，我们还是很有一些成就的，而且是不小的；‘桂林旅游’国内外市场地位也是不低的。历史上也好，今天也好，我们需要总结，要看到以前做对了的事情。这一部分，我觉得您也应该非常清楚。”

“我认为70年代初期桂林一开放，尼克松一来，首先欧美市场起来了。全国对外开放以后，80年代初期开始，桂林全是美国团、欧洲团，而且都是欧美国家层次比较高的中产阶层，很多还是政要。尼克松来了，欧美都知道了桂林，等于对欧美那边打开了窗户和大门。他们到北京看故宫、长城，到西安看兵马俑，到了桂林，自然风光方面是第一张名片，这些咱们都是亲历者。桂林旅游的高光时刻从这里开始，高开形势下，我们的市政府也一直很给力，后来袁凤兰市长跑到北京去，死活把机场要了下来。我也知道这个故事，袁市长啃干面包、喝白开水，蹲在部里头等着去见国务院领导。桂林用要来的专项经费建起了两江国际机场，这非常重要，国际机场桂林必须要有，然后才有后面的高歌猛进，当时桂林机场吞吐量曾位列全国前五。我们当时就是与京西沪广四大旅游一线城市齐名的。码头、车船公司、道路等，市政府也特别注意建造。这些对桂林旅游都是最根本的东西，我们比别的城市都早很多，很长一段时间其他城市旅游外宾市场都是一片荒芜。”

“我们那时候就有具备国际水准的星级酒店，当时美国品牌的喜来登酒店水平很高，咱们桂林旅游起点就高，可谓是高开。桂林的高光时刻我们要好好总结，我觉得您现在做的访谈、回忆等就很有意义。我们做对了什么，这是总结历史。现在很多人忽略这一点，我就一直强调要看整个发展过程，是这个过程催生了桂林旅游股份这种融资机制，催生了我们的人才队伍。国内市场的拉动也是顺理成章的，别人还在学习怎么做旅游，从国内市场开始学习，我们就已经开始了国内旅游的发展和壮大。实际上我们是倒过来的，从境外市场开始，那些组团方式，接待的套路、品质服务都是那个时候国外旅行团队教给我们的。比如，日本团就做得很细，那时我在杉湖国际旅行社，踩线考察都是那时候学会的。那一段时间桂林学会了很多旅游行业的东西，掌握了它的规律、特点和属性，然后又把自己的聪明才智结合了进去，这些对我们一代旅游人的成长很有帮助。”

“桂林新的商业模式新的业态，我觉得也特别伟大，比如《印象·刘三姐》，这是破天荒的。当时阳朔说不行，游客到了码头就走，要让游客留下来。这个项目特别伟大，是个创举，是一个颠覆，是一场革命。这种颠覆和革命的精神，其实桂林旅游人一直都有。不过现在看来，我觉得我们还需要继续颠覆和多次颠覆。这种高光时刻，给了桂林旅游人这种精神。我觉得国家旅游局老领导杜一力副局长讲得特别好，就是对您的书的评价，说形成了桂林旅游人的精神和品质，对旅游发展不断拓荒和深耕，让桂林旅游不断奋进前行。后来桂林唐朝国旅周晓光的跨境旅游也是有了这种精神做基础才做到的。周晓光可以说在国内做跨境的旅行社业界是数一数二的，真正具有全球视野和国际眼光，没有这些眼界和经历，没有这种对旅游市场及其本质的认知，凭空成立一个公司，让外面人来做，就不一定能够做到。”

“别的城市是倒过来的，是从国内旅游从头做的。我们那时候有这些基础，所以都做起来了。我们桂林做对的和我们得到的东西其实挺多的，基础还是很厚的，精神、探索和革命以及机制的这种基因我们具备了。再说咱们天时地利都很好，从国家旅游局层面给桂林的定位定性就定得很高。”

“我们和国际旅游组织的交往，也属于做得很对的一件事情，其中最典型的就是把世界旅游组织的国际旅游论坛永久落户到了桂林。桂林就需要多一些具有这种国际视野的人，我们一交往就是国际上的，怎么对接欧美市场，怎么对接日本市场，然后这种互动和联络都是和世界同频的。我们旅游人的素质不错，很多出身于名牌大学外语专业，能够与境外平等地交流对话。我们与国际市场同频共振，视野格局相近或者相同。这方面，桂林现在依然是风向标，做了很多事情是有标志性和代表性的。”

“跟桂林年轻一代的旅游人要讲一讲，要强调桂林的层次是高的，桂林的业态是丰富的，我们不断创新发展了很多新的商业模式，能在整个市场最前沿触摸到国际一线的东西。我们阳朔的民宿，像雨后春笋一样做了起来，老外也在这边做民宿。西街模式，阳朔模式，还有研学等，老外在西街、在桂林教外语，还学太极，学中国文化，还有阳朔的月亮妈妈，这些不都说明我们走在市场的最前面？桂林这种最丰富、最生动、最鲜活的环境才能产生出这些事例，这都不是从书本上复制粘贴出来的。”

“在旅游与其他领域融合发展方面，桂林也做对了不少，比如我们在旅游科技结合方面，并没有落后，大数据我们在应用；乡村旅游等也做得很好。再如那些新业态，像航空旅游、攀岩、滑翔机、漂流，我们都跟上了时代脚步。桂林总是走在市场的萌芽阶段，我们有过硬的土壤，有不错的人文基础，还有较好的发展意识，能够孕育出新的萌芽性的东西。”

“像周晓光搞旅游电商，做跨境游，在全国没有多少旅行社做得到。这方面桂林出了两家，还有一个是桂林国旅的海纳‘中华游’。海纳和唐朝各有特点，唐朝合作范围更广，跟航空公司、跟目的地城市的合作都做出来了，而且它的标准、激励绩效制度更完善。周晓光总是对标那种国际上大的公司，很早就与谷歌、脸书持续合作，每年几百万元经费做搜索广告，包括在‘猫途鹰’等网站上的评分，都很注重。还是这句话，桂林有之前培育出来的土壤做基础。”

“桂林旅游做对了的事情，也一定会继续优化这些土壤，继续孕育出更多更好的新项目、新产品、新模式。”

志红不愧是一个行家，她丰富的工作经历让她对很多问题都有自己独特的认识和独到的见解。

二说：“桂林旅游没做到什么”

接下来，志红说的是“桂林旅游”没做到什么，或者是没做好什么。

“现在做旅游，行业里面已经做到了的，很多人并不是那么了解，现在很多做法实际上是炒旧饭，我认为这甚至是一种倒退。桂林总体上的对外宣传没有跟上，旅游部门有一定的责任，就是没有先给这些做宣传的人‘洗脑’，当然我们本身的预算也少了很多。旅游部门做事情虽然很用心，但存在着手段越来越僵硬、保守和克制的问题。我们退到二线了，讲话可以更客观一些，就是这三个词：僵硬、保守、克制。客观原因是预算不足，但这是相互的，反过来把我们的手脚束缚了，一些想法消灭了，就那么点钱，没法做。我讲的强大的背书和传播没有做到持续的内容生产，我们的宣传机械了，硬广硬上，就只有这一单一手段。城市品牌宣传，大规模的话题制造，参与很多主流媒体的项目和活动，比如‘魅力城市’，甚至综艺类的节目我们都很少，宣传部门的经费可能也不够。综艺类大流量的节目，小孩子都在看，流量、粉丝是一种经济现状，我们好像没有多少研究，也没有很专业的人去做。现在消费者对硬广不欢迎，喜欢‘弱传播’，所谓的‘软广’。‘弱传播’‘软广’需要内容，需要专业制作。反过来说即便是有钱了，缺少专业的人也做不好。央视春晚这种话题和内容生产，那两年让我们受益很大，游客明显地上来了，但这个是要持续地去做。从传播机器或者媒体传播效应来讲，不能只做一次，要有不同内容、热点，持续去做，有计划有系统搞一些娱乐花边或者什么出来，不断炒作，不断有内容产生，不断制造故事。内容生产就要像河南卫视那样，他们一直都有，我一直在看，今年春晚还在继续着他们的系列宣传。这就是借船出海，造船出海，我们几乎没有借船出海，比如一个综艺大 IP，比如再弄一个大明星来，像‘爸爸去哪儿’之类的。‘三月三’，我们可以弄个大东西出来，按照节点和节奏推出来，可现在小表演多，没人看。这需要策划，需要花脑筋，造船出海就是这个意思。很多没有知名度的城市，不断制造话题，影响力增强了。我特别佩服广州长隆，给每一个动物做故事，宣传起来不生硬又很有效果。持续的内容生产和传播，加上 IP 的倍数作用，我们没有发挥出来。慢慢地我们就被别人追上，被别人覆盖掉了，真正是不进则退了。”

“产业布局方面，没有从逻辑上并系统地去做全面思考，桂阳公路一直到阳朔，有 10 个园区，世外桃源、园博园、足球产业园、愚自乐园、植物园、雁山园，还有蛇王李园、九美桥等，现在加上融创乐园，益田民国风情园等，这些园子不知道是什么逻辑关系，好像有一个就安一个。我们的产业布局，就是说我们的游客动线，比如说游客怎么停留怎么消费，然后住吃，这些都显得无序，现在又出个万达融创园，周边的关系是什么，有机结合还是什么集群？招商无计划，产业布局无序。这是很要命的。我很擅长独立思考，以前讲工业集中园区，我就纳闷，也看不懂，每个县都要搞一个工业集中园区，每一个城区也是，然后把厂子集中在园子里面。每个县区都做，家家起火户户冒烟，这叫搞工业吗？这样都不用上大学，学工业设计、学产业学和经济学了，不讲产业上下链、上下游环节，有个厂子就往里塞，人家会来吗？旅游也是一样，旅游产业也要讲布局，阳朔是自发形成的，它变成一个民宿集群。旅游是市场行为，但我看规划的时候，就觉得是想起一个就做一下，我说这个项目放在这儿，跟其他周边的项目是什么关系？游客凭什么到你这来，他们为什么不去两江四湖也不游漓江专门来你这里？这么简单的问题，做规划的人也答不出来。就说桂林多少个亿人次的游客，我有 1/10 来就行了，就这么简单。我说游客是由什么构成，他怎么走，怎么停留，你针对的是哪一部分游客，都研究了吗？没有研究，就安项目。漓江东岸古东瀑布不远处有个景区，当时也说不用担心客流量，古东瀑布一年 80 万元，这里来 30 万元就够了。投资人原来还长期经营过旅行社，也这样去想问题。古东瀑布做了那么多年，有基础，经营者又有头脑，天天琢磨市场，每次去都有新东西挖掘出来。前几年大搞全域旅游，十二县五城区全都是一个标准，按单抓药，依葫芦画瓢，所谓全域旅游搞成每个县区都要有一模一样的业态和设施，不考虑大桂林地区旅游产业按市场经济规律有机布局，重复低水平建设，业态单一，创新乏力，游客用脚投票，被市场忽略是必然结果。”

“比如国际市场，20 世纪 90 年代日本在桂林包了一条游船，JTP 就不来了，为什么？那个时候他们就知道避免同质化。品牌之间的这种竞争我们过去八九十年代就都很清楚，像我们几个星级酒店的定位，假日桂林宾馆是四星级，中高端；喜来登是高端的，中产阶级客人多，主要面向欧美市场；桂山大酒店是主要面向韩国和港澳台市场，帝苑酒店针对日本市场。大家市场定位清晰，目标指向明确，经营上十分有序。现在，这种规律越来越被忽略，或者根本不去研究。市场定位是最基础的常识，现在我倒是觉得应该照着这样的规律去做市场，需要普及这些经济学的基础东西。桂林旅游到了后来，国内市场万马奔腾，经营无序。当时我们坚持进行国际旅游宣传推广的有效做法，但后来不同的人有不同的做法了。”

“以前做对了的东西，没有延续下来继续做好，我们的‘土壤’在减少，后面就跟不上去了，吸引力减弱了。城市品牌也与老旧挂上了钩，就被人家覆盖掉了，现在来桂林的中老年人低价团多起来了。这样时间一长，必然形成一种历史的惯性，就很难改了。我还想到，我觉得这也是历史的必然现象。桂林到了今天，是历史发展的阶段性的必然，生命周期理论可能就是这样的。接下来现在要往上走，就得颠覆自己。那些购物店其实也是为了生存，也要这样去发展。我们要历史唯物主义地去看待这些现象，它是历史必然的一个阶段性现象。国家的发展进程，社会进程，经济发展进程，可能也都是这样，先污染后治理，绕不过这个阶段。没有疫情的话，我们可能还在自我陶醉。实际上 2018 年、2019 年，外面都已经有很多新的内容产生，新的媒体，新的传播方式和吸引力方式，都很新了，可我们还在原地踏步。现在的问题是要有历史观，我们这代桂林旅游人不讲历史，就没有历史了，没人讲历史，后面的旅游人都不知道了，炒旧饭还沾沾自喜。我们不能白白地看着，要讲讲历史，讲讲成就和不足，要对发展有所贡献。”

“说到我们有一定的认识误区，这个要展开来讲。我们长期是接待型城市，就是客人自然会来，我都接不过来，哪还用去找游客，去开拓市场。那么对游客的画像、分析，游客具有的特征，还有外面的城市怎么做，就不去研究了。即使研究，也多是强调客观做不了。我们没有理念上的提升，慢慢地认识不到我们也有受限的地方，也有短板，以至不知道已经被很多城市换掉了的原因是什么了。没有意识到危机，意识到差距，觉得一切还都挺好的，桂林是一片欣欣向荣。不研究，就不知道这些游客来了，老板是怎么跟导游讲的，不知道老板会不会说‘你们就千方百计给我们把东西卖出去，不管你用什么办法’，不知道没有底线的事情已经发生了。正是因为这些原因，我们获客的能力已经变得很弱了，服务也往低处走了。时间长了之后，一些旅游人的知识结构以及认识问题的格局都变小了。”

桂林旅游没做好或者没做到的方面，志红讲了一些看法，听得出是内行人讲的话。我觉得她说的不错，其实总结和反思对任何一项事业、产业的更好发展都极其必要，我们经常说要补短板、强弱项，就必须知道短板和弱项在哪里。

三说：“‘桂林旅游’应该做什么”

志红说，桂林旅游应该做什么，实际上与前一个话题是相关联的，原则上讲没做到或者没做好的事项，都是应该做的。

“桂林当前最应该做到文化赋能，科技赋能，为桂林旅游注入新鲜活力。我们在地文化资源丰厚，取之不尽、用之不竭，旅游与文化融合的文章大有可为，前景广阔。我举一个例子，桂林一文化公司林子先生的读书会和‘桂林石画’非遗传承人罗倩女士组织了建设银行的定制活动，参加人是建行5000万元以上的大客户。罗倩负责产品研发，结合林子的会员人脉资源，加上旅游的一精品酒店的公区场景布置，这样再以文化内容赋能旅游，以体验项目活动带动酒店消费，将非遗产品转化为有参与性和应用场景的市场产品，做了一场定制版的‘只此青绿’景泰蓝掐丝团扇画作体验活动。进入场景，有设计讲究的摆设花艺，人人参与，沉浸式体验，有吃的喝的。现场定制的这种联谊活动，很有特色。整个场景、文化内容的输出，讲体验项目的整体性和完整性，是这些完整性支持了‘只此青绿’，包括它的调性、氛围，带动了整个场景的消费。这样的文旅融合我们去年10月的“桂林之夜”已经有了很好的尝试和探索，并得到各方好评。我本人分管这块工作，做了很多新的探索和尝试，从中深有体会。这种文旅内容氛围是一个整体输出，而不是生硬的非遗大杂烩或集市摆摊。而反观我们很多旅游景区酒店，还停留在低级的硬广推送，一些公众号，‘三月三’免票，然后三块九毛九进温泉等，还是这么原始的宣传手段，用很低的价格消耗我们具有很高价值的东西。反过来说，就是我们的价值没有体现出来。很原始的这种办法，90年代我们就用了，这是‘硬广’。欢迎你到桂林来，这里山好水好人更好，属于这种手法。现在人们需要的是人文关怀，要提供场景体验，提供有情绪价值的。现在需求侧又已经变化了，供给侧改革我们都还没做好。我们却还停留在炒九十年代的旧饭。遗憾的是‘桂林之夜’，只是为办而办，没有很好地对外宣传和市场化。”

“桂林要多宣传我们能够让人体验的东西，生活化一点的东西，桂林山水的审美、在地非遗文化就是一座宝藏金山，远远还没挖掘整理出来。人文关怀的这些东西，我们把这些叫‘弱传播’。什么叫‘弱传播’？比如讲云南大象迁徙的故事，就是在讲中国故事。冬奥会‘冰墩墩’大受欢迎，就是一种‘弱传播’，没有生硬推介，而是温情人文，这就是讲文化，讲故事，深入人心，春风化雨。那种动辄航拍视频高大上的推介介绍，精选造作的语汇词汇，做的是硬广告和硬推广，还是用这些老一套的方式。我们应该升级了，应该要升级换代。”

“对历史文化的挖掘成果应该继续和持续转化，我分管非遗文化之后，发现桂林挖掘整理是做得不错的，特别是‘寻找桂林文化的力量’开始后，完成了很多的挖掘整理，成效很好。问题是没有做好转化和市场应用，这需要我们旅游人来发力了。文化人已经做了前面的技术性工作，后面旅游人应该发力。文化人做不了转化，他们触摸不到旅游市场这一块。桂林还有很大的空间，去把这些成果转化到旅游市场，将其融合延伸，将其情景应用。但从现状上看，旅游人和这些，还不只是隔了一层纸，我觉得是隔了一堵墙。旅游人应该积极去发力，主动去拥抱这种文化整理成果和文化现象。《印象・刘三姐》出来以后，旅游人做了很多销售推广，但研究的是销售渠道，没有研究文化，研究刘三姐背后这些品牌成功的真正原因。在这方面，桂林也有些代表性人物，‘王城景区’戴东辉董事长是其中一个。这次我带‘保利文化’的人去王城看，他们说王城的文化应用场景太好了，有独秀峰，读书岩，抗战文化，五咏堂五福文化，然后还有状元文化。戴东辉一直是在做转化。现在应该是转化开了个头，还早着呢，还远没有完成，但是一些旅游人有了这个意识。戴东辉算转化，李素萌做东漓古村也是在做转化。从某种意义上说，现在还是少数人在做，还是刚刚知道去打开这扇窗户。”

“文化这一块，我觉得也应该把‘刘三姐’文化资源做到位。‘刘三姐景观园’不是成功的例子，它有很生硬的一面。这方面的文化，应该让那些‘80后’‘90后’喜欢才行。‘80后’‘90后’有没有喜欢的东西，我们应该好好去研究，而且要让他们年轻人来做策划。他们跟我们不一样，有他们自己的价值观。其实我觉得，将来在艺术性上，民族文化上，怎么想办法把壮族文化或者把刘三姐的爱情故事，转一个角度来讲讲，如美体现在她的歌声里，蕴藏在她的才华里。生活化的东西，很有美感，有圆满的爱情故事，并且在这无比秀美的山水之间。刘三姐以自己的智慧博得大家的肯定，只是唱歌人家就喜欢她。”

“还有科技，其实也应该做好，等等。数字经济和光影虚拟现实，元宇宙，人工智能等，在旅游场景的应用前景广阔。所有没做到的事情，都是我们下一步应该做好做到位的。文化赋能，科技赋能，然后以积极心态去拥抱、去跨界，比如说我们应该拥抱工业、农业，应该拥抱三产，应该拥抱所有的新生事物，以积极的、正能量的心态去面对他们。旅游是无边界的，我们都可以去做，就如同从小小的一个餐桌到一个大大的场景，再到整个城市，整个市民生活，都可以成为旅游的吸引物。所以，我们桂林旅游应该怀有这种心态，积极地把文旅融合研究好、策划好和实施好。”

志红说得非常好，桂林旅游应该做好的事情确实还真不少。我也早就主张过，把应该做的事情开单列表，不说大话，不说概念，用心把具体事一一认真做好，哪怕一个月扎实做好一件事，一年就会有 12 个变化，2 年就会有 24 个变化。志红讲的应该做的事情，有关方面要研究，如果认为应该做，就开单列表，做一件消一件。

张明道主任访谈录

（访谈时间：2022 年 1 月）

2021 年 12 月中旬，我打电话给张明道主任，联系访谈事宜的同时，确认他所在单位的名称，“18 个字：桂林红军长征湘江战役文化保护传承中心”，明道主任在电话里说道。

今年 1 月中旬，明道通过微信给我传来一份资料《我们这一年》，这篇刊登在他们微信公众号上的文章，完整地记述了他所在单位 2021 年的工作情况，让我对该中心有了更多的了解。访谈当天，明道又送我两本宣传图册，一本是《习总书记的关怀 八桂儿女的守护——红军长征湘江战役纪念设施建设和遗址遗存保护利用图册》；一本是《红色桂林之旅》，这对我整理访谈录文稿起到了一些帮助作用。

桂林红军长征湘江战役文化保护传承中心（以下简称“中心”），2019 年 9 月 5 日挂牌，明道是从桂林市文化广电和旅游局副局长兼桂林市文物局局长任上被桂林市委调过来担任主任的。中心运转两年半以来，工作颇有起色，业绩也很突出，影响不断扩大，受到市里肯定。

我和明道，之前只是相互知道，没有接触过，实际上不算认识。访谈他，一是在我那本《说说“桂林旅游”——来自“深耕者”的经历和思考》一书分享座谈会上，现任该中心副主任涂灵燕女士（曾长期在市政府发展研究中心研究旅游）提议说如果还继续做访谈，可以增加一些红色旅游的内容，二是不久后和几个朋友聊天，恰巧有人提到张明道主任，还把电话号码给了我。这两件事促使我决定对明道主任做次访谈，“桂林旅游”里面应该包含红色旅游，于是我联系了他。

访谈明道，我提出的内容建议，是请他结合他们中心的相关工作，说说桂林红色文化资源、红色文化设施和红色文化旅游方面的情况。

电话和见面，明道给我的印象是人很热情，又精明强干。

一说：“桂林红色文化资源特色突出”

我请明道先说说桂林红色文化资源的总体情况。

“红色文化，主要指中国共产党领导下的中国革命文化。桂林在这方面资源不少，也有着非常鲜明的特色。我到中心以后，我们做了进一步梳理，认为桂林红色文化资源主要涉及以下四项：一是中共桂林地方组织方面，主要是靖江王城为共产党员在广西的最早出现地、国共合作策源地，桂林建立了第一个中共地方组织；二是湘江战役，这是红军长征中最壮烈的一战，是决定中国革命生死存亡的重要历史事件；三是抗战文化，集中体现于‘抗战文化城’现象；四是解放战争时期，桂北人民进行武装斗争，迎接桂林解放。”

“我先从总体上说说桂林红色文化资源的大体情况。桂林靖江王城，是明代的藩王府第、清代的广西贡院。1921 年 12 月至 1922 年 4 月，孙中山先生北伐驻节靖江王城，在这里设立了北伐大本营和总统行辕。这里也是共产党员在广西最早出现的地方，共产国际驻中国代表马林，在助手兼翻译、中共党员张太雷陪同下到桂林考察国民党和孙中山，在靖江王城与孙中山多次会谈，并提出了改组国民党、与社会各阶层特别是与农民及劳工大众联合等建议。孙中山‘联俄、联共、扶助农工’政策由此初见端倪，为国共合作奠定了坚实的基础。1926 年 7 月，桂林第一个中国共产党地方组织——中共桂林县支部干事会成立，开启了党领导下的桂林革命活动。接着是湘江战役，等下我专门来讲。抗日战争期间，1938 年 10 月至 1944 年 9 月，大批文艺和科技工作者、文化教育团体陆续来到桂林，在中国共产党影响和领导下，高举爱国主义旗帜，开展抗日救亡运动，开辟没有硝烟的战场，造就了著名的‘抗战文化城’现象。郭沫若、茅盾、巴金、夏衍、柳亚子、徐悲鸿、田汉、艾青、贺绿汀、陶行知、邹韬奋、李四光等 200 余名著名文艺人士和学者在桂林留下了足迹。桂林也是世界反法西斯文化交流之都，一时间有‘北有延安、南有桂林’之说，‘抗战文化城’轰动了中国和世界。1947 年 7 月至 9 月，中共桂林地方组织领导灵川、全州、灌阳、龙胜等县人民相继举行武装起义，起义骨干人员集中在灵川建立游击队，在国民党桂系集团统治下的桂林市外围坚持武装斗争，配合人民解放军正面战场作战。1949 年 7 月成立了桂北人民解放总队，部队发展到 4700 多人枪，摧毁了国民党桂林地区半数县和大部分区、乡、村政权，创建桂北十个县近百万人口的游击区，形成包围桂林市及夹击湘桂铁路的战略态势，为支援、配合解放军解放桂北做出了重要贡献。为纪念桂北人民武装斗争建立的纪念碑园，坐落于今灵川县城关第二小学校园内。”

接着，明道专题介绍湘江战役。

“桂林红色文化资源里面，湘江战役这一段最为重要，在全国也具有相当大的影响。1934 年 11 月 25 日至 12 月 1 日，发生在桂林的湘江战役是红军长征途中规模最大、战斗最悲壮、关系到中央红军生死存亡极为关键的一战。红军以损失过半的惨重代价，突破了国民党军队第四道封锁线，粉碎了蒋介石围歼中央红军于湘江以东的图谋。这次战役同时宣告了党内‘左’倾教条主义军事路线的彻底失败，为遵义会议召开和确立毛泽东在党中央和红军的领导地位，奠定了重要的思想基础和组织基础。数万红军将士用热血和生命谱写了感天动地、气壮山河的历史篇章。”

“2018 年 11 月，习近平总书记对湘江战役红军遗骸收殓保护工作和纪念设施建设作出重要批示，李克强等 13 位中央领导同志就贯彻落实习近平总书记重要批示精神提出明确要求，桂林以高度的政治自觉和文化自觉，如期完成了遗骸收殓保护和纪念设施建设工作，红色文化保护传承取得了重大进展。2021 年 4 月，习近平总书记视察广西，第一站就来到红军长征湘江战役纪念园，高度评价湘江战役，指出湘江战役是红军长征的壮烈一战，是决定中国革命生死存亡的重要历史事件。同时对湘江战役文化保护传承工作给予充分肯定，对湘江战役纪念园建设评价到：‘很好！很生态！’”

“中心成立以后，我们迅速担负起红色文化保护传承人的职责。2019 年 9 月 12 日红军长征湘江战役纪念设施落成仪式在全州县举行，9 月 6 日起，中心全体人员分为现场协调组、讲解指导组、后勤保障组，分赴全州、兴安和灌阳参与红军长征湘江战役各纪念设施开馆前的工作，指导帮助仪式圆满举行。2019 年和 2020 年，我们先后举办了四期讲解员和导游员培训班，培训红色讲解员 392 名；2021 年开展‘广西红色文化旅游景区及场馆管理人员党史学习教育与业务能力提升培训班’和广西红色文化旅游协会管理培训班，培训讲解员 400 名；开展湘江战役文化培训，培训导游员 500 名；打造湘江战役精品力作，做好历史文化研究，组织编印《血战湘江——中央红军长征过广西》《红军长征湘江战役旧址保护纪念设施资料选编》《红色 · 桂林》等资料，‘以纪念馆建设为载体传承红色基因——湘江战役旧址保护利用实践探索’荣获‘2020 年全国革命文物保护利用十佳案例’，中心作为作者代表编写的《湘江，为你守候》已于 2021 年出版，《习总书记的关怀 八桂儿女的守护——红军长征湘江战役纪念设施建设和遗址遗存保护利用图册》顺利完成内部出版；承办‘弘扬长征精神、走好新时代长征路’主题征文活动，收到全国各地文稿 917 篇，并将获奖作品汇编成册；征集桂林红军长征湘江战役文化宣传品，包括宣传语、形象标识（Logo）、文创产品、歌词歌曲等，收到来自全国 27 个省份投来的作品，其中宣传语 2888 条、Logo 标志 117 幅、文创产品 66 件、音乐作品 181 首；开展‘弘扬长征精神决胜全面小康’演讲比赛，吸引全市 280 名优秀选手参加，并在网上全程直播，点击量 4 万多人次；举办‘弘扬长征精神，感党恩，跟党走’主题征文比赛，全市 762 人参赛，收到 915 篇投稿作品，专家评审选出 100 篇优秀作品；承办‘红色桂林·百年足迹暨庆祝中国共产党成立 100 周年红歌大家唱’活动和红色故事大赛，《湘江肃穆颂英灵》获桂林市特等奖。2021 年，我们举办红色文化宣讲 37 场次，受众 2000 余人，其中《湘江肃穆颂英灵》5 场次；《弘扬长征精神 坚定理想信念——红军长征湘江战役》14 场次；《桂林红色之路——中共桂林地方历史》3 场次；《红军长征过桂北民族政策》2 场次；《湘江战役纪念设施保护和利用》6 场次，取得了非常好的效果。我们编制《长征国家文化公园广西段建设保护规划》，得到国家文化公园建设工作领导小组办公室正式批复。我们推动建立可移动革命文物预防性保护体系及数字化保护项目建设，加大革命文物保护力度；推动湘江战役遗址遗存保护立法，市人大常委会已确立为立法项目。中心成立两年半来，我们一直在努力工作，传承传播桂林湘江战役红色文化。”

“2020 年国家文物局革命文物司成立，该司第一个会，叫‘黄埔一期’，我向领导申请并建议到桂林来开，全国所有文物局、自治区文物局和文旅厅，集聚桂林，中心来承办做服务，让大家都知道我们的红色资源和宣传网站。在这前后，我们还纠正了很多地方对湘江战役位置的误解，之前很多人都以为湘江战役发生地在湖南，就连在延安播放的红军长征方面电影也出现类似错误，我们当时就予以纠正。还有一说，说湘江战役是败仗，我们也纠正了这些说法。我们通过大力宣传，为湘江战役正本清源，宣传湘江战役对中国革命的重要意义。”

“湘江战役，红军将士献出了鲜血和生命，我们怎样让红军的这种精神发扬光大？在国民党围追堵截的形势下，为了保护党中央和中央纵队，红军突破湘江，红军的血染红湘江，他们有着勇于牺牲的精神！我们要从这方面去看湘江战役这段历史。他们‘革命理想高于天’的信念，我们要挖掘、提升、继承和弘扬。我们中心，必须要有这种思想和行动自觉。我们之所以用心用力做好工作，正是基于这些认识。”

“我自己也一心一意扑在工作上，在部队我也主要从事思想政治，宣传教育方面的工作，转业后更想做点奉献，真心想做一些有益社会进步、传承中华美德和崇尚文明的贡献。退休也进入了倒计时，用心来做红色文化，就是想努力促进大家发扬好优良传统，传承好红色基因。现在国家这么强大，大家生活这么幸福，我们要爱国，要有理想信念，有奋斗目标，要让国家更加强大，使国家腾飞起来。我爱好书法，所以，我写书法也是一样，给大家写的都是励志的正能量名言格句。红色基因要一代传一代，讲解员要给听众讲好红色故事，让游客受到教育和启发，同时不仅是他们本人，还要影响带动好自己子女传承红色基因。红色文化是正能量，是灵魂，没有是不行的。所以我用心打造红色文化，不是领导交代什么我才去做什么，而是自己主动去想，主动去做，去宣传，而且努力多做一些。”

明道主任对桂林红色文化资源极其鲜明的特色，介绍得非常准确、清晰，让人一听便知其详，桂林红军长征湘江战役文化保护传承中心的工作也相当不错，明道主任本人积极作为，主动作为，这是访谈中给我留下的深刻印象。

二说：“桂林红色文化设施庄重大气”

接着我们聊到桂林红色文化纪念设施相关情况。

“习近平总书记作出重要批示，桂林铭记总书记的关怀和嘱托，成立专班科学统筹日夜奋战，只用了 9 个多月时间，完成 217 处、421 个点的发掘工作，收殓相对完整的烈士遗骸 82 具、零散遗骸 7465 块，包括‘三园三馆’和遗址遗存修缮保护在内的 68 个项目顺利竣工，如期举办湘江战役红军遗骸安葬仪式和纪念设施落成仪式。截至 2021 年 12 月 31 日，‘三园三馆’累计接待观众 72251 批次，1230 多万人次。”

“我重点说说‘三园三馆’。‘三园三馆’是红军长征湘江战役纪念园、红军长征湘江战役纪念馆；红军长征突破湘江烈士纪念碑园、红军长征突破湘江纪念馆；湘江战役新圩阻击战酒海井红军纪念园、新圩阻击战史实陈列馆，分别地处全州、兴安和灌阳，均为展现湘江战役的代表性纪念设施。位于全州才湾镇的红军长征湘江战役纪念园，是湘江战役三大阻击战中脚山铺阻击战旧址所在地，包括纪念林区和纪念馆区两大部分；红军长征突破湘江烈士纪念碑园，位于兴安县城双拥路，有大型烈士群雕、纪念碑、纪念馆、英名廊、福建籍和江西籍湘江战役红军烈士雕塑、石园；三大阻击战中光华铺阻击战遗址在兴安界首；湘江战役新圩阻击战酒海井红军纪念园，位于灌阳县新圩镇，建有纪念广场、红军墓塚、纪念塔、纪念馆、红军雕塑。2019 年 12 月，中宣部将这三个纪念园命名为‘红军长征湘江战役纪念设施’，纳入全国爱国主义教育示范基地，此外，这三个纪念园还都获评国家 4A 级旅游景区，正在积极创建国家 5A 级旅游景区。”

“三个纪念馆怎么定位，如何突出各自的特色，这在当时是一个问题。我们到外地考察学习，特别是向中办、中宣部、中央党史和文献研究院，明确了各馆定位。位于全州的馆展示红军长征胜利80周年，把原在军事博物馆举办的红军长征胜利80周年主题展整体移植过来，并将湘江战役部分内容独立为第二大部分，相当于把整个红军长征从出发到胜利全都展示出来，同时与时俱进设置‘走向新时代’的内容。位于兴安的馆展示从红军长征进入广西到走出广西的线路过程；位于灌阳的馆展示新圩阻击战和酒海井烈士遗骸打捞两个方面。一个是大的、总的一个面，另两个是一条线再到一个点。要看全面就去全州的湘江战役纪念馆，但它不叫全州湘江战役纪念馆，而是叫红军长征湘江战役纪念馆，是位于全州的全国的馆。兴安也不叫兴安馆，叫兴安馆就变成了一个县馆。位于灌阳的是新圩阻击战史实陈列馆。三个馆的每幅照片和文字描述，我们都用心筛选，最后由中宣部邀请全国专家定稿，包括解说词也一样。纪念馆里面有党和国家领导人照片，由新华社提供，中办审定。老一辈无产阶级革命家的照片，由中宣部和中央党史和文献研究院出具。”

“开园开馆前后，我们协助中央、自治区媒体在全州、兴安、灌阳拍摄纪录片《铁血湘江》，这部纪录片有《五岭逶迤》《铁血阻击》《浴血突破》《问道湘江》四集，当年12月中旬便在央视综合频道、央视国防军事频道、央视中文国际频道、广西卫视陆续播出。还拍摄了专题汇报片《为了永远的纪念》。”

“我说过，‘三园三馆’是主要的代表性的设施，桂林被公布长征文物有89个点，其中全国重点文物保护单位1处21个点，自治区级文物保护单位16个点，分布在灌阳、全州、兴安、资源县和龙胜各族自治县的26个乡镇。除不可移动文物外，征集长征文物、档案资料共1143件（套），其中书籍、兵器、生活器具等可移动文物617件（套），文物大多来自民间捐赠、民间征集和战场旧址挖掘。我这里再说几处。资源县，就有红军总政治部宣传局驻地旧址、红军右翼第一和第九军团驻扎地旧址、红军桥等，最重要的是老山界山脚的资源塘洞村及李洞村，中革军委第一纵队和第二纵队来到这里，中共中央政治局委员、中华苏维埃共和国中央执行委员会主席毛泽东同志曾在这里住过。再说龙胜县，龙胜红军岩、红军楼、红军桥、感念红军的瑶族石刻诗等，也都极具历史意义。全州、兴安、灌阳，除了‘三园三馆’，也还有不少纪念设施。这些设施，都是桂林红色文化资源的重要纪念载体。”

“上面说的主要是关于湘江战役的纪念设施。我前面还讲过桂林红色文化资源其他三个方面，也都有很多遗址和设施。比如，靖江王城里面的中山纪念塔和仰止亭、七星公园普陀山东北麓灵剑溪旁的李征凤烈士墓，再比如八路军桂林办事处纪念馆、广西省立艺术馆旧址、《救亡日报》社旧址、美国飞虎队桂林遗址公园、阳朔的临阳联队抗日历史陈列室、全州抗日《胜利铭》石刻碑、桂林尧山‘七九事件’三烈士纪念碑、桂北人民武装斗争纪念碑园、中共桂林市城工委旧址等，这些历史事件和纪念设施，也都非常宝贵。桂林红色文化资源丰富多样，特色突出，相应的纪念设施也是庄重大气，富有感染力并具有教育人、鼓舞人的强大作用意义。”

桂林对红色革命文化的保护传承一贯是重视的，习近平总书记一系列重要讲话发表以后，对桂林做出重要批示指示以来，更是加大力度，尤其在湘江战役纪念设施完善扩建提升上下足了功夫。应该说，目前桂林红色文化四个方面的纪念设施特别是湘江战役保护传承都有了比较完整的呈现。桂林市委、市政府高度重视，各县区、部门对此也付出了辛勤努力，工作成效非同一般，明道主任带领中心一班人尽心尽责，以高度的政治责任感，发挥了很大的作用。

三说：“桂林红色旅游现状不错，前景更好”

红色旅游近些年日渐兴盛，桂林红色文化旅游资源丰富，是国内富有特色的红色旅游目的地，开展红色旅游也为许多旅行社所重视。访谈明道的目的之一，就是聊聊红色旅游。

“桂林山水甲天下，桂林又是国家首批历史文化名城，桂林历史文化里面，红色文化旅游资源有着突出的地位。这一点我在参加编撰《桂林历史文化大典》时，就有深刻的认识，现在我又直接从事红色文化保护传承工作，对此感触就更深了。搞旅游，资源和设施十分重要，桂林在开展山水观光、休闲度假旅游方面，在全国已经非常闻名了，就红色旅游而言，我们的资源、设施，现在也是比以往任何时候都有了很大的提升和完善，开展红色旅游的条件更加具备。”

“湘江战役‘三园三馆’开放后，第二天便是中秋国庆假期，客流就上来了，之后的长短假期，参观客流一直居高不下，他们开始面临各种接待上的困难和压力，中心工作人员每逢小长假，都在这几个地方蹲点值守，帮助维护秩序、疏导人流、指导错峰接待、调剂讲解人员。此外我们及时指导制定安全保障、接待服务等制度规范，检查督促他们严格对照执行。”

“红色旅游是传承红色文化、赓续红色基因的重要途径和载体，全国很多干部群众喜爱红色文化，很多单位也组织人员到桂林参观学习湘江战役红军将士的战斗精神。近两年出现疫情，跨省旅游受到控制，好不容易有时有些恢复，又是南京、西安多地相继暴发疫情，红色旅游团队断崖式下降。所以，我们就想充分利用‘红军长征论坛’这个平台加强文化旅游、红色教育培训、产业经贸、互联互通、长征国家文化公园建设等方面合作，重点联合策划推动红色基础设施项目，与桂林市文化体育产业投资发展集团组织“华语大师公开课全国巡讲公益行·桂林红色之旅”活动，支持桂林市红色旅游协会共同推进桂林‘血战湘江·突破包围’精品线路入选‘建党百年红色旅游百条精品线路’，参展第十七届中国（深圳）国际文化产业博览交易会、中国东盟博览会桂林旅游展，设置‘红色·桂林之旅’展区展出‘湘江战役’红色主题书籍、文创产品，参加广西自驾游大会暨广西红色文化旅游协会揭牌仪式等活动，希望通过多种渠道打响叫亮桂林红色文化旅游名牌，通过大力宣传，效果很明显，现在很多人通过多种渠道了解桂林的红色文化，也向往到桂林来，表示疫情过后，一定到桂林了解湘江战役这段历史。疫情形势虽然严峻，但我们桂林防控得不错，疫情形势好转以后，来桂林参观旅游的客人一定会很多。现在桂林条件具备，进出交通又很方便，桂林山水又有知名度，红色文化更有知晓度，我认为桂林旅游现状不错，前景更好，这次习近平总书记来到我们这里，实际上也给桂林做了一个非常大的宣传，下一步参观游览、红色研学、红色教育的客人会纷至沓来。”

“桂林的‘抗战文化城’现象，实际上也非常吸引人，但是我们还没有完全打造出来，发挥出应有的效应。很多人都提议过，桂林抗日文化资源很丰厚，中央党史研究室都很认可。1944 年抗战时的大轰炸，桂林城市被破坏，但留下了精神，少部分遗址遗存也还是有的，像八路军办事处、《救亡日报》旧址还在，我们要进行更好的和系统的打造、包装，把这个抗战文化挖掘出来、宣传出去。中央党史研究室当时专门研究抗战史的同志跟我交流，他说桂林抗战文化很值得挖掘。有专家建议建一个抗战文化馆，展出我们全民族抗战的精神，我认为这对激励大家奋进新时代，实现‘中国梦’会有帮助。”

“下一步，还有一个红色文化怎样与山水绿色文化融合的问题。现在正在建设长征国家文化公园，桂北这几个县的自然风光又都非常不错，乡村振兴也带来了乡村的变化，把红色纪念设施用起来，把红色旅游发展起来，把红色旅游跟绿色生态旅游、乡村旅游结合起来，就不仅对赓续红色文化基因有利，对进一步促进乡村振兴也有利，对旅游本身来说，其吸引性也会增强。我认为，桂林在这方面也是大有文章可做。专门的红色旅游，或者与绿色旅游融合起来的红色旅游，要加强规划、引导。一车人来到这里，怎样合理安排，既让参观学习达到最佳效果，也让吃住行顺畅有序，就需要进行统筹设计。全州有时就没掌控好，纪念馆、纪念园问题不大，但就餐的地方，就没有几个好的餐厅，住宿条件也跟不上，有时团队多了还有提价的现象，一天一个价，客人反过来倒想到桂林去住。我相信全州县有关部门能够很好地解决，否则疫情过后，旅游高潮到来，一定会对全州甚至对整个桂林产生不利的影响。”

“桂林红色游线，我们也做了很多宣传推介，中心编印的《红色桂林旅游》就有线路推介，桂林市内一日红色游线：八路军桂林办事处纪念馆—独秀峰·王城孙中山北伐大本营—李宗仁官邸—美国飞虎队桂林遗址公园；桂林二日红色游线（桂林、阳朔、龙胜、资源）：八路军桂林办事处纪念馆—美国飞虎队桂林遗址公园—阳朔临阳联队陈列馆、纪念碑—资源红军翻越老山界纪念馆、油榨坪公堂—龙胜红军岩；重走长征路——湘江战役三日红色游线（兴安、全州、灌阳）：桂林—兴安—红色专题讲座—红军长征突破湘江烈士纪念碑园—光华铺阻击战战场旧址—湘江战役指挥部（红军堂）—全州红军长征湘江战役纪念馆—红军长征湘江战役纪念林—湘江战役新圩阻击战酒海井红军纪念园—下立湾救护所旧址—桂林；建党初期、湘江战役、抗战文化四日红色游线（兴安、全州、灌阳、桂林）：八路军桂林办事处纪念馆—独秀峰·王城孙中山北伐大本营兴安—红色专题讲座—红军长征突破湘江烈士纪念碑园—光华铺阻击战战场旧址—湘江战役指挥部（红军堂）—全州红军长征湘江战役纪念馆—红军长征湘江战役纪念林—湘江战役新圩阻击战酒海井红军纪念园。红色研学——青少年爱国主义教育系列，桂林市内一日培训：开营仪式—独秀峰·王城孙中山北伐大本营—八路军桂林办事处纪念馆—西山景区巴巴什金烈士墓—学习破译摩尔斯电码—结营仪式；桂林—兴安二日培训：开营仪式—独秀峰·王城孙中山北伐大本营—兴安红军长征突破湘江烈士纪念碑园—猫儿山翻越老山界—集体完成红色文化纳斯卡巨画—结营仪式。另外，市文旅部门、一些旅行社也推出了一些线路。线路方面，当然还可以不断充实完善，桂林市正在全力推进桂林红军长征湘江战役红色文化旅游景区创建国家 5A 级景区相结合，所以我认为基本上桂林是有很多准备的。”

明道对桂林红色旅游方面的介绍比较全面，但我觉得应该有一个更加能够把红色培训、红色传承、红色旅游都统筹起来的部门，让桂林红色文化资源发挥出更好更大更有成效的作用，明道他们的中心，即便是市文广旅局，也很难全面统筹。明道赞同我提出的这个问题，也建议桂林应该成立全面统筹红色文化资源开发与管理的机构，以促进桂林红色旅游更加有序、更加协调、更有成效地发展。

杨昀博士访谈录

（访谈时间：2021 年 11 月）

杨昀博士，苏州科技大学副教授，曾在中山大学保继刚教授门下读研，先是两年硕士研究生学习，获旅游管理硕士学位，后又考取博士研究生，拿到了人文地理学博士学位。

访谈杨昀，是因为她对桂林阳朔这一著名旅游目的地进行过 10 年不间断的连续研究，硕士论文写阳朔，博士论文也写阳朔，而阳朔恰恰是“桂林旅游”必须绝对重视的地方。

保继刚教授的学生里面，对阳朔进行专门研究，并以阳朔旅游为题做学位论文的人不少。在启动这一轮访谈时，我曾请教保老师，想访谈一位既年轻又对阳朔旅游做过研究的人，看看年轻学者如何观察和研究阳朔，谁比较合适？保老师说比较年轻并做过长一点时间研究的，数“小杨昀”了。

在 2019 年“联合国世界旅游组织 / 亚太旅游协会旅游趋势与展望国际论坛”会场上，我见过杨昀。被保老师亲切称为“小杨昀”的她给我的印象很是不错。“80 后”的她性格开朗，举止谈吐既充满年轻人的活力又显出学者具有的深邃和沉稳，谈问题神情专注，说看法颇有深度。谈及阳朔时，更感觉她对阳朔极具感情，不仅非常熟悉阳朔，而且思考和见解也比较深刻和独到。

在本轮访谈开始后的第二个月，我联系了杨昀博士。

一说：“我与阳朔旅游结缘十余年”

我首先问杨昀是从何时开始研究阳朔的。

“这要从 2009 年说起，彼时我到中山大学跟随保继刚老师读研，在导师组会、各种硕博论文开题答辩现场，阳朔都是最高频出现的案例地，那时我便对阳朔充满了好奇与神往。2010 年 8 月我带着硕士论文的预调研设计，开始了对阳朔的长期田野跟踪。在保老师悉心指导下，先后完成了硕士论文《本地居民和外来经营者地方依恋的变迁研究——以阳朔西街和兴坪老街为例》和博士论文《旅游地演化中的‘无为而治’与‘有为不治’——基于阳朔西街和遇龙河景区的历时性解释》，还以阳朔为案例地发表了七篇期刊论文。”

即便从 2010 年 8 月算起，也开始于 12 年前。

“博士毕业后的三年里，我的国家自科基金青年项目一直持续关注阳朔案例地，并拓展了博士论文的研究内容，将研究视野又转向了本地旅游精英。提出的研究问题是：在目的地发展过程中，本地旅游精英成长培育需要什么条件和支持环境？这篇成果发表在了 2020 年《旅游学刊》第五期。”

2016 年博士毕业，之后又研究阳朔 3 年，杨昀与阳朔结缘 10 余年了，研究也在不断拓展和深入。

“在对阳朔案例地长期田野跟踪过程中，保老师一直格外关注当地居民的成长，李莎、月亮妈妈、陆华平等本地旅游精英的故事经常出现在导师组会中。十年之前，我硕士论文一部分内容涉及本地居民地方依恋的变迁分析，深入阳朔调研时开始与这些‘传说’中的精英结下了深厚缘分。后来博士论文讨论阳朔旅游治理的演化路径，我们经常会拿阳朔与三亚的发展模式作对比，两地旅游发展的变量中，最为突出的差异就是旅游起始阶段的演化动力，市场引导下的社区参与型和外来投资拉动型，到底哪种模式对目的地的发展更可持续？背后有怎样的原因和机制？这些思考，贯穿了我此后几年的调研与写作。”

“十余年间，我先后五次累计在阳朔进行一百多天的田野调研，结识了很多淳朴能干的本地居民和热情奉献的外来企业主。萍水相逢的受访者们对我格外关照，正是他们对阳朔的‘地方依恋’和主人翁责任感，激励我加倍努力做好研究，希望能对阳朔旅游发展有实质性的贡献。”

“硕士研究问题明确后，2010 年 8 月和 2011 年 1 月，我在阳朔展开了一个多月的实地调查，采用深度访谈和观察法收集一手资料，共访谈 138 人次，整理约 22 万字录音文稿和 2 万字田野笔记，访谈对象包括了本地居民、外来经营者、政府管理人员、游客、务工人员五类人群。”

“从百篇综述的问题缘起到阳朔的案例解读，从埋头纸堆的扎根文献到‘侠女闯江湖’的西街调研，那时候我的签名一直落款‘研究在还原好恶交织的故事’，其实不仅指研究对象们对西街的复杂感情，更是我自己调研态度的真实写照。田野归来后，新年钟声拉开了硕士论文写作序幕，3 月底完成初稿，4、5 月间从 10 万字减到 7 万又增到 8 万。几度修改最终完稿，暂时结束了我对阳朔研究的一个时段。”

“硕士毕业后，怀揣对学术的满腔热情，两年之后我又重返中大，开启了三年半博士研究生时段。由于我对阳朔已有一定的研究基础，硕士读完后也没有间断思考和研究阳朔，博士论文选题便很自然又把阳朔作为案例地，做研究应该是我此生的理想与追求。感恩命运眷顾，让我重回充满灵气的中大校园，再次跟随保老师做旅游研究，也又有机会对我当初就好奇和神往的阳朔继续我的研究。”

“与读硕士时的研究不同，读博研究的问题是旅游地演化中的‘无为而治’与‘有为不治’，是基于阳朔西街和遇龙河景区的历时性解释，探讨的问题包括：早期的阳朔西街到底发生了什么？为什么会出现这么好的旅游发展状态？当市场条件发生变化以后，‘西街现象’阶段的良性发展状态能够可持续吗？进入旅游大发展阶段为何会出现以西街和遇龙河景区为代表的‘阳朔乱象’？政府在此过程中扮演着什么样的角色？为何会屡次出现治理失灵的局面？何以会出现前后两段截然不同的发展状态？各自的特点和形成原因是怎样的？研究综合运用了深度访谈、参与式和非参与式观察以及文献资料的搜集三种具体方法，博士论文于2016年5月最终完成。”

博士毕业后，杨昀继续把阳朔作为案例地，申请国家自科基金青年研究项目并获得立项，拓展了她的研究内容。限于访谈录篇幅，有关情况在这里不做记录了。从上面两篇论文来看，杨昀对阳朔旅游一些主要现象的研究，开展得相当扎实，成果也非常不错。

二说：“关于阳朔旅游精英的若干思考”

杨昀几次提到了阳朔“本地旅游精英”，我便又想知道这位年轻学者是如何研究这些“旅游精英”的，看看从她的结论中能否领悟一些东西。

“桂林对外开放旅游以来，阳朔在长达20年的时间里，一直保持着缓慢渐进的发展态势，市场规模不大，游客总量相对稳定，呈现出替代性旅游的特点。在较长的旅游参与期内，市场特征不构成对大型外来投资财团的吸引力，反而给予本地普通居民最大限度的旅游从业空间。尤其是一些草根农民以主动介入的方式逐渐融入旅游业发展，在深入的主客互动与对客服务过程中提高了外语交际能力，获得经济资本的同时扩展了社会关系网，了解到旅游市场的需求和规律，掌握时新实用的经营管理理念，也因此获得了更多的发展机会和文化自信。”

“随着旅游地生命周期由参与期向发展期的推进，阳朔本地旅游精英经历了市场引导下的先锋探索、旅游创业中的深度成长以及创业成功后的示范带动阶段。长期深入的主客互动与旅游一线从业经历积累的经济和社会资本是重要的创业基础；他们从最基层的服务员、农民导游等一步步成长为旅游小企业主，通过创业实践进入旅游业管理层，获得深度成长，在旅游发展的起始阶段就成为地方旅游业经营的主体，并通过代际示范效应吸引一批外出打工的阳朔青年返乡创业，进而促成更多本地旅游精英的成长。主人翁意识和地方依恋作用下，本地旅游企业家更愿意回馈社区，更有社会责任感为社区建设奉献财力和智慧，维护规范的商业环境，推广生态环保理念，组织阳朔民宿协会，推进当地慈善事业，对目的地规范管理起到积极作用。”

“在研究中我得到一个认识：培育旅游精英过程中，目的地首先需要预留相应的旅游参与期，让本地居民有足够的时间和空间参与旅游经营，在参与中成长，获得可持续发展的生计能力；其次需要发挥散客市场和外来精英的引导教育与良性示范作用，促进本地业主商业意识的现代化和经营技能的提升；最后，需要地方政府的政策支持和适时引导，即便到了旅游发展期，地方政府也要谨慎取舍招商引资，把更多市场机会留给本地居民，以实现地方对旅游业发展的主导控制权，避免被外来资本边缘化。”

“其实这个阶段的发展是循序渐进的、可持续的，不会给目的地带来直接剧烈的重大变化，本地居民获得了参与中成长的缓冲时间和从业空间。长期的参与实践构成了有效的学习机制，慢慢培养了本地人的从业能力和抗风险的韧性，一批批草根创业者成长为有能力、有责任心的旅游企业家，逐渐完成了从农民到旅游从业者的转换，获得了可持续的生计能力，实现了物质和观念共同‘脱贫’，使得阳朔成为我国旅游小企业发展较早且商业环境较为规范的目的地之一。”

“实际上，阳朔旅游精英的成长虽然有着特殊的历史背景，但其旅游发展中如何促进社区参与，培育草根居民‘增权增能’，让当地人成为最大受益者，却是广大欠发达地区旅游开发面临的共性问题。当前乡村振兴和旅游扶贫是国家倡导的政策方向，很多边远区域的地方政府和居民都希望通过旅游业脱贫致富，出现了不同旅游发展模式和政策实践。相比之下，以海南某些沿海乡村为代表的‘征地拆迁’与‘投资拉动型’开发模式，在发展之初即引进大型外来投资财团，没有给本地居民的职业技能转化提供足够的时间与成长机会，在缺乏人力资本的情况下，获得拆迁款的失地农民不具备相应能力利用好‘一次性’补偿的金融资本实现可持续生计，过于依赖低端就业岗位，面临被外来精英劳动力边缘化的困境，丧失了旅游发展的控制力和决策权，可能落入‘再贫困’的陷阱。对比这类

‘大资本圈地’发展模式，阳朔创造了社区高度控制和原住民积极介入的氛围，促使当地人成为旅游发展最大受益者。本地旅游从业人员主体性和创造力得到最大限度的发挥，成为阳朔旅游经营的‘主力军’，更具有主人翁的精神状态和身份认同。这样即便到了大发展阶段，外来资本的进入也不会完全挤压掉已经成长起来的地方企业，本地人还能有可持续生计的资源和能力，我认为这样的发展经验是值得推广的。”

“我还认为，应该得出这样一个政策启示：旅游发展的起始阶段对培育本地旅游精英至关重要。新旅游地的开发不要急于追求快速巨变‘一夜暴富’，尤其对于一些欠发达的中西部地区，要提高目的地社区整体的人力资本，需要在旅游参与中获得成长的机会，适时正确的引导教育和制度保障能够有效发挥原住民的主体性和创造力，有助于后期目的地的规范管理，最终实现可持续发展。”

看得出，杨昀对阳朔旅游精英的访谈做得很深入，对这些精英的成长背景、成长土壤、成长过程以及成长理论也做得很全面和很到位，分析和得出结论的思路也非常清晰。

杨昀还送了她的几篇记述本地和外来“阳朔旅游精英”的访谈文章给我：《因语言改变的人生——阳朔 William 的故事》《月亮山下的“明星”导游——阳朔“月亮妈妈”的传奇人生》《阳朔“村姑”LISA 的旅游创业之路》《疯子鹰和他的秘密花园——南非建筑师 Ian 的阳朔故事》。访谈文章题目里的 William，中文名字是陆华平，漓江边土生土长的阳朔人；“月亮妈妈”的本名叫徐秀珍，阳朔高田镇凤楼历村人；“村姑”LISA 名字是李莎，阳朔西街上第一代草根创业者；因依恋阳朔而留下来的众多老外之一——南非建筑师“疯子鹰”创办了“秘密花园”民宿，成为阳朔乡间一道亮丽的风景线。此外，杨昀还给我看了她的硕士论文和博士论文。

三说：“对阳朔旅游发展的历时研究”

杨昀认为，山水甲天下的自然胜景，孕育出了一个国内外知名的旅游目的地，也孕育出了旅游研究的沃土。她说从“本地居民和外来经营者地方依恋的变迁”、“无为而治”的“阳朔西街现象”到“有为不治”的治理困境，她的研究经历也见证了阳朔的发展变迁。

“家是归属感和个人身份的重要来源，家的 location 和 social bonding（即社会关系）正是大多数人强烈依恋的地方。当我们到旅游地吃喝玩乐拍完照就撤的时候，是否曾站在本地居民的角度思考过这样一个问题：自己世居的家园变成了外地游客的消费对象和外来资本的竞逐之地，他们到底会有怎样的感受？是会因为家乡风物变成摇钱树而欢喜不已，还是可能被迫另迁它址，留下无处安置的乡愁？这是旅游影响研究中一个经久不衰的问号。地方依恋（Place attachment）理论正是解读这个问号的视角之一。阳朔恰好是研究地方依恋的一个典型案例地，当地居民在自己的家乡变成‘世界的阳朔’这一旅游发展过程中，外来人口逐渐挤占了祖祖辈辈的生活空间。本地居民的地方依恋情况在旅游地生命周期的不同阶段如何呈现？构成维度与依恋强度发生了哪些变化？造成变迁的原因是什么？在文化传承与经济发展的博弈中，感情的依恋与经济的依赖孰轻孰重？探讨维系居民与世居环境依恋关系的路径，对阳朔旅游规划与管理方面有怎样的启示？我首先明确了这些研究问题。”

“在对定性资料进行编码分析的过程中，地方依恋的表现内容出现了诸如‘商业经营依赖’‘房租收入依赖’‘打工收入依赖’‘英语学习依赖’‘传统文化认同’‘生活方式认同’‘社交关系认同’等多个概念范畴。鉴于案例地和研究对象的特殊性，我最后归纳出‘经济依赖’和‘情感认同’作为地方依恋的两个核心维度，并根据其强度的不同作为本地居民类型划分的依据。其中，‘经济依赖’是指随着人与商业环境的互动，本地居民对西街形成了独特的功利性依赖关系，包括经营者经济活动收入依赖、出租者房租收入依赖以及打工者的劳动工资依赖；而‘情感认同’主要指个体因长时间的自身经验及社会、文化关系所累积的乡土归属感。根据这两个不同维度的不同强度，我将本地居民分为‘边缘型’‘经济依赖主导型’‘情感认同主导型’和‘中间型’四种类型，并对每个类型做了具体的分析描述。通过层层抽丝剥茧，发现旅游商业化会导致地方依恋构成维度和表现强度的变化：在适度商业化的情境之下，‘经济依赖’与‘情感认同’处于可持续发展的良性互动状态，对提升本地居民的地方依恋有积极的促进作用；一旦商业化过度，可以预见在没有外力干预的情况下，各群体的地方依恋会减弱甚至中断，地方的可持续发展随之受到影响。旅游社区外来经营者的地方依恋，是特殊的人地关系现象。在包括阳朔在内的诸如大理、丽江等地，一批背包散客旅游者，钟情于当地自然山水和风土人情，转变为投资者长久居留，疯子鹰就是其中的一个。这些拥有独特文化品位和经营理念的小企业本身也成为旅游地吸引物的重要组成部分，为当地社会经济发展带来一定的积极影响。然而同样是旅游胜地的三亚，一些‘客居他乡’的东北商人却多是短期投机者，对地方只有经济上的依赖，并没有实质性的情感认同，以至出现了很多欺诈宰客扰乱市场秩序的行为，显然不利于地方的长远发展。”

“本地居民的地方依恋表现与变迁是从理论中寻找的问题，但外来经营者能进入我的研究视野，却是对特定现象的思考。阳朔曾是西方背包客的天堂，2010年前后的西街在国内文艺小资旅游地中榜上有名。调研之前我就通过一些背包客了解到，西街上有很多老板都是辞了工作开店的，那我就很好奇，他们为什么要去阳朔开店？产生了 attachment？这种地方依恋有什么特征？在旅游发展的不同阶段是否有变化？背后的原因是什么？这样的地方依恋对他们的经营行为产生了怎样的影响？其经营模式、伦理观念与资源保护态度对比本地经营者有何不同？当时我所读到的地方依恋的文献，几乎没有关注过这个特殊的群体，更遑论这个有趣的现象。未知和挑战意味着可能创新的机会。地方依恋传统的二维解构显然不符合‘外来经营者在旅游社区的地方依恋特征’这一新的研究情境，因而需要建立新的理论分析框架。要论证案例中直觉感受的合法化，有两个办法，一是扎根理论，二是从文献中找线索。根据‘情感认同’和‘经济依赖’的不同强度，我将外来经营者也分为了四种类型：（1）‘生活方式主导型’：经济依赖低，情感认同高；（2）‘利益驱动型’：经济依赖高，情感认同低；（3）‘商业联结主导型’：经济依赖和情感认同都很高；（4）‘厌倦地方型’：经济依赖和情感认同都是四类群体中最低的。研究结论显示：（1）外来经营者选择居留阳朔并非简单的经济利益诉求，而是产生了不同程度的情感性依恋；‘生活方式主导型’对阳朔有着高度的情感认同，‘商业联结主导型’对西街在经济和情感上都高度依赖，而‘利益驱动型’和‘厌倦地方型’更追求短期经济利益；（2）在阳朔旅游发展的不同阶段，各种类型的地方依恋之间也在发生着相互转化，经济性依赖与情感性认同在不同商业环境下，既可以相互促进，也可能互相抑制，早期以海外背包散客为主的理性消费传统促进了西街规范的商业氛围的形成，生活方式主导型经营者占多数，后来失控的商业化逐渐改变了传统的文化景观，经营者的‘地方依恋’被功利的‘经济依赖’所主导，出现了很多追求短期利益的市场投机分子，不利于西街的长远可持续发展；（3）较高的地方依恋对外来经营者的商业行为有一定的规范作用，尤其情感认同越高，给阳朔本地的文化繁荣和经济发展带来越多的积极影响。维持并提高外来经营者对旅游社区的依恋程度，有助于地方旅游资源开发、保护和管理。”

“从地方依恋到旅游治理，题目本身即彰显世事的变迁。今天的阳朔西街早已不复当年的小资可人——它变成了大众旅游地，旅游旺季黑压压的人群摩肩接踵，此起彼伏的叫卖声、南来北往的廉价小商品充斥其中。正是这样鲜明的对比和当下旅游乱象的衬托，现实的张力之下促成了我博士论文的选题。”

“2015 年前后，中国旅游业正处于景点式旅游转向全域旅游模式的过渡期，国内大众旅游的蓬勃发展所带来的市场乱象已成为当下阶段的发展瓶颈，如何协调旅游人地关系、促进目的地可持续发展与有效治理，是困扰很多学术研究者和政策制定者的难题。与当时的‘天价虾’‘天价鱼’等旅游乱象形成鲜明对比的是，桂林阳朔在 20 世纪 80 年代末到 90 年代曾出现过一段‘旅游乌托邦’式的‘西街现象’：漓江山水如诗画，碧莲峰里住人家，百姓安居乐业，游客流连忘返，主客关系融洽，诞生过众多跨国婚姻。街上所有商家都明码标价、诚信经营，随意去到任何一家店铺消费不仅不会碰到宰客事件，还能享受到富有人情味的服务。原住民发展旅游的目的是改善生活质量，游客则在旅行中回归到生活的最本质，衍生出‘以人为本、和谐共生’的可持续旅游理念，成为目的地演化过程中出现的一个非常特殊的发展阶段，极具学理层面剖析的典型意义。”

“由此提出经验问题：早期的阳朔西街到底发生了什么？何种原因促成其市场秩序规范、人地关系和谐的良性发展？探讨其背后的原因，对当下旅游市场乱象的治理能带来什么启发？保老师早在 1999 年做阳朔旅游规划的时候就凭直觉提出了这样的预判断，理性消费者对规范本地人的经商行为有正向作用。直到 2017 年后，我博士论文的一部分才完成了对这个观点的论证。我首先努力还原了‘西街现象’的形成过程，提出在政府较少干预的情况下，市场与社区何以能够实现自我管制的良性发展状态？最后归纳出其形成机制，认为当市场能够自下而上自发达成促进集体利益最大化的秩序和规范时，政府不需要过多介入，顺应市场规律就可以相对实现‘无为而治’的良性发展。如果市场机制健全，依托信任机制的自主治理才是交易成本最低的优选。”

“阳朔‘西街现象’，发生在游客规模不大的旅游参与期，现实中需要追问的是，这种良性市场秩序是否能够复制到旅游地生命周期的其他阶段？换言之，当市场情境发生变化后，‘西街现象’阶段自下而上自发形成的良性发展状态能够可持续吗？从发展初期到大发展期，政府又该履行怎样的职能？对这些疑问的回应，促成了一个新的探索。”

“回顾已有的研究，旅游地如何实现可持续发展和有成效的治理，是一个涉及内容广泛且较难驾驭的话题。从常理来讲，多数旅游地都想追求可持续发展，并且以 Butler、Plog、Weaver 为代表的学者们的研究已经给出过一些警示性的结论，认为旅游地从最初的探查阶段走向最后的发展成熟期，随着旅游规模的扩张，管制力度也要随之加强，因而对治理的要求随着生命周期的演化会有较大差异。但对这一过程是如何发生的详细描述和解释性研究，还较为少见。从松散自发的初期阶段走向游客规模扩张的大发展期，需要目的地提前做出怎样的准备？为什么现实中大众旅游的发展常是带来了更多市场秩序的混乱，且很难达成常态化的长效治理机制？与各级政府的管制力度、客观治理能力与主观治理意愿、市场情境的诉求、利益主体的互动格局有怎样的关系？我们的研究希望能够对这一转变过程的发生机制及可能出现的问题进一步深入探讨。”

“我的研究得出如下结论。（1）在旅游地发展初期，游客规模不大，供求关系较为简单，信息完全的理性市场能够依循非正式的规则实现自我管制。一旦市场情境发生变化，由于缺乏正式的法律规范和制度约束，‘公地悲剧’等负面效应就会显现出来，正式制度的干预和规制成为必然之选。（2）市场规模扩张伴随着游客类型组合的不断变化，影响到目的地供给结构的全方位响应。当需求层面的约束机制缺失，在经营成本暴涨和市场信息不完全的情况下，原有自发达成的秩序被践踏而引发市场乱象，外来短期投机主义占主导，个体在追求利益最大化的同时已经不能达成集体理性，市场失灵，正是需要政府加大管制的缺口。如果地方政府事前干预缺位，必然会加剧商业环境的恶化。（3）从旅游参与期过渡到大发展期，当治理体系建设滞后于旅游业快速发展时，往往会造成不可调和的矛盾，继而陷入治理困境。政府有预见性的监督管控和有效的社会管理，是实现旅游地良好秩序的重要保障。”

“我认为，对于当前的旅游乱象，可以呼吁广大消费者发扬公民精神，信息搜集最大化，用脚投票。如果地方政府抓住机遇自上而下采取相应的管制措施，给游客提供丰富的信息和便捷的监督反馈渠道，提供相应的游客教育功能，依法取缔靠回扣乃至‘欺客宰客’谋利的购物商店，某种程度上在目的地恢复‘西街现象’的良性市场秩序是有可能的。”

这次访谈让我感慨颇多，了解了杨昀博士的辛勤付出和她这些极有见地的研究成果，也感受到阳朔、桂林作为旅游研究案例地所受到的关注，以及“桂林旅游”发展拥有众多研究成果可以作支撑。感谢杨昀，感谢做研究的学者们！

周茂权高级经济师访谈录

（访谈时间：2021 年 11 月）

周茂权，高级经济师，现任桂林旅游股份有限公司副董事长。1991 年茂权进入旅游行业，至今已有 30 余年的旅游工作经历。这期间，茂权先后在桂林市旅游局、防城港市旅游局和广西壮族自治区旅游局做过行政工作，2000 年入职桂林旅游股份有限公司。

1996 年 6 月，我调入桂林市旅游局，彼时他正在市旅游局工作，我们认识时他给我的第一印象，是作为局里的一名写手，很受领导和同事的赏识。我一进旅游局，为使我尽快熟悉有关工作，局长就让我在日常工作之余，参加一些学习调研活动，包括参与编写《桂林旅游业：发展与变革》一书。我注意到，茂权对各种旅游现象都有分析、有思考、有探讨，因此他的见解通常也比较独到，加上文字功底又好，成为局里的写手便非常自然，组织写书也得心应手。1997 年，茂权公考做了防城港市旅游局副局长，我还专门找了次出差机会去看望他，我们在防城港街头散步交谈，很是开心。后来，他调到自治区旅游局，又常常回桂林指导工作。再后来，就是在桂林旅游股份有限公司见面了。

2017 年夏季，他与时任公司董事长刘涛共同完成并出版了一本书，叫《企业战略管理随笔——桂林旅游股份有限公司战略管理实践》（中国旅游出版社，2017），当时我已在商务部门工作，忙来忙去一直没有时间找他索书，一晃就过去了 3 年。上个月，在一次朋友聚会时他应我事先请求带给了我，才正式看到。

启动新一轮“桂林旅游”人物访谈后，我想到了茂权，认为他的角度非常好，旅游行政工作以及旅游企业的经历，加上他又一贯善于对旅游现象进行观察、思考和研究，相信访谈他一定会有不少收获。

于是在上个月聚会之时，我便抓住机会，请他安排时间接受我的访谈。

一说："对'桂林旅游'总体上的一些看法"

访谈还没开始，茂权说，《访谈与回忆：说说桂林旅游》写得很平实，很有思考性和启发性，可以说是用心之作，对桂林尤其桂林旅游来说，是做了很有意义的一件事情。

访谈开始，茂权又说就是陪我聊聊天，谈不上是什么访谈，我们一贯都是经常聊天的，这次也一样。我说没问题，就想听你聊天，就从总体上怎么看"桂林旅游"开始吧。

"我在旅游行业几十年了，以前在桂林市旅游局，包括跟您，跟一些大学老师交往都比较多，那时候打下了观察和思考的基础。那时年轻，经常写点论文，参与写写书稿。回想几十年下来，其实大多数时间都是在做日常性工作，没有太多真正的思考和真正做点研究。当然工作过程中，也会有些想法。今天聊的，也是我一家之说，不代表公司，凭我的感觉去聊。"谦虚是茂权的一个特点。

"那先说说我对'桂林旅游'一些总体上的感觉和看法。1991 年我进入桂林市旅游局，工作了 6 年，然后去防城港市旅游局和自治区旅游局，2000 年到了桂林旅游股份有限公司。原来在市旅游局时，经常接待全国各地来桂林考察、学习的同行，即便是我到公司的前五六年来桂林拜访的同行也还挺多，全国各地比如云南、江西、海南的同行都有，他们把桂林当作老大哥，说桂林旅游做得很不错，过来学习一下。现在你看看，叫我们老大哥的是不是几乎听不到了，没有了。好像晃眼过去一二十年，我们从大哥变成小弟了，甚至从老师变成学生了，反过来我们要经常去外地走走学学了，我觉得这是值得我们思考的。"

"当初在旅游局，或者说到了上市公司，只要接待来桂林学习、考察的同行，自己就觉得很自豪、很骄傲。现在动不动是我们要出去学习学习了，要出去看看人家怎么做了，有时心里有些不是滋味。20 世纪八九十年代，桂林旅游走在全国前列，您当局长那会也是排在前 10 以内，现在放眼看看，我感觉排名前 15 之内可能找不到桂林了。我经常跟一些相关人士聊天，说桂林为什么就变成小弟了呢，变成学生了呢？我不知道做过部门领导的您思考过没有，现在的一些领导思考过没有，我觉得这的确是值得思考的一大问题。当然不论任何时候我们都需要学习别人，但现在很少有人来桂林向我们学习了，这牵涉到今后桂林到底应该怎么做，应该怎么改革创新的问题，因此我觉得很有必要认真思考一下。"

茂权说得不错，之前访谈过的一些业内人士也谈到过类似的问题，正面的说法是希望桂林旅游能够继续领跑全国。

“结合回顾过去一起来说，改革开放后的一二十年，桂林凭借山水甲天下的资源优势以及率先发展旅游的先发优势，在旅游发展方面，无论是思想认识、行业管理，还是旅游服务、产品开发，可以说都是全国旅游的领跑者，入境及国内旅游接待人次长期排在全国前列，是国家旅游主管部门关注的风向标和晴雨表。在广西，桂林是龙头城市，在西南，桂林是仅次于广州的旅游先锋，但现在我们成了掉队者。”

是的，保继刚先生去年接受我访谈时也说过，今天需要讨论的是变化的世界和变化着的旅游，以及消费市场上变化着的旅游方式，我们有没有跟上世界的步伐，跟上消费观念、消费行为转变所需要的这些旅游供给。

我理解茂权的意思，其实并非计较当老大哥还是当小弟，桂林也应该多向别人学习，但这种变化需要桂林进行反思，究竟应该怎样强化旅游发展能力，迎合发展新变化、新趋势，跟上时代步伐，并继续领跑，这是需要我们认真对待的。

那为什么会成为掉队者呢?

“首先我认为我们对城市的定位不清晰。90 年代，我在桂林市旅游局工作的时候，关于旅游就有几个提法，有旅游立市、旅游旺市、旅游兴市等。这种不同的说法，也就意味旅游在桂林城市中，有的时候觉得很重要，有的时候又好像也无所谓。比如说旅游兴市，就让旅游处于可有可无的一个境地。但是我们要想想桂林城市的特质到底是什么？桂林，我觉得资源禀赋也好，发展基础也好，不做旅游还能做什么？所以不把旅游作为城市发展的根本方向是不行的。好在这次习近平总书记到桂林视察给桂林定了个调，我们就是要按照这个调坚持不懈地做下去，把世界级旅游城市打造出来。如果只是把世界级旅游城市挂在口头上，想到财政没钱了，就又要回归工业了，那么打造世界级旅游城市就会成为一句空话。我觉得认识上今后不能再有偏差了。”

“其次，就是我们没有持之以恒抓旅游，这和对城市定位不清晰是连在一起的。再次，就是没有抓住品牌建设和品牌传播这个重点。‘桂林山水甲天下’给桂林树立了品牌形象，但我们的产品、服务、管理等事实上都没有跟上，品牌规划、品牌维护、品牌推广等也没有跟上，我们的金字招牌也就等同于没有继续发光、继续闪亮、继续耀眼。我在之前送给您的那本书中写到，桂林山水这块金字招牌已经在滚滚红尘中‘风雨飘摇’。”

“此外，在行业管理上放松了，在战略管理上缺失了，也是重要原因。还有一个就是，有些重大机遇也在选择中流失掉了。比如说，2009 年国家把桂林确定为‘国家旅游综合改革试验区’，这对桂林来说是一次非常难得的机遇。但我们没有抓住这个机遇，实在是非常可惜。”

茂权的分析，是有道理的，一些意见我也颇有同感。

“今天我们确立了打造世界级旅游城市的总目标，我认为就要坚定‘旅游立市’的理念和信心，砥砺前行从头越，抓住旅游城市方向这个根本，做好之前没有做好的事情，迎合当今世界旅游发展大趋势，一本蓝图绘到底，不达目标不罢休，高起点规划、高标准建设、高效能运营，让世界级旅游城市这个总目标能够如期实现。这样持之以恒，不迟疑、不犹豫、不折腾、不争论坚持做下去，桂林旅游和桂林城市的前景一定是非常美好的，桂林依然可以继续成为中国旅游的风向标和领跑者。”

茂权说得极是，桂林一流的旅游资源依然在，名气和影响力有基础，这次又明确了打造世界级旅游城市的发展方向，“桂林旅游”一定会前途无量。

二说：“大公司大集团引领发展的相关问题”

“桂林旅游”这几个字，对于茂权和他所在的桂林旅游股份有限公司以及很多人来说，还有着另外一层含义。桂林旅游发展总公司和桂林旅游股份有限公司，在人们看来都是桂林旅游业界的大公司、大集团，在桂林旅游发展方面应该起着举足轻重的龙头作用。访谈茂权，自然会聊到这一方面。

“桂林组建大公司、大集团，起步也比较早，属于桂林旅游发展方面的一项大的改革举措。早在20世纪90年代中期，桂林就成立过‘桂林旅游集团有限公司’，当时是想着用这个集团公司做点事情，但没有搞成。市委、市政府对旅游是高度重视的，面向21世纪，于90年代后期组建了桂林旅游发展总公司，又以总公司为大股东于1998年4月发起设立了桂林旅游股份有限公司，2000年5月‘桂林旅游’挂牌上市。我是在公司上市当年的3月正式进入股份公司的。”

“‘桂林旅游’上市在全国是开了先河的。华侨城比我们早两年，但是华侨城不是纯旅游的概念，是地产加旅游，纯旅游我们可以算得上是第一家。”

“当时桂林整合资源的力度很大，比如总公司，是由几大行业主管部门的资源、资产整合起来的，包括旅游局、文化局、园林局、交通局、城建局，五大局之外还包括其他的一些资产，旅游方面的资源，基本上都装进来了。组建总公司的目标也很明确，就是要实现上市。”

“股份公司发展20多年了，自己比自己有很大进步，从最初上市到现在，净资产、总资产都有十几倍的增幅，但横向比差距还不小。比如宋城演艺，2010年才上市，到现在市值接近400亿元，我们比它上市早10年，市值不到20亿元。再如华侨城，1998年上市，比我们早两年，上市时的净资产、总资产规模比我们上市时就只大一倍，但现在市值在550亿元左右。在桂林，有人说我们是龙头骨干企业，但也有人认为，我们只是掌握了桂林几乎最好的资源，但龙头带动作用还不强。”

“‘宋城演艺’上市才11年，为什么远远走在我们前面？我们一不缺资源；二不缺政府的重视和支持；三不缺旅游发展大趋势，我们为什么就没有人家发展快呢？我觉得第一是我们没有坚守自己的发展初心，没有把总公司和股份公司定位好。第二是我们没有培养出自己的企业家。青岛海尔出了一个张瑞敏，做了几十年，把海尔做到了世界500强，从一个濒临破产的小厂做到了这么一个级别，有张瑞敏的功劳。我个人认为所谓机制也好，激励也好，都是外在的因素，而人是内在的，一个企业家，他不是一个普通的企业经营管理者，他是一个有信仰，有追求，有担当的人。第三是政府在扶持和整合方面力度也不够。既然做了这么两个筐，就应该想办法往里面装东西，先把资产装进总公司，再通过股份公司的定向增发实现融资，从而完成资源—资产—资金的不断循环。拿股民的钱做桂林的事，这样‘两旅’也好，桂林旅游也好，就可以不断做大。最后就是缺乏体制机制，缺乏创新活力。”

“现在有了打造世界级旅游城市的好机遇，又是‘十四五’规划的起步期，其实我们可以抓住未来几年的好时光，好好抓一抓，把公司做大做强，让公司真正成为龙头企业、骨干企业。怎么做大做强？应该坚持两个导向，一个是问题导向，一个是目标导向，先把问题找准，把解决问题的措施找准，然后列出目标，再按目标去奋发图强。”

茂权从他的角度，做了不少分析，限于篇幅这里不做一一记述。他认为自身须努力，外部要支持，两方面都很重要。他还认为，大企业、大集团要发挥龙头带动作用，首先是自身必须先做大做强。

“‘宋城演艺’为什么发展得这么快呢？它做成了一个‘演艺+景区’的发展模式，然后在全国各地进行复制。这样成本小了，失败的概率也小了。‘华侨城’也是一样，它的模式就是‘景区+地产’，把一种模式做好、做精、做透，然后进行复制，是一条快速发展之路。我们自己没有模式是不行的，要做大做强，发展模式非常重要。”

茂权把发展模式作为做大做强的一个路径。

“用好‘十四五’5年的好时光，我们应该把规划好好抓一抓，把发展战略进一步制定好，目前我们也在做公司的‘十四五’规划。我研究了一下以往很多规划的编制情况，感到有很多问题值得关注，最大的问题就是落地性不强。为什么会出现这种情况？虽然请来的都是大机构，但作为外地机构，对桂林的情况以及发展需求并不熟悉。拿规划项目时很积极，但真正来做规划的都是一些小年轻。很多产品规划也一样，要么就抄一些概念化的东西，要么就是一些套路性的东西，落地性都很差。另外花了很多钱做了很多规划，但并没有真正按规划去做。规划了的东西，有些是值得去遵循、去实施的，但是一到实施的时候，还是规划是规划，现实是现实，你说你的我做我的。以上两个方面可以说是教训。”

茂权在公司是抓规划的，看来他颇有一些思考。

“还有就是要培育自己的企业家，政府要加大扶持和整合力度，‘两旅’要找到自己有竞争优势的发展道路和模式，还要发挥好上市公司的作用等。”

实际上，应该说股份公司在桂林旅游发展方面是做了不小贡献的，他们自身也还是非常努力奋进的，只不过是桂林旅游界感觉他们还应该发挥更好更大的作用，而且在国内外都要做得响当当才行。

三说：“打造世界级旅游城市应该做些什么”

接着，我们聊到今年桂林最热门的话题，即打造桂林世界级旅游城市，我请茂权说说他的看法。

“打造世界级旅游城市，是一个大命题。面对这个题目，我们究竟要做些什么？”

“世界级旅游城市，没有一个共同的标准，也没有一个固定的模式。我自己总结了一下，可以称为‘三度’‘三好’。‘三度’就是品牌度、文明度、安全度；‘三好’就是产品好、管理好、服务好。首先要把品牌做上去，品牌涉及产品、管理和服务，缺哪一样都不行，缺了就做不到品牌的高度。品牌度和知名度、美誉度是关联在一起的，如果一个城市连起码的知名度都没有，就谈不上是世界级。知名度不是因为‘差’而知名，而是因为‘美’而知名，这种有美誉度的知名度才是好的知名度。桂林要把重心放在品牌建设和品牌推广上。除了品牌度还要有文明度。我们整个城市的文明度是不够的，礼貌程度、卫生程度、友善程度都有一定差距。还有就是安全度，旅游消费安全都不能得到保证，旅游者总是防着被宰还有什么心情消费，还有什么旅游可言。好的产品、好的管理和好的服务，是世界级旅游城市所必须具备的。做产品，最关键的是要弄清楚消费市场到底在哪里，千万不能以为做个产品出来，就会有人来消费，这些自以为是的做法，最后受损失的不仅仅是投资人，还有整个桂林的旅游产业和旅游环境。客人从哪里来？这是做产品必须要分析透、弄清楚的首要问题。桂林融创文旅城大体上是两个内容：一是主题乐园；二是度假酒店。拿主题乐园来讲，凭什么得出可以在桂林做一个主题乐园的结论？又凭什么得出可以有人去消费的结论？从游客视角来说，到桂林去，是去看漓江的，是去看桂林山水的，不是去桂林玩主题乐园的，主题乐园到处都有，有必要跑到桂林去玩、去看吗？如果只是桂林本地几个人带着孩子去晃两圈，能有投资回报吗？产品怎么做是需要好好研究的，既要研究产品本身，也要研究能不能与桂林的资源特质相适配，能不能与桂林的市场形态相适配。只是产品本身做得高大上，但如果两方面都不适配，投资可能就难以回本，投资回报就可能很低甚至为负回报。同样，管理怎么做，服务怎么做都需要我们认真研究，它们都是体系化的东西，这方面我们不能只喊喊口号而不是落实在具体的行动中。当然，服务和管理还不能只放在产品上，它是贯穿于旅游城市方方面面的东西，我们都要做好才行。”

“桂林的旅游市场是一个比较特别的市场，在做产品时一定要做深入研究。就目前来说，可以用几句话来概括：‘价格低，流动快，过站式，观光型。’这几十年来，桂林是想在度假方面做些转型的，但转型成功了吗？应该说没有，之所以如此，不是没有人想去做，而是桂林的市场很难给度假型产品一个支撑。”

“毫无疑问，桂林的旅游还有桂林这个城市，要想成为世界级旅游城市都还存在不小的差距。单说消费安全，我们就有很大的问题。我们现在的市场是一个回佣驱动的市场，这从很早以前就有了，也是一个全国性的问题。这个问题并没有因旅游法出台而变得更加好一些。现在的旅行团几乎都是低价团，团费很低，旅行社全靠加点、购物的回佣来平衡，这就很容易出现宰客等问题。这种现象不只是桂林有，只是桂林是一个著名的旅游城市，一旦出现问题影响就特别大。再比如说企业管理，以前桂林的酒店引进了一些国际知名的管理公司，酒店的管理和服务都做得很不错，但现在基本上没有了，是由我们自己在管理，但标准、体系、人才等都没有跟上，酒店的服务和管理自然也就和星级标准匹配不了，只是挂了一个星级而已。”

“旅游项目招商，要从全市的高度，围绕桂林发展的目标来做，不能还是你做一块我做一块，互相之间没有关联性。这方面桂林以前也出现过不少问题，有人说要投资，说要投资多少，也不看看桂林需要不需要，项目前景会不会好，觉得招进来就有成绩，就是工作做好了，开干就行了，现在回过头来看也存在不少问题。我们要从抓规划开始，然后站在全市打造世界级旅游城市的高度，共同研究到底应该做点什么，如何分头努力招商，讲求相互之间的关联性。”

“要打造世界级旅游城市，桂林要做的事情还很多。去年桂林提出要做‘六个一流’，我觉得提得很好，但有些东西可能做不到，比如一流的国际消费中心，一流的康养基地。外地游客到桂林来，有多少人会买东西，桂林本地人又有多大的消费能力，国际消费中心能够做得起来吗？桂林可以说是一个一流的观光胜地，但能不能做成一流的康养基地，也是值得讨论的。”

“打造世界级旅游城市，除了规划、战略这些东西外，要落实到具体的产品、服务、管理之中。从产品来说，桂林还存在散、小、弱、差的问题，真正有特色、适配桂林资源和市场的规模化产品几乎没有。我觉得从空间布局上说，要架构‘一轴两核三线’（简称123）的战略格局，一轴就是漓江，两核就是北部的桂林和南部的阳朔。桂林要从旅游城市向城市旅游转型，把桂林中心区做成一个大景区，而阳朔更多的是乡村观光、休闲和度假相融合的综合体。三线就是往阳朔方向的南线，往全州方向的东北线和往龙胜方向的西北线。除了产品还要抓管理，强服务，优产业，树品牌，这些都是打造世界级旅游城市必须要做的工作。”

“总之，打造世界级旅游城市也要坚持问题导向和目标导向，把存在的问题找准，把解决问题的办法找出来，再把打造世界级旅游城市这个总目标进行分解，形成目标体系，在解决问题的基础上，逐个实现我们的目标，通过一个时期的努力，打造世界级旅游城市的目标就一定能够实现。”

“最后还附带说说旅游研究的事。桂林的旅游起步很早，也相对成熟，过去靠实践积累了一定的经验，但旅游研究方面的作为很小。作为这么一个有知名度的旅游城市，我觉得很有必要重视旅游研究，不光是研究旅游产品、服务、管理等具体问题，还要研究政策、市场、行业、趋势等问题，所有发展问题都需要研究，研究好了政策，才能让政策落地，研究好了趋势，才能顺应趋势，研究好了问题，才能解决问题，等等。桂林在旅游研究方面还需要下大功夫，下大力气，研究好了，对促进世界级旅游城市总目标的如期实现会很有帮助。”

茂权说得具体、务实，我觉得有关方面应该认真听听。

贺战武研究员访谈录

（访谈时间：2021 年 12 月）

“考古工作的重要意义，是可以发现和研究人类历史文化方面的很多遗存，如各类遗址、各种文物，对一个城市而言，则能佐证这个城市历史文化的厚重程度。桂林是一个历史文化底蕴非常丰厚的城市，考古工作在这方面做出了很大的贡献。”访谈一开始，贺战武这样和我说道。

贺战武研究员，30 多年前毕业于考古专业在国内大学中名列前茅的厦门大学，大学毕业后即进入桂林文物工作部门，在桂林从事文物考古工作 30 多年。2004 年，他获得文博系列副研究馆员职称，2015 年成为文博研究员，对桂林文物考古、历史文化资源等方面有着深入的了解和较为深入的研究。他主持和参与过广西区内许多考古项目，主要有南宁市邕宁顶狮山遗址、百色革新桥遗址、田东那哈遗址、桂林大岩遗址、桂林甑皮岩遗址（第三次）、永福窑田岭遗址、桂林靖江昭和王陵遗址、桂林正阳路靖江王府祖庙遗址、桂州窑址发掘等考古项目，取得了丰硕的考古成果；2003 年以来，他还主持了桂林古代交通建筑调查、桂林市第三次全国文物普查、桂林市历史文化名人故居调查、桂林市古代城池堡寨调查、桂林市历史文化标识等项目。学术论著方面，主要参与撰写和编撰《百色革新桥》《桂林靖江昭和王陵考古发掘清理报告》《桂林历史文化大典》，主持《桂林交通文物图志》《山水间的历史印记》《美国飞虎队桂林纪念馆展陈大纲》编写，撰写《静江府城城防研究》《始安城的历史与考古探索》《桂林石堡寨文化研究》《桂林史前洞穴聚落的初步研究》《桂林马山汉代龙窑》等论文、报告 10 余篇。他于桂林，于广西，在文物考古和历史文化研究方面颇有一些名气。

我和贺战武认识时间不长，但他给我的印象却比较深刻，比如满腹的“经纶”，不凡的气质，以及探讨问题时常常碰硬较真，发言时思路清晰，等等。在桂林，研究历史文化并卓见成效富有成果的学者不少，大家角度也各有不同，我在这方面认识的朋友也有几位，但这次围绕“桂林旅游”话题做访谈，琢磨就历史文化资源与旅游发展话题找一位合适人选的时候，竟自然地想到了他。有了人选想法后，便开始去找战武，请他接受我的访谈。

一说：“古人钟爱桂林山水和桂林厚重的历史文化”

战武首先谈了他从事的考古工作以及他的一些感受。

“我 1989 年来到桂林，开始是做些最基础的工作，比如巡查，到各个点上去了解各种文物的保护情况，后来就去一些基建工地，看看会不会有点考古方面的发现，有没有反映桂林历史的东西，如果有就挖掘出来，再后来逐渐从事一些考古项目的主持，也参与了一些意义重大的项目调查。”

“对未知的东西，用考古的手段去调查、去论证、去判断、去分析，去研究，这样就有可能得出一个个比较准确的结论。桂林的历史文化从旧石器时代文化一路过来，到明清时期再到红军长征突破湘江战役历史遗存，与区内外的文物考古工作者共同进行调查挖掘，不间断地坚持探索和研究，都是在破解这些未知之谜，也是在认识桂林的历史文化，为桂林历史文化建设添砖加瓦。”

“从考古学谈桂林历史文化，第一个方面就是感受到史前古人对桂林山水钟爱有加和悠然自得的史前生活。通过考古，我个人体会和认识到历史的过客对桂林环境某种依恋的感受。桂林这个地方自然山水非常优美，我们从各个史前时期的一些考古证据来看，都可以发现人类自古以来对这片山水的深深眷恋。喜山好水，是人类的一种本性和追求，里面蕴含了诗和远方。桂林数万年前就已经是人所追求的诗和远方之所在。我们从桂林宝积岩遗址那里得到的材料看，3 万多年来人们就一直在这里生活着。后来又发现，从其中的这些洞穴遗址来看，我们能明显感觉到古人对桂林山水的热爱或者眷恋。比如漓江两岸，我们考古工作者调查出来的山洞或者土地遗址，从全州到阳朔一带，应该有 120 多处古人居住的遗址，主要是洞穴遗址，其中桂林盆地发现的洞穴遗址又最为集中，占到总数的 75% 以上，反映出桂林盆地作为周围岭南区域的核心居民点已经长达数万年。今年 7 月，我们在叠彩区又发现了一个史前遗址，也有了初步光释光方法测定的年代学证据，应该距今有 10 万年左右。这是重大发现，可以把桂林有人类居住的历史再前推六七万年。这是第一次初步测出，还需要学术上的进一步验证。今年已正式申请挖掘，现正在做有关的准备。这些发现，如果得到完全证实，就又可以证明桂林这个地方很‘宜居’，更早以前就受到古人的钟爱。许多洞穴遗址里面有一个现象，从河床洞穴的最底层开始，就有人类活动的堆积，文化堆积一路堆到离洞口顶部五六十厘米甚至二三十厘米，有的洞穴顶部的石缝里面还有人类活动留下来的证据，说明人类在洞穴里生活的时间非常长。很多洞穴遗址作为居住地是从一万多年前一直延续使用至五六千年前，洞穴遗址伴随桂林早期的居民经过了比较漫长的岁月。同时部分族群在走出洞穴之后，又在台地或山顶生活。通过考古可以对史前居民在桂林的生活方式进行研究和分析。我认为，当时的人，可能是受到桂林环境的影响，习惯于悠闲自得、与自然和谐共生的生活方式。尤其是桂林盆地包括会仙、雁山这一带，属于天然的湿地公园，古人使用着非常简陋的工具，大概就是在江边抓鱼吃鱼、捞螺蛳煮食，再找点果实采集，有吃的能生活就行，他们就这样过着简单的生活。同时桂林在史前时期与外界文化交流的脚步就从未停歇。在秦始皇开凿灵渠以前，桂林属于湘江上游末端，也处于珠江流域上游的末端。这里的先民发明了最原始的陶器，使用陡刃砍砸器类的传统工具，后来各个发展时期从他们使用的陶器等用具看，有明显地受到中原及珠江流域其他文化的影响，如印纹硬陶文化。但我个人认为，整个史前时期，桂林一带的社会组织结构应该还是处于部落或部族阶段，在与外界有限交流中缓慢地发展。”

“我本人数十年参与桂林的考古项目，同时深切感受到桂林历史文化的厚重和多样性。”

战武说，他作为副总编编撰参与完成的《桂林历史文化大典》，2018 年 11 月由广西师范大学出版社出版，这本大典共收录两千多个条目，全面展现各个时期人们钟爱桂林山水，居住在此或者来到这里所形成的桂林各式各样的丰厚文化，可以说是集桂林历史文化之大成的大部头工具书，能够让人更加全面深入地认识桂林的历史文化资源。

“以前专家们归纳桂林历史文化，有分为六大类的，也有分为八大类的，后来我们在《桂林历史文化大典》里面，认为应该有十几个大类，分成史前文化、城池堡寨、水利交通、摩崖石刻、山水名胜、名村名镇、藩王文化、科举教育、宗教寺院，等等；还有近代的文化包括红色文化、抗战文化，非遗的部分包括书画艺术、戏剧演艺、文学典籍、民族民俗、地方美食等，大都分了很多品类。不同的品类之间，其时空跨度也非常大。假如把桂林历史文化比喻成一本书的话，那这本书肯定是非常厚重的，而且它的‘章节’也很多。每一大类里面，又有很多未知的东西，值得去做进一步的探索和考证。比如桂林史前文化，20 世纪的时候，大抵只能谈及甑皮岩遗址，只认为代表了九千年前到六千年前的文化，后来大岩遗址、甑皮岩遗址第三次发掘、父子岩遗址发掘等项目，将桂林史前文化史从一万五千年前至一万二千年前一直到四五千年前揭示出来。桂林的史前遗址原来只发现洞穴类型，后来陆续发现了台地遗址、山顶遗址、岩厦遗址等类型，极大丰富了桂林的历史文化。2004—2005年，桂林组织进行的水利交通建筑调查，只登记了两座宋元时期的桥梁，而今桂林发现的宋元时期的桥梁就有六座之多。"

国家首批历史文化名城，是桂林的另一顶桂冠，桂林人无不为之感到自豪。桂林历史文化资源丰富，品类繁多，非常厚重，也为桂林发展多姿多彩的旅游产业提供了十分难得的依托和凭借。接下来，我请战武就城池变迁和石刻文化再稍微详细地展开介绍一下。

"从考古角度来说，您说的这两类文化与我的工作的确具有直接的关联性，那我就从我所了解的和研究时所涉及的有关内容说说吧。"

"我个人对桂林城池文化和石刻保护有浓厚的兴趣。桂林城池文化，也是《桂林历史文化大典》这本书里面的重要章节。在桂林历史上，有文献记载的第一座城池，是战国时期楚国洮阳城，位于现今全州永岁乡大塘村梅潭屯。1957年安徽寿县出土了5件刻有铭文的'鄂君启节'，其中一件'舟节'上，有楚怀王六年（前323）命启备船、溯江入湘，经长沙到达这里的记载。公元前214年，秦统一岭南，设置了桂林、南海、象郡，桂林大部分区域当时属于桂林郡，现存的城址还有位于兴安溶江边上的'秦城'。公元前111年，汉武帝平定南越，桂林时属零陵郡。西汉开国，汉高祖刘邦明令县级以上行政治所修筑城池。桂林位于湘桂走廊的南端，西汉早期和南越对峙的时候，尤其在桂北一带就有较多秦汉时候的城池，考古调查桂林有汉代或以前城址七处。基本上现在还可以看得出来，一处处长方框式的墙体，墙基遗址还在。1999年桂林市人大通过决议，认定桂林建城时间是汉元鼎6年（公元前111年），从20世纪90年代以来，我们考古人员也是一直在跟踪城市基本建设项目，努力寻找考古上的有关证据。我自己的鞋子，都跑烂过几双。自己有个笑话就是，我有时就穿着破了的皮鞋跑工地，甚至有工地的负责人对我没有印象，但对我曾经穿过的鞋子印象很深。我个人曾在离十字街约200米的位置发现了南朝时期的砖室墓，里面出土了小小的滑石猪。在中山北路老的桂林机床厂工地发现宋代墓葬，在王府城墙西北外侧发现不明性质的卵石夯筑的建筑基础，在中心广场工地发现南北向的地下城墙，在微笑堂建筑工地发现宋代大型官式建筑遗址。这些都是实证桂林历史的东西。"

"到了唐宋时期，桂林所有县级治所都筑有城池，但现今留下遗址比较少，经考古调查发现现存约有10处，以唐代城址为多。平面布局多为方形和长方形，外城墙多用泥土、卵石板修筑。南宋末年修筑的静江府城规模相对较大。明清时期，桂林府县城池规模有所扩大，以砖墙代替原来的土墙，城池各区域的功能也更加完善，现存城址有十多处。民国以后，随着近代经济的发展进步，城池墙体大都被逐步拆除，城池也多以开放的形态出现，残留不多的城墙遗址都成为文物了。”

“桂林石刻文化，在全国有着十分重要的地位。据不完全统计，桂林石刻约2000余件。其中唐代28件，五代十国2件，宋代469件，元代26件，明代327件，清代石刻441件，无年代石刻127件。桂林石刻涵盖了桂林乃至广西古代社会政治、经济、军事、教育、文化、艺术、宗教、水利、医药、城市建设和民族关系等各方面的历史信息，记载了桂林历史上许多重大事件的史实，有‘游山如读史’的赞誉。桂林历代石刻，包括摩崖石刻、摩崖造像、碑刻、墓志、买地券和其他石刻等，类型众多，特色各异。桂林石刻具有极高的历史、科学和艺术价值，展现的是桂林历史文化的多彩画卷。摩崖石刻、摩崖造像在桂林市区最为集中，叠彩山、伏波山、普陀山、龙隐岩龙隐洞等30多座名山。位于七星岩洞口山上的隋开皇十年（590年）高僧昙迁书《栖霞洞》题榜，是见于文献记载最早的桂林石刻，现在已不存在。现今最早的遗物，是1938年桂林出土的南朝宋泰始六年（470年）《欧阳景熙买地券》。桂林石刻，事实上也可以反映出当时的人对桂林山水也是非常钟情的。一个人，想把诗作或者提名刻在某个山上面，或者某一个风景点，这反映了他对于这块山峰的喜爱，尤其在唐宋时这么多文人，都把诗词题字刻在桂林山水之间，也有些像古人在山洞里面生活一样，反映了他对这一带地域的喜爱。”

“就桂林石刻保护而言，我参与《桂林石刻保护条例》立法前的调查比较多。市委市政府对桂林石刻文化非常重视，在2017年由桂林市人大立法，出台了桂林石刻的保护条例。近年来，许多景区和市民、游客对桂林石刻的保护和展示提出了较多的建议和要求，尤其是景区和游客都希望桂林石刻能更清晰地展现出来，也希望发掘各个石刻后面蕴含的文化亮点。市文化广电旅游局也是积极开展桂林石刻的保护项目，探索用更新的技术手段保护和展示桂林石刻。例如，我们文物部门也在开展对桂林石刻比较大规模的一些抢险加固工作，还有一些展示填色项目。普陀山石刻的一个保护项目，两期工程经费就达到1300多万元。桂林石刻的保护，也有一个保护手段不断科学化、保护技术不断成熟的过程。比如，在20世纪七八十年代，当时的技术是，实在看不清楚时，就用‘打黑白’的方法。在石刻面上，先用水刷干净之后，再来一层白色的立德粉，待粉干透后，再用拓包打上墨，最后在上面涂上一层光油，石刻上面凹进去的字呈现白色，而平整的石刻面呈现黑色，这样就黑白分明、清晰可读了。2000 年以后，我们按照国家文物局专家的指导，采用比较科学比较先进的技术重新进行保护，就是用天然的绿色或黄色的矿物颜料加少量的高分子树脂材料黏合给石刻填色，再刷能防水透气的新型功能涂料。这样，解决了原来的做法使石面密闭、石头本身不透气而可能产生不可挽回损害的缺陷。但是这种采用天然矿物颜料填色的方法，存在成本高的问题。桂林石刻是桂林历史文化很重要的组成部分，保护和展示好桂林丰富的石刻资源是非常重要的。另外保护好这些石刻，也是让后人体会前人对桂林山水钟爱的心境。”

二说：“文旅融合这篇大文章应该继续做好”

接下来我们聊到文旅融合方面的内容。

“说到旅游，在桂林工作了这么久，都会知道一点，但说有比较深入的了解，是说不上的。文旅融合发展，是一个总的趋势，我个人的感觉就是桂林市区这些年，融合做得比较好的有两个地点：一个是靖江王府，一个是两江四湖。事实上靖江王府、靖江王陵，我讲直白点，只是反映封建社会藩王文化的载体。现在遗留下来的王府城墙也好，王陵也好，反映了统治阶级一种奢华或者腐朽的生活。但王府后来成为清代贡院所在地、民国广西省政府所在地，所代表的文化内涵就大大增加了。近年把靖江王府周边空间进行拓展，把东西巷连接进行改造和保护，把工业遗产，比如讲老字号的门面保护下来，加上东巷发现的考古遗址，王城文化加民族文化、传统民居、工业遗产，整合在一起，相当于是把一个单一的王府，跟其他文化遗产整个融合在一起了，这样其体量和影响力，就应该不是 1+1 的问题，形成了相对大体量的一个旅游的热点。两江四湖也是比较突出的一个范例，是桂林山水与历史文化的融合。四湖就是利用了南宋以来的护城河，四湖周边还有许多与桂林历史密切相关的人文历史。游湖时可以将在翊武路古城墙、宝积山城墙、铁封山城墙看得很清晰。两江四湖与岸边可见的城墙遗址和其他人文景点，形成了一个自然与历史文化相融合的综合性产品。”

“我觉得上面两个片区，就是实现了多种历史文化元素融合在一起的片区，就打造了桂林市中心航空母舰一样的东西，所以我认为这些是很成功的范例。就桂林整体来讲，需要整合一些这样的资源，打造出一个综合性的区域。”

谈到桂林各县的文化与旅游融合，战武饶有兴趣地谈及桂林的红色文化和农耕文化。

“桂林红色文化值得好好开发，红军突破湘江战役，在中国革命历史上是具有决定性的一战，使中国革命进入了新的走向胜利的转折点。习近平总书记高度评价湘江战役，说‘湘江战役是红军长征的壮烈一战，是决定中国革命生死存亡的重要历史事件’。总书记牵挂在湘江战役中牺牲的革命先烈，曾专门作出重要批示，要求做好烈士遗骸收殓保护，我本人就曾参加过这项工作，在多地亲手将红军烈士遗骸一具具地清理出来。2020 年上半年，红军遗骸收殓保护工作圆满完成，60 多处红军长征湘江战役烈士纪念设施也都全部竣工，长征国家文化公园桂林段建设又已如期启动。现在来说桂林把几大主题馆建起来了，还准备作进一步的拓展。开展红色旅游的条件已经具备。长征国家文化公园桂林段的建设，应该也是一个航空母舰似的综合体，我觉得这是一个很好的发展方向。”

“桂林反映农耕文化的文化与旅游融合的网红景点，就是龙脊梯田，这也是做得很好的。在全国来讲，别人都知道龙脊梯田这个农耕文化，其实它也是一个组合，是农耕文化与山水文化的组合。如果我们把相思江跟我们的两江四湖贯通，也是可以使这种农耕文化或者水利文化跟旅游相结合，也会是一个超级的航空母舰，我觉得值得努力，可以形成一个新的亮点。其实这些反映农耕文化的东西，尤其是古村落方面，我们桂林是有很多资源的，但是现在我们打造得还很不足。比如讲灌阳、全州、灵川、阳朔都有大量的古民居，怎样去跟旅游融合，我们这一块还没有太成功的例子。相对来讲，阳朔那一边，因为游客比较多，相对成功的比较多一些。就讲阳朔，也还有一些继续发展的空间，前两天我们到阳朔石头城去调研，石头城如何保护，如何开发旅游，大家也是常常谈到。他们说中山大学孙九霞教授还专门赠送了一个石头城的旅游规划。其实石头城如果进一步做好勘探挖掘，把准确的年代和文化价值、历史价值搞清楚，还是很有潜力做起来的。我们除了龙脊梯田文化旅游打造之外，其实很多县里面的很多古民居的保护和利用，是应该做好文章的。昨天我们去了熊村，很多房子的保护状况非常令人堪忧。确实来讲，假如作为文物来专门修缮，但没有客流量的支撑，维修之后很难能维持下去，这是一个客观的现实。不像龙脊梯田，作为一个典型的景区大家都来参观游览。或许从旅游角度感到，古村落太多，不能撒胡椒面地进行开发。这个也是传统村落，那个也是，而且保护开发经费又都一样，事实上这不利于各县典型的古村落的打造。还有一个问题是没那么多人去看，打造也没有了动力，我觉得确实有这个问题。我美好的设想是，比如一个县，重点打造一处、两处，乡村旅游也好，古村落开发也好，一个县就选一两个地方，各种条件好的可以多选一两处，然后尽量让原住民按照现有的条件生活，在保护原有村落风貌、不改变建筑主体结构前提下，还要能让原有居民愿意在原来的村落里面住下、长期生活，要允许必要的现代化设施的改造，并得到政府的资助。假如村民不能在里面生活，这个房子不能继续利用的话，古村落的保护或者这种打造，也失去了根基。”

总的来说，贺战武研究员认为，文旅融合是一篇大文章，桂林早就开始起草了，也有一些段落写得不错，但在新的形势之下，应该把这篇文章继续做好，尤其是这对于桂林打造世界级旅游城市，有着很大的现实意义。

三说“桂林应该有疏朗有序的空间环境和美的建筑”

最后一个问题：考古与旅游还是有较大关联度的。作为考古人，对于桂林世界级旅游城市的打造有什么认识?

“从人类定居桂林几万年历史来看，居民对桂林环境的影响是不断增大的。我认为，其实桂林最美好的自然净土，第一批来到桂林的人感受过。现在的我们只能想像桂林在史前作为类似原野性质的区域，那朝霞和晚霞映衬下的原野是何等的壮美！以后近万年来随着居民点从几十个、几百个，到几千个，桂林经历从原野、村落、聚居村落到城市的变化过程，也没有对桂林壮美的空间造成多少影响。即使在唐宋时期，从中原到达桂林的文人，都免不了诗兴大发，为桂林山水喝彩，吟出‘桂林山水甲天下’的绝唱！到今天，桂林的居民点应该是几万座以上，形成中型城市的规模，以往桂林这片甲天下的原野成为人类城市的乐土，空间上人类活动的影响越来越大。以后随着进一步的工业化和现代化，桂林的居民还是会进一步增长。在我个人的理解上，除了水体、空气和植被的保护，桂林世界级旅游城市的建设要尽可能最大限度地保留自然净土的空间和营造疏朗有序的空间环境，构筑美的建筑与之相匹配。桂林山水是被保护的对象，就像文物行业里的不可移动文物的保护一样，没有相对宽阔和有序的空间和环境，被桎梏的不可移动文物就像囚犯一样，是失败的保护。疏朗有序的空间加唯美的建筑，与桂林山水相伴，才可以达到‘酒不醉人人自醉，花不迷人人自迷’的境地，这就是我心目中的世界级旅游城市桂林。”

我非常同意战武的意见。

袁凤兰女士访谈录

（访谈时间：2021 年 10 月）

袁凤兰女士，桂林人对她用得最多的称呼是“老市长”。老市长 1984 年 9 月上任桂林市副市长；1988 年 7 月任桂林市委常委、副市长；1990 年 1 月担任桂林市委副书记、市长；1993 年 1 月担任广西壮族自治区政府党组成员、自治区副主席、桂林市委副书记、市长；1995 年 2 月担任自治区政府党组成员、自治区副主席；2003 年 1 月担任自治区人大常委会副主任，大家一度从“袁副主席”改称过“袁副主任”，但她离任休息以后，叫“老市长”的人还是居多。

我认识老市长时间较早，是在 1988 年调到桂林市政府外事办公室之时。那时桂林与国际友好城市包括日本熊本市交流较多，桂林市外办缺少外语人才，我便被动员从大连调来工作。当时袁凤兰女士是副市长，作为市领导，她有时会见日本客人，我做过她的翻译，有机会与她接触。当时市外办有几个年轻人，工作都比较仔细，很得她的肯定。后来她担任市长，对外事工作也非常重视，使桂林外事工作成效显著，不仅国际友城间交往频繁，在很多外国国家元首的接待方面也非常出色。

我在桂林市外办工作 8 年，1996 年 6 月调到市旅游局。由于之前在一所大学旅游教研室工作，后来还带领学生来桂林实习，因此对“桂林旅游”自然关注，在努力做好国际友城分内工作的同时，依然继续订阅《旅游学刊》《旅游管理》等全国性旅游期刊。老市长在 1984 年任副市长后，就开始分管城建和旅游，我在带学生实习期间也曾了解到桂林旅游当时的一些情况，了解到由于酒店等住宿设施严重不足，“连袁副市长都亲自为客人协调住的地方”等。所以在给老市长做翻译或者随老市长出访的时候，也常常询问她桂林旅游的一些情况。后来老市长到自治区任副主席，分管全区旅游工作，我刚好也在一年之后调到了桂林市旅游局，更多了一些接触老市长的机会，全区旅游工作会议上听她讲话，外出旅游宣传促销时随她活动，进一步了解了老市长为包括桂林旅游在内的广西旅游发展呕心沥血所做的大量工作和所取得的许多实实在在的成效。

这次就“桂林旅游”话题进行人物访谈，不少人建议我访谈一下老市长，说她对桂林旅游建设发展起到了非常大的作用，不可不记。我知道老市长的贡献，也深感老市长对待属下一贯非常亲切，我与她还有过比较多的接触，但由于老市长做了副省级领导干部，我不知道我的身份去访谈她是否合适，便犹豫了许久。今年年中，我试着与老市长进行联络。令我十分高兴的是，老市长非常爽快地说支持我的访谈活动，并说不用你专门来南宁，我有机会回桂林时通知你。

于是，10 月，自治区老干部参观团来桂林参访，我接到通知，来到老市长所住酒店进行了期待中的访谈。

一说：“担任副市长期间，全力创造条件发展旅游”

一见面，老市长首先肯定了我就桂林旅游进行人物访谈的做法，说你自己辛苦一些，让很多人“口述历史”，说说他们的经历和思考，说说他们奋进的历程和脚步，这是做了一件功德无量的好事。她说桂林旅游能有今天繁荣发展的好局面，是桂林市委市政府一届又一届班子、桂林旅游行业一代又一代人不懈努力奋斗的结果。当前桂林正在按照习近平总书记的要求，着手打造世界级旅游城市，桂林旅游前景无量。

我感谢老市长的肯定和支持，请老市长首先说说她早年担任桂林市副市长期间推进桂林旅游奋力前行的有关往事。

“1984 年 9 月，我上任桂林市副市长。上任的第一天，就陪同意大利西西里岛一个 15 个人的议员旅行团乘船游览漓江。第一天开始，我就接触到了‘桂林旅游’。”

“到市里工作，安排我分管城建、环保和旅游等。当时旅游在我们国家是起步时期，桂林属于国家发展旅游的 7 个重点城市之一，但桂林各方面的基础设施都很差，在满足客人吃住行上都有困难。那时客人很多，但来了以后首先是住宿困难，再就是进不来出不去，交通也很困难。那阵子桂林机场是军民两用，航班不多。另外铁路票也很少，到北京只有 6 次特快，桂林是中间站，坐票几十张，卧铺票好像只有 8 张。”

“客人来了没地方住，住宿首先是个难题。这个团怎么安排？大家都去找地方，反正有卫生间的地方都住人，包括工人疗养院等。有时候住不下来，还送到附近的柳州，甚至湖南那边。当时有一个诙谐的口号：‘桂林山水甲天下，来到桂林睡地下。’为什么睡地下？能安排的都安排了，就连大会议室都要住，榕湖饭店接待室有地毯，都安排住客人。所以，为住的地方发愁，也为交通发愁。住宿紧张，加上进不来出不去，这就是当时的情况。经常有游客从香港来，说明天要上班，今天回不去工作就会丢掉，就过来找政府，说必须让他走。没办法，我整天打电话给广州民航局，有位姓诸葛的局长，我打电话找他，说你得加派班机来。实在不行时，就跟谷牧同志办公室联系，当时谷牧副总理分管旅游，我就给他秘书孙钢打电话，请求多加派班机来。有时候加班机都从内蒙古那边调来，当然广州派来的最多。每年有多少加班机，我记不清楚了。我始终没有见过诸葛局长，却整天打电话给他。直到 1996 年，桂林两江国际机场通航时他来了，他说桂林建机场太需要了，说之前有一位女市长整天给他打电话要加班机，现在不知道她去哪儿了，我说‘她就在你面前站着’很多年以后这才和诸葛局长见了面。那时交通的问题，住宿的问题，非常严重。”

“还有就是缺少导游。一下子这么多团没有人带，当时旅游局打字员、值班员，反正跟旅游沾边的人都上了，跟旅游有一点挂边的人都去带团，所以旅游人才也紧张。另外，还有城市基础设施方面的问题。桂林在抗战期间，日本人把桂林老城基本都烧掉了。后边盖的房子多是歪歪扭扭的一些木板房，旧城改造也是桂林面临的紧迫问题。说起来当时整个局面都很紧张，有些人甚至说宁可少来客人，不像现在，多来游客才高兴。那阵子是来团就怕，有团队就高度紧张。”

“还有一个问题，是老百姓也有意见，说天上的飞机越来越多，地上的母鸡越来越少。那时是改革开放初期，物资严重匮乏。桂林人生孩子习惯是每天吃一只鸡，可鸡都被客人吃掉了。鸡少了，价钱涨了，所以老百姓就有怨言。那时的旅游，我们完全是忙于应付。”

“1973 年桂林只接待不到 1000 名的游客，可到 1983 年游客量已经达到了二十几万。为什么游客来的那么多，增速那么快？这要感谢美国前总统尼克松先生，他给桂林做了大广告。1976 年 2 月 26 日至 28 日，美国总统理查德·尼克松一行访问了桂林，在欢迎晚宴上，他动情地说，‘我和我的夫人有机会访问过世界上 80 多个国家，100 多座城市，我将毫无保留地说，没有一个比得上桂林美丽。我现在了解到，为什么中国朋友告诉我说：桂林是中国大地上的一颗明珠’。他的话，通过各新闻媒体传遍世界。其他一些外国领导人来了以后，也纷纷称赞桂林。所以很多外国人都要来桂林看看，桂林旅游一下子就迅猛发展起来。软硬件各方面都十分不足，我们就得忙于应对。”

“后来在市委市政府统一领导下，我们就下决心一个一个地解决问题。1985

年自治区在桂林召开利用外资的招商会，桂林一下签了三十几个建设饭店的项目。后来一一落实，最后建成了十几家合资合作的酒店。现在桂林很多饭店就是1985年以后建起来的。另外交通的问题，我和民航局领导跑北京汇报，协商如何增加航班。人才培养方面，1985年得到国家旅游局支持，给了500万元资金，我们拿来在骖鸾路那里开工建校，1986年就招生了，我兼任第一任校长。1986年，谷牧副总理陪同新加坡李光耀总理的经济顾问陈庆瑞先生到桂林参观，听说我们在办旅游学校，陈先生自荐当我们旅游学校的顾问，并建议我们一定要按瑞士洛桑旅游学校的模式办，开启了今天桂林旅游学院和洛桑旅游学院合作的典范。桂林理工大学（当时叫冶金地质学院）也开办了旅游专业；桂林六中，改成了旅游职业中学。人才需要培养出来，工作人员需要了解桂林情况，我就又组织文化研究中心曾有云他们编写了一本《桂林旅游大典》，让旅游系统人手一册。”

“城市基础设施也加紧去做。当时人们常说的几句话，比如‘南北一条路，东西一座桥’‘灯不明，地不平，电话也不灵’‘桂林城市就像美丽的少女，穿着破烂的衣服’，这些的确都是当时的写照。当时要建东环路，没有钱，就号召全市市民义务劳动。程控电话，我们应该是1988年开通的，一共12000门，这在整个广西我们是第一个城市。有了程控电话，桂林对外联络环境才好一点，之前我们境外电话是打不通的，要通过长沙转拨，游客打个境外电话给家里报平安可难了。所以这些基础条件，这时候都有了很大的改善。杨尚昆同志曾经给全国旅游题过字，说‘旅游带百业，百业促旅游’，这在桂林也得到了印证。后来杨尚昆同志来桂林，我请他给桂林旅游题过字，他也写了，内容是发展桂林旅游振兴桂林经济。旅游确实是带动各行各业的，反过来各行各业也在促进旅游。我们从20世纪80年代就开始逐步完善发展旅游所需要的城市基础设施，包括城市建设、通信等。”

“就这样，桂林基础设施逐步得到改善。国家对我们很支持。比如万里副总理，每年都拨给我们一点资金，支持我们自来水环保及污水处理。还有一项资金，是给桂林的特殊政策，这是1986年12月时任国务院副总理李鹏陪同时任总理赵紫阳来到桂林，自治区韦纯束主席、自治区党委秘书长钟家佐、郑义市长和我参加接待。总理先到漓江饭店13层看了市容市貌再回到榕湖饭店休息。我们在榕湖饭店7号楼向赵紫阳总理汇报。这次是我汇报，总理仔细听着，没讲什么。吃晚饭时，赵紫阳总理说：白天站在漓江饭店13楼，看到城市破破烂烂，很是心酸，国家也没钱给你们，你们旅游不是创汇吗？从你们赚到的外汇里每年给桂林1000万美元额度，你可以去采购进口汽车等回来销售，赚点钱完善旅游基础设施。这在当时是对桂林非常大的支持，由于进口商品得到国家减半征税，每年就能获得6000多万元纯利，有时还可能是9000多万元，5年加起来有4个亿左右，解决了基础设施建设缺少资金这一大问题。”

“为保护桂林生态环境，1975年开始桂林把有污染的工厂都砍掉了。后来要持续保护环境，规定不能烧煤，改用煤气。我们和大庆成立了一个桂大联合公司，我亲自去大庆，带着槽车跑气，大庆很理解，说桂林不光是桂林的桂林，是全中国人的桂林，保护桂林环境大家都有责任，决定给桂林供应液化气。那时候计划内价格是计划外的1/10，有了桂大公司，广西哪个城市都比不上我们了。后来我又跑炼油厂，洛阳炼油厂，茂名炼油厂，全都去过。这样大大减少燃煤，桂林环境又好了很多。所以从我们奋斗的那几年看，发展旅游是一个整体性的工程，其他方面做不上去是不行的。”

“国家旅游局对桂林非常支持，那时我经常去北京向时任局长韩克华同志汇报工作，韩局长也常来桂林指导。我在桂林分管旅游，因此与他交往较多，亲身感受到韩局长对旅游事业的热爱和对桂林的关心。我曾主编过一本书，叫《当代名人与桂林》（中国新闻出版社，2008），里面有我撰写的一篇怀念韩局长的文章，谈了他支持桂林的一些往事。我写到：光是资金，国家旅游局就支持很大：修建竹江码头以及通往码头的公路，补助400多万元；芦笛岩景区新建公路，补助600多万元；扩建阳朔大榕树景区，拨款70多万元；创办桂林旅游专科学校，拨款500多万元；漓江补水一期工程，拿出3000多万元。韩克华局长说：‘没有漓江，就没有桂林。没有桂林，中国的旅游就会失去魅力。’他说桂林在全国旅游业发展中，有举足轻重的地位。桂林有许多困难，国家旅游局会竭尽全力帮助桂林。桂林是吃饭财政，韩局长的话和国家旅游局的关心支持，对桂林旅游业起步发展意义十分重大，我记忆非常深刻，今天在这里要特别说一下。”

“那些年，从方方面面来看，桂林处于很艰苦的阶段，处于打基础的阶段，我们叫创业阶段。不过，那时大家非常团结，市委市政府领导很支持，各部门很努力，旅游行业的人很齐心。所以，在这些工作的基础上，我们桂林旅游后来得以大踏步向前迈进，对此我感到非常高兴。”

老市长回忆着过去的往事，我一边听着，脑海里一边浮现出“桂林旅游”当时的场景，今天的“桂林旅游”的确来之不易，老市长等很多领导、旅游行业的很多前辈，为桂林城市建设和旅游发展付出了大量心血，我们要记住这些。

二说："做市长后，统筹推进桂林旅游加快发展"

有为有位，老市长在几年后做了市委常委、副市长，1990 年年初又成为市长。"桂林旅游"在 1990 年以后，无疑也获得了更快的发展。接着，我请老市长说说她担任市长以后统筹推进桂林旅游加快发展的有关工作。

"1990 年 3 月我接任市长，当市长以后我们的旅游发展也经历了几件大事，我们也战胜了很多困难。"

"城市基础设施建设要继续推进，资金缺口问题仍然摆在桂林面前。前面提到的每年 1000 万美元的特殊政策，国务院发了通知，说 5 年是到 1991 年 9 月，这个钱就没有了。我对同志们说，我们要想办法争取延长。接到国务院通知后的 1991 年 8 月，全国市长协会成立，我去参加，而且听说李鹏总理要接见会议代表，我想这是天上掉下来的绝佳机会，可以借机给李鹏总理送上一份报告，并直接汇报几句。虽说是遇有这个机会，但也要想好办法才行。会见代表有 500 人，我只是其中之一，广西还排在后边，要送信一定要站在离李鹏总理近的地方。我就提前想办法，找到了市长协会叶维君秘书长，他事先给我占了位置。李鹏总理、邹家华副总理、朱镕基副总理，他们都在第一排，我就在大概两三米远的地方。会见期间，我在李鹏总理讲话前把报告送了过去。总理请朱镕基副总理研处，朱副总理又批转国务院生产办。经过一系列工作，后来这个特殊政策延长了 3 年，这为桂林旅游巩固发展又打下了非常好的基础，我们硬件、软件有了更大的改善。"

"1992 年 11 月 24 日，桂林发生空难，从广州飞来的一驾民航客机粉碎性解体。受空难影响，游客急剧减少，但反过来这也促进了新机场的建设。实际上，从 1985 年起，我就每年跑全国计划会议，带上广西民航局颜局长，找国家民航局、找国家计委。1985 年国家有一个旅游领导小组，谷牧同志是组长，包括了民航等方面的成员。我当时就说桂林要改建机场，请国家旅游领导小组出面协调，国家民航局、国家计委，包括谷牧，当时都说没有资金，没法支持。每年全国计划会议都在京西宾馆，我不是会议代表，不能随便进出，我想办法进去以后，常常就舍不得出来，不能吃会议餐就带上面包在里面吃，那几年就是这样一直跑各个部争取机场项目。直到空难后，1992 年 12 月 8 日，李鹏总理、军委刘华清副主席亲临桂林，才确定了桂林两江国际机场的项目。1993 年 7 月 1 日桂林两江国际机场开工建设。1996 年 10 月 1 日通航庆典顺利举行，李鹏总理还亲自出席了庆典仪式，那张李鹏总理手举剪刀的精彩照片，给很多人都留下了深深的印象。"

“20世纪80年代是我们旅游的起步阶段，非常困难。90年代，桂林旅游、城建慢慢走上正轨。1996年两江机场通航，空中进出问题基本解决了。后来火车始发站——桂林北站，也在我手上解决了，桂林结束了没有火车始发站的历史。”

“做市长期间，我更进一步认识到，桂林不只是桂林人的桂林，它是全中国人的桂林，是世界人民的桂林。‘桂林旅游’不是一般层面上的旅游，桂林和桂林旅游在全国地位非常重要，所以工作都必须跟上才行。我接待了多位国家领导人，他们的讲话、谈话都一直让我记在心上，这里我仅举几位领导人的例子说说。1990年11月，江泽民总书记到桂林视察，他说‘桂林山水得天独厚，要利用这一优势，大力发展旅游事业，多生产有地方特色的旅游纪念品，便于游客带走’。1992年12月8日李鹏总理到桂林考察机场建设项目，说‘桂林机场的资金按理说应由中央和地方两家摊，可是你们确实有困难，能不能这样，你们负责修路，我负责机场’。1993年1月8日，朱镕基副总理到桂林视察，他指出‘桂林市旅游业发展很快，但要把桂林建设成为真正的世界旅游名城，还要做更大努力，不光看接待多少人，还要让客人留得住，花钱多。要进一步发挥桂林旅游资源的优势，尽快把桂林建设成为优美、整洁、舒适、方便的国际旅游名城’。中央领导同志如此高度重视桂林，让我这个做市长的人，更增添了重重的责任感和使命感，更感到要加倍努力，把桂林的工作做好。”

“在这里还要提到国际友人，他们都非常热爱桂林，尽力帮助桂林。我们有几个日本荣誉市民，比如田考靖干、岩崎照皇、永野义孝等，都在尽力帮助桂林。永野义孝先后给桂林捐赠医疗器械，总价值近亿元；岩崎照皇给桂林设立绿化基金；日本取手市市长菊地胜志郎，还专门给桂林设立了一个教育基金，现在还在用着，我们每年考试前几名奖励金都从基金发出。这方面，市外办那边，都有很多资料，可以查阅。”

“我做桂林市市长，包括后来担任自治区副主席兼任桂林市委副书记、市长的几年里，在市委领导下，加大力度统筹推进旅游相关各项工作，桂林旅游业继续得以大步向前迈进。桂林山水旅游节等节庆旅游活动起来了；旅游演艺产品活跃起来了；欧美日韩、台港澳等境外游客增长较快；国内旅游风起云涌；旅游从业人员队伍不断壮大；酒店景区建设日益加强；旅游车船更新加快进行等，桂林旅游整个面貌发生了非常大的变化，桂林旅游成为中国旅游的支柱之一。”

老市长从1984年到市政府做副市长，到1995年到南宁专任自治区副主席，在分管旅游和市主要领导岗位上推动桂林旅游发展十多年，为“桂林旅游”做出了非常大的贡献，我对此是深有感受的，大家对此是记忆在心的，难怪很多人都说老市长的贡献“不可不记”。

三说：“祝福桂林顺利建成‘世界级旅游城市’”

访谈临近结束，我请老市长再说说从全区的角度怎样看待桂林旅游。

“1995 年我到自治区政府，专任党组成员、副主席，分管旅游等几项工作。后来我又到自治区人大常委会，直到退休。在自治区工作的十多年间包括退休以后，由于工作关系和情怀所系，我仍然继续关心着桂林旅游。看到桂林旅游在桂林市委市政府领导下，不断奋进，取得了一个又一个新的成效，我感到非常高兴。”

“我任副主席期间，桂林在广西旅游发展过程中，龙头作用就发挥得不错，桂林在整个广西旅游发展都一直在积极作为。比如 1996 年 3 月，中国广西—美国旅游恳谈会在北京举行，是我带队去的，这是广西第一次对美促销，桂林市邱严明副市长带团参加促销活动，邱副市长还在会上讲了话；1997 年 10 月，我带队去大连参加‘97 中国国内旅游交易会’，桂林也是比较主要的参加者；1998 年 4 月，我带队到桂北考察民族风情旅游资源，意在进一步扩大以桂林为主的桂北地区民族风情旅游产品的影响，桂林积极参与；1999 年 6 月，组织‘广西旅游大篷车巡回宣传促销团’，到广州、厦门、温州、上海，历时一个月，行程 6000 多公里。2000 年 7 月，‘广西旅游大篷车’专列，到长沙、武汉、西安、兰州、乌鲁木齐。2002 年 6 月，组织‘两面针广西旅游经贸大篷车’，纵行南昌、九江、济南、泰安、天津、沈阳、大连、长春、哈尔滨、呼伦贝尔、满洲里、海拉尔多地。几次大篷车，桂林都派出了规模较大的促销团队。这些宣传促销活动，尤其是大篷车促销，对当时广西旅游扩大影响起到了非常大的作用。‘广西旅游大篷车’当时就被誉为‘中国旅游宣传促销的创举’‘中国旅游全程型策划、整合营销最成功的案例’，被认为是中国旅游业最具影响力的重大事件之一，国家旅游局因此将‘旅游大篷车’牌匾正式授予广西壮族自治区旅游局。大篷车促销，桂林也都起到了作为旅游龙头城市的作用。”

是的，2002 年赴东北的大篷车专列，我作为桂林团的领队，随老市长去过，大篷车的意义，桂林团的成效，我记忆清晰。

“后来那些年中，桂林旅游在桂林市委市政府的高度重视之下，我认为发展得更快更好了。桂林旅游公共服务在进步；旅游景点景区建设在加强；旅游市场秩序持续改善；旅游人才队伍不断壮大，国内外游客越来越多等，成效都非常大。国内很多地方重视旅游业，都发展得很好，互相竞争变得更激烈，客人常常被分流的新态势下，桂林旅游能够站稳脚跟并突出自身特色做出很大成绩，确实相当不错。”

访谈结束时，老市长说，今年 4 月，习近平总书记来广西视察，专门讲了要打造桂林世界级旅游城市，我认为这是对桂林城市最准确的定位和对桂林今后发展方向的最新要求。我看到桂林市委正在积极落实习近平总书记的重要指示精神，桂林的前景一定会更加美好！祝福桂林顺利建成世界级旅游城市！

秦立公教授访谈录

（访谈时间：2021 年 12 月）

我和立公教授认识较早，算起来应该是从 1997 年开始。1998 年我在桂林工学院（今桂林理工大学）旅游学院与中南林学院（今中南林业大学）合办的硕士研究生班学习，还听过他的课。之后二十几年，我们一直保持着来往，后来我在市旅游局和市商务局主政的十多年间，还常常请他出面主持一些工作上的课题研究，他每次都完成得很好，评审专家均给予较高的评价。

秦立公教授，1985 年毕业于广西师范大学数学系，毕业后分配到桂林工学院基础部任教。1994 年到广西师范大学数学系攻读在职硕士研究生，获硕士学位。1994 年起为桂林工学院经济管理与旅游系讲师，2001 年获评副教授。2002 年，在清华大学经济管理学院做访问学者。2006 年起，做桂林理工大学教授。1985 年至今，立公一直在桂林理工大学工作。

立公非常勤奋，据了解他在日常教学之余，科研成果也非常丰硕，主持省部级项目 5 项、大型企业咨询项目 1 项、完成广西和桂林市重点课题数 10 个，主持编写教材和个人专著 3 部，发表论文 100 多篇，在核心期刊就有 50 余篇；获省部级奖 2 项、市厅级奖 10 项。他还是广西壮族自治区教育厅“十五”规划 100 名中青年骨干教师首批资助对象、桂林理工大学第二届十佳教师、桂林市经济学学会副会长、桂林市政策应用研究学会副会长、桂林市现代服务业专家库入库专家、桂林市服务标准化建设专家委员会专家、全国 MBA 百优案例评审专家、2016 年中国最具价值 50 MBA 杰出教授。立公的社会职务有民盟广西壮族自治区经济委员会委员、桂林市七星高新区第三届政协常委、民盟桂林理工大学委员会副主任委员、桂林理工大学区域经济与发展规划研究院副院长等。

多年以来，立公教授在桂林旅游诸多领域的研究方面颇为活跃，成果很多。在我和不少人心目当中，他就是本市旅游学界一位颇具水平的专家学者。

去年 10 月，我联系了立公教授，请他接受我的访谈，尤其在运用相关理论审视桂林旅游实践上，想听听他的见解。

一说：“‘桂林旅游’的现状究竟如何”

第一个问题：“桂林旅游”现状究竟怎样？

“桂林是具有世界级旅游资源的城市，高品位的旅游资源蜚声国际。但是，相对于资源位势，世界级旅游资源并未发挥出其应有的产业能级效应。何以如此？众说纷纭。第一，如果从哲学维度考量，桂林旅游就产业而言是一个体系，这个体系是有功能的，而它的功能是其结构决定的，而功能的效度在于这个体系要素组态形成的功能与契合市场要求的功能是否一致。然而很遗憾，桂林旅游产业要素组态契合市场的程度存在较大差距。第二，从经济学的假定来说，桂林旅游产业在很大程度上，仍然沿袭了传统西方经济学的效用理论对应的现代管理形态，以出资人的收益为投资及相关政策的出发点，没有充分融入基于博弈论的后现代管理形态。通俗点说，就是没有从相关利益者平衡的角度进行相关管理或者经营设定，其中企业员工、消费者是重要的相关利益者，特别是消费者的群集化消费偏好和心理特征没有分析清楚，旅游消费的吸附力相对偏低。第三，从经营管理的角度看，有现代技术含软技术的概念，但是技术经济化的水平，特别是先进适应技术的应用性价值实现水平没有达到相应的高度，针对旅游的消费者和服务供给双方都是典型的碎片化或者长尾的形态特征。经营需要的是集成，但是就桂林而言如何集成这个根本性的问题没有得到很好的解决，多层级的消费形态市场上对应的应该是多品牌，这样的多品牌桂林已经具备了一些，但没有异质同构的功能效应，多品牌并不是各自为政，从一个城市产业的角度来说需要进行多品牌的组态化集成经营，然而，这样的事情似乎没人看到，更没人关心，也没有机构去做。”

“现状是一个很大的范畴，从传统产业周期的导入、成长、成熟、衰退阶段描述，桂林应该处在成熟期的后期，但不同的专家对此有不同的看法。有专家认为旅游没有明显的周期特征，也有专家认为旅游有其阶段性周期特征。从事物发展的角度看，旅游应该也有周期特征，只不过不确定是长波周期还是短波周期，但至少旅游也是一种经济现象，经济存在周期，旅游也应该存在周期。这样的周期不是回复到原点，是一个具有波动性质的上升周期。如果按照相关公开的数据平滑掉新冠疫情的影响，以国际产业生命周期的增长指数判定，桂林旅游产业的数值区间处在成长期。为什么会有不同的判别？差距的原因在于指标的选择存在局限。旅游产业属于什么周期阶段，本身就具有一定的模糊性，需要用模糊数学特有的概念隶属度加以刻画。应该说桂林旅游高隶属度在成熟期后期，如果以逆水行舟不进则退的方式考量，相对意义的桂林旅游处在衰退期。20 世纪 70 年代以来，桂林旅游从纵向绝对意义的角度来看，其发展是不断进步的，从无到有，从小到大；从单一市场发展，逐步到多要素市场发展；从重点区、县率先发展，到全域发展；从旅游行业发展到旅游产业发展，再到‘旅游 +’的产业集群发展；从单领域突进到全领域发展，从单一功能到多功能的综合性，旅游产业的定位在不断提升，旅游产业的能量、规模、效度是不断增强的，但从横向的对标上看明显衰退，究其原因在于桂林旅游的逆生态性非均衡发展的模式。这个逆生态指的不是环境方面的生态，是以生物种群描述的产业生态，食物链平衡移植到产业就是产业集群及产业链的价值合理分解。桂林旅游产业体系最典型特征就是旅游要素产业集群的非生态平衡，如一段时间的旅行社业高度发达，而与之配套的适应市场层级的其他要素产业能级相对偏低，产业思维、技术渗透的局限，专家或者企业家引导的服务供给模式，缺乏消费者自适应的学习型服务供给，也就是说消费体验作为产品及服务开发的投入变量程度严重不足，作为旅游的管理相关机构其比较强化的是经济性，而相关利益者的心理偏好作为管理的要素其考量的程度相对偏低，甚至有的管理决策、项目实施不具正义性或者缺乏商业伦理。”

“现在桂林需要做的是，促进形成高位推进、多维联动、价值共创共享的世界级旅游城市建设格局，让产业因世界级旅游城市建设而能级更高，让城乡因世界级旅游城市建设而更加漂亮和舒适，让民众因世界级旅游城市建设而更加富有和快乐，进而统筹世界级旅游城市建设，推进产业生态化重构与能级提升、乡村振兴、环境优化等。”

“桂林旅游，如果从服务供给供应链的角度考量，其现状特征就是旅游服务供应链价值治理缺失或者效度偏低，没有典型意义的旅游服务供应链链主。一般而言，高能级的供应链链主可以进行有效的契约化价值共创共享的治理，通俗来说，就是相关利益者在一个‘爷爷’型企业的领导下，大家一起创造价值，合理进行价值分解。桂林目前没有这样的‘爷爷’，但为什么我们一些企业具有‘爷爷’般的旅游资源，却只有‘孙子般’的市场地位？这个问题值得深思。当不具备这样‘爷爷’的情况下，在政府规制下的行业协会就应该起到服务供给价值治理的作用。最后，在既没有‘爷爷’也没有行业协会或者行业协会起不到这种作用的情况下，政府就要敢于通过立法方式进行有效的价值治理，类似于国外一些城市通过立法维护弱势群体的利益，如基于导游按等级规定每天收取游客的服务费以保障导游的收入，同时不可以出现宰客、加点等非服务质量行为。”

“从旅游服务供应链演化角度看，桂林旅游处在资源中心型的经营形态上，是一种比较原始或者说落后的经营形态。下一个经营形态应该是服务中心型，就是基于消费偏好提供契合性的产品（服务是一种特别的产品）供给，而最后的高级经营形态应该是市场中心型的形态，类似于零售业的‘沃尔玛’。沃尔玛是一个全球性大型连锁超市，但它也是一家高科技公司，可以快速实现全球采购与配送。市场中心型的桂林旅游产业形态，应该能够快速整合旅游资源，提供有效旅游及关联服务，就是说类似于淘宝平台，能够快速高质量分析、归集层级性旅游需求，同时能够快速契合消费偏好将服务传导于旅游要素供给实体。”

世界级的旅游资源，并未演变出世界级的产业形态并发挥出应有的产业能级效应，我认为立公教授的分析有相当的道理。“桂林需要形成高位推进、多维联动、价值共创共享的世界级旅游城市建设格局，统筹世界级旅游城市建设，推进产业生态化重构与能级提升、乡村振兴、环境优化”，他的这个建议也非常好，还有就是“服务中心型”“市场中心型”等，这些都应该成为推动桂林发展旅游的重要理念。

二说：“桂林旅游的自信源于什么”

第二个问题：“桂林旅游”的自信和不自信究竟在哪里？

“我就说说自信源于什么吧，桂林旅游如果以产业的视角谈自信，关键应该看其竞争力或者说竞争优势。产业的竞争优势，主要源于三个方面，资源是垄断的；资源是不可复制的；资源是有组织的。桂林旅游产业的自信，主要源于所拥有的资源是不可复制的，加上又具有一定的垄断意义和组织性。具体来说，桂林旅游的自信源于桂林秀甲天下的山水田园风光、诗情画意的家园般的生态生活环境、厚重的历史与民族文化、已经经过市场训练的关联性要素产业、结构及层级高匹配度的旅游产业人力资源。”

至于“不自信”，他没有直接说，但我想前面他谈到的很多方面，应该包含了这方面的一些内容。

三说：“世界级旅游城市如何打造”

第三个问题：打造世界级旅游城市，桂林应该做些什么。

“世界级旅游城市如何打造？我认为，第一，要搞清楚建设世界级旅游城市的哲学假定。正确的哲学假定，是建设世界级旅游城市的灵魂，相关管理者或组织者所持有的哲学观点决定着建设世界级旅游城市的效度。建设世界级旅游城市涉及的要素，是自组织的张力和非同质排异的对立统一，建设世界级旅游城市的关联要素相互作用，尤其是生态、文化、经济（特别是旅游经济）、民生的交互作用影响着世界级旅游城市的建设品质。从大系统观的角度理解，建设世界级旅游城市要依照新时代新发展理念的相关指引，进行整体性和关联性的系统规划、策划、设计和实施，做到生态系统、文化系统、旅游系统、民生系统等多个子系统的集成耦合，依据各阶段性目标的功能设定，进行关联要素的结构化建设、重组和改良。因此，在建设世界级旅游城市的过程中，要进行有效的对偶性选择，如生态保护和旅游发展，要在一定水平生态保护的状态下有效发展旅游和一定旅游发展水平的状态下实现生态保护的最优化进行选择。建设世界级旅游城市的过程中，生态、文化、经济（特别是旅游经济）、民生作为大系统中的子系统以物质、能量、信息的转化，融合于开放的生态、文化、经济（特别是旅游经济）、民生等集成的大系统中。生态环境和文化传承作为桂林经济（特别是旅游经济）发展的关键和根据，经济（特别是旅游经济）发展为生态优化和文化提升创造市场引力。生态、文化、经济（特别是旅游经济）、民生等子系统之间是相辅相成的辩证关系，生态环境是建设桂林世界级旅游城市的自然根据，文化是建设桂林世界级旅游城市的内在契约，经济发展（含旅游经济的发展）能够为生态保护、文化修复、民生改善提供资金、信息、智力等资源支持。第二，要搞清楚世界级旅游城市到底是一个什么样的城市。这样的概念其内涵没有明确或者说统一的定论，世界级旅游城市，从根本上说是一个城市，而不是一个县或者乡镇，从社会意义上说是城，从经济意义上说更重要的是一个市。城市重在市，从偏正意义上也是市，而市的要义为交易场所。世界级旅游城市，应该是一个世界级的交易场所。这个交易具有广泛的意义，涉及以城市范围有形及无形的内外交换与内部交换，当然就是一个产业发达的地方，现代意义的世界级交易体系。这个体系是具有层级性的，包括资本交易、产品（含服务）交易、内外交易、内部交易，还应该具备世界级的交易思维、交易技术、交易规制与契约、交易文化。从系统工程的维度思考，世界级旅游城市是一个系统，这个系统是有功能的，系统的功能是由系统的结构决定的，系统需要不断地与外界进行信息、能量的交换以降低自己的熵。世界级旅游城市是桂林这个城市的功能定位，这样的功能能否实现，需要看其关联要素的结构方式，因为世界级旅游城市是一个城市系统的功能表达，这个系统的功能能否实现，很大程度由其要素结构决定。为此，世界级旅游城市建设必须厘清相关的功能要素及其组态方式。按习近平总书记的说法，世界级旅游城市是宜业、宜居、宜乐、宜游的城市，这是世界级旅游城市的一个画像。这个画像的背后，是要弄清楚从世界级旅游城市画像到世界级旅游城市的特征，也就是说要弄明白从城市画像到城市特征的关联。宜业，从产业和就业两个维度理解，宜业的城市就是产业生态化和生态产业化的经济高能级，是民众可以有尊严和快乐就业的城市。宜业意味着需要高品质的经济支撑人民有尊严的收入保障，一流的创业与投资环境是宜业的自然性和必然性要素，宜业意味着多维的平衡态，经济发展与民众收入需求的平衡，经济与人口、环境等要素的平衡，营商环境与产业投资的平衡，产业发展与其支持性要素的价值平衡性融合等。产业生态化从产业集群的角度理解，应该是一个多产业平衡的体系，这个体系的组态方式能够提升产业的生态位，特别是多产业的水平化集成，如第六产业形态集群发展模式，简单说可以理解为‘1+2+3’或者‘1×2×3’。高位势的产业生态其自然根据很大程度在于绝对优势资源的经济化，在关注和利用相对优势的同时，绝对优势的市场化才是一个城市世界级的产业基因，为此支撑世界级旅游城市的桂林产业发展需要特别关注绝对优势资源的全供应链或者全供应链网的价值创造与市场实现。”

“世界级旅游城市首先是一个城市，然后因为冠之以旅游，因此应该是一个旅游产业高能级的城市。这里是说产业能级，而不是说高度发达的旅游业，主要是要以全新的思维理解桂林的旅游产业，不局限于传统的旅游自身的线性发展模式，而是要以非线性的水平化集成推进行业品质的提升。世界级旅游城市的旅游，从市场的意义来说，必须是高产业能级的，但高能级不等于超一流的物理设施，更重要的是规划、策划等软技术的效度性市场实现，只要有充分的市场价值实现，一流、超一流的物质形态的设施设备支持都不难，而反之则不然。为此，关键的问题在于必须明确具有大数据意义的消费者画像及消费者特征，锚定消费特征提供层级性的多品牌产品（含服务）适应性供给，以多品牌的组态化异质同构提升旅游产业能级。多年的旅游项目纵向投资，其边际效用已经严重下降，提高旅游产业能级需要配合充分的关联性横向投资，从哲学的角度思考旅游发展的形态。严格意义上说，桂林旅游存在明显的碎片化经营特征，消费牵引的组态化集成度低，缺乏系统的缓适性旅游组织模式，旅游消费体验存在一定的差距，需要基于云组态的方式进行旅游服务供给的组织。新一代移动互联技术对旅游的经营方式产生了革命性影响，第三方的效度化技术支持与实现也许是桂林这样现代信息化技术人才相对匮乏的城市需要选择的路径，以最专业的方式提供高水平的服务支持。新一代移动互联技术打破了传统的物理空间规模型竞争方式和经营方式，缓适性经营需要的是对碎片化服务供给的云组态集成，这也是提升旅游体验的路径选择或者方式。桂林需要进一步理解技术对经济的影响，真正起作用的是对经济特征准确把握上的经营管理，特别是品牌的经营与管理。”

“旅游业是综合性产业、幸福产业和高端产业，是拉动经济发展、推动文化传承创新的重要原动力。以生态、文化、旅游融合为发展前提，建设或升级改造一批富有生态特质、文化底蕴的世界级旅游景区和度假区，打造一批文化特色鲜明的国家级旅游休闲街区、乡镇、村落，推进红色旅游+，契合高质量新发展格局，突出生态、文化、旅游融合，强化中华民族文化认同，用新信息化技术所要求的哲学思维，重构桂林旅游，以强化基于组织形态的旅游竞争力；通过云计算、大数据的技术支持，强化消费体验的产品化管理，以服务组态适应消费组态或者说以消费者的集群或者社群化消费形态为导向组织适应性的服务供给，这样的模式需要全新的运营思维、新一代移动互联技术支持、创新的服务供给机制与体系。”

“客源结构的世界性，需要供给柔性以适应多层级、多形态的服务需求。构建世界级旅游城市的品牌体系，从具体的产品（含服务）品牌到行业品牌及城市品牌，都应该以世界级水准建设，瞄准品牌建设的最高形态，匹配相应的品牌元素，效度化实现具有世界级示范意义的桂林旅游产业资源的价值化组织利用和共创共享，以为低位势群体有效参与的价值创造与价值分享提供世界范例。”

“世界级旅游城市从品牌的维度理解，桂林旅游应该是一个全球品牌。全球品牌不等于设施的一流与豪华，盲目的超越市场偏好的供给本身就不是全球品牌的运作方式。麦当劳、肯德基都是全球品牌，但不是一流和豪华的，沃尔玛也是如此。从城市品牌动态能力的阶层性看，桂林所拥有的资源基础只构成其零阶能力，作为一个城市能够按常态化发展是其一阶能力，与城市竞争优势直接相关的要素组合是其二阶能力，而组织创新、重构、再造和环境适应能力是其三阶能力，桂林的二、三阶能力相对不足。”

“你也曾经说过，世界级旅游城市应该是个性、友好、方便、安全的城市，从品牌要素支撑的角度理解毋庸置疑，其中的友好除了人们感情体验外，应该包含相关设施设备的友好性，‘食、住、行、游、购、娱’相关的设施设备要从设计开始就要有国际视野，特别是‘行’，桂林这样一个具有湘桂走廊特征的地理形态，特别是主要旅游区域总体而言沿漓江平行的狭长地带，需要高度发达的公共交通体系，适宜的交通模式是世界级旅游城市的重要支撑，当然这也不排除效度化的自驾服务，自驾游火爆或者自驾出行的比率快速增长，和桂林的公共交通服务水平不足存在典型的正相关。荔浦市作为全国的城乡交通示范市，以公共交通融合城乡资源，实现城乡双向互动，具有充分的示范意义。交通模式选择是世界级旅游城市出行方式的战略性判断，只有合理的交通模式才能支撑和引导世界级旅游城市的发展。国际上世界级的城市在城市发展的过程中，均十分重视选择和形成合理的交通模式，桂林在这方面存在较大的改良空间，特别是如何激活城乡已经存在的交通能力，如基于‘车联网＋人联网’的存量交通能力挖掘与规制化应用，也就是说在尽可能不增加运载车辆的前提下充分激活已经存在的交通运输能力。”

“世界级旅游城市，应该是世界级的美食之都。桂林美食品类繁多，但品牌是碎片化的，没有基于大数据的关联分析有效契合不同消费群集的消费偏好，以及异空间、它时间的重复消费，这方面改良改善的空间也非常大。”

“桂林的旅游消费仍然非常传统，没有充分利用现代移动互联技术建立与旅游者的长期性客户关联，更没有依据客户的消费经历和体验，挖掘出旅游后的消费服务或者购买需求。新冠肺炎疫情期间桂林旅游服务供应缺乏韧性，一个关键的问题是客户价值的挖掘与利用严重缺失或者水平偏低。如果有一个网化的旅游消费高能级平台，以旅游物流的方式可以为相关旅游企业获得新的利基蓝海，高效度旅游物流支持的宽时域旅游购物，则可以有效对冲新冠肺炎疫情等状态下的旅游服务困境。”

“旅游与其说是一个行业，不如说是一个产业集群，一个依据专业分工、交易场景、环境特征集成的复杂适应性系统。世界级旅游城市从产业集群功能的角度，应该强化具有世界意义的旅游集散能力建设，使其成为国家高能级的旅游经济发展和旅游创新基地，旅游新技术、新模式、新思维的策源地。创造性地推进旅游和非旅游产业的生态化耦合发展，特别是面对旅游严重受限，可以通过旅游的非旅游业务或者说泛化的旅游业务实现有效的经营对冲，强化旅游的非旅游或者泛化旅游的平台性市场利基建设，以云网格的方式实现非现场的跨时空泛在旅游消费。相对而言，桂林的旅游产业治理水平偏低，旅游服务供应链及其网化的价值自修复和自平衡能力建设缺失，区域内旅游关联要素的异质同构以及超行政区域的协同集成能力建设乏力，类似这样的项目一般属于软项目或者说是隐项目，得到实质性执行重视的程度低。如果把桂林比作一台电脑，这台电脑的硬件应该不是很差，但是能不能干活和能干出什么样的活，完全取决于软件，甚至好的软件可以弥补硬件的不足。从成本效度的边际分析，桂林旅游软技术、软项目的价值实现，如基于纠偏导向的旅游及关联服务的伺服体系、基于缓适性的云网格旅游服务供给体系等。从某种意义说，世界级旅游城市应该是高市场契合与专业化分工协同的旅游服务供给城市，这样的城市在服务经济特别是旅游经济的能力建设方面要以高消费体验为靶向，以世界级旅游城市的视角强化有形度、同理度、亲切度、依赖度体系建设。有形度，包含建筑风格、标识等，应该是桂林特色元素的外化，从艺术摄影的角度要有很好的视觉体验；同理度，就是为别人特别是游客考虑的程度，这是一种服务品质，更是一种文化特征；亲切度和依赖度，是一个城市、一个产业，甚至是一个产品，其品牌建设的最高境界。桂林的相关产业，特别是旅游、农产品等，需要从产品品牌到行业品牌、再到城市品牌发力。如果从传统的旅游要素展开，桂林需要构建基于消费偏好的组态化美食及其消费后再消费体系，创新开发具有市场意义的桂林旅游购物品，以旅游物流形态实现旅游后异地再购买，以及植入高沉浸娱乐性心流化科学技术、历史文化、知识传导等寓教于游的高雅类项目。”

“生态、文化、旅游，是桂林的核心要素，其能量的激活与引导需要充分的智慧。生态文化旅游融合性市场创新是桂林自然、历史等关联要素再‘集成化’或者说‘组织化’的过程，也是解决目前桂林生态、文化等资源碎片化，有效可持续利用的再‘创新’。过去一段时间，桂林旅游最典型的发展模式为资源控制型和观光型产品纵向深度开发。在以供给侧为主要特征的新经济形态下，桂林需要契合消费偏好，重新定义旅游及形态，超越传统、水平集成、创造需求，充分利用和挖掘桂林诗境家园山水田园风光资源形态的价值，凭借政策、交通、区位、生态、产业基础等优势，通过价值共创共享、供应链重构等方式多维度集约化提升桂林的品牌效度和城市能级。”

立公教授以他的学术功底，以他的视角，对桂林应该如何认识和打造世界级旅游城市，进行了较为全面的阐述。我认为他说得非常好，值得有关方面认真理解和研究一下。

唐飞鸿秘书长访谈录

（访谈时间：2021 年 11 月）

唐飞鸿，桂林旅游学会秘书长。

飞鸿担任桂林旅游学会秘书长已有多年，他在市旅游局近 20 载的工作经历，让他积累了对旅游现象进行观察和思考比较雄厚的功底，加上他之前又从事过新闻采访和写作工作，统筹协调学会日常联络工作和组织学会会员开展调查研究等都显得得心应手。

我认识飞鸿时间较早。2003 年，他考入市旅游局时，我是旅游局副局长，知道招飞鸿进来就是为了补充局里的“写手”。飞鸿果然不负众望，很快就得到领导和同志们的好评。2004 年我任局长以后，自然也比较看重他。那时和飞鸿经常聊天，感觉有理想、有能力、事业心强，工作任劳任怨、完成及时、从不误事。他也曾和我聊过，年少时狂想千百回，长大后不知会成为怎样一个人，作家、诗人、流浪歌手，甚至是包工头？可命运无法拒绝的缘，是牵手了桂林旅游。

近日又聊到他的经历，飞鸿说少年时期回想起来暖暖的，满脑子唐诗宋词、文人墨客、书法音乐，写诗、写散文，满世界投稿。发现文学梦无法承载生活的全部时，又开始涉足摄影，用镜头记录听到、见到和感受到的一切，把自己变成了一名记者、编辑，在桂林干起了《中华合作时报》副刊《经法周刊》。可好景不长，全国媒体副刊裁减之风吹来，《经法周刊》被裁掉了。后来应邀来到桂林个体私营经济协会，负责宣传教育工作，其间被桂林个体工商户和私营企业主们鼓舞着、感动着，就把他们的事迹写下来，在桂林日报开办了《成功之道》《工作秀》《诚信的桂林人》《二次创业 ABC》《创业宝鉴》《典案释法》等系列专栏，每周刊发。当然这期间也接触到很多与旅游相关的人，从那时起对桂林旅游业开始产生兴趣。没意识到的，是自己成了桂林旅游人。

秘书长是社会职务，工作单位一直是旅游行政部门，他依旧是工作上的“干将”。由于飞鸿参与了启动桂林旅游综合改革试验区、建设桂林国际旅游胜地和打造世界级旅游城市直接相关的具体工作，我便和飞鸿说想了解这些方面稍微详细一点的情况，对他做次与秘书长工作无关的访谈，他答应了。

一说："'国家旅游综合改革试验区'的有关往事"

先聊桂林"国家旅游综合改革试验区"。

"桂林旅游在全国率先起步发展，成就卓越，但在各地旅游发展百舸争流的新形势下，在不进则退强烈的危机意识之下，桂林旅游人期待再一次飞跃式的发展。市旅游局经过研究，于 2007 年 6 月向前来调研的张秀隆市长提出了申办国家旅游综合改革试验区的建议。这个提议，得到了市政府的高度重视。"

"2007 年 8 月，国家旅游局调研组到桂林调研，桂林市向调研组建议将桂林定位为国家旅游综合改革的试验区域，在管理上、发展上试行特殊政策，为全国旅游业综合改革进行探索。这一年，申办桂林国家旅游综合改革试验区正式提上市政府工作议程。当时，按照局里的工作安排，我在庞铁坚副局长带领下参与了综合改革试验区开发方案的起草。"

"2009 年 12 月初，国务院下发《关于进一步促进广西经济社会发展的若干意见》，明确提出'建设桂林国家旅游综合改革试验区'。当月 18 日，时任桂林市旅游局局长的您在漓江大瀑布饭店组织召开了一次建设桂林国家旅游综合改革试验区的座谈会，专题讨论旅游综合改革试验区相关事宜，营造声势。参加座谈会的有时任桂林旅游高等专科学校校长李丰生、桂林理工大学教授连漪、桂林旅游股份有限公司总经理钟新民、桂林国旅总经理经继平、新华社记者蒋桂斌、桂林市委政策研究室副主任（研究员）王清荣、桂林市旅游局副局长庞铁坚等 15 人。座谈会结束，李局长您提议说，这是第一次建设桂林国家旅游综合改革试验区主题座谈会，具有一定的历史性纪念意义，我们拍张合影纪念一下吧。于是，我们一行 15 人在漓江大瀑布饭店大堂拍了合影照片。这张合影我一直保留在我的《桂林国家旅游综合改革试验区》专题照片夹里，我起名为'首次试验区座谈会合影'。从这张照片开始，照片中的诸位都在各自岗位开始了各项相关工作。"

"为做好相关前期工作，桂林市计划组织党政代表团前往海南学习国际旅游岛建设工作经验。时任桂林市旅游局局长林业江率领庞铁坚、明桂生、唐德彪、余建伟和我作为先头部队，于 2010 年 1 月中下旬提前到了海南。2010 年 2 月，以市委书记、市人大常委会主任刘君和市长李志刚为团长的桂林市党政代表团，对海南省进行了学习考察，与海南省旅游发展委员会进行座谈交流，并拜会了罗保铭省长，还分别与海口市、三亚市签订旅游合作协议。我记得您这年1月已到市商务局任职，但作为市党政代表团成员也参加了这次考察。海南国际旅游岛建设的经验做法，让我们开阔了视野，启迪了思路，也坚定了信心。”

“接下来的时间里，桂林市委、市政府赴自治区政府汇报，并由自治区副主席高雄率队，紧锣密鼓到国家发改委、国家旅游局等国家部委汇报相关工作，争取支持。2010年4月，陈丽华副市长率领我们向国家发改委社会司汇报相关工作开展情况，国家发改委社会司领导听取汇报，给桂林支招，提出建设桂林国家旅游改革试验区的关键是有项目可以落地，在于可操作性的政策可以落实。自治区层面要有一个请示文上报国务院，由国务院授权国家发改委，组织协调做出高水平、高层次的发展规划。”

“很快，桂林就落实了规划编制单位。4月19日，桂林市政府委托中国经济体制改革研究会、中国经济体制改革杂志社编制《桂林国家旅游综合改革试验区总体方案及规划纲要》。中国经济体制改革研究会、中国经济体制改革杂志社组成了总体方案编制课题组，以国家西部办原副主任、中国经济体制改革研究会会长宋晓梧研究员为组长，中国经济体制改革研究会副秘书长、中国经济体制改革杂志社社长袁绪程研究员为副组长。课题组来桂林迅速开展实地调研、召开各种层面的座谈会，广泛听取各方面意见，我和庞铁坚副局长、罗敏博士作为桂林代表参与其中。”

“6月20日，《桂林国家旅游综合改革试验区总体方案及规划纲要》评审会在北京举行，来自国家发改委等有关部门的领导和专家组成的评审组经过讨论，一致通过了评审。2010年7月，桂林市委常委会、市政府常务会分别对《桂林国家旅游综合改革试验区总体方案及规划纲要》进行审议并以市委、市政府名义正式行文上报自治区政府。”

“自治区政府组织力量，对总体方案及规划纲要进行修改完善。2010年9月，高雄副主席组织区直41个部门召开《桂林国家旅游综合改革试验区总体方案及规划纲要》征求意见会，高雄副主席就进一步修改和完善相关内容提出了明确要求。自治区政府指定由自治区政府发展研究中心和自治区旅游局牵头，从自治区发改委、财政厅等8个部门抽调专人组成修改组，经过认真研究并结合有关省工作经验，将总体方案与规划纲要进行整合，形成《建设桂林国家旅游综合改革试验区总体方案（送审稿）》。我记得这期间，写作组先是统一在南宁明园新都酒店封闭写作，人手一台电脑，晚上加班也是常事。”

“封闭写作虽然很累，但也发生了让人记忆深刻的一件趣事。记得我们一直忙到9月21日才完成修改稿，第二天就是中秋佳节，领导决定让大家回家过节。当时与我们同车回桂林的，有自治区旅游局政策法规处马融处长、市旅游局庞铁坚副局长，我以及自治区发展改革委岑先梅。当天南宁出城车辆熙熙攘攘，道路水泄不通。下午2点我们从明园新都酒店出发，6点才上到高速。没走多远，高速路又彻底堵住了，龟速行驶到宾阳高速出口时，司机说，干脆下高速走一段国道再回高速绕开拥堵路段，大家一致同意。那天一直下着大雨，国道一路黑灯瞎火，路标很难看清，手机导航又找不着GPS卫星，稀里糊涂走了两三个小时，好不容易看到城市的光亮，一看路标，居然是'贵港人民欢迎你'！我们把方向搞错了，来了个南辕北辙。我们只好掉转车头，循着路标往高速公路走，这回我们决定宁愿堵在路上也不跑国道了。冒雨又走了两三个小时，终于看到高速路入口，走近一看又回到了宾阳高速路口，彻底把我们逗笑了，转悠几个小时又回到了起点！好在这时高速路也不堵了，一路畅通回到了桂林，但这时已是次日凌晨的2点多。"

"2011年7月15日，自治区马飚主席签发《广西关于审批桂林国家旅游综合改革试验区建设总体方案的请示》（桂政报〔2011〕35号），正式将《桂林国家旅游综合改革试验区建设总体方案》上报国务院。记得马飚主席签发上报文的这一天，我一直蹲守在自治区政府大院里。根据市领导指示，我必须一路跟进文件的整个签发过程，只要自治区领导一签发，我必须敦促自治区政府办公厅当天把文件印出来，我带着文件赶最近的航班飞往北京，第一时间呈交国家发改委相关领导。为保险起见，我把时间最近的几趟南宁—北京机票都买了一张。当天晚上，我就飞到了北京。7月22日，国务院秘书二局将《广西关于审批桂林国家旅游综合改革试验区建设总体方案的请示》批转给了国家发改委。"

"8月11日，桂林市主要领导率队，到国家发改委作专题汇报。国家发改委副主任穆虹表示，广西和桂林市要主动跟进，积极开展工作，国家发改委将大力支持桂林国家旅游综合改革试验区建设。国家发改委社会发展司领导表示：桂林市要迅速行动，不等不靠，多在创新与试验上下功夫。旅游综合改革需要上上下下和方方面面的支持，自治区和桂林市要主动加强与国家相关部委的沟通联系，努力争取支持。鉴于桂林国家旅游综合改革试验区在全国和广西区域发展和改革中的重要地位，建议桂林争取国家发改委以《桂林国际旅游胜地建设发展规划纲要》形式批复。"

"由于批复工作环节烦琐、具体工作较多，市里决定派我长驻北京，负责与国家发改委、国家旅游局等国家部委的日常联络工作。于是我就在天宁寺桥下西便门外大街西里小区租了房子，一干就近一年。之后的工作紧张而烦琐，我平时都到国家发改委有关处室帮打下手，跑腿接电话，做些力所能及的事情，也为规划纲要批复做些具体工作。这段时间在北京的历练，我学到很多工作上的经验，也使我深切感受到，真正做好一件事情是多么不容易。这段人生经历，也成为我成长过程中的宝贵财富。”

遵循国家发改委社会司领导的这个建议，“桂林国家旅游综合改革试验区”，变成了“桂林国际旅游胜地”。

二说：“亲历‘桂林国际旅游胜地’相关工作”

飞鸿接着前面的话语继续说着。

“接下来，国家部委支持动作加快。2012 年 3 月，国家发改委产业经济与技术经济研究所副所长、研究员杨玉英率领国家发改委《桂林国际旅游胜地建设发展规划纲要》专家起草组到桂林调研，这标志着国家发改委正式启动国家层面《纲要》编制程序。4 月，自治区发改委副主任韩庆东和桂林市委常委、副市长黄涛率自治区发改委、桂林市发改委、桂林市旅游局负责人及相关专家，赴北京在国宏宾馆参与《纲要》封闭编写工作，我作为编写小组成员全程参与了编写。4 月 25 日，编写组完成初稿提交给桂林市和自治区征求意见。紧接着在 5 月，国家发改委牵头，外交部、公安部、财政部、国土资源部、环保部、交通运输部、水利部、国家旅游局、海关总署、税务总局、民航局等 14 个国家部委相关司室有关负责人共 33 名领导、专家，组成国家部委联合调研组，分 3 组对桂林旅游产业发展状况进行了全面、深入的实地调研。2012 年 8 月 7 日，自治区政府正式将《规划纲要》(送审稿）报送国家发改委。2012 年 10 月 16 日，经过多次修改完善后，国家发改委将上报文报送国务院。2012 年 11 月 1 日，经国务院同意，国家发改委正式行文批复《桂林国际旅游胜地建设发展规划纲要》。《规划纲要》不仅对桂林旅游改革发展提出了新要求，还进一步明确了桂林在全国旅游改革发展总体格局中的地位和作用。《规划纲要》的批复，使建设桂林国际旅游胜地上升到了国家战略的层面。”

“2013 年 1 月，国务院同意撤销临桂县，设立桂林市临桂区，同意桂林市政府驻地搬迁至临桂区。3 月，桂林市委、市政府成立了桂林国际旅游胜地建设总指挥部，市委书记和市长亲自担任总指挥长。我被抽调到位于市政府大院的综合协调指挥部工作。由此，桂林国际旅游胜地建设工作全面铺开。3 月 26 日—4 月

20 日，我跟随时任市委书记赵乐秦，市长黄俊华率领的党政代表团，奔赴北京、香港、深圳、南宁等地，召开桂林国际旅游胜地建设新闻发布会暨招商推介会。桂林建设国际旅游胜地的消息，引起了海内外的强烈反响和极大关注。”

“2013 年 5 月，经国务院同意，住建部正式批复了《桂林漓江风景名胜区总体规划（2013—2025 年）》。这是 1982 年漓江被国务院列为第一批国家重点风景名胜区以来的首个总体规划，为漓江风景名胜资源保护利用和管理提供了依据；6 月，《国土资源部关于桂林旅游产业用地改革试点总体方案的批复》（国土资函〔2013〕374 号）正式同意《桂林旅游产业用地改革试点总体方案》，这是全国 5 个试点城市中首个获国土资源部批复的试点方案，也是《桂林国际旅游胜地建设发展规划纲要》获批以来国家部委出台的第一个配套性政策。截至目前，桂林市政府颁布实施的《桂林旅游产业用地改革试点若干政策（试行）》（简称 33 条），为建立符合桂林旅游产业发展特点和要求的科学化、差别化、精细化、生态化的土地利用和管理制度奠定了政策基础，桂林也成为全国 5 个‘国家旅游产业用地管理改革试点城市’唯一在改革试点中取得实质性成效的城市。7 月 3—4 日，广西旅游发展大会在桂林召开，自治区书记彭清华、主席陈武，国家旅游局局长邵琪伟出席会议并讲话，明确将桂林国际旅游胜地作为全区旅游发展的龙头；8 月 1 日，住建部公布 2013 年度国家智慧城市试点名单，桂林市入选国家智慧城市试点，‘智慧旅游’成为桂林国际旅游胜地建设新的突破口之一；9 月 26 日，中国首个全天候度假村愚自乐园地中海俱乐部桂林度假村正式开村；10 月 26 日，国家发改委正式批复同意实施桂林两江国际机场航站楼及站坪配套设施扩建工程；12 月 12 日，国家科技部、中宣部、文化部和新闻出版广电总局认定桂林市成为广西首个‘国家级文化和科技融合示范基地’；12 月 15 日，桂林万达文化旅游城项目（后改为桂林融创国际旅游度假区）签约，并于 2021 年 6 月正式建成开业；2014 年 7 月 28 日，51 个国 72 小时过境免签政策正式实施，桂林成为继北京、上海、广州、成都、重庆、沈阳、大连、西安之后，全国第 9 个实行 72 小时过境免签的城市，同时也是首个获此政策的地级市。2015 年 6 月 17 日，桂林航空正式注册成立，是中国首家以知名旅游目的地为主运营基地、以地级市命名的航空公司，并于 2016 年 6 月 25 日成功完成首航，桂林拥有了自己的‘桂林航空’。”

“忙忙碌碌中来到了 2020 年，8 年来桂林以落实《规划纲要》为统领，坚持国际旅游胜地建设‘一本蓝图绘到底’，走出了一条彰显桂林特色的文旅融合发展新路子。2020 年年底，桂林国际旅游胜地四大战略定位逐步实现，主要指标基本完成，基本建成了国际旅游胜地。其中，旅游综合改革、旅游产业用地改革、导游管理体制改革走在全国前列；‘厕所革命’模式在全国推广；获批国家可持续发展议程创新示范区、国家健康旅游示范基地、国家文化和旅游消费试点城市等，发展势头强劲。桂林依托世界级旅游资源和名城优势，主动对接世界顶级大公司、大品牌，引进海航、腾讯、融创、华润等大企业、大集团，推动了旅游业态、品质和品牌‘三个提升’，国际旅游市场、理念、人才‘三个对接’，把桂林‘散小弱’的景区景点整合升级做大做强，形成了旅游产业品质化、高端化、品牌化、标准化的桂林经验。桂林国际旅游胜地从扬帆起航，到加快建设，再到实现从传统产业发展模式向全域旅游转变、从观光游览地向休闲度假地转变、从旅游产业基本要素发展向‘文化旅游＋’深度融合转变、从开发一般文旅项目向创造未来文化遗产转变、从基本服务规范向国际化服务品质转变、从旅游企业相互竞争向文旅产业集聚区转变、从一般国际旅游城市向国际旅游胜地转变‘七个升级’，桂林城市也发生了华丽嬗变。”

飞鸿说见证了桂林这个城市蜕变的美好过程，说人生有一种幸事，那就是当它来时，你正好在。飞鸿还说，时任桂林市旅游局副局长庞铁坚跟他讲过一句话，“人这一生，能够有幸身体力行参与一件关乎一个城市重大发展、让你年老时回想起来能够自豪的事情，那是一种幸运。哪怕没有人能够记得你的名字，哪怕没有人知道你的存在，这也是你的幸运”，飞鸿说他感慨颇多。

三说：“见证桂林开启‘打造世界级旅游城市’新篇章”

2021 年，对桂林旅游来说，是一个值得记住的年份。这一年 4 月，习近平总书记来到桂林，提出了桂林“打造世界级旅游城市”的战略目标。飞鸿说他当时就在现场，亲耳聆听了习近平总书记的讲话，也参与了一系列相关工作。

“4 月 26 日，习近平总书记视察广西第一站就来到桂林。在象山景区，我有幸见到了敬爱的习近平总书记，并现场聆听了总书记对桂林城市发展做出的重要指示。记得当天上午，桂林暴雨如注，一到下午却神奇地雨过天晴了。我们在象山景区小广场等着总书记的到来。14 点 25 分，习近平总书记向我们挥手走来，我激动地带头大声欢呼‘习总书记好！’身边所有人沸腾了，都欢呼起来。习总书记朝我们缓缓走来，在我正前方两米多的位置停了下来。此前无数次在电视和报纸上看到过总书记，做梦也没有想到，居然有一天能和总书记面对面站在一起，亲听习总书记的指示。习近平总书记身材魁梧，看起来比电视上更加精神饱满，出乎想象地平易近人。我赶紧拿出手机记录下这历史性的重要时刻。总书记很随和地和大家打招呼，然后用和蔼可亲的语气说，桂林山水甲天下，全国能有这种美誉的不多。这是大自然给我们中华民族的一块宝地，一定要呵护好。桂林要打造成世界级的旅游城市。桂林已经做了很多工作，已经达到了一定的水平，百尺竿头更进一步，再接再厉啊！习近平总书记说完正准备转身离开，人群中有人问：‘总书记，您吃过桂林米粉吗？’总书记深情回忆起半个世纪前的往事，说 54 年前 14 岁时就到过桂林，还和几个同学在漓江里游过泳，留下最深印象的，除了桂林山水以外就是桂林米粉。习近平总书记强调桂林旅游资源的格调很高，品位很高，在全国来说都是不多见的，这对桂林加快文化旅游发展是巨大的鼓舞和鞭策。习近平总书记指示，要坚持以人民为中心，以文塑旅、以旅彰文，提升格调品位，努力创造宜业、宜居、宜乐、宜游的良好环境，打造世界级旅游城市。这是习近平总书记站在党和国家发展全局的高度，对桂林发展作出的精准指导。”

“回想自 2020 年 1 月开始，新冠肺炎疫情突如其来，桂林旅游发展遭遇了前所未有的巨大冲击，整个旅游产业按下了暂停键，旅游企业承受了巨大的损失。疫情发生之初，桂林在全国率先为湖北籍游客开放定点宾馆，成为全国各地学习的典范。当时医用口罩奇缺，桂林各大医院防护物资告急，很多带团在境外的桂林导游纷纷在境外药店采购医用口罩，支援桂林抗疫工作。桂林旅游人积聚信心积极自救，疫情得到有效管控后便逐步有序复工。”

“日历翻到 2021 年。应国务委员兼外交部长王毅邀请，俄罗斯外长拉夫罗夫 3 月 22 日来到春暖花开的桂林，两国外长在此会晤。此番全球瞩目的会晤选择在桂林举行，又一次引发了桂林市民浓浓的自豪感。在 Ruptly 的评论区，一条网友的解读，获得三千多个点赞，登上评论首位：‘桂林，贵邻’‘小城桂林见证和服务了大国外交，看来桂林又要火了’。”

“就在桂林人满怀对旅游全面复苏的期待中，习近平总书记来到桂林，桂林旅游发展迎来难得的历史性发展机遇。而我作为幸运儿，成为一名这一历史时刻的见证者。”

“桂林市迅速行动，掀起了学习贯彻习近平总书记视察广西、视察桂林重要讲话精神的热潮。6 月 9—11 日，桂林建设世界级旅游城市专家研讨会成功举办，国内文化旅游、生态保护、城市规划顶级专家学者齐聚桂林，为桂林打造世界级旅游城市把脉问诊、出谋划策。我参与了研讨会专家意见建议的梳理及落地等后续工作。”

“2021 年 10 月，在 2021 年广西文化旅游发展大会上，刚刚到任不久的自治区党委书记刘宁在会上强调：习近平总书记明确建设桂林世界级旅游城市新定位，赋予广西文化旅游发展更高使命，这是全面提升桂林城市能级和核心竞争力的难得契机，更是一项重大政治任务。建设广西世界级旅游目的地，桂林要打头阵、当先锋，发挥龙头带动作用。通过建设‘一城一都一地一中心’，增强桂林世界级旅游城市的吸引力、影响力和竞争力，不辜负习近平总书记的关心厚爱。对桂林而言，高水平打造世界级旅游城市，不仅是回报习近平总书记关心厚爱的实际行动，也是桂林发挥全区文化旅游龙头作用、支撑广西建设世界级旅游目的地的必然要求。”

飞鸿说，桂林打造世界级旅游城市各项工作有序地展开，作为一个普通的桂林旅游人，是何其幸运，又有幸参与其中，这种感觉，是多么光荣和自豪。他衷心期待，桂林世界级旅游城市能够如期建成。

小林利春、一之濑胜弘二位在桂日籍人士访谈录

（访谈时间：2022 年 2 月）

2021 年做上一轮访谈时，打造桂林世界级旅游城市这一话题已突显出来，因此我对访谈内容和受访者选择也做了适当调整，增加了对打造世界级旅游城市的探讨，并在继续聚焦桂林旅游“深耕者”“奋进者”的同时，访谈了几位相关业界的人士以及“90 后”“00 后”年轻人，还访谈了在阳朔创业的外国人，以了解他们对桂林旅游发展和桂林城市旅游环境建设的看法，这让我大有收获，也得到很多关心我访谈活动的专家学者的点赞。不少人向我提议，如有可能，再访谈一下日韩和港澳台人士，请他们说说有关经历和观点，会对桂林有所帮助。我觉得很有道理，不过限于访谈总体时间安排，很难对日韩和港澳台每方面的人士都一一做访，但寻找一二位日籍人士倒是可行的。日本人对客人服务热情、周到、细致，在世界上是公认的，而且我相对熟悉日本，又学过日语，交谈起来也比较方便。

在桂林理工大学教授、桂林日本留学生联谊会副会长兼秘书长崔岩先生介绍和帮助下，2 月 14 日，在位于中心广场桂林文化宫内的海风棋社，小林利春、一之濑胜弘二位在桂日籍人士如约到来，我们聊了两个多小时。

小林利春，桂林“日本人会”会长，1960 年出生，日本香川县人，技术人员，2000 年来中国，先是在大连日企工作，后又去了广州一家中资企业，现在在桂林生活，夫人是桂林市人，我与他是第一次见面。

一之濑胜弘，1943 年出生，日本北海道人，早年在日本做过新闻记者，现在在桂林生活，夫人也是桂林市人，与他是第二次见面，之前在 2021 年 12 月 29 日桂林日本留学生联谊会小型年末总结会上见过一次。

一说：“我们与桂林”

首先聊到他们怎样来到桂林以及对桂林大体上的看法。

小林首先说道：“新世纪之初，我来到中国大连，到一家日本企业工作。当时很多日本企业来中国投资建厂，同事说一起去吧，我就过来了。那时候年轻，一心努力工作。我是技术人员，做产品的。我家乡日本香川县丸龟市也是一个很漂亮的地方，有一个很大的湖，坐在家里就可以看到小鸟在湖面上飞翔，景色很美，尤其在夏季，风清气爽。不过家乡几乎没有游客，也可能因为日本是一个以自然景观称著的国度，这样的景色比较多的缘故吧，所以家乡不是旅游目的地。大连是一个旅游城市，我们公司位于大连经开区，距市区一个小时车程。说到旅游，我去过吉林、青岛、天津、北京、上海等地。由于工作较忙，走的地方不多。印象最好的，当然是桂林了。桂林不像一些大城市，高楼密布，只能看见一点点天空。在桂林，抬头就是广阔的蓝天，另外绿化也好，绿树很多。”

一之濑说他是北海道人，“我最早来中国是 1996 年，去的地方是北京。第一次来桂林是在 2002 年，当时参加了一个旅行团。后来每年都来，还在桂林开办了学习日本大正琴的教室，1 年来三四次做教学。我现在住在桂林，桂林山清水秀，空气清新，适合居住。头些年感觉垃圾多一些，有人随意丢垃圾和吐痰，现在完全变了，街道上非常干净。那时去菜市场买菜，里面有水有泥，现在不一样了，到处都干净了。在市内坐公交车，看到白头发老人上来，年轻人会让座，这体现了年轻人的善心，他们做得很好”。

小林接着说：“在大连，我认识了现在的夫人，她是桂林人，她说离不开家乡，于是 2010 年以后我们就住到了桂林。桂林确实很美，我认为是比较理想的一个居住地。”

他们二位说：“桂林居住起来不错，空气清新，绿树成荫，鸟语花香。生活方面，现在都习惯了，只是桂林的冬天，气温虽然不低，但湿气重一些，房子里面感觉冷，冬天在外面穿多少衣服，在家里面也要穿多少衣服。”

他们说，初来桂林时，在买东西方面，不能和日本相比。日本有世界各地的商品，想买什么就有什么。讲到物质丰富，日本在世界上是排在前面的。现在中国越来越方便了，商品也已经很丰富了。刚来时感到最大的差异，不是商品种类的多少，而是购物时遇见的服务和店员的态度，有点不适应。

一之濑说：“我虚岁 80 了，20 年前来桂林旅游的时候，很是感动。在日本我看过很多山水画，但没以为真正会有这样的景色。到了桂林，才知道这不是画家画出来的。桂林的自然非常美，令人感动。日本虽然有很多美丽的海景，但没有桂林这样漂亮的地方。我想即便是整个中国，可能也没有哪里比桂林更美。在外国人眼中，桂林就是自然景观胜地，到处是山水美景。桂林是心灵的故乡，是山水画的世界。”

一之濑还说他擅长弹琴，弹日本的大正琴，类似中国的凤凰琴，他说大正琴是唯一由日本人创造的乐器。“在美丽的山水城市里弹琴，是令我非常愉快的事情。我常年免费教桂林的朋友学琴，也很开心，我还带他们去过日本表演。”

小林说：“说起来有点儿不可思议，小时候我就知道了桂林，一说到中国，脑子里就出现了桂林。我想不清楚这是怎么回事，可能是在电视上看到过，哪一位女明星讲旅游时讲到了桂林。那时候的电视节目，常有旅游方面的内容。记忆也可能是那时候形成的，总之孩童时代就知道了桂林。四五十年前，日中两国恢复了关系。我 20 岁左右，日本人已经可以来中国旅游了。那时候在日本一说去中国，大多就是指来桂林，日本人喜欢自然山水的旅游环境。最初是农协旅游团出游比较多，农协是日本各地的农业协会，他们四五十年前很多人都来过桂林。”

他们二位说：“桂林是个好地方，作为旅游胜地，不只是日本，世界各地，美国、欧洲，很多人都来桂林旅游。四五十年前开始，桂林就已经很有名气了。很多日本人都来旅游，一些人还来过两三次或者多次。”

二位日本朋友在桂林，一位 10 年，一位 20 年，应该说对桂林都比较了解，讲起感受也很自然、真切。

二说：“比较一下中国（桂林）和日本”

桂林要打造世界级旅游城市，就必须清楚国际上相对公认的一流产品、一流服务是什么样的，桂林哪些资源和产品已经就是一流，从而增强自信；哪些我们还必须奋力追赶，强弱项补短板。我请他们二位说说他们所认为的桂林的差距，哪怕只说一条也好。

他们说：“如果说不足，可能主要在服务方面，服务的理念和做法有待强化。虽然现在已经有了很大的变化，但依然需要改进。比如前面说到的出去买东西，刚开始感觉营业员的态度、礼仪做法和日本完全不同，问他们事情得不到满意的回答，让人想不通。寻找想买的东西，店员不过来打招呼和帮助你找；付款找零钱时会扔给你。日本不是这样，收款员是双手递给你，同时还满面笑容地说谢谢您，客人也会说谢谢，这大概是日本的一种文化。不过后来我们很快就习惯了，能买到东西就算了。这种情况，现在很多商超都有了好转，但整体上要让客人改变已经形成的看法，还需要继续努力。”

小林：“日本人的思维方式，在外国人看来可能不一样，日本是个岛国，四面临海，历史上长期锁国，和外国没有交流。明治维新之前的两千多年间，是向中国学习，派遣隋使、遣唐使来中国。那时去西安，学到西安青龙寺，回来后建设了奈良。古时候日本只知道中国，以中国为榜样，向中国学习，受中国影响，与中国交流。明治维新让日本知道欧美和当时的中国相比是先进的，开始转向欧美学习了。现在的日本文化里面，市场经济的东西多了起来，觉得好的东西就去模仿，就去制作，并改造成符合日本人需要的商品，看重附加价值和能否卖得出去。日本喜欢改良，把很多东西改造成为方便日本人使用的样式。日本人制作东西时很动脑筋，把能否卖得出去作为重点，这是日本人的一个特征。日本做旅游景区、旅游服务也一样，细心和用心随处可见。”

小林：“从日本人的角度看，现在桂林的夜晚不错，比如两江四湖就很美，据说这是20多年前城市改造时做出来的。我觉得两江四湖具有国际性产品的特征，如果让我向日本旅游者推荐，我愿意推荐两江四湖。晚上在两江四湖坐船看风景，感觉特别好，清风拂面，景色漂亮，服务也可以。”

他们说：“经营之道其实就是待客之道，好的东西，包括旅游景区，必须要配有优质服务。日本这方面的思维方式和做法值得借鉴，买商品、去旅游，其实是购买服务，因为销售同样商品的店铺很多，旅游胜地也很多，大家都在竞争，服务不好，店铺、景区就可能得关门。在日本，服务不好的商店，是没人会去的。感觉桂林在服务客人方面，得追赶上来。”

我们还一起讨论，如果在这一点上，让人认为社会主义不如资本主义，就不妥了，因为这不是什么主义的问题，只是一些人服务的态度和做法问题。我们谈到，在卖东西和让人来旅游这些方面，与国家制度没有关系，不能说社会主义的服务就不好，只是一些服务人员做得不好而已。努力改进服务态度和服务行为，桂林应该是可以做好的。

他们说：“在日本，比如销售土特产品，土特产商店卖的就是服务，不管是东京还是京都，他们的理念都不是卖商品，而是卖服务。商品，只要生产就能生产出来，但销售不是想卖就能卖得出去的。商品要靠销售，卖不出去它就放在那里，店里就没有收入。旅游产品、旅游景区也是一样。这方面，桂林需要改变一下。经营之道就是待客之道，优质服务就像火种，是可以燃烧起来的，因为大家都想把生意做好，好的服务可以改变一个城市的形象。日本有独特的待客文化，售卖商品也与这种文化相关联。桂林旅游资源丰富，这么好的自然，还有自己的历史文化，可以吸引世界各地的客人，但能不能吸引过来，怎样吸引过来，就要好好思考了。40年前我们就知道了桂林，说明桂林在日本很有名气。强化宣传，改进服务，可以让更多的日本人来桂林旅游，来桂林消费。”

我们还谈到人的素质提高，从孩童时期抓起很重要，我说二十多年前我住在日本时有一个感受，就是日本小学生得到的安全指导很具体、很明确，比如过马路走人行道时举起一只手，他们个子小，举起手来更容易让别人看到他们。我觉得礼节礼貌的培养也是一样，人人都具体明确地知道该怎么做很重要。一之濑说："是的，需要从小教育孩子。以前日本家庭孩子很多，四五个，父母教育不过来，学校、警察就发挥作用，他们告诉孩子们应该做什么，应该怎样去做，家长让孩子听老师和警察的就行了。日本还有句谚语：不要指责孩子，自己就从孩童时期过来；不要笑话老人，自己也会变成老人，像这样的话，就都很具体，很明确。”

他们二位对桂林友好，谈到的一些方面，尤其是服务上的理念和做法，我觉得切中要害。这些年我们确实是在进步，但差距仍然存在。打造世界级旅游城市，桂林在对市民、对游客的各项服务上，还应该继续优化。

三说："对桂林旅游方面的一点提议"

我问他们，对桂林旅游发展有什么具体一点的建言。

小林："我先顺便说一下，随着桂林农村脱贫和'三农'问题的解决，农村发生了变化，这有利于打造世界级旅游城市，首先是乡村旅游会更好，其次农民也能够成为外出旅游的客源，他们的素质会得到提升，更多的农村土特产品还会生产出来，为城里人所购买，为游客所购买，生产生活良性循环起来。”

小林："我年轻时做过三年的茶咖馆，在桂林开点茶馆、咖啡馆，我觉得也是可行的。好的店铺加上好的服务，进来消费的客人就会多起来。我们到桂林后，感觉这方面的店铺还不多，好的茶咖馆，出品好，环境好，服务好，如果多一些的话，应该是件好事。现在看来，尽管桂林是一个旅游胜地，但这样的店铺还不是很多。我觉得游客应该很喜欢这类店铺。大家来到桂林，都会想吃点什么或者喝点什么，他们应该会到处去寻找到美丽景色之中这样的铺子。桂林倒不是完全没有，但在服务方面还不能做到尽善尽美，端过来递过去这些动作让客人感觉需要提高。我想即便中国人，也一定需要得到让他们心情愉悦的优质服务。”

他们说："服务是很关键的问题，包括服务的文化氛围，这可能与国民素质相关联。中国经济实力有可能成为世界第一，但真正的世界第一还要包括国民受教育的程度，包括他们的文化素养。这方面，的确和社会制度没有关系，不能说日本是资本主义国家，服务就好。作为商店，收入就是通过销售获得的，对客人好点，东西也卖得好，这不就是开商店的目的吗？商业竞争，想必中国也有，客人来了就要讲究待客之道。做商店是这样，做旅游也是这样，只是资源加宣传还远远不够，服务不好，游客来一回就不会再来了。旅游接待服务就是竞争力，必须把眼下每一次服务的机会，都当作只有这一次机会，不容许出错，一定要让客人心情愉悦地在桂林买到好的东西；心情愉悦地在桂林体验一次好的旅游。客人有了这个感受，一定会带回去、传出去。花费高一点没关系，让他留下对美景和美好服务的记忆，产生还想再来的心情，最重要。反过来，如果感受很糟糕，没离开桂林就断言不会再来，才是最可怕的。客人怎么想，完全取决于接待人员的服务态度和服务行为。在日本，待客、服务，在旅游地是非常讲究的。从中国去日本旅行，去1次就会惊奇地发现这些，原来日本是这样的，风景、酒店、商场，他们不仅是对旅游者，对所有客人都一样，提供让人感到亲切的服务，做得很周到。桂林打造世界级旅游城市，应该持续抓好教育培训，提升服务质量。”

他们说：“最好是要做到，客人来一次就说那里好，还想再去，好的旅游地应该让客人不只是来一次，要让他产生还想再来的感觉。桂林可以成为这样的地方，因为桂林有特殊的风景。比如现在是父母这一代来，以后要让下一代，再下一代也来。常常会是这样，儿子女儿说父母以前去过，那里非常好，我们也要去看看，让孩子们有这种感觉，就成功了。”

他们说：“如何吸引年轻人来桂林旅游，包括多吸引一些日本的年轻人，也应该是一个课题。现在日本的年轻人，对中国不感兴趣，他们不了解中国，欧美年轻人大概也是如此。中国年轻人来桂林旅游的，好像也不是很多。日本的年轻人，不像我们，当年记忆里面就有桂林。对这个变化，桂林应该敏感起来。现在和过去大不一样了，其实整个世界都在发生变化。桂林要适应这些变化，挑战这些变化，努力吸引年轻人来桂林旅游。桂林应该研究好这个课题，要在产品设计、旅游方式上让年轻人产生喜欢桂林的感觉。年轻人想象力丰富，要按照年轻人的想法思考吸引他们的方式，如果依旧像对待我们那样宣传促销肯定不行，比如在日本，我们这个年龄的人，还喜欢看‘红白歌战’这样类似中国春晚的节目，年轻人早就不看了。反过来他们喜欢听的歌，我们也一点都不懂，也不会去听。世间就是这样，都在不断地变化着。从发展的角度，我们必须要面向年轻人，懂得他们想些什么，懂得他们的生活习惯，以他们的想法去招徕他们。有一点倒可能还会有效，以往女明星去哪里旅游，我们也会跟着去，现在年轻的女孩子去哪里旅游，或者用女孩子做宣传，比如她们拿着麦克，在旅游地边走边做介绍，说这里很美很好，比如她们在美食街拿着麦克，边品尝边说好吃好吃，可能很多年轻人就去旅游、就去品美食。过去的人崇拜女明星，现在可能也一样。可以请日本一些年轻的明星，或者一些可爱的女孩子，让他们宣传桂林，这样很多年轻人，也包括一些中老年人，就会跟着到桂林旅游。宣传方式很重要，用她们做宣传，是一种有效的方式。招徕年轻人，必须用年轻人愿意接受的方式。”

他们二位的这些话，我认为说得很用心，也很有道理，有针对性地改进我们不足的地方，对“桂林旅游”会很有好处。

麻承福先生访谈录

（访谈时间：2022 年 3 月）

2021 年以来，我访谈了数十位在桂林从事过旅游工作的行业人员、专家学者和与桂林旅游发展关联密切的人士，收集整理了许多宝贵的桂林旅游历史资料，并以访谈录的方式通过“说说桂林旅游”两部书出版了，客观上相当程度地叙述了当代桂林旅游的发展历史。不少受访者在访谈中提到，崔金才、崔国忠这些曾经主管桂林旅游，做过很大贡献的老一辈领导离开我们以后，桂林旅游 20 世纪 80 年代的亲历者留下来的老同志已为数不多，建议我访谈一下麻承福老先生。我在任时，虽然熟悉已经退休的麻先生，也打过一些交道，只是又过了十多年，他已步入 85 岁高龄，不知身体情况如何，是否还记得起几十年前的旧事，要不要去打扰他老人家？心里打了个问号。后来去拜访才知道，麻先生从市政协专职常委任上退休后，20 多年来一直在从事着文化公益事业。他退休后担任市政协“关心下一代工作小组”组长，十年间带领这个工作小组成绩显著，荣获了“全国关心下一代先进集体”称号。他参与了《广西世居民族丛书》《桂林回族》《桂林老板路》《桂林图志》《当代名人与桂林》《桂林百姓大舞台》等图书和刊物的审稿编辑和撰写工作，现在还是广西桂学研究会特约研究员、桂林市中华文化促进会高级顾问，成天忙个不停，约了几次都未能如愿，据说他正忙碌着一本新书《桂林老街巷记忆》的编审工作。不久前又一次约他，才终于完成了这次访谈。

麻先生精神很好，行走敏捷，完全看不出 85 岁的年纪，而且思路清晰，有问必答，见面时还带着他特意为接受访谈而准备的字迹刚健、清秀的一沓子素材草稿，给我讲述了他许多亲历、亲见、亲闻的难得的“桂林旅游”史料。

一说：“保护漓江，治理污染的一些往事”

我记得，麻先生以前在很多场合，包括接受报纸、电视台采访，也包括参加市内市外一些会议，都讲到他所经历所了解的有关保护漓江、治理污染的事情。所以这方面的情况，我就一直想在访谈时听他讲讲，并记录在我系列访谈的书中。

“讲桂林旅游，一定要讲漓江。讲漓江，一定要讲保护漓江，治理污染。早在 20 世纪 70 年代，漓江两岸工厂林立，人们忽视了对生态环境的保护，大量工业和生活污水直接排入漓江。江面上漂浮着很多浮油和泡沫，水质浑浊，有的江段一侧清一侧黑，成为明显的‘鸳鸯江’，污染十分严重，直接威胁着漓江鱼类的生存和沿江草木的生长，污染情景让人心痛。”

“1973 年 10 月 15 日至 17 日，时任国务院副总理的邓小平同志，陪同加拿大总理特鲁多访问桂林。游览漓江时，邓小平看到工厂里的污水不断流进漓江，心情非常沉重。回到市区，他在榕湖饭店听取地方领导简要汇报，随后驱车来到解放桥附近，沿江察看受污染的江段，当看到几股黑色污水还在排入漓江，联想到游芦笛岩目睹岩外附近工厂的滚滚浓烟、游览漓江见到污水横流的情景，语重心长地说了那段大家都非常熟悉的名句，‘桂林是世界著名的风景文化名城，为了发展生产，如果把漓江污染，把环境破坏了，是功不抵过啊’。当时邓小平刚刚复出任副总理，又处在‘文革’时期，他对漓江污染问题，虽然非常焦虑，也只能点到为止。1977 年 7 月，中共十届三中全会决定邓小平同志担任中共中央政治局常委、中央副主席、中央军委副主席、国务院副总理等职，这时邓小平才适时把治理漓江污染的事，加速提到了议事日程上来。1978 年 10 月，中共中央批转《国务院环境保护领导小组办公室环境保护要点》，将桂林列为全国重点治理环境污染 20 个城市之一，自治区党委指派主管工业经济的副书记周光春带领区党委工作组，实地调研后关停并转了造纸厂、二电厂、钢厂、染织厂、大风山化工厂等污染严重的工厂或车间，有效切断了重大的污染源头，使漓江水逐渐变清了。”

“1978 年 12 月，国务院副总理谷牧率国务院工作组来到桂林，召开会议作出三条重要决定，第一条就是‘所有对桂林风景区（含漓江两岸）产生污染的工厂一律限期治理’，进一步巩固了治理污染、保护漓江的成果。1979 年中共中央、国务院发文确定桂林城市性质为‘社会主义风景游览城市’，之后中共中央、国务院有关部门又采取了许多措施督促桂林开展治理环境、保护漓江的工作。桂林市委、市政府颁布了《桂林市环境保护条例》，采取全方位的治理措施，投入大量人力、物力、财力，使被严重污染的漓江恢复了美丽多姿的景观。1986 年起，国家旅游局分三年拨专款 3000 万元，用于漓江综合治理一期工程，包括漓江上游青狮潭水库扩容，干渠防渗补漏、河床治理、堤岸绿化等。自治区主席韦纯束带领自治区人民政府工作组到漓江实地调查，并召开现场论证会，市委书记陈雨萍、市长郑义、市人大常委会主任崔金才，副市长袁凤兰等市领导都参加会议。1989年6月漓江综合治理工程顺利完成，每年枯水季节保证了上游水库向漓江补水1亿立方米，实现了漓江旅游全年通航。我和自治区水电厅厅长助理、桂林水务局局长马顺德同志，全程参与了整个漓江综合治理工程。”

“1986年元月，邓小平与国家副主席王震再次来到桂林，当在漓江游船上看到漓江两岸青峰叠翠，碧水照人，便指着碧波荡漾的江水笑着说：‘漓江水又变清了！’市外办摄影师莫洲保迅速拍摄下了邓小平同志这一高兴的瞬间，记录下了这位伟人对漓江和桂林人民的深情。”

我问麻先生，还知道哪些关于保护漓江的大事？

“为了治理污染，保护漓江，桂林在地方财政非常困难的情况下，先后建成了四座污水处理厂，全市污水处理率达90%以上，排入漓江的工业和生活废水被有效截流。为巩固得来不易的成果，桂林每年都组织3~5次青年志愿者为漓江‘洗脸’，清扫沿江垃圾，放生鱼苗，改善漓江鱼类生长生态，我就参加过在解放桥、象鼻山和阳朔杨堤码头的三次放生活动。”

“为纪念邓小平保护漓江生态环境谈话40周年，2013年10月15日，桂林市举办了专题研讨会，100多位专家学者和有关部门领导出席。市环保局副局长蒋永光，机关事务管理局局长吴殷丹、市委副秘书长刘春燕、市委政策研究室主任唐庆林、副研究员凌世君，广西师大教授黄伟林，市委党校副教授陈宪忠等专家学者到会发言，我以‘广西桂学研究会特聘研究员、高级经济师’的受邀者身份作了长篇发言。我简单回顾了40年前邓小平同志视察桂林时提出治理污染保护漓江的历史情景，对比当时全世界许多地方被雾霾、沙尘暴和二氧化硫等严重污染，上街要戴口罩，出门要裹头巾，10米以外看不见东西；许多江河湖泊污水横流，蓝藻滋生，重金属严重超标，河里死鱼漂浮，岸边树木枯死等，讲到环境污染和食品安全已经成为继战乱和恐怖袭击之后对人类造成的又一大祸害。桂林今天的山清水秀、蓝天白云，就得益于邓小平这位世纪伟人40年前高瞻远瞩，以壮士断臂的决心，提出了‘保护环境，治理漓江’的战略决策，开创了‘文革’以后全国治理环境污染的先河。邓小平于1973年10月对保护漓江的论述，不仅是对桂林旅游的关怀，也成为全国保护环境、治理污染的一个里程碑，是邓小平理论的一个重要内容。我在发言中，还引证了一些动人的事例，回顾了党和国家领导人对桂林人民的关爱，对桂林旅游发展的关怀。江泽民、胡锦涛都来过桂林，对桂林发展和漓江保护都做过重要指示，反映了他们对桂林的深切关怀。习近平总书记非常关心漓江，早在担任中共中央政治局常委、国家副主席时，2010

年3月10日‘两会’期间，到广西代表团参加会议文件审议，就满怀深情地透露了自己的‘漓江情结’，说对漓江的印象非常深刻，非常美好，总书记说他在青少年时期，就曾与几个同学到过漓江，记忆中当时的江面是湛蓝色的，泛光见底，江边渔民鱼篓里的鱼都是锦鲤鱼，感觉就像在神话故事里一样。会上他还反复叮嘱大家说：‘漓江不仅是桂林人民的漓江，也是全国人民、全世界人民的漓江，还是全人类共同拥有的自然遗产，我们一定要很好地呵护漓江。’2013年4月，习近平主席访问印度尼西亚，在印度尼西亚国会发表演讲，其中讲道‘我想起了苏西洛总统创作的一首歌，名字叫《宁静》，那是2008年4月苏西洛总统到中国广西出席中国—东盟建立对话关系15周年纪念峰会，会议间隙他在漓江上产生了创作灵感，提笔写下了一首优美的歌词：“快乐的日子，直在生命中不断循环，我与伙伴度过那美好的时光。”苏西洛总统在中国的山水间触景生情，想起自己的童年和家乡，说明我们两国人民是心相通，情相近的’。这么重要的外交场合，习主席选用了苏西洛在桂林漓江上创作歌词的事例，充分说明了漓江不仅见证中国人民与世界人民的友好交往，也印证了旅游名城桂林已经成为世界人民了解中国的一扇重要窗口，成为中国人民与世界人民交流交往的美好桥梁，我说这是我们桂林人的福气，讲到这里全场响起了热烈的掌声。《桂林日报》对这次研讨会作整版的专题报道，专门写到：麻承福既是见证人，也是参与者，20世纪80年代，他曾在桂林市旅游局工作，后又长期任职旅游部门和市政府有关委办，曾随同时任分管旅游和城建的副市长、后来担任市长的袁凤兰四次进京，向国务院副总理谷牧、国家旅游局局长韩克华及中央有关部委领导汇报保护漓江、发展桂林旅游工作，争取上级政策支持和和资金补助；也曾跟随崔金才、袁凤兰、崔国忠等市领导陪同国家旅游局两任局长刘毅、何光暐在桂考察，指导保护漓江、发展旅游的情况；还曾跟随市委书记陈雨萍、市长郑毅和地委领导李裕平，陪同以自治区政府副秘书长季桂明为组长的自治区工作组，到青狮潭水库和漓江开展调研；参与过由自治区人民政府主席韦纯束在桂林主持召开的《漓江补水工程研讨论证会》，亲眼见证了桂林市各级领导、专家学者、全市人民为保护漓江，治理环境污染所付出的艰辛，作出的贡献。”

关于保护漓江，麻先生的确经历了很多，区市电视台都曾采访过他，做过专题片，我请麻先生回忆一下有关情况。

“因为对过去桂林旅游情况比较熟，我经常应邀参加一些相关活动，有时也接受电视台采访。但做保护漓江的专题片，只有两次，一次是2014年8月21日桂林电视台三位记者来家里采访，寻找一些老照片和资料，因为前一天即8月20

日中共中央在北京人民大会堂举行隆重纪念邓小平诞辰110周年座谈会，习近平总书记出席并发表了重要讲话。桂林电视台记者说，在这个值得纪念的日子里，想以保护漓江为题，请您和赖桂玉、莫洲保等当年的亲历者回顾一下历史，讲讲如何贯彻邓小平讲话精神，扎扎实实一步一个脚印，在治理环境前提下，发展旅游，振兴地方经济的有关情况。2014年10月22日，桂林电视台播放了专题片《小平嘱托，桂林不负》，由我和当时的导游赖桂玉主讲。我回想起当时市委市政府职能部门还没有全面恢复工作，市委书记钟枫也是1973年5月才从自治区公安厅厅长任上调来，市常委会大院大多数还是军代表、工宣队和群众组织人员，原市直机关干部很少，我当时是从‘五七’干校临时借调的工作人员。另外当时桂林还没有正规的外景导游，为这次接待，市领导从芦笛岩和七星岩讲解员中挑选出几位进行导游培训，18岁的赖桂玉有幸成为邓小平在桂林游览时的导游。《小平嘱托，桂林不负》共有三集：上集‘白山黑水，桂林曾经的痛’；中集‘历史性决择，拯救漓江，激活桂林’；下集‘绿色发展，一代代漓江儿女的接力’。专题片通过回顾历史，反映桂林全市按照邓小平指示，治理环境污染后桂林旅游欣欣向荣、地方经济持续发展的新气象，同时也告诉大家，旅游名城桂林在改革开放的道路上，两次得到邓小平同志的直接关心和指导，率先在全国走出了一条在保护中发展，在发展中保护，可持续发展的科学道路。专题片播出后，反应热烈，好评如潮。第二个专题片是2019年10月庆祝中华人民共和国成立70周年大庆时广西电视台播出的系列献礼大片，其中反映桂林的有《礼物，家在青山绿水间》，用我和在漓江上为邓小平同志留下珍贵照片的市外办摄影师莫洲保作讲解介绍，反映邓小平提出保护漓江以来桂林几十年的发展变化，歌颂祖国70年的兴旺繁荣。”

讲起这些往事，我看得出，麻先生充满深情，也非常兴奋，他娓娓道来，一口气说了这么多，足以说明这项工作在他的心目中和记忆里，有着多么重要的位置。

二说：“80年代桂林利用外资兴建一批旅游饭店”

20世纪80年代，桂林旅游行业利用外资工作开始和兴旺起来，取得了很大的成果，麻先生曾在市外经委和旅游局从事过相关工作，了解的情况比较多，我请他说说当时的情况。

“20世纪70年代，桂林的饭店除了榕湖饭店、漓江饭店两家像样一些以外，都是规模较小的小饭店，甚至是 3~5 个房间的‘夫妻店’，而当时来桂林的游客状况有了很大改变：一是数量逐渐增多；二是结构不断丰富；三是对食宿条件的要求高了起来。1973 年，只有少数境外游客个人旅游或小型团队旅游，一年也就是几百号人。到 1980 年，游客量就达到了 7 万多人次。1987 年台湾地区放宽来大陆观光以后，台湾游客当年就达 1600 多人，以后还逐年增多。来桂的境外游客，一般停留 2~3 天，桂林旅游饭店接待能力明显跟不上，当时游客说的一句话是‘桂林山水甲天下，来到桂林住地下’。涉外旅游饭店严重不足，成为桂林发展旅游的一大瓶颈。桂林本身是一个地方财政非常困难的中等城市，当时唯一出路就是乘着改革开放东风利用外资。为缓解境外旅游者住宿紧张情况，中国旅行社总社在桃花江畔引进澳大利亚资金，进口澳大利亚全部建筑材料，组装建成了 9 栋 2 层楼房 322 个房间、644 个床位的‘甲山饭店’，1980 年正式开业。接着广西青年旅行社又利用外资，改造了桂林火车站附近的‘隐山饭店’。这使当时紧张的住宿状况得到了一些缓解。桂林市委、市政府对利用外资工作高度重视，成立了利用外资领导小组，市长郑义、袁凤兰都先后担任领导小组组长，设立了领导小组办公室，市计委、市外经委、市建委、市旅游局、市商业局等部门主管利用外资工作的科室相继成立。桂林海关、外汇管理局、工商局、税务局、保险公司互相结合，加强了利用外资工作的管理，重大项目洽谈、可行性研究报告制定、合同签订，都由市领导亲自参加，高效快捷。如由日本熊本市微笑堂株式会社与桂林旅游公司合资建造的‘桂林宾馆’，从开始洽谈到建成，分管市领导都亲自过问，1984 年 9 月‘桂林宾馆’合同签字仪式，就由副市长崔国忠亲自带队，市旅游局、市规划局、市进出口委和桂林宾馆筹备处负责人到日本熊本市签订完成，赴日参加‘庆祝桂林熊本友好城市建立 5 周年’活动的‘桂林市友好代表团’团长、桂林市市长郑义也到签字现场致辞祝贺。作为工作人员，我在现场见证了市领导对利用外资工作的支持。1984 年起，桂林市迎来了旅游行业利用外资业务的高潮。据我所知，这期间全市利用外资新建、扩建、改建的涉外旅游饭店有 16 家，其中有市旅游局主管的桂山大酒店、桂林宾馆、香江饭店、七星大酒店、观光酒店、甲山饭店 6 家；市外办主管的有榕湖饭店 5 号楼 1 家；市商业局主管的有丹桂大酒店、环球大酒店、凯悦酒店 3 家；市劳动局主管的有文华大酒店（后改为大宇大饭店）1 家；市统战部主管的有台联酒店 1 家；郊区政府主管的有漓苑酒店 1 家；桂林地区旅游局主管的有桂湖饭店 1 家；广西青旅主管的有花园酒店（后改为帝苑酒店）、隐山饭店 2 家。”

“在利用外资改善旅游基础设施增加住宿床位数的同时，还适当引进了境外有实力的旅游管理集团，聘请了近百位国外和港澳地区有丰富经验的总经理、部门经理和厨师长等管理人才，开展了大规模的海关监管、外汇管理、对外保险等涉外经济法规学习和培训，有些单位选送业务骨干到外地和境外参加专业学习。我就是1988年通过深圳大学‘首届涉外经济法规培训班’两年函授培训深造，学到了涉外经济管理知识，获得毕业证书的。利用外资引进管理机制、引进管理人才，使桂林旅游行业服务水平和管理档次都得到很大提高。”

“在利用外资中，涉外旅游企业还进口了大量中央空调、高层电梯、烟感报警器、自动灭火器、高端电视、电脑前台管理系统，以及程控洗衣、烘干、烫平等成套后勤设备，涉外旅游饭店普遍增加了体育健身、娱乐舞厅、购物、商务等高端服务设施，很多旅游饭店都已达到和接近港澳旅游饭店同一水平，成为国内旅游饭店的学习榜样。”

麻先生当时先后担任桂林市外经委和桂林市旅游局规划外资科科长，也曾被市里派到香江饭店担任董事长。他在自己的任上扎实工作，努力“追梦”，做出很多看似平凡的贡献，同保护漓江工作一样，他在利用外资方面的奋进作为，也是大家建议我对他进行访谈的一个重要理由。

三说：“离开行业后，我也一直心想着桂林旅游”

麻先生长期在旅游部门工作，积累了丰富的工作经验，对桂林旅游有着深厚的感情，20世纪90年代他被市里安排到市民委当主任，后来又到市政协担任专职常委，直到退休。他退休至今，也一直关心着“桂林旅游”，做了许多有益的工作。

“1992年，我离开旅游系统，到市民族事务委员会任主任。当时桂林有苗、瑶、侗、壮、回等少数民族人口4万多人，有3个少数民族乡，30多个少数民族集聚村寨。少数民族民风淳朴，传统文化厚重，习俗节庆活动丰富多彩，非常适合发展民族旅游。市民委在少数民族乡村扶贫开发中，注重旅游扶贫。1992年市民委牵头，在市政协指导下，联络市计委、市科委、市农委、市经济研究中心和两县一郊（临桂县、阳朔县、桂林郊区），深入乡镇村寨调查研究，徒步行程2240多公里，走访了30多个少数民族村寨，召开大小调研会45次，访问50多家农户，了解掌握了三个民族乡发展历史、现状及有利条件和制约因素，编制了长达15万字、配有23份图表、可操作、易实施的《桂林市三个民族乡经济社会发展规划》。该课题不仅荣获了自治区科技二等奖，其可操作性更是体现在顺利贯彻执行中，件件都得到了落实。在重点发展农业的前提下大力发展乡村旅游。市民委率先成立民族旅行社，带动和指导民族乡开发民族旅游业务，修通大圩到草坪公路，支持和指导草坪回族乡开发冠岩景区和云雾山庄饭店；修通宛田到黄沙宛黄公路，支持黄沙瑶族乡开发九滩瀑布景区，率先在全广西走出了一条在少数民族地区开发旅游扶贫的路子。1993 年 3 月 23 日，我们在总结旅游扶贫经验教训基础上，带着我撰写的《试论发展具有中国特色的民族旅游事业》论文，参加由国家民委和国家旅游局在西安举办的‘全国首届民族旅游研讨会’。我的论文在分析全国民族旅游状况基础上，分 5 个部分进行了有关论述。因是首届研讨会，没有开展论文评奖，不过论文理论和实践结合得很好，提出了新观点、新办法，得到了大会赞扬和代表的好评。1994 年桂林市民委被国务院授予‘全国民族团结进步模范单位’，我赴京参加表彰大会，受到江泽民、李鹏、朱镕基、李瑞环等党和国家领导人的亲切接见，其中先进事迹就包括了旅游扶贫的内容。”

“1995 年，我调到桂林市政协任专职常委，因没固定联系哪个专委，所以在民主监督、参政议政、开展调查研究、提出提案议案方面，除了组织指定安排外，我绝大多数都选择到旅游系统开展调研，为发展桂林旅游建言献策。1995 年 5 月我撰写的调研报告《略论桂林草坪乡民族旅游经济开发区的开发》，在市政协常委会上作专题发言，得到了市政协领导高度重视。这篇报告，后经修改作为桂林民族研究会年会论文发表，中共桂林市委政策研究室 2006 年 12 月在编辑‘桂林市委政策研究室部分成果汇编’大书《决策之基》时，作为调研报告的范本收入。调研报告在‘确立总体格局，完善配套设施’建议中，提出了许多有创意和超前的做法建议，如‘可利用下午阳朔返航客船，开辟观赏漓江夕照、兴坪晚霞、草坪月夜等旅游新项目，吸引更多游客在草坪民居过夜’；‘充分利用桂海铁路原有路基，从大圩延伸到草坪，开通每日往返桂林南站—桂林东站—草坪火车站的双层旅游观光客车’；‘建立草坪直升机场，开发旅客沿江空中观景业务，逐步开通草坪—兴安猫儿山—龙胜花坪原始林区、草坪—金秀圣堂山、草坪—乐业天坑、草坪—湖南崀山等景区空中观光旅游航线，开创国内空中旅游联网先河，等等，希望通过不懈努力，用 15 年时间使规划变成现实，使桂林各族人民富裕起来’，27 年过去了，当年调研报告提出的许多建议，我认为到现在还不过时。”

“1997 年，我 60 岁从市政协退休，正值桂林为贯彻国家旅游局关于全国旅游资源普查精神，开展大规模旅游资源普查活动。当时桂林市旅游局联合桂林地区旅游局、柳州地市旅游局组成‘桂北旅游资源普查办公室’，桂林市旅游局副局长刘涛任主任，聘请我和桂林市旅游局原副局长刘絮言、桂林市文化研究中心研究员刘寿保为顾问。我是老旅游，情况熟，刚退休有时间，身体好又爱摄影，所以能和普查人员一起跋山涉水，翻山越岭，顶烈日、冒风雨、攀绝壁、风餐露宿，不畏艰险深入实地进行调查，拍下了许多难得的照片，掌握了许多第一手资料。《桂林电视台》《桂林日报》对旅游资源普查活动进行了连续报道，《桂林日报》摄影部主任在《出征九滩，好险》长篇通讯中，开头就有这么一段：‘1997年7月14日上午，两辆北京越野吉普，在市旅游局门口的榕湖边上就位待发，普查办公室顾问麻承福一改往日西装革履的翩翩风采，换上了牛仔裤、旅游鞋，胸前亮出他平时不舍得用的新款尼康相机’‘麻承福说，我算得是桂林的“老旅游”了，国内外跑的地方不少，但是像桂林这样，旅游资源种类之多，门类之全，景观美誉度之高，的确是国内其他旅游地区所少见的’。通过这次旅游普查，仅从自然风光的种类上看，我们就有溶洞、瀑布、高山湖泊、地下河流、原始森林、丹霞地貌，激流险滩等，加上丰富多彩的民族风情和文物古迹，构成了一个以自然风景、民族风情为主，自然景观与人文景观相辉映的环桂林旅游综合体。这次全面普查，我们感受了桂林不仅仅是山水甲天下，更有丰富的人文、民族景观，不愧为一颗灿烂的国际旅游明珠。当年的旅游资源普查工作，给人留下了深刻的印象。经过一年半的艰辛，在桂林地市、柳州地市16个县，120多个景区，1000多个景点进行了普查，行程近1万公里，普查面积达到4万平方公里，取得了桂林有史以来的巨大成绩，最后于1999年编辑出版了100多万字、摄影作品和画图200多幅，图文并茂的中国旅游资源普查文献《桂林旅游资源》。该书受到国家旅游局和自治区人民政府高度重视，国家旅游局局长何光暐、自治区政府副主席袁凤兰担任本书顾问，市委书记姜兴和担任编委会主任，我荣幸地担任了编委会副主任，正如该书‘后记’所说‘由麻承福、刘涛、尹泽生制定全书主要框架结构’。退休后的‘老旅游’发挥了一点余热，为桂林旅游发展尽了一点点微薄之力。”

离开旅游系统后的麻先生，由于多年来形成的“桂林旅游”情节，由于对家乡桂林深深的爱，一直心系“桂林旅游”，全身心且不断地做着一个又一个的贡献。

麻先生最后说，去年4月，习近平总书记嘱托桂林“打造世界级旅游城市”，我们一定牢记嘱托，感恩奋进，积极探索出一条高质量发展桂林旅游之路。

曹伯纯先生访谈录

（访谈时间：2022 年 1 月）

1999 年 1 月 1 日，“99 中国生态环境游”活动在桂林开启，广西壮族自治区党委书记曹伯纯与国家旅游局党组书记、局长何光暐一起，为这一中国主题旅游年活动击鼓。

2005 年 4 月 14 日，2005 中国国内旅游用品交易会在桂林开幕，广西壮族自治区党委书记曹伯纯与国家旅游局党组书记、局长邵琪伟一起，为这一中国国家旅游展会击鼓。

我在桂林市旅游局工作 16 年，参加过很多国家旅游局在各地举办的全国性活动，承办地所在省（区）党委书记亲自出面，与国家旅游局领导一道出席开幕仪式，这样的现场并不是每次都能看到。每逢遇有这种场景，大家就都会感觉到这是承办地所在省（区）党委书记对国家旅游局大型主题活动的重视，是对中国旅游事业的支持！当然，作为活动承办地，省（区）党委书记亲自出席，也一定会感到荣幸和自豪，比如前面提到的桂林这两次活动，就体现出自治区党委对桂林旅游工作的肯定和关怀，也彰显了桂林作为中国旅游业“风向标”“晴雨表”的自信。

曹伯纯先生，1997 年 7 月从渤海之滨辽宁调来西南边陲，担任五个少数民族自治区唯一沿海、沿江、沿边的广西壮族自治区党委书记，2006 年 6 月离任，在广西工作整整 10 年。曹伯纯书记在广西期间，着眼 21 世纪，统揽全区经济社会改革发展稳定大局，开创广西两个文明建设新局面，做了大量具有里程碑意义、载入广西史册的工作，使广西建设发展取得了比较突出的业绩。同时，曹书记高度重视广西旅游事业发展，自治区党委下发相关“决定”进行全面部署，尤其对国际著名的旅游城市桂林，多次批示指示或专题会议研究，亲赴一线调研指导。

去年 11 月我访谈原桂林市副市长潘建民先生时，潘市长和我说，若从各个层面去说说“桂林旅游”的话，可以访谈一下曹伯纯先生，他作为时任自治区党委书记，两次在桂林与两任国家旅游局局长共同为全国性旅游活动击鼓启幕，亲自参加国际国内大型活动支持桂林旅游业建设发展。我想潘市长这个意见非常好，曹书记又在我学习和工作过 10 年的大连兼任过市委书记（时任辽宁省委副书记），想想也还真有一种比较亲切、自然的感觉，便请潘市长帮助联系。于是在 2022 年 1 月，新一年的第一个月，我对老书记就“桂林旅游”话题做了访谈。

一说：“‘三大战略六大突破’也让桂林旅游快速前行”

我请曹书记先从总体上说说桂林工作和“桂林旅游”。

“我在湖南就担任过两个地级市市委书记和副省长，在辽宁任省委副书记兼大连市委书记，这期间自然也接触过不少旅游方面的工作。到广西后，我认为广西自然环境优美，旅游资源独特，桂林在国内外知名度很高，桂林山水全世界独有，旅游业发展已有相当好的基础，全世界业内人士提到中国旅游，就会谈到‘京西沪桂广’五个城市，广西发展旅游要靠桂林这个‘龙头’，通过发展旅游扩大广西对外影响并带动全区发展，有条件有优势。”曹书记首先这样说道。

“由于多种因素所致，广西在全国各省（区）中发展相对滞后，百姓生活相对贫穷，怎样在前任工作基础上把适合广西实际并能促进今后较快发展的战略制定好，是我到广西后必须思考好的一大问题。在经过大量调研分析和充分认识广西区情的基础上，我和区党委班子同志们一道，提出了孕育成熟的‘三大战略、六大突破’战略构想，其中，‘两改两整’，即干部制度改革和机关作风整顿、企业改革整顿是其主要组成部分，打算用几年时间，让广西面貌发生大一些的变化。1997 年 10 月，自治区党委七届四次全会通过《关于贯彻落实十五大精神，努力实现改革与发展新突破的若干意见》，正式作出了‘三大战略、六大突破’战略决策。三大战略是指区域经济战略、开放带动战略和重点突破战略；六大突破即思想认识的新突破，经济结构优化的新突破，经济体制转换的新突破，对外开放的新突破，科技与经济结合的新突破，人才培养、引进和使用的新突破。我后来又多次强调，‘三大战略、六大突破’既符合中央精神又切合广西实际，只要我们不换‘节目’，不换‘镜头’，咬住不放，坚持抓上三五年，广西面貌一定会焕然一新。到 2002 年，5 年过去了，我们做了个小结，广西经济总量实现历史性突破，2001 年广西国内生产总值为 2231.19 亿元，是 1997 年的 1.2 倍，5 年间国民经济供求关系出现了历史性转变，长期困扰广西的商品短缺时代结束了。”

“显然，旅游业的性质和特点，决定了它可以在这一战略决策实施中发挥一定的作用。三大战略中，有一个区域经济战略，就是把广西分为几个区域，让各个区域发挥自身优势发展自己。几大区域里面，有一个桂北经济区，当时给该区域的定位，是以旅游和农林为主。桂林市委高度重视实施全区‘三大战略六大突破’战略决策，很快就出台了《中国共产党桂林市委员会关于贯彻落实自治区党委“三大战略、六大突破”重大决策加快经济社会发展的若干意见》。自治区旅游局作为全区旅游行业主管部门，桂林市作为以旅游业为主导、全区最重要的旅游城市，都很快跟进，大力实施自治区党委的战略决策。自治区旅游局启动编制《桂北经济区旅游发展规划》；桂林市出台了贯彻落实自治区战略决策的若干意见，全区旅游业发展形成了良好局面，广西旅游业开始出现强劲的发展势头。”

“桂林市按照市委确定的若干意见，积极组织有关力量，努力在经济社会全面发展上做足文章，也努力在桂林旅游发展方面采取更有力度的举措。1997 年 10 月，‘三大战略六大突破’决策征求意见时，桂林就有行动了。桂林市联合桂林地区、柳州地区对桂北地区旅游资源进行了首次大规模普查活动；中共桂林市委、市政府作出了《关于加快旅游业发展的决定》；桂林至柳州的高速公路，顺利通车；桂林市成立了创建中国优秀旅游城市领导小组；等等，桂林城市建设和旅游发展均展现出新的面貌。1998 年上半年，中共桂林市旅游工作委员会、桂林市旅游管理委员会组建；桂林旅游发展总公司、桂林旅游股份公司先后挂牌。1998 年下半年，桂林地市合并，‘大桂林旅游圈’旅游资源从行政管理上得到新的整合，新桂林市按照国务院、自治区政府关于地市合并的通知精神，继续坚定实施自治区党委作出的战略决策，启动了大规模的城市改造工作。这一年，桂林还通过了首批中国优秀旅游城市的检查验收。这一年年底召开的桂林市委一届二次全会，明确提出要‘大力发展旅游业，把旅游业作为主导产业来发展’。1999 年，‘中国 99 生态环境游’活动在桂林开年；‘全国旅游工作暨创建中国优秀旅游城市工作会议’在桂林召开。1999 年年初，桂林市委常委（扩大）会议听取旅游工作汇报，之后又组织力量进一步研究桂林旅游业在新形势下加快发展问题，并在年底召开了市委一届三次全会，专题研究旅游并作出《中国共产党桂林市委员会关于加快旅游业改革和发展的决定》等。看到桂林这几年采取了这么多有力的举措，并且一个又一个见到成效，我感到十分高兴。”

曹书记说，之后桂林也一直在奋发图强，包括旅游业在内的各项工作，都取得了非常不错的成绩。

听着曹书记的这些讲述，我越发感到桂林市的工作成就，包括桂林旅游发展的诸多业绩，都与自治区党委政府的正确领导、关怀和支持密切相关。

二说：“桂林很好地发挥了广西旅游龙头作用”

接着，我请曹书记再说说他推动广西旅游和桂林旅游发展的有关工作。

“我 1997 年 7 月到广西担任自治区党委书记，当年自治区党委政府就出台了《关于加快旅游业发展，建设旅游大省的决定》，在我心目中旅游工作一直是占有一定位置的，在工作调研和工作决策中也涉及了很多有关广西旅游和桂林旅游方面的内容，比如：1998 年 4 月，支持自治区人大常委会制定颁布了《广西壮族自治区旅游管理条例》；1998 年 7 月，我出席自治区人民政府在南宁召开的全区旅游工作会议，在会上作了《让旅游业为广西经济社会发展做出更大贡献》的讲话，兆焯主席也在会上讲了话，我们明确提出把旅游业作为全区的支柱产业来培育，表明自治区党委、政府高度重视广西旅游工作。1998 年，广西旅游发展总体规划正式出台，规划明确了构建广西旅游‘四区一带一龙头’发展格局，强调桂林是广西旅游发展的龙头城市。”

“那段时间，我在多种场合都表示要把旅游业作为支柱产业来抓，要像抓工业、抓外贸那样抓旅游。我们广西完全有条件将自身的旅游资源优势真正转化为经济优势！我也几次强调，‘十五’期间广西将按照‘四区一带一龙头’的模式进行旅游区域布局，就是以桂林为龙头，以桂林—柳州—南宁—北海高速公路沿线旅游带为重点，逐步建成桂北、桂东、桂西几大旅游经济区。我讲到广西旅游要在新世纪更上一层楼，必须更加充分地发挥本省的资源优势和特色；充分运用中央西部大开发的优惠政策，进一步强化旅游的产业意识。重视抓好旅游资源规划，有意识、有计划地开发旅游资源。要狠抓旅游服务质量；要合理分配景区景点及旅游企业和员工的利益。我当时还对新闻媒体表示，旅游将成为广西国民经济的支柱产业和对外开放的重要形象产业，我还说旅游收入将来达到全区 GDP 的 10% 不成问题，甚至不止 10%。‘十五’期间，我们将全力托举旅游这一朝阳产业。”

“在上述背景下，1999 年年初，中国生态环境游，还有全国旅游工作会以及中国优秀旅游城市颁牌会这几个活动在桂林举办，我当然要安排出时间到桂林同何光暐局长一道为活动击鼓了，我要体现广西对旅游工作的高度重视，体现自治区党委、政府对发展广西旅游事业的坚定决心，也体现对重点旅游城市桂林的关心关怀。桂林工作的确做得非常不错，很好地发挥了广西旅游的龙头作用，全国的活动能够在广西启幕，桂林成为中国首批优秀旅游城市，都表明自治区党委政府把桂林当作广西旅游龙头城市，以桂林的作为和影响力带动全区旅游发展，带动全区开发发展，这个决策是十分正确的。1997 年 10 月，我去恭城、兴安调研后，在桂林地市领导干部大会上强调，桂林要把旅游作为一个大产业来办，赞成桂林市的发展按照‘三二一’产业顺序的摆布，发挥旅游优势，加快经济发展，旅游成为带动地区经济发展的主导产业；提出对旅游的软件和硬件要一起抓，从某种意义来说，软件比硬件更重要；我还强调要发展高新技术产业、现代农业和小镇建设，倡导老百姓接待来客，人人都是接待员、导游员、讲解员；我特别强调要保护好旅游资源，不要损坏旅游资源。”

“我们从全区旅游发展的实际出发，形成了以景点景区建设为中心的工作思路，桂林在这方面也很好地发挥了龙头带动作用，2000 年开业的桂林乐满地主题景区、2002 年启用的桂林两江四湖景区，2002 年开始接待游客的桂林古东瀑布景区等，都是一些典型的例子，这些景区的品位、质量都相当不错，我陪客人参观时客人都给予好评。后来我接受香港亚视专访时，就曾谈到两江四湖景区。那次‘亚视’问我，广西在旅游产业开发方面，今后怎么做呢？如何不断更新项目？我回答说，讲到广西旅游、人们印象中最深刻的还是桂林，桂林市这些年经过城市改造有了新的发展，过去我们游桂林主要就是游漓江和几个重点景区，现在游桂林不仅游漓江，而且桂林城市本身就是很好的大旅游景区，通过显山露水进行城市改造，连通了‘两江四湖’，现在桂林是园在城中，城在园中，白天可以逛街，晚上游‘两江四湖’更是一种享受。那次专访我还说到，桂林山水是喀斯特地貌的独特表现，也是广西旅游精品中的知名品牌。”

“当年广西区域发展战略形成以后，针对桂北经济区发展，自治区是从编制规划开始的。按照自治区党委、政府工作部署，在自治区分管副主席的具体领导下，成立了时任自治区旅游局局长担任组长、桂林市市长和桂林地区分管领导任副组长的规划工作组，他们立即在桂林开展有关工作。我几次在南宁和桂林也与他们谈到，桂北经济区旅游发展，可以按照‘一根扁担两个筐’的思路考虑，就是桂林挑着阳朔和兴安‘两个筐’，当时阳朔已经很红火了，再带动其他相邻的几个县，就是一个‘筐’；兴安也有良好的发展势头。兴安有与都江堰、郑国渠齐名的灵渠，又有在建的乐满地度假世界，还有华南第一峰猫儿山，旅游资源是有特色的，加之周边的几个县，也应该成为‘两个筐’中的一个，那样桂林将会更好发挥龙头作用。当时规划也是这样去做了，只是后来由于种种原因，兴安这个‘筐’还没有真正做起来，有些缺憾。桂北旅游规划以及后来桂林地市合并后的桂林旅游发展规划，都有很高的质量，城市建设和旅游发展也都有很好的成效。一次我在桂林市委领导班子民主生活会上，还强调过要大力抓好桂林旅游业发展。总体上说，桂林的工作是到位的，我也是满意的，发挥了广西旅游的龙头作用。”

“广西建设旅游大省，后来形成了‘特色鲜明、设施完善、服务一流’几个目标，其实在这几个方面，桂林做得比较好，在广西也带了好头。2005 年 7 月一天下午，我在南宁会见了乐满地度假世界总裁马志玲一行，我说道，桂林乐满地在规划、建设、管理和效益等方面都做得很不错，真正起到了示范和引领作用。桂林这方面的例子非常多，我就不一一列举了。当然其他地市也都非常努力，也有很多作为、很多成效，但依然还要向桂林好好学习。”

作为自治区党委的一把手，工作担子非常重，要考虑怎样落实好中央对广西工作的各项要求，要在全区改革发展稳定、民族团结、边疆巩固等很多方面努力作为，曹书记需要思考的问题自然很多。同时，曹书记又善于抓好比如旅游等一些具体工作，并以这些抓手推动全区各项事业发展进步，又令全区很多干部群众感到钦佩。曹书记对桂林各项工作特别是旅游发展给予的悉心指导，让桂林旅游人也很难忘怀。

三说：“鼓足干劲，打造好世界级旅游城市”

接下来，曹书记聊到打造桂林世界级旅游城市的话题。

“2021 年 4 月，习近平总书记视察广西，第一站来到桂林。总书记在桂林讲到，‘要坚持以人民为中心，以文塑旅、以旅彰文，提升格调品位，努力创造宜业、宜居、宜乐、宜游的良好环境，打造世界级旅游城市’，我认真学习了习近平总书记这一重要指示，认为这是总书记对桂林建设发展提出的新定位、新要求，是总书记赋予桂林的重大使命。总书记还说到桂林自然生态环境保护问题，说‘桂林是一座山水甲天下的旅游名城，这是大自然赋予中华民族的一块宝地，一定要呵护好’，还说了‘全中国、全世界就这么个宝贝，千万不要破坏’。在此之前，总书记也在不同场合多次叮嘱过‘一定要呵护漓江，科学保护漓江’。总书记对桂林一直是关心的，对桂林发展寄予了深情厚望。”

“打造世界级旅游城市，对桂林对广西来说，是千载难逢的重大发展机遇，我们一定要深刻认识其重大意义，紧紧抓住这一机遇，提高政治站位，认真谋划，精心组织，奋发图强，完成好总书记给我们的‘作业’。”

“打造世界级旅游城市，桂林的基础是很好的，1973 年经国务院批准桂林在全国率先对外开放旅游，应该是从那时开始，桂林就努力奋进，不负国家重望，众志成城一届一届领导班子不断开创新的局面，雄关漫道一步一个脚印走进了新的时代，桂林旅游业从无到有、从小到大、从弱到强，发展至今已积累了丰厚的‘家底’和丰富的经验。”

“在桂林整个发展的过程中，国家给了很多关怀和支持，党和国家领导人多次视察桂林，对桂林经济社会发展、城市建设、环境保护、旅游业等作出很多重要指示批示，在资金项目上也予以关心、帮助。桂林自然山水环境的保护，就是在邓小平同志的直接关心下开始的。20 世纪 80 年代，桂林建设发展缺乏资金，国务院专门给予桂林特殊政策。桂林两江国际机场等，也是在国务院支持之下建成的，一个国际旅游城市，要具备空港枢纽条件，开通百十条国际客运和物流航线才行。国家早年就把桂林确定为全国重点建设的七个重点旅游城市之一，为桂林城市和旅游业发展提供了良好的环境和机遇。当然，桂林一直不辜负国家重望，在服务国家外交大局、为国家创汇等方面做出了不小的贡献。桂林积极作为，推进旅游业发展，成为中国旅游业的风向标和晴雨表城市，很多成功的做法也被其他城市学习借鉴，我一直主张桂林要多搞一些国际活动，多组织一些国际会议，多搞一些大型展览和其他活动，提高知名度，知名度就是钱。桂林山水甲天下，加上桂林在国家关心支持之下的一系列积极作为，使桂林旅游发展取得了巨大的成就，为打造世界级旅游城市奠定了坚实的基础。”

“但我们也要看到，随着全国各地旅游业的兴起和发展，很多后起之秀都赶了上来，一些城市的经济实力不断增强，对旅游业的扶持力度日益加大，而且这些城市的各项建设又在加速推进，使城市服务业实力提升，城市各项功能得到强化，城市对旅游业发展的支撑能力越来越强，在这方面桂林的差距出现了，老牌旅游城市的实力和影响力似乎变弱了，单就旅游业来说，桂林同样也存在各种各样的问题，如市场秩序等，也需要花些气力去解决好。因此，打造世界级旅游城市，桂林还必须要下更大一些的功夫，我认为首先就要整合力量，强化城市相关功能，做大做强旅游业本身。习近平总书记这次提出的四个‘宜’，即‘努力创造宜业、宜居、宜乐、宜游的良好环境’，可以说是精准良方。”

“打造世界级旅游城市，桂林要把‘世界级’三个字研究好。我认为，世界级就是桂林城市建设和桂林旅游业发展要具备世界一流的水准，做规划做项目要有国际视野，国内外旅游者多元化且正常健康的旅游需求要能够得到满足；到了桂林能够让他们体验到友好和方便的旅游服务；能够向他们讲好中国故事，让他们感受到中国独特的特色和魅力。因此，打造世界级旅游城市，要抓好标准制定，按标准打造；要抓好项目策划，整合好世界级的旅游产品，在通常所说的硬件软件方面都要发力，都要过硬。”

“习近平总书记反复强调要呵护好桂林的自然山水环境，我认为总书记讲得非常重要。桂林山水是桂林的底色，是桂林的生命，是桂林成为国内外著名旅游城市的基础，应该说如果桂林山水环境、漓江的自然环境遭到了破坏，桂林的一切优势就都不存在了，所以保护好自然生态环境非常重要。桂林一定要按照总书记说的，精心呵护好中华民族的这块‘宝地’，这是打造世界级旅游城市最为重要的前提。”

“我注意到，习近平总书记提出‘打造世界旅游城市’以来，桂林市委行动迅速，立即开展了一系列贯彻落实工作，专家研讨、标准制定、规划策划，等等，一个接着一个。最近我在报纸上看到，在自治区党委、政府的统筹推动下，通过桂林市委、市政府的全力争取，国家发改委会同 11 个国家部委，研究提出支持打造桂林世界级旅游城市的意见，形成报告正式上报国务院，桂林争取国家层面统筹支持打造世界级旅游城市取得了重大进展，对此我感到非常高兴。”

“我也注意到，自治区党委、政府对桂林打造世界级旅游城市高度重视，几次专题研究，把打造桂林世界级旅游城市作为广西的重要政治任务和历史使命，作出了一系部署。自治区党委书记刘宁同志提出了‘世界眼光、国际标准、中国风范、广西特色、桂林经典’的总体要求，自治区去年 10 月召开的文化旅游发展大会按照刘宁同志的意见，明确了桂林‘一城一都一地一中心’发展定位，并要求桂林在广西建设世界级旅游目的地中打头阵、当先锋，发挥好龙头带动作用。我认为，自治区党委的这些部署，十分有力，十分精准，十分到位。我们在 2004 年前后，就成功争取到筹办中国东盟博览会和商务与投资峰会，把南宁作为永久性会址一直延续办下来了，很成功，效果不错，包括在桂林连续举办的几个国际性会议和活动评价也很好，确实发挥了世界级旅游城市的品牌作用，也为现在的《区域全面经济伙伴关系协定》（RCEP）16 方协议等打了好基础。”

“2006 年 6 月，我调到全国人大环境与资源保护委员会，离开广西一晃已有 15 年了，在广西工作 10 个年头，现在仍住在广西，让我对广西充满了感情，我也深深热爱上了广西。15 年来，我注意关注广西的发展变化，为广西取得的各项成就深感高兴。广西旅游业的发展进步，桂林作为国际旅游名城的发展进步，我也都看在眼里、记在心上。这次习近平总书记视察广西第一站到桂林，提出桂林打造世界级旅游城市，我为桂林获得这一重大发展机遇感到格外高兴。我真切希望桂林发展得更好！鼓足干劲打造好世界级旅游城市！”

曹书记作为省部级主要领导，具有国际眼光、创新理念和战略思维，看问题站得高、看得准，讲看法富有政治性、思想性和针对性，清晰到位、立足时代、面向未来，我感觉听老领导讲话就是过瘾，感觉自己的思想认识又提升了不少。这次访谈，让我收获颇丰。

崔岩教授访谈录

（访谈时间：2021 年 12 月）

崔岩教授，在桂林理工大学任教 14 年，作为该校外国语学院日语教研室首任主任，他进入理工大学即“招兵买马”，创办了商务日语本科专业，10 多年间培养了两千多名日语人才。在理工大学期间，他还被聘为桂林电子科技大学兼职教授、桂林市政府发展研究中心特约研究员、桂林理工大学硕士导师和硕士学位评审员、教育部学位中心评审员等。

我和崔岩认识较早。1988 年 4 月我从大连外国语学院调来桂林市政府外事办公室，所在科室叫友协科，负责国际友好城市交流和对外友好协会工作。当时崔岩在广西国际经济技术合作公司桂林分公司担任总经理助理，他有在大连理工大学学习以及 1987 年刚刚结束的桂林友好城市——日本熊本市 2 年公派留学经历，让我们在一个场合认识以后，迅速成为比较要好的朋友。

后来我们的来往越来越多，了解也越来越深。他给我的印象，首先是热情开朗的性格，他喜欢与人交流，也喜欢帮助别人，平时言谈举止间透漏出注重情义和爽快干脆的一面；其次是他兴趣爱好广泛，业余无线电运动、摄影、制作视频、画油画、自驾游等，尤其是退休后，这些兴趣爱好越发显露出来；第三是他善于思考问题和研究问题，与他聊天时，他的一些话语总能够给人以很多启发。

近几年，他经常讲起和朋友在国内外自驾游的经历，还给我看他自驾游中拍摄的视频，让我对他又有了进一步的关注。另外，近两年我就“桂林旅游”进行系列访谈，他有着这样的经历，加上他父亲崔金才先生又是桂林外事旅游早期的拓荒者之一，便被我列进了访谈对象的名单当中。

得到他同意后，我们开始商量双方方便的具体时间，访谈很快得以实现。访谈前，崔岩做了大量和充分的准备，去市档案馆查找资料、找一些老同志收集相关情况，这在我预料之中。崔岩有一个特点，答应了的事情一定会认真对待。

一说："崔金才同志与桂林外事旅游工作"

我对崔岩说，先从你父亲聊起吧。在桂林，若谈到桂林在全国率先对外开放旅游当初十几年的情况，没有人会不提到崔金才老领导。

"那就先介绍一下我父亲的情况，说说他当年从事桂林外事旅游工作的一些往事。"

"我是崔金才长子，1954 年出生，我父亲的一些经历，很多也是我亲眼所见、亲耳所闻的。那些年，他的确为桂林外事旅游做了很多工作和奉献。我觉得说说这些往事，不单是宣传我父亲，更多的是可以了解当初桂林对外开放时外事旅游的一些情况。"

"我父亲崔金才，1945 年 2 月 16 岁那年参加革命，1946 年 5 月加入中国共产党，参加过抗日战争、解放战争和抗美援朝战争。1956 年 12 月回国后，担任过桂林军分区临桂县武装部副政委，1964 年 4 月转业到地方，曾担任广西工交干校党委副书记、革命委员会主任。1969 年父亲回到桂林，那时市委、人大、政府、政协是一套班子，叫革命委员会，简称'革委会'，当时桂林市革委会分为 4 个大组：政工组、办事组、生产指挥组和保卫组，我父亲开始在政工组当副组长，后来 1973 年做了办事组组长，从 1973 年到 1985 年，父亲做了 12 年桂林市委常委。1980 年 2 月，兼任桂林旅游公司总经理。我说明一下，当时的桂林旅游公司可不是现在所说的某一旅游公司，而是桂林市第一家具有行政管理职能的超大型国企，后面我会详细介绍。1980 年 12 月，恢复市人民政府，父亲任中共桂林市委常委、市政府副市长兼市外办主任。1985 年 12 月，父亲当选桂林市第八届人大常委会主任，1994 年离职休养。"

"我父亲在办事组当组长时，就负责外事工作了。从资料上看，1956 年国家曾下过文，把桂林列为对外开放城市，但那时也只有少数社会主义国家的客人来桂林，桂林还有个越南医院，有一所越南学校，属于外事工作范围，我父亲是主管领导。1973 年 5 月国务院正式下文，桂林成为第一批对外开放旅游的城市，这时候正是我父亲分管外事旅游。那时候办事组设立了外事小组。听父亲说当时桂林缺乏外事人才，像崔国忠、郑凯鹏几位'老外事'都从南宁调来。外事小组当时只有五六个人，马勇（后来做到市外办主任、市政协副主席）、桂建华（后来做了市外办党组书记）当时还都是'小青年'，之后陆续调人进来，罗郁晶、刘絜言当时是中学英语教师，属于在本地选用的人才。"

"桂林接待的第一位外国政府领导人，是尼泊尔首相比斯塔，1972 年 11 月访问桂林。我父亲在一篇回忆文章里写到，虽然说不上是最著名和最重要的人物，但他却是在一个非常特殊的年代里访问桂林的，具有标志性的意义，我父亲当时接待了他。那时候的外事，是国家出钱接待，所以当时就直接叫外事接待。”

崔岩给我看了发表在《当代名人与桂林》一书他父亲的这篇回忆文章，上面写有当时接待尼泊尔首相的大背景，还记述了当时桂林外事旅游起步时的有关状况。当时桂林按照中央部署开始为对外开放旅游做准备，他父亲这篇文章对回顾、研究当初的情况很有价值，在此我抄录两段：

“1971 年在中国旅行游览事业管理局的一个接待计划中，毛主席批示‘人数可略增加，右派也可来一点’，这才打破了当时外事工作那种‘万马齐喑’的沉闷局面。为贯彻毛主席的指示，1971 年 5 月召开了外事工作会议，我有幸成为当时广西 3 名参会代表之一（桂林市是作为主要接待城市参会）。因为我当时是桂林市革委会办事组组长，主管外事工作，因而有幸聆听了周总理给我们作的报告。说是作报告，其实就是回答代表们提出的问题。正是这次会议，标志着我国的外事工作逐步从极左的阴影中挣脱出来。我也是在这次会议中将自己的思想端正过来，有勇气搞外事工作了。”

“韦国清同志当时是广西革委会主任，为接待尼泊尔首相提前两天来到桂林。11 月 19 日，比斯塔首相由国务院副总理李先念陪同抵达桂林，第二天开始参观游览，游漓江，游芦笛岩，游叠彩山，韦国清同志全程陪同，在路过解放桥时他就指着漓江边的盐街对李先念同志说，副总理你看，桂林这么好的山水，却有这么破烂的房屋，应该改造呵。李先念同志是负责财政金融的副总理，当然明白韦国清同志是话里有话，所以先念同志也是话里有话地说了一句，‘你们广西有木材啊’。后来在榕湖饭店会议室介绍桂林整体情况时，韦国清同志更是说得明白，桂林的山水这么好，将来是一定要搞旅游的（当时我们对韦国清同志的话还很不理解，对搞旅游是一点概念都没有，但后来历史的发展证实了韦国清同志的远见），但现在桂林能接待外宾的就只有这么一个榕湖饭店，我们希望中央能给桂林批一个宾馆。现在桂林也没有一个像样的开会的地方，也希望中央给我们批一个好一点的礼堂。尼泊尔首相也真不愧是政治家，非常通晓人情世故，马上在一旁插话说，李副总理不是在这里吗，他可以给你们拨钱嘛。后来还真是给桂林批了 1000 万元，建漓江饭店和漓江剧院，在建设过程中又追加了 300 万元。所以说，漓江饭店和漓江剧院能够建起来，也有尼迪·比斯塔首相的一份贡献。对我而言，这次接待是‘收获’最大的。”

我后来也从有关材料上看到，漓江饭店、漓江剧院 1976 年夏秋之际建成使用，桂林外事旅游接待能力有了新的提升。

“桂林的外事接待，就这样从无到有慢慢起步。我查了一下，当时存在很多很多问题，汽车和住房都严重不足、人员也缺乏培训，典型一点的事例是大家连西餐的黄油是什么都不知道，当时桂林也没有这些东西。”崔岩接着说道。

“1973 年 10 月，加拿大总理特鲁多到桂林参观访问，这也是桂林第一次接待西方国家政府首脑。我父亲是接待组组长。父亲回忆说，当时连刀叉、黄油、汽车都从北京借来。当然这次接待任务，在中央、自治区大力支持指导下顺利完成了，但从父亲回忆中可以得知，当时桂林外事接待条件真正是从零开始的，硬件、软件都是从无到有。当时的外事、旅游工作，我曾用这样一句话形容过：是被形势逼出来的。”

崔岩还讲了不少当时一些重要外事接待的故事，还给我看了他父亲与一些国外政要合影的照片，并说他父亲讲那时候大家团结一心、克服困难、艰苦朴素完成接待任务，同时又总想着怎样多积攒一些软、硬件“家底”。限于篇幅，我不一一记录了，不过有句话还是要说，那就是崔金才老领导他们那一代人努力奋斗、不断开创工作新局面的“追梦”精神，我们必须好好学习和继承。

二说：“1980 年成立桂林旅游公司的一些记忆”

1980 年 2 月桂林旅游公司成立，这是新中国诞生以来桂林旅游发展史上的一件大事，标志着桂林旅游进入政府行政领导和管理的新时段。成立时的旅游公司，总经理由市革委会副主任崔金才兼任。崔岩给我看了一份文件复印件，说是从市档案馆查到的，即《关于成立桂林市旅游公司的决定》。这份文件由中共桂林市委、市革委会发出，发文日期是 1980 年 2 月 20 日。文件写道：去年以来，桂林旅游业发展很快。为加强对这一工作的具体领导，以适应旅游事业日益发展的需要，根据区党委领导同志的指示，决定成立桂林市旅游公司，负责领导管理桂林市的旅游事宜。为方便工作，市旅游公司与市外事办公室合署办公，挂两个牌子统一领导，独立核算，实行企业管理（旅游部门实行两级核算）。崔金才同志兼任桂林市旅游公司总经理，郑凯鹏、崔国忠、张新、丛绍全同志为旅游公司副总经理。有关该公司的科室设置问题，由市编委另行通知。

崔岩谈到桂林旅游公司成立时和成立后的一些记忆。

“从成立旅游公司的决定可以看出，1973 年以来，特别是 1978 年国家实行对外开放国策以来，桂林旅游业有了比较快的发展。由于父亲从事外事旅游工作，因此我也自然留意了有关报道，当时旅游企业的数量增加了，游客的数量也增加了，主要旅游企业已有 5 家，1980 年国外旅游者人数超过了 10 万人。进一步促进旅游业发展和加强旅游行业的管理被提到了议事日程。当时最紧要的一件事情，就是组建相关机构，担负起旅游管理的重要责任，桂林旅游公司就这样成立了。当时这是一件大事，要经过市委常委会研究，报自治区党委批准。发文要报送自治区党委、自治区人民政府、桂林旅游区领导小组、自治区外办和自治区旅游局。”

“成立桂林旅游公司时，所管理的企业完全是国有企业，实际上当时事业和企业没有什么特别区分，不像现在。当时公司要把整个桂林市的旅游统起来，包括车、船、饭店、旅行社，我父亲是第一任总经理。公司成立时有 10 个科：国旅就作为国旅科，中旅叫中旅科，他们对外还是继续挂自己的牌子。外事就叫外事科，企业管理是企业管理科，人事安排、调动办手续在政工科。还有一个是宣传调研科，刘寿保（后曾长时间在市文化研究中心工作）当时就在这个科，还有后勤科、财务科、行政科、基建科。这几个业务科室就把整个桂林市的旅游全部统了起来。后来根据需要，又成立了保卫科。公司成立以后，办公地点搬到了古南门这个地方。随后编委也下了编制方面的文件，自治区编委先发了一个文，桂林市编委又发了一个文，规定事业单位 20 多个名额，企业 170 多个名额。”

“1979 年，桂林在古南门旁建了一栋三层办公楼，我父亲办公室在三楼，副主任们的办公室在隔壁。我听桂建华讲，当时领导班子特别团结，关系非常融洽，他们经常相互串门谈工作，也经常一起聊天，比如今天我有个接待，待会要去榕湖饭店几号楼等，团结和谐、努力工作的氛围非常浓郁。”

“工作当中有几个往事，其中一个是我听刘志同志（后来一直在桂林国旅工作）讲到的。榕湖饭店当时窗户都是木质的，不好关，后来我父亲想方设法找了一些钱，把木窗换成了铝合金窗。这件事在市里受到很大压力，因为那时候外汇紧张，工作经费也紧张。榕湖饭店换成铝合金窗户，现在来说事情很小，但当时是全市的一个大事。还有购买汽车，我印象中当时进口了一些走私车，榕湖饭店也缺车，他们也进了一些。当时这属于擅自用钱，要被处分，事实上市委已经把处分意见报到了自治区党委。我父亲虽然说认为这完全是为了接待工作需要，还是主动在市委常委会上承担责任，也牵连了一个警告处分。据说处分文件已经下到桂林，但后来有个查处‘三种人’（‘三种人’，当时是指追随林彪、江青分管反革命集团造反起家的人、帮派思想严重的人和打砸抢分子）急一些的工作，处分文件没有宣布，好像不了了之了。我父亲勇于承担责任的这些做法，当时还得到了外事系统很多干部职工发自内心的钦佩和感动，反而还让大家产生了一种向上力和向心力。我最近了解了一下，当时搞外事、现在还健在的一些老同志，他们对我父亲的评价相当不错。”

崔岩说旅游公司成立当时和当初的一些情况，他的记忆主要就是这些了。这些回忆，对了解和研究当时的情况，我觉得是有帮助的。

三说：“我对桂林旅游发展的若干思考”

崔岩教授的经历，有企业（包括日企），有研究部门，有大学，还在日本留过学，又有很多兴趣爱好，特别是自驾旅游，我想他对桂林旅游发展一定有他的观点，便请崔岩说说他的思考。

“可能是年轻时受到父亲的影响，对旅游以及桂林旅游一直比较关注，也曾经常参加旅游活动，还做过旅游工作。1982 年，我在广西大学外语系进修了一年日语；1985 年到日本熊本国立大学工学部研究生院学习了两年；1993 年在熊本学园大学又学习了一年经济学，这些经历让我具备了以国际视野分析问题的一些能力。直接接触桂林旅游，是从广西大学进修回来，那时桂林日本游客很多，旅行社翻译导游不足，我被请来参加接待。这让我了解了桂林旅游各方面的很多情况。在日本期间，我也在熊本市政府安排下参加接待过不少中国客人，也让我有机会了解到日本人工作时的认真态度以及接待上的各种流程。这些经历，使我能够对中日两国的旅游情况做一些比较研究。”

“1988 年，我在广西国际经济技术合作公司桂林分公司任总经理助理，当时由我发起创办了一间桂林国营旅游行李服务社。那时游客行李大都由私人搬运，从机场到酒店，再从酒店到机场，不规范又有风险。成立桂林国营旅游行李社后，得到很多旅行社的欢迎，他们说省事又放心。我们 20 多人，一年搬运几十万件行李，坚持做了几年。后来我去熊本学园大学学习，听说行李社坚持了一段时间便不做了。我觉得这在当时是一个很好的尝试，旅游服务就是要规范和高水准，根据需要设计和实施服务项目。现在旅游业发展步伐加快了，各种服务产品和业态都已出现，但我觉得应该坚持的，是如何适应游客需要，做到用心服务，这一点永远都是旅游服务业应有的重要理念。”

“1994 年，我进入日本熊本微笑堂公司工作，先是在各部门轮转学习一年，公司培养我的目的，是将来要我来桂林微笑堂商厦做负责人。1995 年我便被派回筹建桂林微笑堂，桂林微笑堂商厦 1995 年开始拆迁、建设和装修，1997 年 6 月

15 日开业。不久我又到南宁筹备开业南百微笑堂超市。不过那时候日本微笑堂公司由于日本经济形势不好，已经资不抵债，1998 年南宁微笑堂变卖了，两年后桂林微笑堂也变卖了，2000 年我离开了微笑堂。微笑堂 6 年的企业工作经历，让我积累了日式企业尤其是服务类企业经营的理念和思维方式，我觉得很多地方值得学习，记得我当时提出来的桂林微笑堂商厦的口号，是‘顾客满意就是我们的工作！’桂林是国际旅游城市，商业服务同样体现桂林城市的水准和形象，好的企业能让市民、让游客感受到城市的温度。旅游企业是服务类企业，学习借鉴商业企业，对提升服务水平会有帮助，比如用心对待每一位客人，微笑堂商厦要求员工对待客人真诚热情，提供让客人无可挑剔的购物服务，时时注意维护企业品牌形象。桂林要打造世界级旅游城市，研究和借鉴好先进商业企业的理念和做法，我认为是有必要的。”

“2001 年 6 月我调到桂林理工大学，在理工大学直到退休。在大学工作这些年，深深感到培养人才的重要性。桂林外事旅游自我父亲那时开始，就存在严重缺乏人才的问题。当然那个时代所说的人才，现在早就满足了，但时代在进步，对人才的需求也在不断更新，现在很多新型人才就有很大的缺口。我们理工大学风景园林学院、管理学院，都在结合旅游业发展需求设置有关专业培育专门人才，桂林还有其他大学也在培养旅游人才，当前人才培育方面的形势应该说非常不错。我认为，桂林要从现实需要和发展趋势出发，把旅游人才需求情况梳理清楚，制订更好的培育计划，确保打造世界级旅游城市在人才方面得到满足。”

崔岩所言极是，打造世界级旅游城市，人才是关键。

另外崔岩谈到的国际视野、用心服务、借鉴商业服务好的做法等，我认为也都非常好。

“导游服务应该是让游客满意的重要环节，我在桂林、在日本做过一些导游工作，对此很有感受。导游工作做得细不细、好不好，能让游客直接感受这个城市的温度和品质。我今天主要想说导游人员的薪酬机制问题。导游要有合适的收入，生活要有保障，才有利于他们提供更好的服务。带中国客人在日本各地参观考察时，我印象非常深刻，日本人做事认真，注重每一个细节。导游有月工资或按天计算的薪酬，在日本属于中高收入的阶层。我们就不一样了，没有工资，靠游客买东西拿回佣生存，这样导游就会千方百计催促游客购物，也会出现客人投诉等很多问题。日本导游除了收入有保障以外，还大都选用清一色的小姑娘，让人赏心悦目，声音也甜、笑容也美，对客人十分客气，成为一道亮丽的旅游风景线。美国导游收入也有基本保障，年纪大的比较多，不过他们头发梳得整齐，服务非常到位，让客人感觉很受尊重，这也是一种特色。我在美国也参加过旅行团，是四五十岁的导游，知识很丰富，讲美国历史，讲我们中国游客感兴趣的事情，游客感觉很好。当然，我们中国的导游，应该说绝大部分也很不错，有知识、有礼貌，但就是没有合理的收入机制，这样导游队伍就很难造就好。这种现状至今没有解决，所以游客们投诉也层出不穷。打造世界级旅游城市，这个老问题一定要解决好。”

“再说一件事，一次我在日本福冈机场候机，旁边坐有一个日本旅行团，领队讲了一大堆话，我听了感到脸红。他说你们在桂林买东西，记住一定要先拦腰砍价，比如说报价 1 万日元就先砍掉 5000 日元。我觉得我们管理方面是有问题的，商品价格管理不好，损害了我们桂林的形象。类似这些影响桂林声誉的问题必须要首先解决好，否则谈不上打造世界级旅游城市。”

“阳朔发展得不错，我最近去了一些民宿，在阳朔遇龙河那一带，很有休闲游胜地的感觉。民宿里有很多年轻人，他们以休闲游为主。反过来如果跟团，有一句顺口溜，叫上车睡觉、下车拍照、回到家里啥也不知道，这种旅游方式现在已经越来越少，人们出去旅游，绝大部分是自驾和休闲游了。所以，旅游产品、旅游方式，我们也要设计和开发好，怎样把观光旅游做精，把休闲旅游做好，值得认真研究。”

“龙胜龙脊梯田，他们建立的共享发展机制，我觉得是一个比较好的典范，把老百姓的积极性调动起来了。如果发现你没买门票，村子里的人就会告发你，我觉得这种‘门票联盟’就是个好机制。‘门票联盟’是我起的名字，龙脊那样的地方，一些人如果企图逃票，是很容易的。但如果这样，一是对买票的游客不公，二是影响当地居民正常合法的收入。真正的旅游者不会在意买张门票，但游客如果看到有人逃票，负面评价就会出来。说到门票，如果做法不好，可能会留下不好的影响，比如说阳朔十里画廊，开始收门票时，哪怕只是路过也要买高价的门票，大家就很有意见。有一年春节，我开车去湖南遇到过类似情况，我们被拦住，每人要收 100 元钱，说这里是景区，我说我们只是穿过去，他说那可以，但三个小时内要离开这一段路。我觉得这样做是合理的，但阳朔不管你是不是穿过，关键问题是那里还没有别的路可走。当时网上传闻很多，结果好像全国对阳朔十里画廊都愤怒了。当地一些经营者的生意还受到了影响，他们也很不高兴。这种做法，可能会一时得点收入，但结果怨声载道。从龙脊、湖南那个地方，再到阳朔，可以看出门票是个敏感的东西，怎样形成好的机制和做法，非常重要。桂林打造世界级旅游城市，这方面不应该再出问题。”

崔岩的思考和看法都很具体，而且他认为很多这些细节，往往会影响到一个旅游地的声誉。

崔岩说得很对，大的方面比如大型项目，有竞争力的产品，这些当然很重要，但即便是所谓这些大的产品或者项目，也由很多细小的“细胞”组成，稍不注意就会让一个地方败在这些细节上。

常红女士访谈录

（访谈时间：2021 年 10 月）

常红女士，美国洛杉矶会议及旅游局（简称洛杉矶旅游局）中国首席代表。在此之前，她是亚太旅游协会（PATA）大中华区主任。再之前，她是中国国家旅游局驻悉尼办事处主任助理，再之前是北京贵宾楼饭店市场销售总监。她的这些经历，使她真正成为以最擅长扩大或国家或城市或企业旅游市场份额为主业的“国际旅游营销专业人士”；也让她成为国内外很多城市、很多地区、很多企业、很多“旅游人”的好朋友。

常红，家乡桂林，1981 年考入北京第二外国语学院旅游系，毕业后分配到霍英东先生投资的北京贵宾楼饭店，从员工培训、前台、公关、销售、大堂副理，一直做到市场销售总监。1998 年初她到澳大利亚任中国驻悉尼旅游办事处主任助理，在澳大利亚和新西兰推广“中国旅游”。2002 年回国，2005 年加入亚太旅游协会并开办中国办事处，首任大中华区主任，成功使亚太旅游协会中国会员网络不断壮大，客观上也提升了“中国旅游”在国际上的话语权。2013 年常红进入美国洛杉矶旅游局工作至今，一直负责其在中国的事务，她致力于开展各种形式的市场推广活动，对加强中美两国城市及旅游企业交流交往亦付出了很多富有成效的努力。

我认识常红是 2007 年，算是老朋友了。那年年初开始，桂林与联合国世界旅游组织（UNWTO）加紧筹备在桂林举办一个研究国际旅游趋势与展望方面的大会，当时我已任桂林市旅游局局长，在与世界旅游组织徐京先生联络过程中，得知世界旅游组织同时也在跟亚太旅游协会协商一起举办这个会议。当时，我还了解到亚太旅游协会中国区办事处领衔工作的常红是桂林人，便商量去北京拜访协商。我带队赴京，直接叩开了常红办公室的“大门”。2007 年 6 月，“首届联合国世界旅游组织 / 亚太旅游协会旅游趋势研究大会”在桂林成功召开。当然，2007 年之后，一直到今年，大会都在连续举办，2008 年第二届时定名为“联合

国世界旅游组织 / 亚太旅游协会旅游趋势与展望国际论坛”（简称“桂林论坛”），2009 年会址还永久落户在了桂林。去年和今年，尽管新冠肺炎疫情挡道，“桂林论坛”照旧按约举办。

常红女士，无疑是“桂林论坛”的贡献者，也几乎是每次“桂林论坛”的必到人。尽管后来她更换了工作，但桂林市政府依然热情邀请和真诚欢迎她回桂林参会。

趁今年 10 月第十五届“桂林论坛”举办之机，我事先约好了常红，会议期间对她进行了访谈。

一说：“‘桂林论坛’一直在我心中”

“‘桂林论坛’我每次都非常愿意应邀参会，记得最多中间只有两次因事没有来成。”

访谈地点就在“桂林论坛”会场——桂林香格里拉大酒店，一见面常红开口就首先谈到了“桂林论坛”。这正是我要访谈她的一个主要内容，便请她接着说下去。

“我觉得做这个会，让我回忆起来记忆犹新的是，当年亚太旅游协会在北京的办事处，是从零创办起来的，其实也就是坐两三个人很小的一间办公室，但它负责联络整个中国的旅游业界。我挺感动的是，您当时作为桂林市旅游局局长，带着黄燕等几个人，屈尊来到我们小小的办公室里，特别诚恳地建议将这个论坛在桂林举办和永久落户桂林。”

“我记得当时的情况是这样的，由于亚太旅游协会是一个行业性、地区性、非政府间的组织，它很重要的理念就是所有的会议、论坛、展览都要惠及所有会员目的地，因此基本上是每年轮换一个地方，因为大家都要发展旅游，都需要邀请别人来看看这个地方，体验这个地方，所以我当时内心有很为难的一面。一方面，为家乡做点贡献是个很好的机会；另一方面是你们说有可能桂林要一直办下去，而一直在一个地方参与主办一个会议，与亚太旅游协会理念有冲突。尽管我当时很想为桂林做一些贡献，但基于协会的历史沿革或者协会的理念，实际上不太容易说服我们总裁。当然，最后的结果很好。我，世界旅游组织和你们，大家共同努力，桂林和世界旅游组织策划的这个会议如期成功举办了，后来也永久落户到了桂林。”

常红女士谈到当时的这些情况，自然也是我记忆犹新的。功夫不负有心人，功到自然成，这些古来寓意性极强的词语我们都更加感到十分贴切。常红很低调，没有具体说她是如何努力促成的，但无疑她的作用非常大！因为一个国际组织，有关内部负责人员的意见至关重要！

“当时，我们 PATA 有一位负责做研究的专家，是我特别敬重的，澳大利亚人，叫张科德。他的这个名字还是我帮他起的，他一直讲中国要发展旅游，应该从研究开始。他曾经介绍说在意大利比萨有一个专门研究旅游的会议，欧洲所有做旅游研究的人，每年定期会把自己的研究成果或者遇到的问题拿到会上来探讨。他认为，亚洲也应该有这样一个会，建立起一个研究的平台。他当时跟世界旅游组织做研究的人也有很深的交情，包括徐京主任，包括香港理工大学旅游学院院长 Kay Chon 和宋海岩教授等，他们都有共识，觉得在亚洲甚至在中国，应该也有这样一个类似的会议。这个会最终做了起来，而且落户到山水甲天下的家乡桂林，我觉得非常好，张科德也感到很高兴，非常有意义。‘桂林论坛’，不仅仅是每年从国外吸引一些学者过来，同时亚太旅游协会一个很强的力量就是跟业界的密切联系，UNWTO 以联系国家层面的旅游局为主，PATA 联系的是实业界，比如旅行社、相关大企业等，PATA 的参与，在论坛内容的策划、区域行业趋势的判断，包括在演讲嘉宾的邀请等方面，我觉得是起到了很大的作用。旅游不能光是在会上去谈，谈了以后还得落地，所以我觉得这是一个非常好的合作。UNWTO 在会上发布全球的旅游趋势，而 PATA 把它区域性的东西又放到了上面。所以‘桂林论坛’很有意义，它有学术界、业界的交流，让与会者都有收获，让举办地也有收获。疫情期间所有出差我基本上减掉了，但是这个‘桂林论坛’我还是坚持参加，因为这个论坛从发起到后来，我都是一直在参与、在关注，‘桂林论坛’一直在我心中。”

“这个论坛，我印象特别深的还有一点，就是会议服务。创建世界级旅游目的城市，其实都是从一件件小事做起的。香格里拉大酒店也好，最初那几年的会址漓江大瀑布饭店也好，都很好地展示了桂林作为旅游城市的良好形象。有了‘唯桂林独有’的山水，再加上优良的服务体验，客人才会有深刻的感受。特别是香格里拉在‘桂林论坛’方面，我觉得是发挥了撑起半边天的作用。你就看茶歇，它的主题打造，那简直可以说在全中国所有酒店中都是一流的，非常一流，甚至在全世界也是一流的。会议间歇的茶歇等酒店服务，成为展示桂林服务水准的一个非常好的窗口，我觉得这一点应该写上几笔。他们不是只作为一个商业活动，而是非常用心地在做好自己以及桂林的形象。”

“‘桂林论坛’对于桂林本地来讲，首先是一个了解世界旅游趋势最直接、最便捷的机会，同时桂林加入与世界的对话当中，增加了桂林的国际地位，提升了自身在国际上的话语权。从会议内容策划到会议主题确定，桂林是有话语权的。再一个就是桂林有了一种可能性，在会议期间或者会议前后，能够在大的会议主题框架下，为桂林做一些特定的或者量体裁衣的一些小的研讨或者论坛。还有一个就是有机会安排会议技术考察，直接向与会者展示桂林很多的特色旅游产品，让他们直接产生对桂林的良好感受。”

“未来要怎么做，我觉得应该充分挖掘会议效果，比如如果通过研讨和大家真正成为朋友，随时随地进行交流，然后寻求促进自身提升的切入点；再比如论坛成果的运用上，也大有文章可做，桂林可以组成专门的班子，研究论坛成果如何运用；再如桂林可以追求更好的会议效果，让与会者不是感觉到开幕式最受重视。真正研讨的部分，从政府领导到旅游局所有领导再到桂林那些旅游大企业负责人，都抓住难得机会认真倾听国内外专家们经过认真准备所作的演讲。再如可以争取国家旅游主管部门对这个会议的进一步重视和指导，因为这个论坛对整个中国都是有意义的。欧洲有在比萨的会议，亚洲就是桂林的这个会议了，而且是全球旅游方面最高规格、最高层次的研究型会议。”

常红女士一口气讲了很多，看得出她不仅深爱着她的家乡桂林，更能够从更高层面上看待“桂林论坛”，阐述它的作用和意义，对桂林今后怎样发挥承办者的职能，让它对桂林更有意义，其见解也十分到位。我觉得对桂林来说，有常红这样一个家乡人，听到她的这些真知灼见，真是再好不过的一件事情。

的确，“桂林论坛”是当初桂林全力争取来的一个全球最高层面的旅游国际会议，是在整个亚洲唯一的一个全球规格的国际旅游论坛，桂林现在对它倍加珍惜是完全应该和非常正确的。持续办好“桂林论坛”，不断放大其各种意义和各种成果，依然是摆在桂林人面前的一个题目。

二说：“强化营销，对‘桂林旅游’很重要”

对常红来说，她最擅长的是旅游营销推广。接下来，我请她谈谈在这方面对桂林有些什么建议？

“桂林当前最重要的一个使命，是打造或者建设世界级旅游城市。很多专家学者、政府官员，他们在高层面、战略上谈了很多，桂林市委市政府也正在做着很多积极的努力，我相信桂林一定会在这方面取得更大的进展和成效。作为从事这么多年旅游营销的一名专业人士，我觉得我能有的经验，我能够给到的帮助和建议，是桂林怎样从营销的角度打造好桂林在国际上的旅游城市形象。桂林作为国际性旅游目的地，强化营销，对‘桂林旅游’发展很重要。”

“说到桂林，没有人认为不是典型的旅游城市。桂林有好的资源，有好的产品，有好的接待能力，但是如何能够招徕更多的游客，让他们能够有效和充分地消费你的产品，是需要花气力下功夫的。我在 PATA 之前做过中国驻悉尼旅游办事处的主任助理，对澳大利亚人、新西兰人宣传中国，希望他们来中国旅游，深知要想把营销推广做到位很不容易。现在我又换了角色，在中国宣传洛杉矶，希望中国人去洛杉矶旅游。我有一个很全面的工作对比，通过怎样一个做法，能够奏效，是很有体会的。我们当年在悉尼那边也是使足了劲，做了很多的工作，但我觉得到洛杉矶这边来，我又了解了一个国际化的机制，我可以跟大家分享。总体上我认为是需要专业的人做专业的事儿，在旅游营销上不能拍脑袋。”

桂林要打造世界级旅游城市，学习借鉴世界上先进一些的城市，并结合自身的特色，找到一个好的营销方式，是非常重要的。常红女士刚好在洛杉矶旅游局工作，我抓住访谈的机会，请她结合洛杉矶如何抓旅游营销来谈一谈。

“洛杉矶旅游局，只做一项工作，就是营销推广，没有任何其他的事情。但你知道疫情前它有多少人吗？总部的员工是 160 人，这么多人就只做营销这一件事，为洛杉矶进行旅游目的地宣传。我们中国的旅游局，是作为政府的一个机构，负责营销工作的市场处顶多六七个人吧？既要管国内，还要管全球，有时候还要花一部分精力去做政府一些别的事情，比如说筹备今天这个会议，还有创城等。我想说的是，这就很难有足够的精力来研究真正的市场营销应该怎样去做。洛杉矶旅游局，针对消费者（C 端）和针对同业（B 端）是有非常清晰的业务区分的，品牌推广即广告宣传类付费营销（Paid）、数字营销主要依靠自有媒体（Owned），公共传讯需要通过维系公共关系获得媒体的宣传与支持（Earned），而同业推广（Trade）也是几大业务板块的重中之重。用英文表示，不同的板块业务合在一起即为 P.O.E.T，就像一首诗一样把工作协调起来，这样成为一个整合营销的力量。所以我真心觉得，桂林如果说要打造世界级旅游城市，宣传好桂林世界级旅游城市的形象产品，整合力量做好营销是非常重要的。”

“当然我知道，其实桂林营销方面在全国已经走得很靠前了，国际上原来讲的京西沪桂广，其中桂林肯定是一站。现在 20 元人民币的背景图案也是深入人心的。但是我认为这是以前的故事，现在的故事应该怎么讲？桂林现在就连国内旅游，都排不到很靠前了，成都在前面，杭州在前面，桂林恐怕连前十也排不上了。我认为，一方面是基础设施建设，当然桂林现在大部分精力可能都在这一块，但我觉得软性的东西更重要，国际上这些旅游目的地通用的宣传推广的办法，桂林是不是做到了呢？比如说你们可能在 CNN 上做过广告，但只做一次两次是没用的，基本上等于没做，必须得做扎实了才行。其实桂林在行业内还是有一些行业先锋的，比如唐朝国旅周晓光他们的跨境平台，就可以作为入境旅游宣传的前沿阵地；再比如香格里拉，他们也有促销推广的全球性网络，支持一下他们，也会很有效果，政府可以购买服务嘛。其实很简单，桂林不用像洛杉矶这样，一年在中国就养 4 个团队，办公室租金都贵得不得了。洛杉矶有它的算法，它按 1∶15 计算投入产出，对所有的推广都要产出 15。由于我们大部分营销经费来源于会员酒店，所以酒店就像是衣食父母。我们做任何营销推广方案，都要考虑是否对洛杉矶的酒店有帮助，是否会给他们带来效益。我们的业绩考核标准也跟洛杉矶入境人数、酒店出租率和平均房价息息相关。洛杉矶旅游局，一个城市级别的旅游局，还设有专门的研究部门，会购买很多第三方的数据，从酒店、航空运输很多方面去买数据，然后进行分析研究。洛杉矶旅游局每年的业务总结，好几百页，针对品牌、数字营销、公共关系、同业推广、销售过程和销售业绩做全面的分析，这是做第二年市场计划的基础。我们在中国的团队亦是如此，比如说美国那边考虑 11 月开放，我们便与专业机构配合，通过专业的手段，对我们以前的合作伙伴做深入的问卷调研。所以我真心希望桂林在这方面也是要做得特别专业。”

“我觉得机制上应该考虑一下，像海南现在也开始市场化了，由专业团队按照专业的做法去做，政府主管部门把握方向。授权专业团队做服务，肯定可以产出好的效果。洛杉矶旅游局就是这样的，它不是政府的组成部门，每 5 年跟市政府签一次合同，由市政府委托洛杉矶旅游局操作。”

桂林作为一个旅游城市想要升级发展，抓好基础设施建设以及产品整合、市场秩序固然十分重要，但好饭须有食客品，如何让大量的、成批成批的旅游者进入桂林，同样十分重要。常红女士从她熟悉的工作领域出发，谈到的意见对桂林很有帮助，她热爱家乡桂林的心境亦溢于言表。

三说：“桂林的前景一定更加美好”

“我对桂林，那不是一般的感情。我在桂林土生土长，18 岁上大学离开桂林。当然在北京的时间比在桂林时间要长很多，但毕竟根在这里。每年的这个会对我来说，既可汲取这一年旅游行业的养分，同时更重要的是我有机会能回来看看家乡。对家乡的发展变化，勤看才有体验，才有感知；对家乡如何才能更好地提升，也才会有思考。我觉得我的这个感情是根植在血脉里的。”

“小时候我喜欢文艺，先后在少年儿童歌舞团和市少年宫合唱队，还做过领唱和报幕，当时我们是一支水平很不错的业余团体，经常跟市歌舞团同台演出，印象最深的一次是接待美国尼克松总统，能够参加这场演出并让我们国家的客人观赏，当时我觉得这是一辈子的荣耀。另外 20 世纪 70 年代的时候，我参加了一个《桂林山水》纪录片的拍摄，是香港人过来拍摄的宣传桂林山水风光的片子，《壮家少年热爱毛主席》这首歌是画外配歌，是我领唱的，这同样令我非常难忘。”

讲完营销之后，常红又叙述起她对家乡深厚的情怀，还回忆了她小时候的两段往事。我接着问她，对“桂林旅游”升级发展，对桂林打造世界级旅游城市，还有些什么建议。

“桂林有些旅行社企业，一直做得不错，业务范围和经营业绩走在了全国前列，在全国各地旅游发展风起云涌的今天，他们还是中国旅行社业界的标杆，起到了引领的作用。比如，我前面提到的桂林唐朝国旅，他们的旅游业务通过电商不断拓展，做到了让境外旅游者在中国国内外跨境旅游，中国各地的旅行社很少能做到这一点。桂林拥有这样的旅行社，是桂林旅行社企业的努力，是桂林的自豪。真心希望这样的企业更多一些，让桂林在业界、在国际上有更多的话语权。他们给桂林本身带来的客人可能不是很多，但他们能扩大桂林旅游城市的影响，能促进国内外旅行商的交往联系，对桂林旅游客源的招徕肯定会产生很大的帮助作用，桂林市政府可以多多支持这一类的企业。”

“以往回桂林，感觉游客肯定会吃米粉，但吃来吃去我觉得它档次比较低。近年我突然发现有一个地方能喝下午茶，中午晚上可以吃西餐，关键还能了解到石雕文化。餐馆老板因为自己的喜好和热情收集到很多石雕，并把这些石雕作品摆放在餐馆里，让我觉得这在全国也很少有，老板说陕西博物馆馆长看了以后也感到震撼。西餐出品质量非常好，尽管价格贵一些。我觉得一个好的旅游目的地，一定也要有这种高端的东西。这个餐馆叫‘如斫’，做得非常好，最近在融创那边又开了一家，我也把他们推荐给很多会议和奖励旅游的策划者。如果有客人到桂林，如住香格里拉，不能天天吃香格里拉吧？到这类餐馆来，感受一定会好，所以我认为，桂林应该拥有一些能够满足高端游客消费的场所。”

“我家住在环城北二路，早上起来经常沿着漓江散步，江边有不少好的民宿，我每次路过都感到特别漂亮，玻璃窗映照着美丽的山水，就连风都好像有倒影似的。让人很想住下来待上几天。对于桂林来说，这样的民宿我觉得是非常需要的，桂林本来就是可以留下来待几天度假的地方。我有时会走进去看看，这些民宿窗外的景观特别好，加上餐饮也不错，对客人又很友好，我觉得这些都会让客人留下来。桂林人必须要友好，包括街面上，也包括一些店铺里都要对客人友好。这一方面，政府应该大力去支持去鼓励，让桂林多一些这样好的氛围，这对打造桂林世界级旅游城市十分重要。”

“李可染的后代，做了一个李可染艺术中心，大概半年前我去了一趟。一进去，最大的一幅画便映入眼帘，它就是《桂林山水》，据说这是周总理当年专门邀请他来北京创作的一幅中美会谈会场的背景画。李可染有很多画，都画的是桂林山水。其实除了他，还有白雪石等很多画家，也都画过桂林山水。抗战时期，大量文人集聚到桂林，在桂林有很多故事。其实桂林是一座文化资源很丰富的城市，有很多文化资源可以充分利用，应该充分挖掘好它们。我是做市场研究和推广的人，特别感觉要很好地把它们包装在一起，让桂林展现出别的城市所不具备的独特魅力。”

“再说个具体一点的，桂林山水的象征、桂林城市徽标——象鼻山一定要打开。如果拆掉围栏，让大家都能远近欣赏，尽情拍照留念，然后回去替桂林做宣传。这不是要求游客宣传或者花钱宣传，想想一年几十万人甚至上百万人替桂林做宣传，岂不是天大的的好事？桂林不用增加营销经费，都能带来很多的效益。然后再把滨江路规划一下，就近的这一带首先就会被带动起来，我认为要像杭州看齐。我和家人之前去意大利自由行印象最深的是在众多的世界级遗迹或景观的附近，有很多特别好的餐厅，游客可以在餐厅坐下来，近距离地欣赏。桂林具备这样的特质，比如象鼻山等，而且桂林也一定可以做到，应该要好好研究一下。”

“桂林有个收费养老的地方，叫‘魅力花园’，我父母现在住在那里，我建议您去看一下。它不叫养老院，叫公寓，是一个美国的品牌，服务非常规范、非常贴心，我父母住在那里觉得很好，而同样的水平在北京却要贵很多。为什么说这个？我觉得中国特别需要这样的品牌养老院或者叫作公寓。桂林自然风光甲天下，生态环境又非常好，如果多开一些品牌养老场所，应该会吸引更多包括外地的老年人过来养老，也可以吸引他们的亲戚朋友来桂林旅游。”

常红女士说的几个具体建议，我认为非常好，建议就是越具体越好做。另外也正如她在前面说的，大的方向、大的战略确定之后，就应该从一件件具体的事情做起。

常红最后说：“美国驻华大使馆的一个商务官员，中文名字叫麦哲伦（Michael Marangel），是个‘80后’的年轻人，他离开中国之前，专门来了趟桂林，回到北京后他对我说你的家乡太美了，真没有想到世界上还有这么美的地方，他觉得桂林一定能吸引到很多很多的游客。我听了以后更加感觉桂林山水真的就是一块宝，能够吸引任何年龄层的旅游者，桂林只要以山水风光为基础，开发好观光旅游、度假旅游等多种迎合全球旅游发展趋势的好产品，保障产品品质，跟进相应服务，做好营销推广，桂林世界级旅游城市的吸引力就一定能保持住和发挥好，桂林的前景一定会更加美好。”

潘建民先生访谈录

（访谈时间：2021 年 11 月）

“桂林按照习近平总书记的重要指示，正在打造世界级旅游城市，那就必须站在世界大格局，敢为天下先，以国际视野做好规划编制、标准研究、政策支撑和项目安排，建设‘世界级、桂林化’的旅游城市。”一见面，潘市长（在桂林做了 5 个年头的副市长，分管旅游、城建等，大家都习惯这样称呼）就谈到了桂林当前的这项重要工作。“我这次也带来了一个项目建议，就是自治区蓝天立主席和桂林市委周家斌书记已做出批示的‘关于建设临空高端产业示范区和国际生命科学城际空间站的建议’。应桂林市政府邀请，我们专家组的调研报告已报送桂林市政府。”

桂林政界、学界、旅游业界的很多人，对潘市长都有这样的印象，他是官员、学者和朋友。从我个人角度，他还是一位亲切的兄长。

他是官员，1995 年起在辽宁省本溪市风景名胜资源管理局任局长、党组书记；1998 年起任辽宁省本溪市旅游局局长、党组书记；1999 年 10 月任辽宁省本溪市旅游局党组书记、挂任广西壮族自治区旅游事业局副局长、党组成员。2001 年起任广西壮族自治区旅游事业局副局长、党组成员；2002 年 10 月任桂林市副市长；2006 年 8 月任广西壮族自治区外事办公室、自治区港澳事务办公室副主任（党组成员）、巡视员。2008 年到北京在国务院有关部门工作，直到退休。

他是学者，1996 年在辽宁大学世界经济专业学习，两年后获硕士学位；1999 年在东北大学攻读管理学，2004 年获博士学位，2007 年跟随成思危先生，又有了博士后的经历。在广西，多所大学聘他做客座教授；联合国世界旅游组织聘他为专家委员会委员；中山大学黄达人校长为他颁发博士研究生导师证书。多年来，他独著、合著的论文和专著很多，主持担纲的旅游工作理论课题也很多。

他是朋友，担任广西旅游局副局长时，桂林旅游界的人就认为潘局长工作能力强、理论水平高，待人还亲切随和，是领导更像朋友。大家很愿意接待他，到南宁去看他。来桂林工作后，大家感到高兴，工作之余喜欢和他聊天、聚会。回广西和到北京，不管过去了几年或者十几年，大家总是出来谋求见面，把他的日程排满。

我作为桂林市旅游局副局长和局长，有幸有很多机会接触他，对大家的印象深有感受，同时作为他直接领导下的市旅游局负责人，更感到他是一位好兄长：有成绩时鼓励你，还设法提升你的能力；出现偏差时不是生硬批评，而总是亲切帮助和一起总结；平时随他工作或是出差，他经常耐心和手把手指导你做好每一件事情。在潘市长领导下工作，心情非常愉快。

一说："分管桂林旅游 5 个年头的难忘记忆"

潘市长于 2002 年 10 月来到桂林，在桂林市政府工作整好一届，跨 5 个年头。这几年，桂林旅游大踏步向前迈进，成效比较突出，比如桂林与联合国世界旅游组织建立和巩固合作关系、桂林入境游客逾越百万人次、《印象·刘三姐》大型实景演出隆重登场等。访谈时，我请潘市长说说任副市长期间的工作。

"到广西旅游局，工作范围包括了桂林旅游。桂林是国内外著名的旅游城市，自然也是广西旅游的龙头城市。到广西我即来桂林调研，熟悉'桂林旅游'，并在日常工作中还努力研究和挖掘桂林旅游、广西旅游进一步增长壮大的空间和潜力。袁凤兰副主席亲手创建的广西旅游大篷车品牌，为推介广西旅游，也包括桂林旅游产品，起到了很大作用。特别是赴西北、东北两次旅游大篷车专列，桂林当时都组团参与，也让作为自治区旅游局副局长、大篷车常务副总指挥的我深入认识到了'桂林旅游'的特殊地位、突出贡献和桂林市很多卓有成效的积极作为。从旅游业发展角度看，桂林是全广西、整个中国不可多得的重要旅游城市。大篷车运行期间，按照袁主席的要求，我即兴创作了大篷车歌曲，沿途也在桂林促销团广为传唱，这都让我对桂林的认知、关注不断增强。"

潘市长先从在广西工作的部分经历说起。

"与联合国世界旅游组织建立并巩固联系，我是全程参与的，这也是我一到桂林就具体领导的一项主要工作。我调到桂林时，桂林正在筹备'博鳌亚洲旅游论坛'。筹备办公室设在市旅游局，他们首先做了大量扎实的基础性工作。市委市政府组建筹备领导小组，成立了多个工作班子。我仔细研究了论坛工作方案，认为筹备得具体周到，于是我便按照市委市政府最终确定的工作方案，注重细节一一落实。这个论坛在全市上下共同努力下，获得了圆满成功。我注意到，市旅游局也向我汇报过，论坛期间世界旅游组织秘书长将率团参加，并对桂林进行工作访问，还将与桂林市政府举行工作会谈，而这是桂林第一次与世界旅游组织正式接触，我便重点抓了这个环节，与市旅游局研究接待弗朗加利秘书长以及与他进行会谈的方案，研究桂林与世界旅游组织交流合作的具体事项。结果当然是非常不错了，‘博鳌亚洲旅游论坛’这个‘博鳌亚洲论坛’在桂林举办的第一个专业论坛成功了，桂林与世界旅游组织的工作会谈也成功了。这两项工作，后来媒体都做了很多报道。”

“2003 年 12 月，世界旅游组织在桂林召开了‘世界旅游组织目的地开发与管理合作研讨会’，会上还通过了《桂林倡议》；2004 年 5 月，由时任市长王跃飞带队，我们访问了位于世界旅游组织总部，与弗朗加利秘书长签署了合作协议；2005 年 7 月‘世界旅游组织旅游可持续性发展指标国家研讨会’在阳朔举办，发表了‘中国桂林（阳朔）宣言’，‘世界旅游组织阳朔旅游指标观测点’同时奠基。我们着重策划的这些主要交流活动，也是双方对合作协议的落实，为后来深入合作奠定了坚实的基础。”

“2005 年 12 月，大概是下旬的一天，我们在两江国际机场迎接了第 100 万位境外游客，记得他是英国人。机场上的欢迎仪式以及庆祝桂林入境游客超过百万人次的场面简朴热烈，给这位客人和桂林各界留下了深刻印象。这是桂林旅游人多年的一个梦想，桂林成为全国入境游客达到百万人次唯一的地级城市。回想起来，这是极不容易的。我们借助世界旅游组织推广桂林，大力巩固台港澳市场，积极在美国、法国等国家组建桂林旅游大联盟，出台鼓励组织欧美客人的奖励举措，组织‘韩国周’‘日本周’、国际摄影节活动等，这些都奏效了。当时国家旅游局、自治区旅游局、国内多个重点旅游城市的旅游局纷纷发来贺电贺信，我本人和作为旅游局长的你都接受了多家媒体的采访。”

“《印象・刘三姐》，后来被保继刚教授称为‘现象级’的产品。山水实景演出这么大的规模，效益这么好，称得上国内乃至国际上的首创，确实轰动全国、影响世界，世界旅游组织大篇幅赞美这场演出，它确实起到了标杆性作用，之后一大批‘印象’实景演出在不少地方出现。最初的设计，我在自治区旅游局时就议过，到桂林我从政府角度一直关注指导这个项目。2002 年‘博鳌亚洲旅游论坛’举办时，这个节目有了一些眉目，我们便大力支持他们作为论坛的晚会节目亮相。2003 年全剧整台试演，2004 年春季正式对外推出。印象深刻的是：一位仙女裸舞片段达半年，望远镜脱销，当时担惊受怕，要求动态观察舆情，及时应对。后来张艺谋先生在阳朔和我说：老潘，这台演出反响强烈，也对仙女裸舞有点不同看法，反馈到了北京我那里，看来还是改回原来的穿薄纱为好，我说那再好不过啦。应该说，这台节目对桂林旅游形象提升发挥了重要作用。”

“旅游城市营销也是必须做好的事情，2004 年我们增加了旅游房产这一产品，拓宽旅游市场、放大旅游经济。当时有媒体采访过我，我说旅游是桂林经济的一艘大船，从我们研究的旅游对国民经济贡献率定量分析看，旅游业对绝大部分行业都有直接和间接的贡献，这些行业也对旅游业产生影响力和感应度，过去搭乘此船的购物活动局限在纪念品、土特产，今天桂林房地产也要搭乘这艘大船启航，促进桂林旅游走向多元化的轨道，繁荣市域经济。在旅游房地产协会揭牌仪式上，我讲道要整合桂林旅游资源，推出旅游加房产业态，把山水诗境家园品牌推向全国，推向世界，这在当时引起了轰动。那几年桂林房地产企业以及与其相关的公司都积极在各地打广告宣传桂林，这既促进了房地产产品的销售，还萌生了多种关联运营模式，也为桂林增加了不少的游客量。这一招，是全国首创。”

“旅游购物市场问题，一直是有待解决好的全国性问题，为广大游客所关注。市场秩序不行，会影响到旅游城市的声誉。我们当时做了大量调查研究，做了不少尝试性探索，在 2005 年成立了‘旅游购物联合体’。对旅游市场，原来主要靠整顿，到我这一块我们就有共识，引导规范和服务企业。我们帮他们做市场，政府出面帮企业做市场，市场导向完全不一样了，引发了他们的行动自觉。购物市场既然有乱像，我们搞个购物联盟，同业间统一标准、监督自律，后来大家非常认可，《凤凰卫视》还专门采访过我。旅游城市成立旅游购物联合体，在全国是第一家。”

“我再说说举办中国国内旅游交易会，其承办权竞争最为激烈，2005 年 4 月桂林成功举办了。为争取在桂林办一届全国旅游交易会，我们多次去北京向国家旅游局领导和有关司室汇报；国家旅游局在辽宁大连开会，我们去会场找何光暐局长；国家旅游局在其他地方办交易会，我们不仅参加，还不时盯在他们的指挥中心，和他们交流取经。功夫不负有心人，我们桂林争取到了。2004 年 6 月，我们从杭州扛回了 2005 年交易会举办权的大旗。在杭州接旗，本身也产生了宣传桂林的效果，当时现场中外媒体非常多，国内外旅游企业也非常多。2005 年 4 月，交易会如期在桂林举办，国家旅游局新任局长邵琪伟参加了这次盛会。不仅只是办好交易会，我们还在会前仔细研究如何宣传推广好桂林旅游，精心准备了 8 条体现桂林旅游发展现状的旅游精品线路。交易会获得圆满成功，桂林也再次成为国内外聚焦的城市。”

“回顾那几年，我感慨颇多，桂林的确做了很多成功的事情，都留在了我记忆深处。我觉得，这些工作也都是市委市政府主要领导高度重视的结果，是桂林旅游业界团结一心共同奋斗的结果，更得益于多年来桂林旅游软硬件的积累。我还要再次肯定市旅游局的工作，你接班做旅游局长，懂外语又熟悉业务，有国际视野，在前任的基础上发挥得非常好。记得在日本推介会上，你们全场日语，我只能认真听你喊我的名字‘偏不洗脚（潘副市长）’，好上场发言。当年市旅游局是拼命工作、用心工作的，效率很高，成效很好，你们班子成员业务能力也都不错，我对你们十分满意。”

一边听着潘市长回忆当年的经历，一边深深感觉到他对桂林充满着感情，对桂林旅游用尽了心血。实际上，潘市长所做的工作，他对桂林旅游发展的贡献还有很多。比如，为桂林旅专发展建设确定雁山新校区；积极争取开辟多条国内外航线；2003 年“非典”刚结束，即刻启动“桂林，永远是春天”活动，在七星岩指挥大合唱；成功组织举办 2005 年“首届中国桂林国际摄影节”；等等。

二说：“我对旅游城市和桂林旅游的若干研究”

大家对潘市长工作能力强、理论水平高的评价，主要是感觉他很多思考以及观点，源于他的理论功底和潜心研究。

“其实我也没有很深入的研究，很多时候因为行政工作太忙而没有时间潜心进行理论探讨。”

说没有很深入的研究，这是潘市长一贯低调的体现，但没有时间倒是真的。行政领导万事缠身，看看前面所言及的还只是一斑的工作就知道了。但绝对不可否认，潘市长的理论研究和工作研究，做得很多很深，他非常勤奋，善于挤时间。

“2003 年，中国旅游出版社出版了我的一本书《中国创建与发展优秀旅游城市研究》。我在这项研究中，对优秀旅游城市发展的理念、旅游城市发展所处的环境、旅游城市未来发展的几个重要领域、实现优秀旅游城市发展战略的相关策略等，做了比较充分的探讨。在研究‘城市经营’时，我特别举了桂林的例子，我认为桂林是一个成功的范例。我写道：桂林从经济欠发达的市情出发，把城市作为一个整体来经营，从整体上提高城市土地资本的利用效率和地域空间的生态效益及经济效益，积极进行经济运行机制创新，努力营造良好的发展环境，依靠市场运作增加基本建设投资，加快城市基本设施建设，加快国家级开发区建设，加快商贸及生产要素市场和重点工程项目建设，使城市经济发展进入了一个崭新的阶段，也为桂林旅游业发展积累了基础条件，其中两江四湖开放式大景区在前届市委、市政府不懈努力下初步建成并投入了运营，我们接着把它装入上市公司，减少了几个亿的债务压力，又通过申报联合国人居环境范例奖，有效提升了桂林老城区城市品味、休闲空间和精神财富。我至今认为，桂林 1973 年对外开放旅游以来，以及 1998 年地市合并组成新桂林市后，很多做法是成功的，值得认真总结并在理论上升华。不光是我，很多学者都在做这些事情。”

“2004 年，《旅游业对国民经济贡献率研究》一书由中国旅游出版社出版。这是一项研究课题，我担任课题组组长。长期以来，各级政府、社会各界对旅游业贡献认识不足，因此重视程度推动力度也有欠缺，桂林也不同程度存在这个问题。我带领课题组做了大量的抽样调查，参阅了大量的文献资料，进行了仔细的研究和测算，研究过程长达两年，最终取得了一些引人注目的成果。我们利用联合国统计署和世界旅游组织推荐的旅游卫星账户进行测算，旅游业产出、增加值和对国民经济的贡献率比原来人们所预料的要大很多，认为应该改革旅游统计办法，有必要推广和使用旅游卫星账户。”

当时我们就觉得，解决了这个问题，对大家在新形势下正确看待和提升旅游业地位和作用，促进旅游业发展意义较大，尤其是像桂林这样典型的旅游城市。

“2007 年 7 月，中国旅游出版社还出版过一本书，叫《桂林市建设现代化国际旅游城市的标准和发展战略》，这也是一个课题研究，我是组长，你是副组长，是 2004 年开始进行的研究。我认为，桂林当时和之前一直提出建设现代化国际旅游城市，那就应该研究好什么是现代化国际旅游城市，研究好以什么标准和什么高度去进行建设。你们也曾做过不少探讨，但我们需要把它作为一项系统工程展开研究。在大家共同努力下，研究成果也相当不错。我们明确了一批评价指标体系及标准值和评价方法，分析了桂林发展现状和内外部发展环境，编制了桂林建设现代化国际旅游城市的战略。这里面就提到了‘世界级、桂林化’总体战略目标，很有特色。关于标准研究，在国内当时还不多。我认为这些研究，对今天打造桂林世界级旅游城市，在研究制定标准方面，很有一些参考价值。”

潘市长还发表过不少论文，我记忆就有《论旅游城市的竞争力》《论桂林发展休闲度假旅游的战略选择》等。具体工作方面，潘市长研究得更多，我记得就有整合漓江各方资源的“旅游套票”等。

“说到‘旅游套票’，其实是非常好的办法。当时是想整合漓江及沿岸资源，成立（20 多家船家、若干个景区和村落）漓江股份制企业。设想如果实施，统一推出精品线路和特色各异的产品，把沿途所有景点打包成组合式套票产品出售，先把由此带来的财政收入两个亿左右拿出部分来培育企业。比如卖500元钱一张票，其中包括多少个景点，包括游江，购票者本人可以用完，也可以回去送给亲戚朋友，用现在的话讲，这种模式带有黏性，把别人吸来粘来。漓江股份公司扩大上市，变成几百亿元的企业，那税收就会远远超过原来财政的收入，沿途的乡村也会大有作为。有了财力，又统一管理了漓江，保护生态环境和资源的难度就小很多，沿线的乡村民宿也会有组织地提升。这个想法市委主要领导也很感兴趣，还听了汇报。这个设想将来还可以做，无外乎是搭一个漓江旅游股份平台，大家在这个平台上向市场要钱，来做强做大整个漓江。一做几百亿元就能进来，利润率完全有支撑，滚动发展就更不一样，后来一直在做完善研究，没来得及实施。我觉得这个策划非常好，打造桂林世界级旅游城市，肯定要把旅游业做强做大。谁经营没关系，让这个平台发挥更大的作用。规模优势一出来，档次提高了，效益各得其所，整个效果就会大不一样。”

在桂林工作5个年头，潘市长不仅以桂林为实例，坚持着他的研究，还在研究的基础上做了非常多的有成效的工作，提出了不少很有见地的建议。

2008年，潘建民先生的《旅游城市产业结构优化研究》又由中国旅游出版社出版发行了。

三说：“关于建设临空高端产业示范区和国际生命科学城际空间站的建议”

2021年9月，我在桂林市发改委网站看到报道，说国务院王石奇参事、奚永志主任和潘建民委员等3位领导长期以来对桂林的建设、发展给予了极大的关心和支持，近期提出的《关于在桂林两江国际机场周边地区规划建设临空高端产业示范区和国际生命科学城际空间站的建议》站位高远、具体明确，与我市打造世界级旅游城市的发展方向不谋而合。

访谈潘市长，我借机就此做了请教。

“2021年5月8日，我们组成专家组，就贯彻习近平总书记‘4·27’视察广西重要讲话和重要指示，向自治区主要领导送上了《关于在桂林两江国际机场周边地区规划建设临空高端产业示范区和国际生命科学城际空间站的建议》，自治区政府蓝天立主席、桂林市委周家斌书记很重视，分别作了批示。9月上旬，桂林市委常委、秘书长丁东弟主持召开了市直十多个业务部门和临桂区政府负责人参加的专题研讨会。会后桂林市直有关部门开展了相关调研。9月下旬，根据桂林市委、市政府安排，桂林市政府邀请国务院王石奇参事、奚永志主任和我以及清华、浙大规划院 3 位专家，来桂林又开展了专题调研。”

“9 月 23 日上午，在创业大厦会议室召开了临空经济区专题调研座谈会，市直、临桂区直近 20 个部门及桂林两江国际机场负责人参加，大家就相关工作作了发言。座谈会后，我们调研组分别到桂林电子科技大学、桂林医学院、桂林学院、金顺昌食品有限公司、漓泉啤酒股份公司、桂林三花酒股份公司、桂林万达、桂林福达、桂林金太福、桂林优利特医疗器械公司、桂林海威、光荣光电等高校及重点龙头企业进行走访、调研。这次我们再到桂林调研，进一步完善了我们的建议。”

“我们深切感到，桂林市认真贯彻落实习近平总书记重要讲话和重要指示，行动迅速，推动桂林建设世界级旅游城市认识到位、劲头很足，周家斌书记、李楚市长亲力亲为，高位推进，工作卓有成效。我们也了解到，桂林市认为我们的建议与桂林市正在做的工作是契合的，引起了市里的高度关注。”

“建议提出后，桂林属地和区内外企业乃至央企对建议很感兴趣，投资意愿很高，热切期待参与。比如，做国际市场的文旅企业，对航空枢纽中心能与全球主要机场开通航线，方便大批游客和高端人才在桂林进出抱有期待；做服务贸易的企业，对国际服务贸易中心在国际运输、金融服务、国际信息和国际保险等方面大幅度提升在全球的辐射能力抱有信心；商贸流通企业对临空经济区的商品流通及服务，尤其是免税政策落地，打造国际商业消费中心抱有期盼；文化产业相关单位对桂林打造国际文化中心有自信；高新科技园、工业园对知识创新、技术创新和管理创新有建树，相关专业人士对桂林建设科技创新中心感到有契机。总的来看，他们愿意凭借企业自身优势，抓住机遇，在所建议的项目中寻求新的发展。”

“我们认为，世界级旅游城市应当是集世界级文旅资源、国际化城市服务、综合型产业体系于一身的现代化国际城市。桂林需要临空经济区的助力，打造临空高端产业示范区是关键，建设国际生命科学城际空间站是重要抓手，两江国际机场周边地区也具备建设条件。我们在调研报告中提出了在决策层面、规划层面、标准层面、工作层面、产业发展层面、示范区建设层面应该怎样去做的具体意见。”

“调研中我们秉持开放的态度，力求大格局、大视野，结合桂林正在推进的‘两大振兴’、突出‘三大重点’、落实‘一城一都一地一中心四大定位’和‘六大环境’、谱写壮美广西桂林新篇章，与桂林同志交流互动，一起深入思考建设世界级旅游城市有针对性的对策，取得了很多新的成果和共识。”

“什么是世界级旅游城市？我们研究了世界上10个城市，像迪拜、伦敦、巴黎等，我们认为可以分两步走。当时在创建中国最佳旅游城市时，方案里分综合和专项两类。桂林恐怕也要走这两步。要按照总书记重要指示，全面打造世界级旅游城市，我们建议材料中都提到了。回过头来说，最大的切入点就是像迪拜那样多开国际航线，打造国际交通枢纽。推进临空经济区，要有全景式高端产业示范区做支撑，就要用场景式生命科学城际空间站留住高端人才。”

这项建议和调研报告成果，潘市长在其中的贡献很大。他对桂林城市发展和旅游业发展状况非常熟悉，因此建议很契合桂林发展实际，便是非常自然的了。

潘庭芳、廖元新、廖义陕三位龙脊梯田村寨人士访谈录

（访谈时间：2022 年 3 月）

龙胜龙脊梯田，从当地人角度，是赖以生活和生存的重要依托，几百年以来，这里的人们利用山地连连的自然环境，发挥自己的聪明才智，开辟了这种耕作方式，创造了独自的生活文化。当地人对此或许早已习以为常，不觉得有什么特殊和新奇，但从其他各个地方来到这里的游客的角度去看，他们却有非同寻常的感觉，梯田会是无比壮美的景观，眼前简直就是华丽的“乐章”！春天注满水的盛景，秋天金色稻浪翻滚的画卷，与起伏变幻的山地组合在一起，完全就是另外一番可遇但绝不可求的胜境！当地人又是壮族、瑶族等少数民族，这些人的日常生活，都是游客们想看到和想体验的，而到此旅游所能获得的这些收获，又绝非随处都有。

旅游，早已与当地人有了不可分割的关联，当地人通过发展旅游脱贫致富，使生活变得更好，而作为当地政府也让龙脊梯田变为旅游景区，努力满足旅游者和当地百姓的各种需求。龙脊梯田，早已是国家 4A 级旅游景区，作为深受国内外游客欢迎的旅游景观地，凭其国内外为数不多的景观特色，自然也成了“桂林旅游”主打产品之一。

了解龙脊梯田旅游的一些情况，找谁访谈最好，我动了不少脑筋，龙胜县政府领导、龙胜县旅游局、龙脊旅游公司等，当然都有很多合适的访谈对象，但思来想去，觉得还是找几位龙脊梯田村寨人士比较好，请这些村寨人士说说所看到的和所经历的事情，会更直观一些。这个想法，也得到了部分桂林老旅游人和部分专家学者的肯定、赞赏和支持。于是，在他们的推介以及帮助之下，我找到了潘庭芳、廖元新、廖义陕三位村民，实施了我的访谈计划。

潘庭芳，龙脊村人，1951 年出生，壮族。在龙脊村，也就是龙脊古壮寨做过

村主任、村支书，现在还担任着龙脊壮族生态博物馆馆长。

廖元新，平安村人，1966 年出生，壮族。平安村，就是一般所说的平安壮寨，是龙脊梯田最早开发旅游的村寨，他也做过村支书。

廖义陕，平安村人，1986 年出生，壮族。他是年青一代的平安人，在当地做着与旅游有关的项目经营，同时也走出龙脊，在桂林，还在外省参与一些项目的策划和组织。

他们三位属于三个不同年龄层的人，我想通过他们，会对龙脊梯田旅游发展情况有一个大体上的把握。

一说：“平安壮寨最早开发龙脊梯田旅游”

龙脊梯田核心景区，现有平安村、龙脊村、大寨三个入口，最早开景区大门的，是平安村这里，而事实上，平安村早在开现在这个大门之前，就已经开始做旅游了。

访谈时，廖元新介绍了平安的相关情况。

“平安村做旅游最早，20 世纪 90 年代初期就开始了的。在开发旅游之前，曾有一些摄影家来平安拍梯田。陈亚江是最早的，他拍了照片发表出来，三三两两的就陆续有人过来观景。那时还没有正式一点的路，来的人都从和平步行上去。进入 90 年代，游客多了一些，我们便策划修路了。当时公路可以通到黄洛，1992 年我们修建了从黄洛走上来的石板路，游人进来方便了一些。那时也有了一点收入，村上开始收 3 元的门票。应该说，是陈亚江他们这些摄影家让人们知道了龙脊梯田，也让我们知道了可以开发旅游经营。”

廖元新说的陈亚江，是桂林灵川人，中国山水摄影艺术家，20 世纪 50 年代曾任《桂林日报》摄影记者，后来还担任过中国摄影家协会常务理事、广西摄影家协会副主席、桂林摄影家协会主席，为宣传“山水甲天下”的桂林做过重要贡献。

廖元新是 1996 年到 2002 年做平安村党支部书记的，一共做了 6 年，这几年正是龙脊梯田旅游启动后大踏步发展的重要时段，这也是我选择他做访谈对象的一个原因。

“因为山区条件不成熟，我们也没有资金去补偿征地，所以一直都开不了公路。1996 年我上来当支书，我们觉得应该修公路了。我想了一下，修路的大部分用地可以用我们村集体的土地，但总有一小部分要用到黄洛瑶寨的，后来我们拿林场土地去商量对换，最后在政府帮助下，我们把公路开通了，紧接着又得到了一笔1800万元的旅游国债，路况又有了新的改善。这时旅游公司也进来了，游客逐年增长。”

说到这里，我想起当时国家旅游局有朋友告诉我，国家准备发放旅游国债，各地可以申请，我和钟新民局长与各县商量此事，认为龙胜比较具备条件，当时时任县领导石东龙也非常积极主动，我曾陪他去北京争取，得到了这笔1800万元的国债。这笔国债，是国家那次国债计划中第一批发放的。后来我们还帮助资源、兴安两县，得到了第二、第三笔同样数额的国债资金。

“那条路，最早想经过龙脊村就是古壮寨，如果走古壮寨的话，龙脊村早就繁荣起来了。后来综合考虑，决定经过黄洛瑶寨，我跟村主任下去商谈，双方争执得很厉害，因为经过他们的土地，他们认为亏了，不同意。现在回过头来看，他们感到很划得来，把他们带动起来了，所以非常感谢我们。现在去他们那里，都不用担心没有酒喝了。”

“在平安村经营旅馆，最早是村上第一任老支书，他开了第一家旅馆，大概是在20世纪80年代后半期。生意应该有一点，摄影家陈亚江、李亚石他们都住过那里，说是旅馆，实际上还很简陋，一张木板床之外，就没有什么了，摄影家们也不太在意住在什么地方。1998年修了公路和开设了景区大门以后，来平安的游客量越来越大，旅馆民宿也越来越多了。”

“进入龙脊梯田景区，第二个景区大门是开在大寨，大概是在2003年。大寨那边最早也是摄影家们宣传出去的，李亚石就是其中主要的一位。他们那边梯田面积大一些，比较开阔，也很壮观。大寨里面主要住着瑶族人，有4个村落，发展旅游对他们脱贫致富起到不小的作用。现在，那里经营旅馆、民宿的人也很多。最后开的景区大门在龙脊古壮寨，是在2008年。龙脊村的特色是老房子有一些，他们村是龙脊山上最早的村子，那里现在还有龙脊壮族生态博物馆，每年也有不少游客。”

“我们平安发展旅游最早，现在已经相对成熟，游客目前也是最多的。平安梯田有‘九龙五虎’和‘七星伴月’两个特别独特的景观，‘九龙’是龙脊主脉在这里分出来的九条小山梁。‘五虎’指这里五个略微凸起的小山头，他们都被梯田盘绕着。还有，传说创世神当初开天时留下了七个小山包，现今远远望过去像梯田中七颗闪烁的星星，守护着龙脊山中那块弯弯的‘月亮’田。‘九龙五虎’和‘七星伴月’让我们的平安梯田更加是景中有景，增添了许多的情趣和意境。”

讲起平安的旅游，讲起龙脊梯田，廖元新充满着作为当地人的自豪，对龙脊梯田景观，也有动情的描述。

我问廖支书，村民从旅游当中得到了些什么好处？

“种植方面有一些，因为旅游销量大了；景区门票有点分成，也是一个。做旅游纪念品，开旅馆、民宿、餐馆和小商店，村民增多了获得收入的渠道；旅游服务，比如帮游客背一些行李，自己做背景让游客拍照，也能有收入。另外，不是说能做旅游，就没人愿意种田了，有一笔资金补偿种田，种一亩有1000元补助。每户大概平均两亩，可以得两千块。种下以后放满水，又有补助，去年给了1000元；秋天10月7日收割，去年延长到23日，再补几百块。像我们家有两亩地，一共有5000多元了。我们收的稻米，还有销售收入。这些收入全部加起来，村民们一年的生活，就大大改善了。”

“基础设施，包含道路维修、梯田维护，另外从旅游门票里提成10%。这笔钱政府支配，由龙脊旅游管理局负责。这笔钱是专款专用，一年有几百万。这些措施，保护了梯田，保护了景观，也保护了与发展旅游配套的基础设施。这些做法，对稳定和增加我们村民的各项收入都有好处。总体上说，村民对发展旅游非常欢迎。”

廖元新出生在平安，也一直生活在平安，当过支书，现在是村上的普通人士。除了种田，他每月还有十几天工作在景区停车场。一儿一女两个孩子，也都已结婚生子，在城市工作。估计村上像他这样的村民不少，旅游使这里几百年来几乎千篇一律的生活方式，发生了很大的变化。

二说：“龙脊古壮寨和龙脊壮族生态博物馆”

刚满70岁的潘庭芳，在龙脊村做过村主任、村支书，还是龙脊壮族生态博物馆馆长，是龙脊古壮寨比较资深的一位人士。这次访谈，潘庭芳向我介绍了龙脊古壮寨和龙脊壮族生态博物馆的情况。

“我们这个寨子，村民有三个姓：廖、侯、潘。我们原来就叫龙脊村，人民公社时期，我们是和平公社龙脊大队，后来人民公社变成和平乡政府，我们变回龙脊村。我们是龙脊山上第一个寨子，是龙脊村寨的发源地。先民从河南到广西，后从南丹经柳州来到这里，元末明初迁过来的，差不多有700年的历史了，先民最早在这里开辟了梯田，后来从这里去了平安等其他村寨。现在龙脊旅游公司在平安、龙脊、大寨分别开设了景区大门。外地游客过来，到我们古壮寨，到平安，到大寨，都是到了龙脊梯田景区。平安叫平安村，金坑那边是大寨，主要景点是它们两个，它们是龙脊梯田最主要的景观地。若要了解龙脊的历史文化，必须到我们这里。大专院校专家学者或者国家搞历史文化调研，搞非物质文化遗产调查，都到我们这里。平安村全部是廖姓，祖先是从我们这边的廖家迁过去的。大寨潘姓人多，主要是瑶族人。”

潘庭芳几句话，就把基本情况说清楚了。

“我 1987 年 4 月开始在村上做文书，后来做了多年村干部，1991—1999 年做村主任，1999—2008 年做村支书。”

“旅游给龙脊古壮寨带来了很大变化，群众生活因旅游有了很大的改善。1999 年我做支书时，村子到龙脊镇即之前的和平乡没有公路，靠两条腿走路进出。现在这条路，您刚开车进来的这条路，非常好是吧？当时我做支书我们就开始申请，请政府给我们修路，2000 年元月 12 日动工了，但当时政府没有钱给，我们村民集资，每人出了 300 块钱，当时 300 块钱也是不容易的，2002 年基本上开通。2003 年政府每公里拨款 3 万元，帮我们把路面改好了。去年，据说习近平总书记来桂林时要来龙脊，县里面又提升了路的质量，变成今天这样的好路。”

“平安村的旅游，开发得最早，2003 年大寨也做起了旅游。平安和大寨用龙脊这个名字去搞旅游，村里群众好像有点理解不了。当时我就去政府申请，2005 年政府投资，把我们这条路加宽到 6.5 米，变成了现在的路基。旅游公司后来也介入进来，龙脊古壮寨正式对外开放旅游了。刚开始时游客比较少，经过几年的建设发展，一年有二十来万游客了。”

“龙脊古壮寨很多都是老房子，村民生活比较艰苦，发展旅游以后，国家扶贫力度也加大了。老百姓住房得到了明显改善，收入提高了。虽然游客还不是很多，但三产有收入。比如游客来到这里，中午吃饭哪怕是杀一只鸡，村民就会有收入。游客从我们这里进景区，门票收入分我们 7%，每年有五六十万元，然后我们分给村民们。游客吃饭、住宿、买东西，都能给大家带来收入。这里的民宿，黄金周是爆满的。大家的生活水平，因为旅游大大提高了。”

“我们古壮寨，比不了平安和大寨，那两个地方的梯田比较漂亮，比较壮观，我们相对平淡一点，吸引不了太多的游客，但从历史文化跟民间历史建筑的保护上看，我们是有特点的，这又超过了他们。一次我去南宁开会，自治区文化厅文物处处长在会上说，整个广西农村他走了最少 70% 的地方，没有一个寨子能比得上龙脊古壮寨。为什么？首先是它的石板桥，山里面，地里面，每一条小路都是石板铺成的，没有一根木料，而且都是过去的原样，都不是后来仿造的；再一个是整个龙脊，以前说的龙脊十三寨，全部由我们这里发展出去，最早的发源地是龙脊村。”

此时我想起，早在 2012 年 12 月，龙脊村就被国家住房城乡建设部列入全国第一批传统村落名录。这一批全国共有 646 个，广西有 39 个，其中桂林有 19 个，而龙胜县只有龙脊村 1 个。

“所以对大专院校、国家各单位来的专家，我都提出建议，要把龙脊古村保护下来，以吸引游客。我们的民居，寨子里 100 年以上的古屋有 8 座，最老的两座有 160 多年了。廖志国百年古屋有一张神桌，在整个龙脊景区独一无二，有两个日本人，2011 年过来说用 5 万元钱买下。我们不让他卖，要他保存下来。所以我说对龙脊古壮寨重点是保护，比如说还有很多农具，随着社会的发展可能会被丢弃，这些都要保存下来。外面的人来采访我，我都会重点强调这些。”

潘支书说的非常到位，保护好古壮寨是第一位的。

接着，我与他聊到龙脊壮族生态博物馆。

“这个馆 2008 年开始筹备，那年我还在村里面，一天自治区文化厅覃博副厅长来龙脊定下了这个点，刚好当年 8 月我从村支书任上退下来了，县文化局就叫我帮助抓博物馆基建工作。博物馆 2009 年 6 月动工，第二年 11 月 15 日就对外开放了。这个博物馆是整个广西民族博物馆建设 10+1 工程之一，‘1’是民族博物馆；‘10’是 10 个生态博物馆。2011 年我们又获评为国家文物局首批 5 个生态（社区）博物馆之一。现在的这个馆，只是博物馆的一个展示中心，整个龙脊实际上都在‘馆内’。”

“我们龙脊壮族生态博物馆，也是龙胜第一个壮族历史资料和展品比较全面的博物馆。这里展示了聚居在龙脊地区的壮族村民以梯田景观为代表的山地稻作文化，有以‘白衣’为代表的服饰文化；以干栏民居为代表的箭镞文化；以碑刻和石板路为代表的石文化；以铜鼓舞和弯歌为代表的歌舞文化以及以寨老制度为代表的民族自治制度文化和以‘龙脊四宝’为代表的饮食文化。我们博物馆曾入围全国首批 5 个生态博物馆示范点，这也表明整个广西的生态博物馆建设已走在了全国前列。”

潘庭芳最后谈到他关于发展龙脊梯田旅游的两个建议，说旅游应该向深度开发，比如说了解整个龙脊的历史、民族、文化，就到龙脊古壮寨，然后到最早开发旅游的平安看梯田，再去大寨看更大面积更壮观的梯田，这样形成整个一条线路。再一个是向政府建议，在我们龙脊与平安和大寨修建一条循环交通路线，现在就不太方便。像今天您来，如果再去平安，就必须走回头路。

三说："新一代龙脊人更要'追梦'奋进"

与潘庭芳、廖元新相比，廖义陕属于年青一代的龙脊人，他从上小学开始，就每天看着来龙脊梯田旅游的游客，看到游客越来越多，看到村上经营旅游的村民越来越多，事实上他自己也参与其中。接下来，我开始与这位年轻人聊天。

"从小我就接触了旅游这一块，2003年高一后就跟着别人做一些餐饮项目，不过那一年刚好'非典'，生意受到很大影响。后来就在家里跟父亲装修木房子，准备做旅馆。几年后通过别人介绍又来到了阳朔，在阳朔一个户外公司做户外旅游和户外运动的一些教育培训。这是一家国际公司，让我增长了知识，开阔了眼界。做了几年又回到龙脊，自己开了一家民宿，叫'草木生活山宿'，除此之外，还和朋友共同开办了餐馆。"

"户外旅游在龙胜从来没人做过，我就怀着一腔热情想把龙胜户外资源推出去，做起来，也注册了'龙胜一路探险有限公司'。那时候我们去注册户外旅游公司，政府有关部门还不了解这一块，我找了当时的旅游局局长，最后才下了批文。做了两年，由于各方面条件还不很成熟，也没有分析透这个市场，就没有做起来。这几年又碰到了疫情，就停歇下来。公司保留在那里，我想将来也许有机会再做起来。在这方面，我是要'追梦'的，也是要奋进的。"

我问小廖，龙胜能开展什么户外探险活动？他说有的，比如徒步，或者攀岩，也可以做速降、溜索这些。龙脊有很好的户外运动资源，但同样的公司就他这一家。

我说道，听说不少年轻人返回村里做起了旅游，有的还把自己外省城市里的配偶带了回来。

"有这种情况，很多年轻人在外面创业，或者真的是城市里面没有很多的机会，平安前几年又刚好处于各种机会并存的时期，这些人就在平安追起'梦'来。有一个龙脊的小伙子，老婆是四川人，他们一起在杭州工作，后来姑娘跟着他回平安经营民宿了。其实我夫人也是外地的，是浙江人，开始在平安朋友开的国际青年旅舍工作，她本打算一两年就回去，后来我们谈恋爱，我把她留在了平安。实际上，这里也是在转变。以前叫旅馆，现在这些服务可能更精细化、更优质化了，大家更有情怀去做一些事情。在平安，也需要更多的人一起做旅游，这样会有一个更好的发展氛围。"

"平安是个不大的村子，从现状看民宿有些过剩了，现在已有几十家。以前就是老的旅馆，设施比较落后，现在每年都有一些旧旅馆在翻新，过去几十块钱一间房的旅馆，现在贵一点的都在1000元以上了。现在平安的旅馆、民宿，总共有2000个床位，民宿也大都是平安人做起来的。”

作为年轻的本地旅游人，我问他下一步有什么想法。

“由于疫情，旅游停摆了，村上的民宿也都空在那里。我现在跟朋友一起在做短视频，想通过短视频销售一些旅游产品或者是线路。短视频也还在摸索，我准备在这方面做些努力，自己之前对摄影就比较感兴趣，受过很多来龙脊梯田的摄影家的影响。我制作的一些视频素材，还提供给了县里，用于筹备龙胜70周年县庆大会，他们使用了，我也给县里做了一点贡献。”

“我现在还在做一份兼职工作，是跟朋友在外地做水上救援的培训，我打算做一段时间。水域救援，就是比如像遇龙河、漓江有人落水了，就需要去救援。我们的培训主要针对消防队，下个月我会去浙江，给那边的消防队做培训。消防队水上救援培训，也是近些年才开始的。我是2016年学习这方面培训的，国外老师过来教我们。在桂林，我们应该是国内第一批学习国外救援体系的。那时候还是想针对游客，属于服务于保障户外运动，后来拓展到了消防，因为更多的救援，第一到现场的就是消防队，但消防队出去救援，对消防队员来说也比较危险，消防队员每年都会有一些伤亡，他们之前水域救援几乎没有培训，不会游泳的人还不少，我们在救援理念和方法上给予指导。消防队水域救援培训，我们算是比较早的。我们教的是北美那边的救援体系，比较先进。桂林户外运动有专门的救援队伍，阳朔就有一批，也是一些朋友在做。桂林现在打造世界级旅游城市，我认为应急救援这一块，也需要进一步加强。每年桂林都会涨水，多一些内行的救护人员施以保护，是一件好事情。”

“我主要还是钟情于在家乡龙脊和桂林做旅游，下一步打算先把本行民宿做好。现在我正在注册龙胜民宿协会，想把龙脊上的民宿，加上县城和温泉那边的民宿组织起来，大家多交换意见，共同学习，共同去提升龙胜民宿的水准。现在农村旅游发展机会越来越多，更多的年轻人愿意回来创业，有想法的年轻人是很多的，成立协会也有助于了解他们在这方面的想法。很多事情需要政府帮助解决，也好以协会名义汇报，大家可以为龙胜旅游发展多做贡献。”

小廖对当前缓解疫情造成的压力，也讲了意见。

“龙脊梯田景区的管理，目前还局限在收门票这一块，没有更多的做法。疫情这两年，我们是不是可以改变一些现行的政策，比如对整个大桂林的人免费或者就收10元钱或者20元钱，把人数给做起来。现在桂林人也不知道去哪里，那就请他们来龙脊梯田。像现在，每个家庭要几百块钱，那他会觉得还不如不去。

几十块钱，可能会来，还有可能留他住上一晚。这里环境好，空气都比县城和城市好很多，另外他们起码要吃饭，餐馆就会有生意，停车费也有的收了。可是现在，旅游公司也在赔本。象山公园免费开放，至少让人看到桂林市政府这一块有所作为，而龙脊却一点动静没有。疫情让大家特别困难，我们都希望今年暂时不收门票，或者少收门票，这至少能给我们带来一些收入。我们成立民宿协会，其中一个考虑也是把民宿这一块的意见收集起来，去跟政府交流。实际上民宿也可以出一点钱，帮助冲掉一点门票，这样旅游公司也可以减少损失。门票是个杠杆，是个机制。可以好好利用，把老百姓现在的困难缓解一下，政府的压力也会减少。暂时改变门票政策，对缓解大家的压力是最直接的。”

年轻人面对缓解当前压力是动了脑筋的，他的意见究竟怎样，有关部门可以研究。他前面谈到的相关下一步的想法，从当前的现实和长远的需要出发，我认为也是不错的。

专题——“旅游新业态认识与开发”国内专家学者八人谈

（学术沙龙时间：2022 年 5 月）

广西师范大学历史文化与旅游学院陈伍香教授因与我共同参加黄伟林教授 2021 年 2 月组织的“乡村振兴与民宿发展”研讨会而认识，后帮我联络该院两名“00 后”本科生谈对桂林旅游的看法，她自己也参加我策划联络的以“打造世界级旅游城市”为主题的咖啡沙龙，谈了她对桂林打造世界级旅游城市的思考。陈伍香教授正在主持研究广西创新驱动发展专项《5G 场景“旅游 +”智慧化服务技术研发与应用》，项目研发 5G 场景“旅游 +”沉浸式体验产品、一体化智慧旅游中台，研究旅游企业“云数智”化转型的商业模式调整与组织变革，通过关键技术攻关、相关技术集成示范和系统解决方案，以推进发展“旅游 +”新业态，推动企业“云数智”化转型和文旅产业数字化转型，形成桂林旅游发展有效模式。得知我编著“说说‘桂林旅游’”三部曲，陈伍香教授几次提出能提供其中一部的出版资助，并希望能收录本项目关于旅游新业态认识与开发的部分成果。盛情难却，于是应允。在我看来，这也符合我编著上一本书时启用的集中访谈的思路和做法，算是借此机会把国内一些专家学者的研究成果放在了我这个平台上，供更多的人了解这方面的学术动态。

2022 年 5 月 20 日晚，以“旅游新业态认识与开发”为主题的学术沙龙在广西师范大学历史文化与旅游学院举办，本次沙龙邀请国内八位专家学者和我做主旨发言，线上线下同步进行，历史文化与旅游学院院长刘祥学主持沙龙活动，副院长徐毅以及 200 余位师生与会。我认为国内专家学者高水平发言，让人受益匪浅；历史文化与旅游学院院长刘祥学主持精彩，该院旅游新业态研究中心主任陈伍香教授准备精心。

下面，是对八位专家学者发言的记录和整理。

阳国亮，广西大学原党委书记，教授、博导，现任广西大学区域发展研究院院长、广西西大旅游科学研究院院长，以“美好生活需要与旅游新业态”为题做主旨发言：

旅游业态是近年来研究旅游的新视角，指的是旅游行业的组织形式、经营方式、经营特色和经济效率等运行状况的综合表现，是指旅游企业及相关部门根据旅游市场的发展趋势，以及旅游者的多元化消费需求，提供特色的旅游产品和服务的各种营业形态的总和，具有复合性、动态性和特色性。

旅游业态为所属旅游业态范畴的旅游经营、旅游组织管理等研究提供了新的切入点，有利于从多维视角对旅游学科研究尤其是产业组织形态进行分析。旅游业态作为描述旅游组织形式、旅游经营形态等的复合性概念，能够客观地反映旅游业当前发展形势以及未来发展趋势，为揭示旅游业内在发展规律提供理论指导。

近年来，旅游新业态不断涌现。在旅游市场竞争愈加激烈的情况下，旅游业态中的旧有经营模式、组织形态以及旅游产品等已经无法适应市场需求变化。在产业融合的大背景下，为了满足消费者日渐高要求、多层次的消费需求，旅游企业通过优化经营模式、完善组织形态以及创新旅游产品等方式引导消费者需求，提高旅游企业的市场竞争力和影响力，促使旅游业态的创新发展成为必然发展趋势。

人民美好生活的需要是旅游新业态衍生的驱动力。“中国特色社会主义进入新时代，我国社会主要矛盾已经转化为人民日益增长的美好生活需要和不平衡不充分的发展之间的矛盾”是党的十九大提出的重大判断，这一重大判断，为旅游业态的创新发展提供了理论依据。人民日益增长的美好生活需要最重要的是精神文化需要，人们的物质性需要不断得到满足的基础上，追求更丰富的精神文化生活，旅游业则是最重要的精神文化活动。不断满足人民日益增长的美好生活需要就要通过旅游业态的创新，从内容和形式上丰富旅游文化活动，提升旅游发展质量。

新时代以来，我国旅游业不断满足人们旅游消费的新需求，在旅游业态创新方面努力探索，逐步呈现出一大批成效显著的旅游新业态、新路径。旅游业态的这些创新主要是在“旅游”的前后加上新意十足又具有一定含金量的专有名词，比如：“自驾＋旅游”“体育＋旅游”“健康＋旅游”“研学＋旅游”“旅游＋夜经济”“旅游＋乡村振兴”，为旅游业态注入了全新内涵，概括起来这些新业态主要从旅游资源优势整合上做文章。

一是做“特”的文章，注重发挥“特”的优势。各地着力挖掘本地民族多样性、生物多样性等特色优势，推进旅游业态创新以满足不同旅游人群个性化需求，谋划建设一批特色旅游项目。

二是做“文”的文章，注重挖掘“文”的底蕴。推进旅游业态创新还要注重挖掘“文”的底蕴。着力挖掘丰富多样、多元包容的民族文化优势，在丰富的历史文化名城，千年古城、古镇、古村落等文化实体资源基础上，加快培育文化内涵深厚、文化体验丰富的旅游新业态、新产品，进而提升旅游产业的文化附加值。

三是做“全”的文章，注重构建“全”的机制。全产业链重塑旅游产业新优势，既要推动“食、住、行、游、购、娱”传统要素进行跨界融合，又要将“商、养、学、闲、情、奇”作为新的旅游要素“外延”，积极推进这些新要素智慧等领域深度融合和协同发展。

近两年疫情的影响，旅游业受到严重冲击，但人民美好生活需要的动力不减。适应疫情新情况的旅游新业态不断涌现，如网络旅游替代实地游，既遵守了防控疫情的要求，又满足了人们旅游的愿望；又如，野外帐篷露营游在疫情中兴起。一方面如今的都市人和大自然之间的距离愈益遥远，疫情又将人们与世隔绝，但内心对融入大自然的呼唤却从来就没有停止过。逢个周末，约上三五好友觅一块风景秀美的宝地，在草地或裸露的泥土地上撑开帐篷，嗅着泥土和绿草的清香，会突然感到一种深深的回归与惬意。这种野外帐篷露营游作为一种旅游新业态已然兴起。

此外，满足人民美好生活需要旅游业态的创新途径。新时代，我国已进入国民休闲阶段，人民对美好生活的期望促使新消费需求不断涌现，旅游业作为能满足人民新消费需求的产业，地位越来越重要，已由“重要产业”上升为“战略性支柱产业”。旅游业态创新成为旅游转型升级的有力武器，成为培育旅游经济新增长点的重要途径。我认为，旅游业态创新需要从一些基本概念、基本方法中找到创新途径。

1. 从行业形态的视角创新旅游业态

任何行业都有自己的行业形态。旅游业态的创新重点从三种行业形态上推进形成新业态。

一是要从新组织形态上推进。旅游市场中涌现的新组织形式主要是由产业间的业务融合，网络技术与旅游融合以及新开发的特色组织产生的旅游新业态。

二是要从旅游新产品上推进。根据市场需求开发出来的新旅游产品是旅游业态的核心。由新产品推动形成的旅游新业态主要有：旅游与交通工具结合形成的新旅游产品，旅游与特色资源结合的新旅游产品，针对市场细分形成的专项旅游产品等。

三是要从旅游经营形式上推进。企业销售旅游产品所表现出来的新经营形式也会衍生出旅游新业态。由旅游经营形式衍生的旅游新业态主要有：多类型企业经营联合体，网络技术应用经营平台，新型营销方式等形成的新业态。

2. 以创新元素的差异组合形成的新业态

在新时代人们对旅游的需求日益强劲，旅游企业为了满足需求引导旅游消费，提高竞争力和市场占有率，在旅游经营中主动融入新的旅游元素，创新旅游业态，构筑新的模式。这些差异性元素组合的创新就形成不同类型的旅游业态。由于创新成分不同就形成不同旅游业态，主要有如下几种类型：

一是全新型旅游业态。旅游企业为适应市场变化将各种差异化的创新元素通过组织形态的规模化、经营方式的专业化、资源整合的集约化、空间形态的集聚化等方式对旅游企业进行全方位独特性的塑造，形成了新的旅游业态。

二是仿制型的旅游业态。旅游企业为了尽快实现自己原有市场的突破，采用仿制型的创新。仿制型的创新是创新程度最低的一种创新活动，模仿者既可模仿首创者，也可模仿改造者。采用模仿战略既可降低创新成本，又可有效利用首创带来的新市场效应，还可使首创成果得以普及。

三是改进型的旅游业态。改进型创新是一种提升自己的创新方法，具有中等的创新性。旅游企业在自己原有的特色管理或在别人先进管理思想、方式、方法上进一步改进，其目标就是对已有的全首创进行改造和再创造，以此创新旅游业态。这一方法创新成本相对节约，风险中等。

3. “跨界”融合成为旅游新业态发展趋势

在产业融合浪潮推动下，人们对旅游新业态的需求日益强劲，旅游业也凸显出“跨界”发展的潮流，即旅游业与不同产业相互渗透和融合，并形成新型旅游业态。“跨界”的主要表现为：

一是深化工业与旅游融合，即工业围绕旅游出产品。各地可在一些具备开发条件的地方大力开发工业旅游项目，提供旅游产品，如老旧工业区可以开发工业发展史旅游，有特色的工业区可开发特色工业旅游产品，宜于开放参观的工业区可以开发工业观光旅游。对各地旅游项目加大推进力度，形成“策划储备一批、前期推进一批、开工建设一批”梯次推进的格局。

二是深化林业与旅游融合，即林业围绕旅游出景点。各地可以以国有林场为依托，加快森林公园、湿地公园等森林旅游景区基础设施建设，开展森林观光、森林穿越探险、生态文化体验等特色森林旅游产品；也可以森林人家、森林农家乐、家庭林场、森林小镇为主体，利用电商平台和林特产品销售体系，开展以绿色、有机为特色的旅游商品研发销售。

三是深化文化与旅游融合，即文化围绕旅游出产业。各地要积极发掘本地文化资源，推动文化与旅游的紧密结合，形成文旅产业，发展新型的旅游业态。要以景区为载体，建设各景区的演艺基地，各种文艺创作中心、观光书院、诗歌散文创作基地、研究基地，科普基地。不断提升文化旅游品牌的影响力，发展文化旅游新业态。

四是深化体育与旅游融合，即体育围绕旅游出特色。按照打造秦岭体育旅游产业经济圈的规划，发挥青山绿水良好的生态资源，大力发展体育旅游，依托旅游景区举办各类体育赛事活动，可打造山地越野挑战赛、山地自行车赛、国际山地体育等各类赛事，还可开展面向群众的大众体育旅游赛事等。

五是深化乡村振兴与旅游融合，即乡村振兴围绕旅游见成效。各地可通过激励乡村旅游发展政策，大力推进乡村振兴与旅游融合，带动农村产业振兴。大力发展旅游产业可以通过建设核心景区带动就业、开发旅游商品带动产业发展，通过资源、资金入股、投工投劳共同开发等方式带动产业发展等新路径，形成“合作社＋农户”旅游示范项目。

六是深化网络与旅游的融合，即互联网在线围绕旅游发展提水平。当前，互联网在线与旅游融合发展进程不断加快，催生出一系列旅游新业态、新模式，有效拓展了行业的生产可能性边界。“互联网业＋在线旅游业”模式是一种业务融合式的旅游业态转型与创新模式，这种业务融合式是在电子信息和网络技术高度发达的基础上催生的新型旅游业态。由于在线旅游服务提供商的主流业务都是通过网络得以完成的，这使得在线预订旅游服务运营商在管理上更加注重信息化、人本化和高效化的管理方式。互联网与旅游的融合将极大地推动旅游发展水平。未来，旅游业与其他各产业融合发展趋势愈加强烈。

综上所述，人民美好生活的愿望所产生的旅游需求的日益复杂化和多样化将推动旅游业态不断创新，旅游新业态趋于多元化、成熟化发展。其中现代科学技术的不断发展，智能化、信息化的广泛应用对旅游新业态的发展将起到推波助澜作用。可以预见人们将迎来一个百花齐放、繁花似锦的旅游业态大发展的时代。

黄福才，厦门大学教授、博导，中国旅游研究院台湾旅游研究基地首席专家/主任，以“基于经济管理视角的旅游新业态理论探索”为题做主旨发言：

我认为要探讨旅游新业态问题应从“业态”的含义入手。许多研究者认为对于“业态”的认识是从商业活动开始的，对“业态”的认识也有多种不同的表述。有的研究者认为“业态是定义为营业的形态”，它是形态和效能的统一，形态即形状，它是达成效能的手段。有的认为它是一种经营形态，其中或认为是为满足不同的消费需求进行的要素组合而形成的不同经营形态；或直接指出它是行业的经营形态；或指经营主体卖给谁、卖什么和如何卖的具体经营形态。除此之外还有的认为它是一种商业模式，指业者向确定的顾客提供确定商品和服务的具体形态、模式。再有的认为它是一种组织形态，即基于不同产业间的组合而形成的组织形态。这些不同的表述和认识，有助于人们对旅游新业态内涵的认识。

对于旅游新业态的定义，许多研究者认为旅游新业态是指旅游围绕市场的新发展和消费需求新变化，与其他行业融合创造而产生的新的旅游产品及运营形式。它是超越传统旅游单一观光模式，并且形成了相应经济规模，构成的比较稳定的经营形态或组织形态。

基于以上几种不同看法，我感到有以下几点认识值得重视：

第一，它不是单一的涉及创新旅游产品问题，而是一个系统性问题，包括新的旅游组织形态、新的旅游产品形态、新的旅游经营形态三大类型。认识这点方可更全面地理解和实践旅游新业态发展中的多方面问题。

第二，它与消费密切联系，是为适应新时代、新环境和旅游者需求变化而产生。单从新业态的字眼而言，它侧重的是供给的角度，但新业态的存在离不开需求。当前人们关注旅游新业态，重要的是为满足人民对美好生活的向往和需求的日益增长的需要。发展背后更深刻的含义是经济和社会发展到一定阶段的社会变革和社会需求。认识这点可以更好地使旅游新业态更符合新时代、新环境和新需求，更适应市场的发展。

第三，它是达成效能的手段，因此效益、效率是衡量新业态成功程度的重要标准。

第四，旅游新业态重要部分是企业内部价值链和外部产业链环节的构建、融合。

第五，明确旅游新业态发展是一个动态过程。旅游企业要在经营管理过程中调整，适应新环境，适应消费需求的变化，提高自身竞争力和创新能力。

第六，中国推进旅游新业态要适应中国国情。一些国外可行的做法并不是都适合在我国发展，特别如旅游产品形态中不健康甚至有毒的内容，应坚决抵制。

针对旅游新业态的形成原因，可大体归纳为如下五点。一是新时代新环境。二是需求倒逼，即人民对美好生活的向往对旅游供给侧结构性改革的新要求。三是旅游企业自身生存发展的需要，即企业为适应环境变化，适应竞争加剧的需要。四是产业升级、融合发展，即需求侧和供给侧的发展促进产业的新发展。五是信息技术革命迅猛发展，为旅游新业态发展创造了条件。

而对于旅游新业态有效性的判断，有四个方面的主要标准供参考：一是其市场适应性，即旅游供给与目标市场期待和需求的耦合程度，其中又以旅游者的有效需求为重要内容；二是运作顺畅与效率的有效保证，主要体现产品在低成本基础上的可为消费者接受的价格，企业运行中更有效的生产方法、更可行的生产技术和更低的营销成本；三是新业态运作带来的效益；四是旅游新业态运作的一定规模和可持续性。

推进旅游新业态发展涉及多方面内容，有以下几大重点任务值得重视：一是明确旅游新业态调研和论证的重要性，即明确市场调查、竞争环境分析和可行性论证的重要性；二是明确运行选择时要因势利导注重内涵式发展，即注重因时制宜（适应经营新环境时空变化——天时）、因地制宜（结合突出地方优势与特色、当地市场发展能力——地利）、因人制宜（既注意适应消费者消费新需求变化，又注意供给者，充分发挥组织形态的新优势，优化新经营形态——人和）；三是注重旅游新产品形态特色与吸引力问题；四是明确旅游新业态发展的策略重点，即以“创新整合与提质增效”为重点策略，关键是创新与融合发展，特别注重旅游产业信息化，适应世界网络经济发展，注重“互联网＋智慧旅游”；五是发展中以优化旅游要素配置为核心；六是以创新驱动为灵魂，突出新供给的效益；七是以可持续发展理念，组织有效、有一定规模的经营管理运营。

推进旅游新业态离不开企业经营运作，因此要充分重视市场主体素质的提升，主要关注以下七个方面能力的培养和提升：一是发现新产品或新项目供给价值的能力；二是洞察和适应市场变化的能力；三是提供旅游新产品新经营形态或新组织形态的能力，这是旅游企业自生能力的重要体现；四是要有新业态发展中应对风险变化的创新能力；五是能组织资源进行一定规模且可持续的投资能力；六是高水平高效益的运营能力，即旅游新业态的经营主体在企业运营中，清楚旅游目的地或产品的运营模式、生产要素配置模式、盈利模式和管理模式；七是增强不同市场主体间的协同能力。融合发展是新一轮产业革命重要的特征，因此协同能力对于推进“旅游＋”、产业融合发展甚为重要。

宋子千，中国旅游研究院研究员、博士，中国旅游研究院政策与科教研究所所长，以“催生旅游新业态的几种力量”为题做主旨发言：

我主要就“需求”“文化”“科技”“疫情”“教育、人才和营商环境”五个方面进行阐述并分享如何催生旅游新业态。

需求是催生旅游新业态的根本力量。只要有钱赚，就不愁没有人去投资开发。但是要注意的是新业态不等于新需求，有了新需求不见得就有新业态。只有当围绕这些新的需求提供某种新产品或新服务，形成一定规模的经营者群体才构成新业态。另一个问题是新需求是怎么产生的？这个问题比较复杂，在很多时候新需求和新供给其实是一种互动关系。从历史来看，收入水平以及生活水平的提高、假日制度的改革、旅游机会的增多、人口结构的改变、交通方式的发展等，都会形成新的需求。比如，消费升级，让人对旅游精品有了更多的期待；出游机会多了，人们就不愿意老是走马观花、赶鸭子式的旅游，休闲度假需求就起来了；农村居民有闲钱了，旅游市场就下沉了；老年人多了，康养旅游前景就更加广阔；高铁便利了，以前没有考虑过的地方可能就进入了旅游者的视野。因此，把握准需求的变化，是新业态开发的重要前提。

文化也是催生旅游新业态的重要力量。文化和旅游融合发展是中央战略部署，这个战略部署是在深刻把握文化和旅游发展规律的基础上提出来的。文化市场快速发展，旅游发展越来越注重文化体验，文化和旅游市场交叉重叠的地方越来越多，文化和旅游融合发展是一种必然。

文化对旅游发展的重要作用是丰富旅游体验、提升旅游品质。习近平总书记在专家座谈会上提出“以文塑旅，以旅彰文”。比如主题酒店、特色民宿，就是通过丰富文化元素对原有旅游业态进行提升，从而形成了新业态。特色民宿和农家乐的最大区别在于特色民宿附加了很多审美情趣。当然，这背后隐含了一个前提是人们现在越来越追求文化体验。在旅游业发展早期，绝大多数旅游者都倾向于花最少的时间、金钱，游览最多的景点，农家乐可以满足最基本的吃住需要，这就足够了。旅游对文化发展的重要作用是提供文化消费的新市场、文化传播的新渠道。典型的如旅游演艺，将演艺和旅游市场相结合；非遗展示馆，将非遗保护传承和旅游市场相结合。

文化和旅游都是产业边界非常宽泛的领域，也都是创新非常活跃的领域，这使得二者不断呈现出新的融合点。“文化 +”“旅游 +”能够很好地拓展新业态。比如，剧本杀旅游、休闲书店，是文化发展创新的结果，也是旅游休闲化的产物。剧本杀、休闲书店并不一定要依托旅游市场存在，但旅游市场为其提供了一个更好的市场。

谈到科技时，我认为科技越来越成为一个国家或地区的关键竞争力，也越来越成为旅游新业态发展的重要动能。科技在旅游业中的应用是全方位的。食住行游购娱等各要素，生产经营各环节，科技均可介入。

从新业态开发角度来说，我认为有几个领域值得关注：

一是科技便利旅游活动。这方面很容易被忽视，但其实很重要。比如，飞机、高铁等大大拓展了人们进行旅游活动的空间范畴。

二是科技创新旅游体验。这方面的例子有很多，如运用数字技术再现历史场景、构建未来场景等。

三是科技创新商业模式。如在线旅行商、共享住宿之类。

四是科技创新管理方式。现在大数据挖掘、实时监测、智能客服等技术已经广为运用了。

五是科技降低生产成本。不只是工业，服务业很多领域也可以被机器取代。

六是科技提升产品质量。现在的科技不仅能够做到标准化，也可以做到低成本的差异化。

疫情对旅游业冲击非常大，但也催生了一些新的业态，或者说有些业态得到了更多的发展。比如，微旅游、微度假，大家出不去，到公园搭个帐篷，就是野营；到郊区住个民宿，就是度假。还有就是云旅游、虚拟旅游。这些活动形态以前就有，但疫情起到了加速其发展的作用。

虚拟旅游和实地旅游究竟是存在补充作用还是替代作用，我认为这两方面的作用可能都有。如果说一个人能在虚拟世界获得比真实世界更加丰富，更加系列体验的话，那虚拟旅游会对现实的体验形成一定的冲击，这几乎是必然的，但是它永远也不可能完全取代实地旅游，但是肯定会形成一些冲击。此外，疫情还让人们更加珍惜健康、珍惜自我、珍惜亲情，因此生态旅游、康养旅游、体育旅游、研学旅游、亲子旅游等也得到了更多的关注。

最后就是教育、人才和营商环境。简单说一下，所有的创新都离不开人才，而人才背后是教育，不只是学校教育，也包括社会教育。所有的创新也离不开好的营商环境，不仅包括政策，也包括地方文化。

最后回归旅游仪式理论，即关于旅游本质的问题。疫情暴发以来让大家对旅游的本质有了更多的思考。现在影响比较大的几种观点，如愉悦体验说、非惯常环境说、游历说、诗意生活说等，都有道理，但是总感觉没有说透彻。特别是微旅游、微度假、云旅游、虚拟旅游等概念的提出，对原有旅游的概念形成了较大冲击。异地只是一种手段、闲暇只是一种条件、体验只是一种方式，旅游从根本上看起来还是对日常生活的反叛，也就是一种所谓的“仪式”。因此，旅游就是鼓励人们从待腻的地方逃离，从待腻的状态中逃离，以实现生命丰度和质量的提升。

张朝枝，中山大学教授、博导，联合国教科文组织名录遗产地可持续旅游教席主持人，以“文旅科技与旅游新业态”为题做主旨发言：

在国家大力推动中华优秀传统文化创造性转化、创新性发展，鼓励与支持合理运用数字化、信息化等高技术手段揭示蕴含其中的中华民族的文化精神、文化胸怀和文化自信的背景下，通过技术手段来促进文化旅游新业态形成与发展主要有以下几种形式：

第一，在不同的场景中通过声光电技术对游客进行感官刺激。在历史街区、博物馆、餐馆等多种场景中此类技术被广泛使用。以西安大唐不夜城为代表的文旅商业街区，就是有效地通过声光电技术来营造感官刺激的典型案例。以韩国ARTE MUSEUM为代表的博物馆，在展区中进行沉浸式媒体艺术表演也是这种案例。

第二，在不同场景中利用声光电技术刺激再加上故事讲述与游客进行情感连接。早期如法国的狂人国主题公园，中国的《宋城千古情》，通过声光电技术营造氛围的同时，讲述某个具有情感关联的故事，让游客沉浸在故事情节中，并让游客对这个故事产生情感关联，从而让游客有更丰富的体验。

第三，在不同的场景中除了声光电技术和故事情感外，还吸引游客参与其中，形成沉浸式的互动与价值共创。这些场景有餐厅，如日本SAGAYA牛肉餐厅，虚拟成像与游客进行互动为游客创造独特的消费体验。又如武汉的知音号游轮，游客参与其中获得角色体验。还有上海的《不眠之夜》等剧本性质的游客参与感强的产品，类似的剧本杀、密室逃脱等都具有共性特征。

第四，利用不同的“要素符号＋产品功能”与游客形成价值共创，如通过文创雪糕、考古盲盒、创意冰箱贴等具有一定功能的产品，与地方文化符号相结合，既为游客创造价值，又让游客形成社交传播。

但在所有这些技术与创意结合的产品或相应的业态模式中，能否让游客形成有效支付意愿才是该商业模式或商业业态成功与否的关键。

欧阳日辉，中央财经大学教授、博士，中央财经大学中国互联网经济研究院副院长，首都互联网经济研究基地副主任，以“数字经济对旅游新业态新模式影

响与对策”为题做主旨发言：

我主要从以下几点谈旅游新业态的认识与开发。

一是“十四五”规划提出积极发展智慧旅游。

数字经济是新的经济形态，我们讨论旅游业发展必须置于这个大的时代背景下。“十四五”规划纲要提出，“一”条主线、“三”大变革、“五”大重点。这是到 2035 年我国数字化发展的总体部署。

“十四五”规划纲要提出了数字经济的七大重点产业，共设置 20 个专栏。七大数字技术产业与旅游业密切相关，在“数字化应用场景”专栏中，针对“智慧文旅”明确提出，推动景区、博物馆等发展线上数字化体验产品，建设景区监测设施和大数据平台，发展沉浸式体验、虚拟展厅、高清直播等新型文旅服务。

“十四五”规划纲要颁布之前，2020 年年底文旅部等十部门联合印发了《关于深化“互联网 + 旅游”推动旅游业高质量发展的意见》；“十四五”规划纲要颁布之后，文旅部出台了《“十四五”文化和旅游发展规划》，两个文件都提出深化“互联网 + 旅游”，积极发展以数字化、网络化、智能化为典型特征的智慧旅游。因此，在“十四五”时期，立足新发展阶段和新发展格局，推进智慧旅游。

二是疫情给消费领域带来的变化。

疫情给世界带来巨大变化。在消费领域，主要表现为：数字化加速、新业态成长、消费力变化。

数字化的加速。2020 年以来，新冠肺炎疫情快速席卷全球，传统零售、餐饮、酒店等线下场景几乎全面停滞，娱乐、本地生活等各类线上需求“爆发式增长”，线下服务线上化、数字化、智能化进程加速前进。

新业态的成长。数字化的加速和在线生活在人群的普及，推动大数据、人工智能、物联网等前沿科技应用在远程配送、便民服务等领域多点开花，无人零售、在线娱乐等新兴业态蓬勃涌现。

消费力的变化。疫情让宅在家里太久的人们渴望走出家门，体会线下消费的乐趣，可以预见的是，日常消费的线下实体店、旅游、电影、演出等在未来一段时期内将迎来一波消费热潮。同时，疫情对收入造成的影响也让大家更为关注消费性价比。这些都对文旅行业产生新的需求。

三是新形势下文旅特点：IP 化、数字化、生态化。

在上述大背景下，我们可以看到 IP 化、数字化、生态化正在并将会继续成为文旅行业发展的新动能。

以优质 IP 带动文旅融合。一部好的影视剧可以带火一座城市的旅游，一方面平台在做线上优质 IP 对线下旅游的延伸和带动。另一方面，平台也努力挖掘地方的文化特色和文化价值，开发文化创意产品，以人文带动旅游业发展。

数字化，通过大数据打通线上线下关系。线上多渠道内容传播，打通商家和消费者关系，线下进行多场景粉丝互动，线上流量转换成线下消费，通过转化率拉动旅游和周边消费。而且，大数据根据精准的用户画像和用户行为偏好，深挖消费者需求，可以进行千人千面的个性化营销。

生态化，数字科技发展正在打破传统旅游和其他行业的界限，在线支付、扫码入园等让用户的旅行体验更轻松便捷，同时也让演出、机票、酒店、景区、餐饮、零售等行业联动融合，全产业生态化运营已经成为更好服务用户的趋势。

我去年调研了阿里，我们来看一些具体的案例：

1. IP 化——优质 IP 带动文旅融合

影视剧作品对旅游的拉动作用是巨大的。2019 年 7 月的优酷自制剧《长安十二时辰》热播拉动西安旅游大幅上升，该剧的拍摄地陕西省西安市成为热门旅游景点。该剧播出 1 个月时，购买西安度假景点旅游服务人数同比增长 45%，热播期间各项度假景点旅游服务消费金额同比超过 120%。饿了么数据显示，在《长安十二时辰》带动下，西安美食也在全国多个城市走红。此外，剧中的薄荷叶、“司丞款”、“张小敬”IP 款服装也都非常畅销。

2. 数字化——线上线下打通

我们将以阿里集团数字技术、智能服务为基础，整合旗下优酷、大麦、阿里影业以及天猫、淘宝、支付宝、高德、飞猪、饿了么等业务，建设数字演艺区，引领演艺产业数字化升级，打造城市文化新名片。

数字演艺区的基本定位是：以文化 IP 为核心，数字驱动文商旅消费循环构建的新型产业示范区。具体来说，产业基建方面：1~2 年内，依托数字化场馆的运营，实现文化场馆全面数字化，建立演艺机构智能化经营能力。数据助力方面：依托阿里巴巴大数据能力，建设数据中心，打通文化场馆票房、档期信息，横向拉通演艺资源，形成区域合力，辅助政府政策决议和商家品牌运营。服务链接方面：建设数据服务、会员服务管理中枢。融合发展方面：推动演艺与影视文旅、商业等融合发展，探索以文化 IP 为核心，串联游购娱的新商业模式，逐步解决“消费生态圈单一”“盈利途径单一”等问题。

3. 生态化——多业态共生

我国的旅游业已经从增量迈向了存量阶段，传统文游产业也亟待借助数字的力量实现转型升级。阿里巴巴基于大数据和云计算，重构了文化和旅游关系，实现了营销数据全链路闭环、营销方式全渠道触达，全生态联动助力文旅融合。

阿里巴巴基于人工智能、大数据和云计算底层技术的阿里云底层数据平台，基于完整的数字生态圈，阿里巴巴经济通过向文旅产业提供数字化的整合能力，以此实现：在供给端，用科技夯实文旅融合的新基础设施建设，实现数据的线上线下沉淀、各类服务账户打通（ONE ID），从文到旅、从单一用户转向全链路消费用户；在消费端，用科技连接文旅在线端、串联各类服务，为消费者打造全链路美好体验，最终拉动内需消费。

文旅生态板块中，一方面是以数据驱动的文旅新基础设施应用，另一方面是突出“小人物、正能量、大情怀”的主流价值内容生产。以大麦、优酷、阿里影业、飞猪、阿里体育、阿里鱼、书旗小说、虾米音乐、阿里游戏结合本地生活板块飞猪、高德、饿了么（口碑）等，形成全链路文旅融合生态。同时，结合阿里巴巴的新零售，组合生长出各类以科技和数据带动的文旅融合新模式，实现全域领域拉动消费，最终带动文旅产业发展。

四是文旅行业数字化发展的难点。

文旅产业数字化转型是一项长期的战略行动，既需要国家层面的政策引导和顶层设计，更需要长期的探索和实践。目前，我国文旅产业数字化还处于初级阶段，基础设施不完善、品牌建设效果不佳、线上文旅消费规模较小。

除了大家形成共识的原因，这些问题背后的深层次原因是：

1. 思想认识问题

政府和企业对数字技术一知半解，对数字化认识不深刻。当前，在文旅界普遍存在两种极端：一是认为转型就是转变产品业态、扩大品种，二是认为升级就是引进先进的数字化技术。有些项目形式华丽、内容空洞，备受质疑。旅游产业数字化，技术是手段，数据是关键要素，平台是载体，创意是核心，不能把数字技术应用当目的，目的是增强文旅产业质量效益和核心竞争力。

2. 缺乏商业模式

企业不仅要转变自己的思维方式和发展模式，更要创造自己的专属核心产品，打造可持续的商业模式。技术使用是有成本的，一些新业态新模式提升建设成本和运营成本，投资回本遥遥无期。例如，夜间文旅消费兴起后，各地旅游景区大搞灯光秀和幻彩工程，动辄上千上亿元的巨额投资。有些建设一掷千金搞建设，结果是“高射炮打蚊子”。政府如何发挥作用，是一个大问题。

3. 人才缺乏

技术人才很贵，集中在互联网行业和金融行业，旅游行业的技术人才基本上是高收益行业不用的人才，一些低水平人才。推动文旅深度融合缺乏复合型专业人才支撑，开发的产品没法落地，设计的项目缺乏商业活动。

4. 数字文旅与实体文旅融合不深

数字文旅项目大都采用与平台型互联网企业、集成供应商合作建设的方式，一些技术公司缺乏对旅游的深度理解，或者拿一套放之四海而皆准的方案到处兜售，没有把线上线下深度融合做到位。线上文旅产品与线下的商业逻辑是不一样的，必须基于消费者打造有价值的产品创新。

五是旅游产业数字化，做强做优做大旅游业。

建议有四条：

1. 加强基于数据的文旅资源深度融合

实现“双融合”双轮驱动，文化与旅游融合、技术与文旅融合相互赋能、成就彼此，真正实现“宜融则融，能融尽融”。政府和市场双轮驱动，改变政府主导文旅融合的局面，要解决利益分配机制问题，把市场力量的活力激发出来，摆脱文旅融合项目习惯性依赖文旅地产运营模式。

2. 加强基于消费场景的旅游产业数字化商业模式创新

主要路径是，科技赋能场景业态，以场景价值共享激发商业消费新动能，让专业的人做专业的事，建立旅游业数字化转型利益共同体。这个利益共同体的成员包括平台公司、科技公司、旅行社、政府、用户、商家、消费者，甚至村委会、村民等利益相关者。马克思说：“人们奋斗所争取的一切，都同他们的利益有关。”套用马克思的这句话来阐述新时代的旅游产业数字化，即“过去的一切数字化转型都是少数人的或者为少数人谋利益的活动。新时代的旅游业数字化是绝大多数人的，为消费场景中所有人谋利益的数字生态”。

3. 政府从提升服务到注重安全监管

旅游业数字化转型存在问题的根本在于：没有政府不行，有了政府也不行！如何处理政府和市场的关系，是转型的焦点问题。数字技术“链接、集聚、赋能”的特性推动旅游产业呈现去中心化、平台化和柔性化的全新组织结构，政府应该去实现数据有效融合，加强数据安全，完善数字化监管系统，想方设法搞好人才引进、培养、培训工作。比如，与高校联合培养既懂数字技术又懂旅游发展的复合型人才，与互联网平台联合培养数字人才。

4. 政企合作从美好体验到区域品牌打造

品牌是旅游业发展的招牌，IP 已成为城市品牌形象打造和旅游目的地的符号。数字经济时代打造品牌，必须利用互联网平台、自媒体、各种新业态，比如直播、短视频、VR 全景智慧门户，升级网红打卡地，打造多产业融合的旅游品牌。多产业融合，也就是我前面讲的利益共同体，把旅游产业发展这个“朋友圈”搞得大大的，朋友多了路好走。

唐承财，北京第二外国语学院教授、博士，北京第二外国语学院区域旅游研究与规划中心主任，以“旅游新业态的特点与形成的动力”为题做主旨发言：

“业态（Type of Operation）”一词最早出现于 20 世纪 30 年代美国的商品零售行业，用来表示零售业态在商业统计中的分类。20 世纪 80 年代，“零售业态”一词进入中国，并于 90 年代得到中国官方正式认可。2004 年实施的《零售业态分类》（GB/T 18106—2004）将业态定义为“零售企业为满足不同的消费需求进行相应的要素组合而形成的不同经营形态”。业态是指商业企业（主要是零售商业企业）根据经营的产品重点不同和提供服务的差异，为满足不同层次的消费需求而形成的不同的营业形态，是对零售业店铺的经营形态和售卖方式的统称。

旅游业态即指旅游企业及相关部门，根据旅游市场的发展趋势，以及旅游者的多元化消费需求，提供特色的旅游产品和服务的各种营业形态的总和。“旅游业态”属于经济学的范畴，其与“旅游行业”“旅游产业”概念具有渊源关系。

旅游新业态是近年来旅游学者谈论最多的概念，主要是指旅游业在内部要素提升或外部产业融合过程中，产生的全新的产品、组织和经营形态。旅游新业态是相对于旅游主体产业有新突破、新发展，或者是超越传统的单一观光模式，具有可持续成长性，并能达到一定规模，形成具有稳定发展态势的业态模式。

旅游新业态主要有三个特点。

第一，旅游新业态具有很强的时代性，旅游新业态产生于消费需求，不同时代的消费需求具有很大的差异性。当前，中国社会主要矛盾已经转化为人民日益增长的美好生活需要和不平衡不充分的发展之间的矛盾。因而，满足人民对美好生活的向往，是旅游业建设成为人民群众满意的服务业的重要目标。游客消费的个性化、品质化、多样化等趋势倒逼旅游新业态创新发展。在习近平新时代中国特色社会主义思想指导下，从供给侧改革方面，旅游产业通过融合发展、整合发展等方式，创新出一大批具有时代特色的旅游新业态，如红色文化教育、两山理论教育等。

第二，创新性是旅游新业态的灵魂。旅游新业态有别于传统旅游业态，是以标新立异为特色，通过资源、环境、服务、技术、形式等方面的创新，实现其创新性的特点。另外，生态文明建设推动生态环境高质量治理，旅游市场需求变化倒逼旅游企业重新审视旅游资源的多元价值，以及新型科技飞速发展支撑旅游业态提供新的体验方式。

第三，随着现代科技尤其是互联网技术的快速发展，旅游新业态的科技属性越发强烈。首先是旅游资源管理的信息化。信息技术加速了旅游资源的信息化，将城市公共资源、个人信息与旅游资源深度融合，将旅游资源可视化、网络化，加速了以智慧旅游基地、智慧旅游城市以及大型旅游电子商务会展为代表的智慧旅游的兴起与发展。其次是旅游消费方式的科技化。以支付宝、微信支付等为代表的支付方式的出现，通过在线预订、手机支付等方式实现了旅游方式的便捷化。最后是旅游营销手段的科技化。通过固网终端、移动 App 等载体平台，尤其是物联网平台，利用大数据、云计算等方式对旅游数据资源进行挖掘、开发，从而校准、完善旅游营销方式，极大地提高了旅游营销管理的效率。

除此之外，旅游新业态还有一些分类。旅游新业态创新发展具有规律性。总体上表现为产业内部要素整合创新和产业外部要素融合创新发展。因此，将旅游新业态大体分为内部整合创新型新业态、外部融合创新型新业态。前者是餐饮、住宿、交通、游憩、购物、娱乐等旅游要素不断整合创新，在产品、市场、经营、管理、技术等方面发生创新；后者是旅游业与科技、文化、康养、传媒、体育等第三产业，以及农业、工业等第一、二产业融合，引致产业边界扩融的全新业态形式。

旅游新业态形成的动力则主要可以分为外部环境动力和自身发展动力。其中，外部环境动力包括社会经济高质量发展、科技快速发展、创新政策体系完善；自身发展动力包括旅游资源价值多元化、旅游市场需求多样化、旅游业态市场激烈竞争。冬奥会视角下全国冰雪旅游发展政策的协同出台、桂林市文旅业态融合创新发展、露营旅游的火爆发展等案例，较好体现了旅游新业态发展的形成动力。

关于全域旅游，我想谈一点认识，全域旅游是指在一定区域内，以旅游业为优势产业，通过对区域内经济社会资源尤其是旅游资源、相关产业、生态环境、公共服务、体制机制、政策法规、文明素质等进行全方位、系统化的优化提升，实现区域资源有机整合、产业融合发展、社会共建共享，以旅游业带动和促进经济社会协调发展的一种新的区域协调发展理念和模式。同时，全域旅游具有以下六大特征，即旅游吸引覆盖广泛、旅游业态丰富多元、旅游设施服务完备、区域旅游形象突出、产业拉动效应明显和居民游客体验双赢。

粟路军，中南大学教授、博导，以“人工智能在旅游业中的应用及其效应”为题做主旨发言：

在人工智能普遍应用的背景下，我认为，人工智能对旅游体验乃至旅游者幸福感的影响是双刃剑效应。结合人工智能对旅游者、旅游地和旅游企业的共同影响，现从人工智能的定义、旅游场景中的人工智能、人工智能对旅游者幸福感的影响三个方面来谈谈助力旅游新业态发展的问题。

人工智能（Artificial Intelligence，AI），通常是指通过计算机程序来呈现人类智能的技术。人工智能的定义可以分为两部分，即“人工”和“智能”，其中，智能部分和我们社会科学有莫大的联系。在人工智能的发展历程中，从 1956 年起，到目前，人工智能经历了 3 次高峰，即 1957 年、1986 年和 2014 年；同时也经历了 2 次低谷，即 1970 年和 2000 年。时至今日，人工智能已在日常生活中的十大应用领域得到广泛应用，如生物特征识别、智能机器人、智能翻译、个性化推荐、无人驾驶汽车、智能家居、智能交通、智能医疗、智能金融、智慧教育。

从旅游场景中的人工智能应用来看，AI 在旅游应用中的标志性事件有，2014 年，aloft 雅乐轩酒店推出品牌的第一个机器人智能酒店管家“A.L.O”；2016 年，阿里巴巴推出 AliMe，飞猪使用它来帮助人们执行包括预订航班及酒店的任务；2018 年，阿里推出首家无人酒店；2019 年，腾讯与故宫博物院合作推出 AI 导览助手“福大人”；2020 年，云南省政府和腾讯联合打造“游云南”项目，包含地图导览、互动直播、安全体系、智能推荐、人脸识别、智能客服。人工智能在旅游中的应用主要体现在旅游地、旅游者和旅游企业三个方面，如旅游地可以通过“5G+AI”移动执法系统、人脸识别票务和 AR/VR 数字导览等人工智能技术提高旅游地管理智慧化水平；旅游者可以结合 AI 文旅视频交互系统、人工智能导航系统和智能行程规划等人工智能技术打造旅游者个性便捷的体验；旅游企业可以利用机器人客服、礼宾机器人、“千人千面”产品体验和 AR/VR 场景预览等人工智能科技优化旅游企业管理营销模式。

人工智能对于旅游者幸福感的影响分为三个阶段，即旅游前、旅游中和旅游后；我认为人工智能对于旅游者幸福感的影响是双刃剑效应。在旅游前，旅游者可以通过 AI 推荐、AI 助手提高效率、贴近喜好进而提升旅游者幸福感；同时 AI 带来的信息泄露及其低智能化程度也会引起焦虑进而降低旅游者幸福感。在旅游中，AI 陪伴、AI 监管可以促进良好的人机双向互动与高效的景区监管让旅游者可以获得更好的沉浸式体验，进一步作用于幸福感；缺乏情感陪伴的单向的人机互动，叠加数据安全与伦理问题对旅游体验来说是莫大的挑战。在旅游后，AI 分享、AI 记录可能更加有利于旅游者塑造更优秀的社会形象，有助于其自我发展，进而对旅游后幸福感产生促进作用；也可能会使旅游者对自身产生怀疑，或者因担忧其隐私泄露而产生负面情绪，进而对旅游后的幸福感产生阻碍作用。

吕剑彪，杭州天迈网络有限公司董事长，以“浸入未来——数字新文旅”为题做主旨发言：

今天我主要介绍一下我们公司数字新文旅的情况。杭州天迈主要运用科技产品打造核心吸引力，整合传统的智慧文旅系统来做整个运营的支撑、数字化营销的支撑，从而实现整个产业闭环管理模式，围绕着不同的基础形式和文化内容，天迈结合数字信息化、数字体验、飞行影院、全息技术、区块链等数字技术，从数字夜游、数字展示、数字体验、数字文创四个维度提升文旅新业态。

在数字夜游方面，天迈利用声光电，依托全息影像、互动投影、MR 交互感知等数字科技，如以光影微改造技术为西塘古镇赋能，为南太湖国家级旅游度假区、南北湖景区、花溪景区打造光影沉浸式夜游，把景区文化内核通过数字化方式呈现出来，丰富景区夜经济业态，从而吸引游客，提升景区品牌和收入。

在数字展示方面，天迈基于 IP 和光影数字科技产品赋能文旅行业，营造沉浸式观赏效果。天迈目前正重点围绕广西桂林龙胜县老牌传统景区——龙脊梯田进行一系列的数字化升级改造与体验提升，打造“飞跃广西”首个球幕剧场，增加景区体验产品与互动业态，让光影沉浸成为龙脊梯田内容的新起点、新表达、新形式。

在数字体验方面，天迈一直专注于“数字科技 + 文旅 +IP”的多元结合。结合经典动漫 IP，牵手奥飞娱乐打造“奇境”系列产品，目前已在上海、杭州、成都、重庆、贵阳、济南、青岛、合肥等十余个城市落地。探索文化 IP，打造以唐诗为主题的“唐诗之路”沉浸式光影艺术空间，结合宋韵文化研发“拾梦宋韵”数字光影空间，融入二十四节气文化和大云文旅 IP 打造数字活态体验的云堡二十四节气馆。

数字文创是天迈基于区块链技术的全新探索。区块链技术是文旅行业的“数字礼物”，随着区块链技术的成熟应用，文旅 IP 可以更多以数字化形式呈现。不仅让游客把这些文旅 IP“带回家”，还能用数字手段长久保存、持续回味，借助“数字礼物”更好传播美丽中国，讲好中国故事。目前，天迈已为多个经典文旅 IP 打造文旅数字纪念品，如诗画浙江首款数字纪念品和珍藏级西湖数字纪念品，并通过“相素”数字平台进行发布。

我们认为文化是内容，旅游是载体，科技是手段。天迈将持续聚焦文旅行业的数字新业态，数字赋能广西乃至全国的文旅行业。

专题——“桂林旅游文创产品”桂林有关人士十三人谈

2021 年，我在就桂林旅游话题进行访谈时，不少受访者都和我谈到了旅游文创产品，特别是“90 后”“00 后”几位年轻人，他们说文创产品近年来颇受重视，在当前各地发展旅游业中越来越受到关注，很多旅游者到了一个地方，都很想寻找有特色的文创产品带回去做纪念，或者赠送给亲朋好友，他们到了外地就是这样。他们说，好的文创产品已经成为旅游者经常拿出来回味当时旅游的场景、回味在旅游地旅游经历的媒介，桂林在这方面还需要努力进行开发，给旅游者提供更好的文创产品。这次沙龙交流座谈会，我准备已久，召集了从事桂林旅游的有关人士，有“80 后”“90 后”“00 后”，与会者都是思考和从事桂林旅游文创的热心人。我专门召集这次沙龙交流活动，是想让更多人发言，大家共同探讨桂林迈向世界级旅游城市所面临的文创产品方面的问题以及解决办法，分析桂林旅游文创产品发展的趋势，并以此互相碰撞，彼此启发和扩宽思路。本次沙龙活动以开放式的交流形式开场，参加人员踊跃发言，分享了各自在文创行业的经验与困惑。我认为都非常精彩，很值得去细细领会，也很值得拿出来让更多的人看看。在此还要感谢广西师大朱纪焰、周金明二位同学，她们帮助整理了大家的发言记录。

戴东辉（桂林升辉旅游投资集团董事长，广西人大代表）：

1989 年我进入旅游行业，见证了桂林旅游购物从旅游工艺品到旅游商品，再到文创产品一路走来的风雨历程。

最初是盛行销售字画，那时也是桂林山水画蓬勃发展的时期，但有些商家在经营时对境外游客，以次充好获取收益。到 2016 年左右，这个行业有了新的变化，网上开始出现艺术收藏品拍卖，字画是其中重要的组成部分，这也形成了旅游者新的一个消费渠道。很多人还对来桂林的旅游者销售扇子、茶叶、香包、中药、珠宝等，印象很深。原来多是工艺品，还有收藏或展示的功能，现在又变为锅、铁、刀具、乳胶制品、床垫等，生活实用品变成了旅游商品。这些领域，现在仍然在品种上没有什么太大的变化，只是在外观上多了一些设计感，材料基本上还是原来的，但却拥有了一个新的名词叫“文创”。这种实用性的商品反映了人们思想的转变：现在的人们消费逐渐理性，买的东西不仅要有文化符号，也要实用，一定要跟生活紧密相关。这些现象促使我们更应该去思考如何引导消费习惯，文创怎么跟旅游者本身的消费习惯结合起来。

1995 年，我们参与了北京恭王府景区的开发运营，当时我们把康熙写的“福”字通过拓印的方式作为产品加以推广，取得了一定成果。2001 年，我们回到桂林开发靖江王府，在研究靖江王府文化时，发现其拓印工艺要求比较高，我们缺乏这方面的经验，但在摸索过程中，我们把这些难点都攻了下来。大概是过了五六年，我们又遇到了新的问题，市场上出现了克隆我们产品的竞争对手，作为企业我们又必须面对这个问题，要渡过这一生存危机，我们不得不再次进行研发，去寻找产品的差异化。这个时候，在深入研究靖江王府文化的过程中，我们发现这里曾有过彩色拓印，于是我们走访民间、收集史料，最终把这项失传的工艺恢复了，也拥有了别人难以复制、独树一帜的彩色拓印技术。现在这项技术，已成为广西非物质文化遗产。同时随着对独秀峰的深度研究，我们开发了“五福”拓片，根据游客的喜好，我们不仅有传统的卷轴式拓片，也设计了镜框等款式，受到了社会各界和旅游者的认可和好评。

工作这么多年，我有个颇深的感受——不管你产品设计得如何，销售模式是最重要的。景区讲解员必须熟知景区本身的文化历史，在宣传历史的同时，还得把文化讲透。所以对工作人员进行培训时，历史文化的学习及如何把文化讲透，同时能让旅游者把我们的产品很开心地带回去，是我们必须研究好的一个大的课题。

李茵（桂林手工艺人协会秘书长，英国软装联盟设计师）：

我在大学的时候，用了三年的时间，与我妈妈一起设计了南宁民歌艺术节的吉祥物——歌娃娃。我从大二就开始参加设计并中标了，从此它就变成了南宁民歌艺术节的永久吉祥物。2002 年我到了广西师范大学，在 2002 年到 2012 年期间，我们合作设计开发旅游纪念品和景区的商品，当时跟贵州有关方面一起合作做了

56个土布娃娃，后来也参加了很多活动去做宣传。这个时候，民族娃娃已经被修改成第三稿了。我们还做了一系列的衍生品，也是在制作过程中不断往前推进，后来就进入了以定制合作开发和自主开发为主的阶段。

需要明确的一点是，开发一个产品其实不是一个短期的过程，需要的时间是很长的，使其不断地在更改在成长。2012年到2019年，我与施植裕老师开发了一款新产品叫漓江小画板，邀请广西有名的画家一起来开发这款产品，包括首先邀请我的老师帅立功教授画了第一稿象山水月，在象山景区做了一系列的活动，在桂林市区也做了30多场线下活动。2017年，我们开了自己的公司。从开公司到现在，我一直在思考如何将我的教学和我参加的国内比赛和展览进行结合，连同学校研究课题有效地结合在一起。2019年到现在算是一个沉淀期，这个时候我把脚步放慢了，就会想着如何利用我既有的一些经验，去带动我可爱的学生团队，去培养他们的一些新的创新创业思维模式。所以跟他们一起做了很多项目，包括大学生创新创业的内容，“互联网+”比赛，还有创客中国等。通过比赛在实际项目中训练，这算是内在自身能力发展部分，而同时对外我们也在与其他公司做交流，如与柳州江川残疾人集中就业基地的合作，主要是帮助解决当地残疾人的就业问题。所以我们现在在帮创始人和非遗传承人制作个人的形象，还根据这里产出主推的打油茶，联合民族专项相关的课题，带着帮助他们打造形象和产品的学生团队一起，去操作这些项目。2021年到今年，我跟文旅学院的付延慧老师指导帮助学生开设“楱市”，目前为止，它是桂林第一个大学生自主实践项目基地，因为公司是学生自己自主成立的，我们只是帮助去做框架，同时也担任文旅学院老师的职务，辅助他们开发自己的文创产品。我认为学生、年轻人不仅是消费者，更是旅游文创产品的生力军，是一个关键的社群，我作为老师来说，是去引导他们如何在文创领域发挥好自己的才能。

蔡宇轩（桂林手工艺人协会顾问，广西青联委员）：

我从北京回桂林，带着明确的目的——了解桂林真正的特色文化有哪些，有多少从业人员，他们是如何发展的，然后建立协会。桂林目前市面上有不少文创、非遗产品，而我认为桂林其实更应该发展陶器文创，因为文创产品背后的IP支撑很重要，世界级IP除了山水文化就只有陶器文化，这是官方认可的，我们去搜索桂林，百度词条就有“甑皮岩陶器填补世界陶器起源空白”“桂林是世界最早的陶器起源地之一”，这种世界级IP是做文创产品绝佳的靠山。然后我们看地域历史，陶器在桂林的发展脉络很清晰，我们去看博物馆出土实物和考古资料，最开始 1.2 万年前的甑皮岩夹砂陶，2000 年前岭南汉代陶器，1000 年前南朝桂州窑、隋唐李家村窑，800 年前宋代永福窑、窑里村窑、严关窑，600 年前明代烧王府建筑构建的窑和明清以后各县区的烧造民用陶瓷小窑口，窑火万年不断。但我发现那个时候文创市场上几乎找不到桂林陶器文创产品，没这个行业也没人去定义桂林陶器文创，所以在 2016 年我注册了个品牌叫桂州陶，尝试制作桂林本土陶器。

我很赞同戴总说的，做文创一定要有实用价值。2020 年我们跟甑皮岩博物馆合作开发史前夹砂陶，史前的陶器是很粗糙的，虽然历史底蕴深厚，但市场不认可，推销时跟消费者说，这个陶器代表着桂林 1.2 万年前的原始智慧，桂林是陶器的起源地之一，这些说法都没吸引力。后来我发现这杯子能软化水质，让水变得清甜，当我们向顾客说到这一特点再讲文化内涵，顾客就愿意买单了，说明消费者更看重产品的实用价值。后面我也反思，我犯了个错误叫“自嗨”——我觉得这东西非常好，都是从“我”出发，但消费者会去想这东西能给他带来什么？是挂在家里好看？还是日常生活中可以用到它？还是说这个东西具备社交属性？它还有什么特殊的功能？这些问题都是比较现实的，先有实用价值，消费者才会对它的故事感兴趣，才会掏钱买单。

我希望在桂林见到很多小型的博物馆、民艺馆。参照发达国家如欧洲、日本，把民艺馆、博物馆作为体现城市历史人文品位的新旅游目的地和城市会客厅，把城市文化实体化，使其看得见摸得到，再辅以山水，更能让人们对桂林印象深刻并产生情感上的共鸣。现在我们也发现很多年轻人离开桂林，觉得没有发展的空间，城市缺少创意，缺少活力，在桂林读书的大学生毕业也不愿意留下来工作。留不住人才的问题很大，我认为其中一方面是没有给有想法有创意的年轻人提供有趣的艺术氛围和展示平台，现在桂林的博物馆、艺术馆展陈略显单一，基本上是画展、书法展。我认为“90 后”年轻人更多的追求是在精神上，我喜欢什么，我就找到这样的一个群体，这是社群化的，哪怕是再小众的文化都能聚集起来形成自己的玩法。桂林其实非常适合做这种有意思、多元化的小型会展，因为生活成本低，风景好，我觉得应该组织引进先进地区（北、上、苏、杭等地或国外一些地区）文化从业青年交流，利用现有美术馆、博物馆办各种展览，开沙龙，多提供展示、交流、学习的平台。让全世界有创意的青年来桂林文化创业，落户定居。还有就是用年轻人喜欢的社交媒体和视角解读桂林历史，我觉得可以着手请像李子柒这样的网红或者青年推荐官作为桂林线上城市推广大使，这也是桂林目前空白的一块。

阳辉（桂林市又至园咖啡有限公司董事长）：

我是 1978 年出生的，生于桂林，长于桂林。桂林是一个能让我感到幸福的地方，我对桂林的文化认同度很高。人们到了北京为什么会买那么多文创产品？因为大家都知道那是皇帝住过的地方，中国最后的王朝所在地，愿意去消费，这就是文化认同。所以我觉得同样的道理，桂林如果能有另外一个代言词——幸福，就像我的心情一样，在这里我是幸福的，在这种幸福的环境里面，我觉得什么机会都是有的，无论是高官或者是高管或者是大学生，任何人来到桂林，都应该让他们也有较高的幸福认同感。

虽然他们的消费能力不一样，聚焦的兴趣点不一样，但内心的追求是一样的，是对生活的需要和文化的追求。我们可以做一些既是生活的又是文化的，或者像小蔡所讲新颖有创意的产品，能体现出多样化的幸福生活。

我的家人都觉得桂林太美了，是真正生活化的城市，一出门走哪条路都很安全，到处都有大树遮阴。这里每个地方都美，每个人都不是那么急，大家都很友好，我觉得在这种氛围之下，能体现幸福生活的文创产品都应该是有市场的。如今不应该是以前那种宰客的时代，而是真正的文化休闲娱乐产业百花齐放的时代。无论是像我这样的中年人还是像我岳父岳母一样的老年人，都愿意在这座城市生活，或者年轻人一代觉得是旅游必选的其中一个地方。它就应该是精彩纷呈的，都觉得来到桂林旅游是幸福的。吃一碗 5 块钱的米粉是幸福的，与心爱的人一起拍个照是幸福的，骑自行车是幸福的。有些老人来这里度假休闲，享受退休以后的一段时光，我们可以根据这些，做很多产品类的东西。

人的追求都是多样的，最重要的应该是感受，如果人们没有来的理由，来了以后没有幸福的感受，那么一切商业的行为就都成为推销，因为人们没有感觉到幸福，没有幸福的时候，就会认为这里的商业信息很浓，这时候会有防备之心。只有感到幸福的人，才会更容易接纳文化。文化被接纳，城市才能够把文化做成产品。我自己是做咖啡的，如果一个顾客到我的咖啡馆一次，下次还再来，其实我们就成功了。因为顾客留住的是记忆中的味道和对我们的认可。就比如王府与东西巷离得这么近，如果旅游恢复了，我一定会跟每一个去我在东华路咖啡馆的年轻人讲王府有多美，其实这是一个文化的交流，我觉得每个人都一定是通过这样座谈的机会，把文化互相交流起来。

黄玉萍（桂林智域咖啡、方儿旅行咖啡主理人，自媒体人）：

我很喜欢旅行，去过十几个国家和几百个城市，每到一座城市，我都会去看它的文化和旅游产品。我还专门体验过零团费跟团去海南、香港，看他们怎么推销自己的产品。他们采用的，大多为比较强硬的方式，比如说捆绑销售等。现在，我想探讨的是一种软性的方式。

我有一年时间是在北京从事品牌文化传播工作，比较了解故宫的一些营销方式，他们会从一个 IP 入手，建立形象，然后通过形象卖萌，再利用一些互联网的语言或者产品化的东西，促进 IP 整体的声量往上走，并且带来一些具体的商品销售，我觉得桂林也可以学习他们的方式和方法。从年轻人的一个角度来说，我觉得现在的旅游文化产品可能要和以前的经营模式相剥离，进行一些新的尝试，我自己想的方式就是对文创产品进行一种新的营销探索，现在的一些新消费品通过互联网进行宣传和销售，被炒得很火。它们首先是品牌传播，产品需要品牌化，简单讲就是对产品进行包装。比如说前段时间柳州五菱刷屏的一些文章，他们生产“东北银（人）”色的车，还有“给你生猴紫（子）”色的车，这种类型的营销都是通过网上的渠道对产品进行包装，然后卖出去。

我觉得我们桂林缺的可能不是产品，而是新的传播的方式和渠道。比如张老师和李老师都会有很多类型的产品，把产品信息传递给顾客，并且使其从手机上或者从线下买单，这个过程我觉得需要进行缩短和进一步优化，这样销售量会有所增加。

产品有趣有情感并且有用，可以折射主人的文化品位，人们会为它买单。比如说香水香氛的一些品牌，融入桂林桂花或者桂林的茶，都可以去进行包装和进行当地文化的宣传。还有我们的咖啡和咖啡周边的产品，也可以把桂林的一些元素加入咖啡包装。咖啡现在是一个热词，它的衍生产品也是，我之前在方儿旅行咖啡做过一个产品——把鸬鹚的形象进行二次的涂鸦，然后贴在咖啡的包装上面，咖啡的包装上面就会有桂林的元素，我觉得也是对桂林当地文化一种新的传承和传播。

还有一点就是文创产品的新媒体的宣传方式，包括短视频的，如小红书、抖音这些平台上的运营。我们的目标是从桂林开始让旅游文创产品出圈，因为有出圈才有更多可能性。至于怎样出圈，这需要新媒体运营人才。刚才小蔡说留不住人，但其实桂林有很多高铁，交通方便，我觉得很多人看到了我们这边的进步之后会回来的，毕竟很多人也会享受到桂林的风景。我们把旅游和文化搞好了，自然而然他们就会回来，并且带着很多新的想法回来助力桂林的发展。

张杰（桂林旅游文化创意协会会长，广西工艺美术大师）：

对于旅游文创，我特别赞同戴总说的，就是万变不离其宗，从最初的土特产到后来旅游纪念品、工艺品、旅游商品、再到现在的文创，称谓在变，核心内容始终未变，为什么要提到这个概念？因为拨开旅游层层的迷雾，游客在旅游过程中最终消费的一定是当地的文化。

桂林旅游市场最初的字画，它提供了一个全世界看中国的窗口，我们桂林以字画为载体进行中国传统文化输出。我特别想讲一个概念，旅游文创可分为狭义和广义，狭义的旅游文创，指的是具体的旅游区的文创产品，像北京故宫，桂林靖江王府，桂林市徽象鼻山等，本身拥有厚重的历史文化地域和极高的知名度，普通游客都能对其背后的文化如数家珍，这样的景区景点推出文创产品就容易得到游客的认可和青睐，故宫文创能够一下子名满天下，是因为我们谁都能够知道在故宫里面发生的那些事，对吧？明朝那点事和清朝十几个帝王，包括他的那些嫔妃频繁出现在各种影视作品中，所以故宫文创一经推出就得到年轻人的追捧。咱们桂林有条件依托个人 IP 打造自身文化体系的文创产品的景区其实并不多，除了王城，不外乎就是象鼻山或是漓江景区。而广义旅游文创的概念，我想把它定义到品牌这个角度，在很多场合我都一直在呼吁，旅游是得天独厚的一个向世界传播文化和输出品牌的最好的窗口和载体。大家去国外会买什么？我记得前两年很多人在诟病咱们去日本买马桶盖，回来以后就是骂声一片，很多人在蔑视这种行为。其实无论是去日本买智能马桶盖，还是去欧洲买名牌包包、买化妆品，去瑞士买名牌手表，归根结底都是买人家的品牌。我觉得大家必须要去重视这个事，品牌包含什么？包括辉总担心的知识产权，您遗憾的那些东西，形成品牌都可以做到规避，而且唯有品牌是可以生生不息地传播的，它拓展空间还是时间都是不受限制的，而且是和线上可以真正做联动的。

讲到这个过程，我刚好有幸见证也参与了其中，作为一个新桂林人，我是 1998 年唱着最出名那首歌《我想去桂林》来到桂林求学的，其实桂林本身就是一个最影响力、最具诱惑力的一个 IP，就是最好的一个品牌。其实我们一直在吐槽的宰客也好，不诚信经营也罢，都是在透支桂林的城市形象。我记得当时团中央批评很多类似于像 HM 这样的国际品牌，吃着中国人的饭，还砸着我们的碗。其实很多桂林旅游从业者也是吃着桂林的饭，砸着桂林的碗。我们每一个做旅游的经营者都在享受桂林的旅游红利，包括我本人也是。2002 年我就开始创业，我的品牌很多人都知道叫喀斯特，我觉得它是一个非常有深度的品牌，有一种水滴石穿的精神在里面。刚开始，我想从桂林出发，走全国的时尚品牌，所以当初的立足从来没有和旅游相关的，都是在北上广的一些大城市，一些商圈或者是一些主流的街区去推广我们的品牌专卖店，但是坦率来说走得非常艰难，几乎是无人问津。后来我转型了，我开始做民族性的背包，在 2007 年我就知道要把漓江的小石头永久性地和我的产品捆绑在一起，每一个喀斯特的包包我都会在拉链上面镶嵌一枚漓江的石头，那时候其实我还没有接触旅游市场，但是实际上我在外面的一些市场已经开始享受桂林的红利了。印象最深的是我在合肥有一个专卖店，加盟商就给我建议说：张杰你能不能够在你的品牌前面加上桂林两个字？他发现在和客人介绍这喀斯特品牌是桂林生产的时候，消费者都会对它另眼相看，这个时候我们的包包不再是一个单纯的工业产品，客人会有画面感，秀甲天下的桂林能孕育出这样精美的设计是浑然天成的，对这个品牌有更多的好感，对原产地也更加向往。所以说当初虽然我们没有在桂林旅游市场经营，但我们已经在外地享受到了桂林的旅游和城市品牌的红利。

后来就在我们所有外面的专卖店或者专柜都叫作桂林喀斯特，到了 2010 年我们彻底转到旅游的时候，也是因为第一次参加桂林市旅游纪念品及工艺品的征集活动，很有幸拿到了金奖，和桂林工美和桂林旅游有了第一次亲密的接触。后来又参加自治区旅游商品大赛，也有幸拿到了金奖。拿到以后我们就在桂林会展中心有一个展，我记得特别清楚的就是有个景区叫古东瀑布，做得非常好的一个景区。他们有个经理在展会上看到我的产品就来找我，他说张总你能不能让你的喀斯特进驻我们古东景区，坦率说我第一反应是拒绝，我害怕进驻景区会砸了我的招牌，当时的普遍认知景区都是宰客的，都是销售千篇一律的低廉产品，但是他当时说了一句话，直到今天我真的特别感动，他说“你所担心的就是我们要改变的，我们古东和其他景区不一样，你来看一看我们提供给你的场地”，古东景区为我们提供了极具桂北风情的一栋老木楼，他说“我把整栋楼交给你，不要租金，就是合作分成，而且不设门槛，哪怕你只卖一块钱，我们按照约定比例分成”，而且他还给我制定了一个很人性的策略，卖得越多他们提得越少，完全是敞开怀抱来拥抱我们。我就抱着试一试的态度去做了，让我非常惊讶的是，我们还在陈列没有正式营业的时候，服务员就告诉我说有了 1 万多元收入，我当时大脑里面反映出来就三个字，发财了，像芝麻开门以后发现宝藏一样。后来我们就开始疯狂地扩张，包括我来到我们辉总旗下，在独秀峰下我们也做了一个小店，然后叠彩山，银子岩以及乐满地我们也去做直营店，当时的的确确享受了几年的红利。后来因为我们没有考虑导游和旅行社那边的利益问题，之后就从景区撤出来了，选择了去西街开店，也是一样，一开就火。

我们其实真的是一直在吃桂林品牌的红利，我觉得今天我们要探讨的不是旅游文创产品怎么做，而是说我们大家能为桂林做什么，很多人在伤害桂林，在透支桂林。我觉得桂林红利我们还可以一直吃下去，它是天选之城，但羔羊要有跪乳之恩，我们应想想怎么去反哺我们的城市。

我对旅游文创的看法其实算是一个方法论，怎么去做好一个旅游文创，我把它分为以下 5 个步骤：

第一步，挖掘地域文化，要讲到近十多年以来桂林最好的旅游文创产品，我首推《印象·刘三姐》，看得见摸不着的文化，刘三姐给桂林带来的这种变革性的影响力，我相信在座的每个人都比我更清楚。

第二步，提炼文化符号，很多文化我们需要把它揉捏成一些符号，去提炼这些文化符号，形成自己的 IP。

第三步，寻找合适载体，我赞同阳辉说的，载体更多的是和我们的生活息息相关，就像今天李老师穿的背带裙，比较时尚，融入了一点瑶族的八角花，这是瑶族民族的一些图腾，这就是要找到合适的载体植入合适的文化。

第四步，形成独特风格，谈到风格就必须讲到桂林米粉，桂林米粉店百家争鸣、百花齐放，但最终要打造一系列知名的品牌，每一个米粉品牌都是游客看桂林的窗口，也都在向来自全世界的游客讲诉着千姿百态的桂林故事，输出桂林的民俗文化。

最后一步，打造知名品牌，其实我一直在倡导一件事，我特别期待桂林有自己的时装周——桂林时装周，桂林是一个得天独厚的舞台，输出一些以我们本土文化为主，辐射西南地区的时装品牌。桂林的高校不管是理工大，师大还是电科大，包括旅游学院等，每年都会斥资几十万去香格里拉酒店、漓江大瀑布酒店做当季服装设计专业的毕业秀，在服装设计领域，拥有强大的人才储备。同时桂林也孕育了一批喀斯特、桂林日月坊、乱了、红镯子、龙凤呈祥、小数点、波波龙等本土原创品牌，为什么不通过桂林这么一个世界级的舞台去打造我们的时装秀呢？

曾大军（桂林旅游文化创意协会副会长，广西工艺美术大师）：

张杰讲到的2010年那个展，他当时拿金奖，我拿的是银奖，我跟他认识了，一直到现在，我们一起创办了旅游文化创意协会。当年我们还一起参与了2017年、2018年的“桂林有礼”评选组织策划活动。虽然很累，但是收获不小，认识了一些人和企业，以及他们开发设计的产品，从中得到了一些经验。其实说到桂林旅游，旅游商品这个方面确实不尽如人意。从我们参加这几届“桂林有礼”评选活动的大致情况来看，其实也体现了这个问题。桂林本身自然资源条件确实不错，但工业基础底子很薄弱，我个人认为跟这方面有极大的关系。

一方面，可能是我们吃旅游饭比较容易，在这一块不大愿意去动脑筋，因为搞旅游文创商品这个事情是吃力不讨好的，以前的人在概念上把旅游商品跟旅游纪念品混在一起，但旅游商品实际上是个广义的东西，并不仅局限在一些工艺品、纪念品；另一方面，我觉得举办赛事仍然是一种有效的方法。有些东西平时看不到出不来，没有展露的机会和平台。我们当时参与这几届“桂林有礼”的评比，除了企业一些现有的产品，感到高校的设计力量也非常重要，桂林是非省会城市里面高校最多的，大多有相关的设计专业或者学院，这是支非常重要的力量。因此，我们当时就到高校里面去做推介，动员学生参与“桂林有礼”的创意设计。这几年我接触了一个案例：桂林学院城市设计学院跟福桂纸业的结合，具有一定的示范性。福桂纸业生产卷纸、抽纸和纸巾，它需要各种各样的包装设计。然后老板找到桂林学院，请学校组织同学们结合产品搞毕业设计，由福桂公司设一个奖叫“福桂杯”，每年拿出一定奖金，在毕业设计作品评比的时候，按获奖排名分配。据说他们已经连续搞了三届，其中有两届我去看过，感觉很好，真正是有的放矢，这其实是双赢的一个局面。对学校来说，学生完成了毕业设计；对企业而言，花不多的钱，收获一批很有创意的设计作品。这个例子在社会层面上影响并不是太大，但是我觉得它有一种示范效应，使校企形成一种有效的联动，这一点我觉得是很值得探讨的。

我刚才的话题是临场发挥的，原来准备的话题，是讲如何把我们本土的传统工艺和本土材料结合，从而推出一些有地方特色的旅游商品。实际上，在桂林市有几个很典型的代表：比方说桂林团扇，传统工艺本土材料，还有漓江石画等。做旅游文创商品，我们桂林漆器走的路，就是用新的概念做传统的工艺，我个人认为最成功的案例就是柚罐，用果农疏果摘下来的青柚，挖空烘干，用改良的传统工艺做成柚罐，销向全国。从这个意义来说，这对乡村振兴都有好处。另外，它本身也代表了咱们广西的特色，所以柚罐推出来以后很受欢迎，2020年荣获了“中国旅游商品设计大赛”金奖。桂林柚器制作技艺，现在是自治区级的非物质文化遗产。

柚罐之后，我们又陆续开发出一些类似的产品。比方说我们新注册了一个品牌“礼节”。最开始想的是用竹节做筷子，刚好在持握的位置把竹节保留下来，再用传统大漆的擦漆工艺。筷子我们推出来的零售价是99块钱一双。在桂林卖，人家说太贵了，卖不动。后来我们拿到北京，去年在北京服贸会上面，一盒5双筷子，用木盒包装，要卖到700多元钱。人们开始也是嫌贵，我说你先上楼去看日本馆。日本馆里面的竹筷做得不错，从工艺造型、包装等方面确实做得很漂亮，这点无可厚非，但它标明了产地，由东南亚国家代工，一双筷子要卖到人民币差不多2000元钱。那些人去日本馆看完以后，就来买我们的“礼节”竹筷，感觉还是我们的东西实惠，工艺还并不比日本的差。我们近来还开发了“礼节”系列产品，都是利用竹节造型，传统大漆擦漆工艺制作的，有酒具、茶具、餐具，效果都不错。关于本土材料的应用这个问题，从工艺上来说没有问题，从资源上来说也没有问题，但是很少有人从理论上去整合、去研究这个问题，包括高校研究的课题。其实用本土材料开发产品的不在少数，如果认真把它归类，认真去研究、去提升这些东西的话，那效果就不一样了。

李鹏鸣（发现生涯读书会会长，广西青联委员）：

我认为文创的确不一定是具体到一个产品，有可能我们做的活动，做的文化类的一些策划，也可以归属到文创里面。我现在做的主要的事情是推广一个概念。首先，大家提到桂林的时候，会想到什么？是不是首先想到山水？想到漓江、象鼻山或是其他的景区？

我们今天强调生活方式，其实大家都在讲，就像阳辉刚才讲他岳父岳母在桂林生活感觉幸福其实也是一种概念，是一种文化生活的体验。所以我们现在做的事情其实就是打造桂林本身的一种生活方式。“桂林”这个词很重要，所以大家在做文创的时候，除了注重实用性以外，是不是也要把桂林的一些方式、一些比较好玩的事情放进去？

又至园也好，还有王府咖啡也好，我想它本身就是我们桂林生活方式的一个元素，我们在向外推广的时候，除了让大家来看山水，更多的要让大家来体验一下桂林人的生活，以及了解人们为什么选择在桂林生活。就像阳辉他说特别享受桂林，他愿意选择桂林。当然我们很多优秀的人出去了，但是这个世界永远是这样的，有人出去有人进来，选择留下来的人，在这个城市里除了对文化对山水对某些人某些事的留恋以外，是不是还有一些值得我们思考的东西？我现在在挖掘这些对桂林人来说在工作之余更好玩的事情，丰富我们日常生活的事情，在生活方式当中多增加一些跟文化相关的事情，可以带动更多人来参与。

所以我觉得讲文创的话，我想讲的是，无论生活方式也好，文化活动也好，更多的应该是我们未来在设计的时候把它考虑进去，把桂林经济社会元素融进我们对外宣传的过程当中去。

罗倩（漓江石画代表性传承人）：

我是做漓江石画的，是以桂林漓江石去做各种文创产品，这个文创涵盖第一代的漓江石画，它就是一个摆设，到后面我们做了很多实用型的产品。其实我们也走过很多路，刚才曾老师说的从大赛里面挖掘人才，这确实是一条路，因为我其中的一些核心设计团队就是从大赛中出来的。我记得，我当时提出的一个口号就是石头要革命，很多年轻人就很不服气，就来说你们能用石头创造奇迹？看你们怎么折腾！但是就是因为这一点，后面很多的可能性就发生了，所以我们的品牌叫“传碕”。我觉得文创这条路其实是很长的，它并不是说我今天有个念头，明天就出东西，需要很多沉淀，包括我们当地文化的沉淀、传统技艺的沉淀以及对现在市场认识的沉淀，到最后才可能成为一个文创的商品，所以真的不是一两句话就能说得很透彻。我们团队包括我都一直在学习，一直在思考，因为在不同的阶段有不同的表现形式，我们也经历过做本土原创品牌的过程，一直坚持做原创的品牌。

然后我想说一下对桂林旅游文创产品的一些比较浅的想法，就像林子老师（李鹏鸣）所说，以前以物为体现，而现在已经不局限于此了。现在的文创表现形式太多，哪怕拍一张照片，也可以变成一个影响面很广的文创。我通过漓江石与桂林山水相结合，用漓江石画作为一个载体，去表现我们桂林的山水文化，做到场景融合，情感突出。刚才阳辉说了，就是冲这种幸福感，我会花钱，不管是 20 元、2000 元甚至 2 万元，关键在于是否能打动人的情感，我觉得这个很重要。我认为现在一个产品或者一个商品更多元化了，包括体验也是，沉浸式的、各方面的。现在需要考虑产品的实用性，最好是在生活里面，它会随时出现，这样的话人们对产品或商品的记忆或者使用概率会更高。如果实用性不强，游客从桂林将其带回去作用也没多大，我们是想让产品更能深入人们的日常生活中。

不管是高频的产品还是低频的产品，我觉得主要是找对客群，你想锁定哪部分客群，这个要明确。不可能说一款产品设计适合所有人。我在深圳待过 10 年，走到今天，为整个“传碕”品牌做了很多努力，“传碕”是有别于一些桂林传统旅游产品的，特别是疫情这三年的时间下来，我的品牌还活得很好，我们还会有更多的想法并做出更多的一些东西。这证明什么？证明坚持自己的一些东西是对的，就是不受太多外界的影响，不管别人怎么说你怎么看你，其实都不重要，要享受自己走的那条路。到现在为止，我们都是摸着石头过河，这就需要坚持，这是非常重要的，疫情可能会持续甚至变成常态，我们的心态一定要调好，就是共存，但一定是要找准位置，这就是我结合自己做的产品对桂林文创的一些看法。

朱纪焰（广西师范大学历史文化与旅游学院大二学生，“楱市”大学生实验基地创始人）：

我大一的时候，学校有很多比赛，大一寒假时我参加了一个市场调查的比赛，是调查桂林旅游文创产品。我们走访了很多文创店，走得最多是东西巷，罗倩老师的传碕石画店，我就去了很多次，还有厚博坊。我们主要是调查游客对旅游文创的需求，对桂林旅游文创产品的看法。大多数受访者觉得文创产品的地域特色、美观程度、创意程度，还有实用价值是比较重要的。

桂林的旅游产品还是很有民族特色的，但是同质化严重，我们就想着为什么不创造更多具有创意性的东西，既有特色更有时尚感？所以在大二的时候，也算是初生牛犊不怕虎，跟着老师开了一家文创店，才发现做文创是真的不容易。旅游文创产品很难做，特色也难做，还有怎么做才能跟得上时尚？通过真正的市场实践后我们发现，我们过度迎合消费者，就容易丢失旅游文创具有特色的东西，我想这也是商品容易同质化的原因之一吧。但是开这个店之后，我就觉得学到了更多的东西。很多时候我们在学校学习的理论知识，可能会通过一些比赛走出去，但是走得很浅，我大一做的市场调查也是比较粗浅。真正去面对市场的时候，我才知道做一个文创产品，需要积累很多东西，需要很多的打磨，需要想尽办法把创意融入进去。

吴诗怡（广西师范大学职业技术学院大三学生，“侗创工作室”创始人）：

我是一个侗族姑娘，自小学习侗族农民画。侗族农民画是三江侗族自治县传统美术，是自治区级非物质文化遗产，它生动形象地再现了侗族人民生产生活的辛劳与喜悦，体现了侗族人民对幸福美好生活的追求与向往。

在国家大力推进优秀民族传统文化发展的背景下，进入大学之后我创建了侗创工作室，希望能够通过大学生的力量创新、传承、发展侗族农民画。正值非遗文创兴起时，我希望侗族农民画也能“出圈”。我找到李茵老师和林子老师成为我们的指导老师。在做项目的过程中，我从老师们身上学习到很多宝贵的东西，也看到了更为广阔的世界。

我们参加许多大大小小的大学生竞赛，可能因我目光局限，发现做文创的项目很多，但做桂林文创的项目却比较少。究其原因，我认为许多在桂林就读的大学生同我一样不太了解桂林，仅知道桂林山水甲天下，有深厚的山水文化内涵，但究竟是什么我们并不清楚，因此没有去做相关的东西，这是桂林大学生群体里存在的一个现象。就像蔡宇轩顾问所说的缺少一个属于年轻人的桂林文化社群，让我们这些年轻人去了解桂林，体会这座城市的温度。如果有这样一些社群，必然会让更多年轻人了解桂林从而爱上桂林进而留在桂林。

我在学校里组织举办了许多传统文化活动，希望能够形成一条让年轻人了解并爱上传统文化的通路。我们邀请林子老师到学校开展“人文桂林”讲座，让更多同学感受桂林魅力，深受学生喜爱。在学校“创客日”的创意集市上，我们把侗族农民画与桂林漓江石头、桂林非遗团扇、非遗竹编簸箕相结合，设计为沉浸式传统文化 DIY 活动。体验式活动因其趣味性更能吸引年轻群体参与其中，深入感受传统文化内涵，从而达到让更多青少年学习本民族优秀传统文化的目的。

最后，结合竞赛经验，我认为在桂林举办文化创意类竞赛是十分有必要的，能够极大程度激发社会创作热情，产出一批优秀的桂林文旅文创产品。

周金明（广西师范大学历史文化与旅游学院大二学生）：

很荣幸能来到这里，我是跟着李茵老师过来的，想来这里见下世面，学些东西。各位前辈都在发表自己的观点，讲了自己的创业经历，还有一些人生的经历，让我受益匪浅。

我第一次到桂林的时候，是大一入学，下了高铁上了网约车，透过车窗，我第一次望眼这座城市，我以为这里会真的很美很美，像书里描绘的一样，烟雨朦胧，渔舟蓑翁，事实是我只看到了一个普普通通的城市，和其他城市无二般的人流、车流、道路和树干，我心里产生了一种落差感，桂林不是想象中的桂林。但是在这里生活久了之后，我爱上了桂林，像刚才前辈们说的一样，桂林是一座幸福的城市，桂林的文化蕴藏在日常生活的缝隙里，如街边小巷里的一碗米粉，如江边垂钓的大爷。我觉得问题就在这里，很多游客来到桂林都会有落差感，这是很不好的。我们要做的，就是怎样把桂林沉淀的东西展现出来，让游客来到桂林就感觉心落在了这里，让他们第一时间感受到桂林的文化和美景。所以，可能需要把城市的形象打造得更好一些。桂林的山水形象太突出了，但是一进了城市就像被区隔了，我们或许可以通过对建筑和城市景观的打造，使其更具山水特色一点。大家来了就看看美景，吃吃东西。要让人们觉得，桂林确实是名副其实的桂林，而不是令其产生很大的心里落差。

张志红（桂林市文化广电和旅游局调研员）：

我最后就谈一下自己的体会，总结也就是八个字：“以终为始，以始为终。”我感受到了大家对桂林的热爱，和桂林带给大家的幸福感和温暖感。这个就是我讲的以终为始，我们的使命和初心就是要利用桂林的旅游、文创，充分体现桂林的幸福、温暖、温情。现在我们有这么好的平台，这么好的机遇，尽管遇到疫情，但疫情也是双刃剑，是有利也有弊的，它给了我们旅游人、文化人一个沉淀和反思的机会，我们自己沉下来，再思考怎样发力，这是个厚积薄发的过程。那么以始为终呢，是我们要走到哪里去。我们现在已经是后疫情时代了，以前所有的一切皆为序章，现在我们要开启后疫情的续章，我觉得从现在开始，我们这些文旅人还是要有信心，要互相团结、支持帮助。刚才戴总和张杰讲得都很好，我们都是吃桂林红利的人，看到一部分人在透支我们的红利，我们就很痛心。

关于文创设计，要找准我们的市场在哪。从市场角度来看，市场在倒逼我们前进，市场要求文化人要用旅游市场的眼光来做文化，旅游人要有对文化的深刻认识来做旅游。而现在文化和旅游，虽然行政管理合并了，要做到能融则融，宜融则融，还是像隔了一堵墙，还是没有完全相互打通。

另外一个就是资源整合的概念，从我的角度来讲，我们资源整合还不够好，所以现在我们更加会思考这些方面，包括罗倩的漓江石画，它很契合我们整个山水的气场，整个桂林都是它的场景画布。所以我们要有这种应用场景的能力和思维。这就是一种高效的设计，针对一个产品的市场营销，那就更得有场景应用，如刚才我一看这个叉水果的小签上有个“福”字，我马上想到这就是一个关于王府的文创产品，我作为消费者是愿意在吃水果的同时把它买走的。文化旅游究竟该怎么做？其实也不难，关键在于用心去做，比如今天我们这一桌人，我可以把它做成文旅的一个座谈会，设计它的应用场景的话，就是——桌卡是用团扇做的、器皿也是我们桂林漆器的碗，漆器的筷子，中间摆放桂林象山水月组合茶具的摆盘，整个非遗元素在上面，然后从餐食到音乐到灯光到服装都可以是桂林非遗地方戏曲、瑶秀、美食元素的融合和体现，呈现形式可以是商品，内容是非遗文化。文旅融合就是需要深入这种细节方面，我们现在要做的就是整合资源，把这些产业链条上的全部环节打通。我们的东西出来之后就会有市场、有场景、有客源，最后是有消费，而且是有品质的消费。别人模仿不了的这些元素，是山寨不了的。

还有一点是流量的资源共享，资源共赢，不光一家挣钱，要大家一起挣钱。我们这桌人其实都可以做一个产品出来，但是大家应该互相导流，实现客源的合理分配，让游客获得最佳体验。我们把所有的渠道打通，利用高效的设计走到千家万户去，聚焦人的需求、人的消费、人的偏好，对准我们要服务的人群。研究好流量密码，我们不怕没有客人。桂林本身不缺内容，就像个宝藏一样，仅仅独秀峰就有成千上万的内容，策划包装整理好，推广出去，其实都能成为旅游者消费的应用场景。

我还是那句话：以始以终，以终为始。

下篇　探究篇

话题一：“桂林旅游”之于全球旅游

（完稿时间：2022 年 4—6 月）

“桂林旅游”之于全球旅游，题目很大是吧？应该说确实不小；还有这个题目成立吗？这一点可能有不同理解，但在我看来它是成立的。其实，不仅是对“桂林旅游”，对全球范围内任何一座城市的旅游，都一样成立。如若这个城市的旅游，按通常的说法，在国际上再具有多一些的知名度、美誉度和影响力，那就更可以围绕这个题目来探讨一番，如将这个城市的旅游放在全球旅游范围内，其位置、发展基础和发展潜力如何研判，在国际上有没有讨论旅游问题的话语权，其发展环境怎样评价，等等。

基于中国基本国情，中国旅游发展是从国外旅游者入境旅游起步的，而且这个起步又多以接待国外政要团组和少量各界名人为主，之后才是境外自费旅游者逐步增多，境外客源市场日益壮大。在这个过程当中，“桂林旅游”扮演了极为重要的角色。桂林山水甲天下，桂林风光成为中国自然风景的典型代表。1983 年我第一次来桂林，就常常听到一种说法，很多国外来访者都认为到中国看风景，就必须来桂林。今年我访谈的在桂日籍人士也对我说，40 多年前，在日本一说去中国，大多就是指去桂林。

随后的几十年间，来桂林旅游的境外旅游者日益增多，“桂林旅游”的知名度、美誉度和影响力也越来越大。

“桂林旅游”就是这样一种存在，一直为境内外旅游者所愿意体验，吸引力也一直在持续增强。

“桂林旅游”之于全球旅游，完全是可以充分叙说的一个话题。这方面，也是“桂林旅游”不同于国内外很多城市旅游的特殊之处。

一说：“桂林旅游”有“底力”在全球范围内发声

2021年我看过一本书，叫《日本的底力》（华文出版社，2019）。作者徐静波从很多方面描述了日本这个国家的过人之处，他把这些总体上叫作“日本的底力”。读了这本书，我进一步了解到日本多年来所形成的发展基础比较牢固，适应发展需要的转型创新能力比较强大，这些都是日本在全球确立和保持经济大国地位的“底力”。如果说学人之长是我们中华民族优秀传统的话，日本有许多东西我们还真应该认真学学。往大了说，学人之长对我们实现民族复兴会有很多好处；往小了说，对我们良性壮大某一产业，振兴发展某一地方，也很有帮助。

由此我想到两个问题：一是“桂林旅游”的“底力”，即“桂林旅游”的过人之处，究竟有哪些，“桂林旅游”有没有“底力”在全球范围内发声；二是“桂林旅游”进一步发展壮大还需要增强哪些“底力”，如何使自己的发展能力更强、声音更响、话语权更多，能够在旅游发展方面提供出一些“中国方案”。这两个问题，实际上也事关桂林打造世界级旅游城市“大业”。在此我先说说前一个问题。

发展旅游需要凭借很多资源，尽管人们对旅游资源内涵和外延的认识随着时代的发展总有着不断变化和细化的阐述，但把旅游资源大体上分为自然环境、历史文化和社会生活这三个方面，基本上是旅游业出现以来和发展到今天的一个大致的情况。

桂林山水，中国人的认识是“甲天下”，外国人的认识是“独一无二”，总的意思完全一样。我在前一本《访谈与杂谈：说说“桂林旅游”》杂谈篇中，对此有过一些叙述。在桂林山水面前，在对美丽的自然山水风光欣赏方面，外国人和中国人的认识可以基本统一，境内外旅游者“爱美之心”大体相同。古往今来，尤其是在交通便利的当代，桂林山水吸引了巨大数量的境外旅游者。1973年不到1000人，2019年一年就已达300多万人次。500多万人口规模的桂林，入境旅游者人均接待量不仅在中国，据世界旅游组织亚太部前主任徐京说，在全球也有一席之地。

20世纪70年代开始，桂林接待了上百批国外政要团组，其中国家元首、政府首脑不在少数。在他们游览桂林山水发出由衷赞叹的同时，全球很多颇具影响力的媒体也将他们的行程和赞叹之语报道了出来，这又使桂林作为全球特色鲜明的旅游城市非常值得一游的一面突出地展现在了世人面前，让“桂林旅游”的知名度、美誉度频频上升，引发更多的旅游者慕名而来。如此多的政要“齐声”赞美一个城市，这样的盛况在全球并不多见。

阳朔，是中国著名旅游研究专家——中山大学保继刚教授一直跟踪研究的一个国际旅游目的地，2020 年 11 月我访谈保教授时，他再次告诉我，阳朔早已有了世界级国际化的人文环境，老太太都会讲英语。20 世纪 90 年代的时候，满街都是英文招牌。说他在一些国际论坛上也讲过，阳朔这里有世界性的人文环境，2000 年年初阳朔西街改造时有一块牌子，写着“西街保护性整治性施工，给您带来不便，请原谅！ Remaking West Street Construction，It MayBe Inconvenient to You！”这就是世界级国际化的，当年阳朔就达到了，我们很多大都市都达不到。保教授这番话我听过多次，可见这个认识印在了他的头脑里。国际化的人文环境非常吸引国外旅游者，国外影响力很大的旅游杂志也常常报道阳朔，阳朔旅游一直持续火爆。负责世界旅游组织阳朔观测点工作的中山大学教授孙九霞我也访谈过，她说阳朔的国际游客数量上超过了提出建设国际旅游岛的海南，而且游客结构还不单一，阳朔早已成为名副其实的全球性国际旅游目的地。“桂林旅游”有阳朔这样的地方，在国外旅游城市里也是不多的。

文化资源方面，我曾经陪同过一些国外客人，包括世界旅游组织官员，去过桂林灵渠、桂林明靖江王城、桂林龙脊梯田等，他们也都赞叹不已，说这些都是非常好的旅游资源，可以开发出世界级的旅游产品，都可以让国外游客产生兴趣，吸引他们前来桂林。融合了历史上民间传说故事的电影《刘三姐》、大型山水实景演出《印象・刘三姐》，一个在国内外盛演几十年魅力不减，一个 20 年前一经推出便吸引世人目光也盛演至今。世界旅游组织秘书长瑞法依先生看了《印象・刘三姐》之后曾对采访他的媒体记者说，这是一场可以从世界上任何一个地方专门购买一张飞机票前来观看的演出。文化方面的另一个极其出彩的产品，是桂林“愚自乐园”，一个集中了世界各地雕塑家雕塑作品的雕塑艺术园，我常说这里任何一个背景，都足可以让 G20 首脑过来拍张合影。“桂林旅游”拥有这些文化资源和产品，世界上并不多见。

2003 年，世界旅游组织把桂林与北京、上海、西安放在一起作为该组织首批向世界各国推介的中国旅游城市；世界旅游组织还在桂林阳朔建立了全球第一个可持续旅游观测点，希望这个观测点可以成为向其他旅游目的地推广的示范；随后，世界旅游组织网站上，还出现了推介“桂林旅游”的入口按钮。2007 年，世界旅游组织联合亚太旅游协会在桂林举办旅游趋势与展望国际论坛，2008 年再次举办，2009 年第三届时把这个论坛（通常简称“桂林论坛”）永久落户在了桂林。这样的论坛，亚洲只有一个，全球也只有两个。联合国世界旅游组织与一个国家的一个城市有如此多的合作，在全球几乎绝无仅有。

早在2002年，桂林市领导就以较高的国际视野，争取到博鳌亚洲论坛第一个专业分论坛——博鳌亚洲旅游论坛在桂林举办，打开了桂林举办大型旅游国际会议的新局面。在这个论坛上，桂林市旅游局还成功策划了一个“亚洲旅游部长圆桌会议”，会议由时任国家旅游局局长何光暐主持。据了解，这样的圆桌会议，在国内外旅游城市中极为少见。博鳌亚洲旅游论坛，还成功发表了《桂林宣言》。“桂林旅游”如果没有特殊的影响力，该论坛不会选在桂林。

就桂林旅游企业而言，比如唐朝国旅，他们全球性的旅游电子商务，直接组织国外游客跨境旅游，影响力日益扩大。他们与很多国家的旅行商进行合作，开展各国游客到其他国家旅游。这样的旅行社，在中国国内数一数二，他们在全球不少国家颇有话语权，是“桂林旅游”的骄傲。

上面这些，可以说都是“桂林旅游”的“底力”，给桂林作为全球性国际旅游城市带来了知名度、美誉度和影响力，也是把“桂林旅游”可以放在全球范围内进行讨论的依据和理由。

当然，桂林必须保持头脑的清醒，深刻认识到世界是不断发展变化的，全球旅游业也在迅猛发展之中。尽管近几年新冠肺炎疫情严重冲击了全球旅游，但从历史上看，旅游业发展势不可挡，新的和强劲的国际旅游发展态势很快又会大面积出现。纵观新世纪以来全球旅游业发展状况，与很多国家、很多地区的很多地方相比，“桂林旅游”必须补齐的短板、必须增强的“底力”还非常多，发展过程中新的差距也在不断出现。桂林有国际旅游论坛举办地这一绝佳的机会，很方便不断研究全球旅游现今的状况和未来的趋势，进而不断调整自己的步伐，补齐自己的短板。

二说：与UNWTO合作增强了“桂林旅游”话语权

谈到“桂林旅游”之于全球旅游，不可不专设“一说”，说说桂林和联合国世界旅游组织（UNWTO）的交流合作，因为这个合作极大增强了“桂林旅游”的国际地位和话语权。

关于桂林和世界旅游组织，我在前面两本书，即《访谈与回忆：说说“桂林旅游”》和《访谈与杂谈：说说“桂林旅游”》里载有对相关人物的访谈录，也有我自己的回忆录，已作了不少叙述。在此我想强调，一个国家的某个城市，与联合国世界旅游组织这样全球性的国际旅游组织，能够建立联系，并且往来还比较密切，合作成果还不算少，是不容易的，这在中国，甚至在全球很多国家里，也比较罕见。这种合作，对增强“桂林旅游”的国际地位和话语权，对桂林目前奋力打造世界级旅游城市，无疑是非常有利的。

从迄今为止的合作成果看，桂林与世界旅游组织的往来和合作，至少使桂林增强了如下几个独有的重要优势：

（1）2007 年启动的“桂林论坛”，每年一届，坚持连年举办，即便是最近两年疫情横行也没有间断。“桂林论坛”给了“桂林旅游”很多机会：桂林不仅不出家门就能直接听到世界上具有代表性的专家学者关于全球旅游趋势与展望方面的见解，还能与他们就近在桂林面对面对话；桂林不仅可以在研究论坛日程、确定论坛内容上提出意见，还可以登上讲坛发表观点；桂林不仅在论坛前后有机会安排各国专家学者、业界大咖参观考察新产品、新线路，还可以在论坛上设立一个分论坛请与会专家专题为“桂林旅游”发展支招；桂林不仅能够在会上收集各国专家学者的高见以促进自身发展，还可以在会后与他们保持长期联系随时请他们助力“桂林旅游”保持全球相应地位；桂林不仅能够通过论坛与世界旅游组织加深往来关系，还可以通过论坛和很多全球性旅游组织探讨交流合作；等等。桂林作为“桂林论坛”的永久举办地，在吸引国内外旅游业界、诸多旅游城市关心和关注的同时，也扩大了“桂林旅游”对包括中国政府在内的世界上不少国家政府和社会各界的知名度。“桂林论坛”对“桂林旅游”发展，对桂林世界级旅游城市的打造，意义、作用都非常大。桂林市委、市政府和桂林社会各界对“桂林论坛”一贯高度重视，这是完全正确的。

（2）2005 年设立的世界旅游组织旅游可持续发展阳朔观测点，在全球是第一个。阳朔的这个观测点，让世界旅游组织关于旅游可持续发展的指标体系研究成果完全落地。我了解到，阳朔之后，黄山景区、黟县西递宏村、开封、洛阳、焦作、喀纳斯、张家界、西双版纳、常熟、江门都先后建设了观测点，目前全国已有观测点超过 10 个。阳朔观测点监测工作得到中山大学保继刚教授大力支持，由他首届博士生，现已是中山大学旅游学院教授、博导、珠江学者的孙九霞具体负责，每年出一份监测报告。这方面的情况，可以从我对她的访谈中具体了解。一个专业学术团队，坚持对全球首个旅游观测点每年不间断进行监测，所提交的每份年度监测报告有多重要和多大价值可想而知。这样的监测、这样的报告，全球大多数旅游城市是没有的，利用好监测成果改善提升自己，桂林近水楼台，得天独厚。2018 年，桂林与深圳、太原三个城市获批成为中国首批国家可持续发展议程创新示范区，桂林主要在景观资源可持续利用方面。国家这个举措，意在为全球可持续发展提供中国经验。世界旅游组织旅游可持续发展观测点与国家景观资源可持续利用创新示范，意义相同。桂林可以构建出一套更加全面完整的创新、协调和可持续发展的成功做法，在这方面的话语权已经走在了中国乃至全球前列。

（3）2004 年、2005 年开启的桂林旅游高等专科学校（现为桂林旅游学院）与世界旅游组织的交流合作，世界旅游组织支持桂林旅游学院建设发展，同样具有很大的意义。当时桂林市政府在拟定与世界旅游组织合作计划时将该校列入其中，应该说是有远见的，这也为该校 2015 年升本后继续向前发展，适时跻身全国和全球前沿院校创造了相当有利的条件。桂林旅游学院升本后，自身非常奋进，全力发展和壮大自己，在学科建设等很多方面取得了很多成果，桂林市政府和桂林社会各界，当然包括学院自己，都非常希望桂林在打造世界级旅游城市进程中，能够诞生一所世界级、有分量、独立建制的旅游大学。如果这一愿望能够进入议事日程，世界旅游组织必也将会起到更多支持作用。世界旅游组织亚太部前主任徐京听说此事后，就专门给我发来信函，阐述了他对桂林创办旅游大学重要性和可行性方面的支持性意见。

桂林与联合国世界旅游组织的交流合作，是“桂林旅游”一进入新世纪就开始了的一件大事，合作基础很好。因此，桂林可以继续不断地深化并扩大、拓展合作，借助世界旅游组织这样的优势资源持续提升“桂林旅游”的知名度、美誉度、话语权和影响力，助力打造世界级旅游城市。比如，“桂林论坛”增加文旅部作为主办单位之一，力度、影响会更大；建设“桂林论坛”固定会址，围绕论坛本身及其会址做活多篇“文章”；就论坛和观测点，设计和开展更多更丰富的国际性交流、研讨活动。再如，在桂林设立世界旅游组织某一专门机构；继续探讨当时就打算在桂林召开的“亚洲旅游大会”；与世界旅游组织、亚太旅游协会共同举办一些更加能够活跃桂林城市氛围的参与性、创意性大小活动；等等。就我当时参与世界旅游组织探讨交流合作时的体会而言，就是空间和潜力还很大，我们要广开思路，敢于“异想天开”，更多地实践几次“有志者事竟成”。

三说：“桂林旅游”新课题：成为“世界级”旅游现象

打造桂林世界级旅游城市，其由来以及相关探讨，我在 2021 年 5 月以后的人物访谈里、在《桂林，如何迈向世界级旅游城市》杂谈文中，已有较为详细的叙述。在此，我想再次强调“世界级旅游城市”这一表述，过去未曾正式出现过，这是党和国家最高领导人在桂林、对桂林提出来的，已成为桂林城市发展的新方向，“桂林旅游”发展的新环境。

2021年以来，大家都在探讨：究竟什么是世界级？什么是世界级旅游城市？普遍认为没有现成的定义，没有既定的标准，也没有可复制的模式，只能找出一些国际国内相对成功的范本，参照他们研究出一套适合桂林实际的“标准体系”或者“目标体系”，并结合桂林已有的基础制定实现路径。

前面言及的我那篇杂谈文，写于2021年6月，我是根据截止到当时的资料，特别是桂林作为旅游城市起步建设的整个发展历程，以及1999年保继刚老师主持编制的《桂林旅游发展总体规划（2001—2020）》，结合个人的思考起草的。连接那篇文章的时间，接下来有两个重要之点值得记录：其一是2021年8月桂林市第六次党代会提出了“三步走”的阶段性战略目标，即到2025年成为国际山水人文旅游首选目的地之一，到2030年成为国际高端休闲旅游首选目的地之一，到2035年旅游核心竞争力走在国际同类旅游城市第一方阵前列，把桂林建设成为经济发达、城乡繁荣、社会文明、生态良好、城市宜居、人民幸福的世界级旅游城市；其二是2021年10月，广西壮族自治区党委书记刘宁在2021年广西文化旅游发展大会上，指出高水平建设桂林世界级旅游城市，着力打造世界级山水旅游名城、世界级文化旅游之都、世界级康养休闲胜地和世界级旅游消费中心。这两点，又把桂林打造世界级旅游城市目标定位和阶段性具体目标明确了下来。我总体上感到，桂林在城市发展方面一直非常用心，不断结合新形势做着市一级的“顶层设计”，这些都极其重要。但我同时认为，阶段性目标、城市定位已经非常清楚，可究竟什么是“世界级”，怎样做到“世界级”，“桂林旅游”怎样在这种新环境下发展自己，并成为打造桂林世界级旅游城市的主要力量，需要深入探讨和研究。

“世界级”这个词，20多年前就出现了，“国际化”“现代化”“世界级”等概念自20世纪80年代就被频繁使用。桂林1985年提出建设现代化风景旅游城市，1995年启用现代化国际旅游城市提法，2000年公布的桂林旅游发展总体规划则首次提到“世界级”，提出把桂林建设成为“世界级、桂林化的国际一流旅游目的地”，并对“世界级”做了一些解释，说“世界级是指旅游发展水平达到世界水平、居于世界领先水平”，对如何实现“世界级”目标，也有一些相应的举措建议。不过，规划对“世界级”的解释也还是初步的，所提出的实现举措尽管至今依然具有一定的指导意义，但也是要结合今天的发展形势，做出新的、进一步的思考。

时至今日，国内国际旅游发展状况的巨大变化，旅游城市建设很多新的成就，旅游发展出现的新业态、新产品，现代科技对旅游业的影响，无疑又极大丰富了“世界级”这一概念的含义，因此我们需要对“世界级”做更进一步的研究。桂林若要实现打造世界级旅游城市这一目标，就必须要研究好“打造桂林世界级旅游城市”在现实点上的路径。其中，我认为让“桂林旅游”增强发声“底力”，成为全球“世界级”旅游现象，是一个重要的新课题。

准确认识世界级旅游城市中的“世界级”，对如何增强“桂林旅游”的“底力”、打造桂林世界级旅游非常重要。关于“世界级”，要考虑的因素自然很多，但我认为必须有一个总的和思路上的出发点，那就是“桂林旅游”成为“世界级”旅游现象，受到国内外众多旅游者所喜爱；桂林作为世界级旅游城市，得到国内外旅游者基本公认和得到桂林本地居民基本认同，并努力使国内外旅游者和本地居民的需求点、关注点联系和统一起来，让各自利益都能够得到最大化的满足，比如，城市生活环境和城市各项服务，做到国内外旅游者和本地居民都能伸出大拇指，都认为不错。这样的城市，可能才会距离“世界级旅游城市”更近。做到这一点，实际上并不容易，我们需要注意到很多方面的很多具体细节，推出很多具体、明确和有效的举措。

桂林成为世界级旅游城市，“桂林旅游”成为全球“世界级”旅游现象，“到2035年，旅游核心竞争力走在国际同类旅游城市第一方阵前列”，桂林目前基础雄厚，优势突出，有相当的国际知名度、美誉度、话语权和影响力，但面对旅游发展环境日新月异的变化，“桂林旅游”和桂林城市显露出来的差距、问题也非常多，对此也要有清醒的认识。

话题二：“桂林旅游”之于全国旅游

（完稿时间：2022 年 4—6 月）

“桂林旅游”，在全国起步较早，自最初开始就对配合国家外交工作和为国家获取外汇，为全国旅游业起步发展作出了比较突出的贡献。同时，“桂林旅游”也是在党和国家领导人、国家有关部门特别是原国家旅游局的关心、指导和支持下，逐步发展起来的。历经数十载艰辛岁月，“桂林旅游”已使桂林成为蜚声国内外的旅游城市。

中华人民共和国成立后，以外事接待为主要形式的入境旅游很快就在桂林出现。1956 年，国家指定桂林为对来华外国人开放的旅游地区，1957 年，国家通知桂林成为对一般外侨游览的开放地区，但 50 年代主要是接待来自社会主义国家的外事客人。1964 年，桂林重新编制城市规划，提出把桂林建成中国式的风景游览城市，同一年桂林成为国家拟在 1966—1967 年对外国自费旅行者开放的若干城市之一。70 年代，国外政要接踵而来，国外自费旅游者也不断增多。1973 年桂林率先对外开放旅游，1978 年又有了整个国家对外开放的大环境，真正意义上的桂林旅游业随之正式起步和发展了起来。80 年代起，很长一段时间里，“桂林旅游”一直被誉为“中国旅游的风向标”和“中国旅游的晴雨表”。

2019 年，桂林接待国内外游客近 1.4 亿人次，其中入境旅游者超过 300 万人次，旅游总消费达 1870 多亿元，桂林旅游经济已经达到了相当大的规模，桂林作为全国重点旅游城市，尤其是入境旅游排头兵城市的地位日益巩固。

从另一方面看，特别是进入 21 世纪以后，全国各地旅游发展风起云涌，一些城市成为后起之秀，国内外旅游者可以比较和选择的旅游目的地越来越多，又由于其他城市的发展举措、力度和经济社会支撑能力也有更强的一面，在 21 世纪头 10 年桂林就意识到了“不进则退”“慢进也是退”的问题，在今天已经更加和更多地显现出来，“桂林旅游”已经面临如何保住自身地位这一较为严峻的竞争局面。

以上这些，也是近两年我做人物访谈过程中，不断得到和深化了的对“桂林旅游”总体情况的一些认识。

一说：“桂林旅游”在全国旅游发展格局中的位置

上面类似引言的那段话，实际上对这个问题也算是做了一些回答。从 2019 年年初开始，我用 15 个月时间，做了一份《桂林旅游发展轨迹年表（1950—2020）》，这份年表也大体记录了“桂林旅游”在全国旅游发展大格局中的位置，记录了“桂林旅游”在党和国家领导人、国家有关部门特别是原国家旅游局的关心、指导和支持下，逐步发展起来的大致历程。我在对一些人士的访谈记录里面，也有不少这方面的叙述。总体来看，“桂林旅游”在全国处于比较重要的位置。

1973 年，国家指定桂林成为在全国率先对外开放旅游的城市。当时这一批城市全国只有 5 个，桂林是唯一一个既不是大城市也不是省会城市的中小城市；1979 年，国家确定桂林城市性质为社会主义风景游览城市；1982 年，国家公布桂林为全国首批历史文化名城；1986 年，国家明确桂林为全国 7 个重点建设的旅游城市之一。旅游业发展方面，1983 年我第一次来桂林时，就切身感受到那些年“京、西、沪、桂”“京、西、沪、桂、广”“广、桂、昆”先后成为境外旅游者来中国旅游比较精典的黄金线路，并持续了相当长一段时间。这些线路，尤其是桂林同京、西、沪、广一道，对国家发展入境旅游起到了相当程度和一个时期的支撑作用。20 世纪 90 年代，桂林成为首批中国优秀旅游城市。20 世纪后 20 年的时间里，旅游饭店建设、自然生态环境保护、漓江补水工程、旅游院校起步发展、两江国际机场建成等，国家领导人和国家有关部门在政策、资金上都给予桂林极大的帮助。

桂林也不负国家厚望，“追梦”奋进，尤其在国家外交和赚取外汇方面，努力做出了自身应有的贡献。对桂林取得的成绩，国家也给予了充分肯定。这些情况，我在访谈何光暐先生、袁凤兰女士时，他们二位都有过不少叙述。

中山大学保继刚教授经常讲他的一个观点，说“桂林旅游”是中国旅游发展的缩影，中国旅游发展的各个阶段，在桂林都可以找到例证。访谈时他又说，“桂林的入境客源也一直是中国各大城市里的一个窗口”“不只是改革开放，新中国成立之后的旅游业，桂林就是最率先的”“桂林是中国的旅游符号，如果中国有国际旅游目的地的话，桂林就是其中的一个，一定是其中的一个！”“桂林已经成为有巨大国际影响力的综合旅游目的地，这个判断也是成立的。桂林实际上已经成为了一个独立的，终端式的旅游目的地。”保教授的话，清楚阐述了桂林在中国旅游发展格局中的位置。

讲到“桂林旅游”的贡献，广西师范大学黄伟林教授接受我访谈时，说“当时桂林的旅游商店，叫画店，主要商品是桂林山水画。外国人特别喜欢桂林山水画，旅游商店就以售卖桂林山水画为主。桂林这种画店的模式，推广到了全国很多旅游城市和旅游景点。当然，发展到今天，这种模式出现了旅游界特别顽固需要整改的深层次问题。但今天的问题并不等于出现之初就是完全负面的。在创汇这一点上它就做出了很大的贡献。当时创汇是发展旅游很主要的目的，桂林旅游创汇对国家做了一定的贡献”，“说到桂林旅游对国家的贡献，还有非常重要的一点。我提出过一个概念，说中国在 20 世纪 60 年代有乒乓外交，桂林实际上则扮演了旅游外交的角色。尤其是到了 70 年代，桂林旅游，实际上是接待外国元首、外国政要等外国高端人士。桂林在这一个阶段，对中国政治、经济、文化都起到了重要的作用。我觉得这是需要今人来书写的。桂林博物馆有一个陈列专题，展出的是外国政要送给桂林的礼品，今天它可能已经不是特别显眼了，但如果放到 20 世纪六七十年代，这是非常突出的。桂林在当时，扮演了中国对外政治、文化交流的重要角色”。“在那个时代，旅游为桂林做的贡献和桂林对国家在政治和经济两大领域所作的重要贡献，我觉得值得大书特书。”

我在整理桂林旅游发展轨迹资料时，看到 1973 年到 1988 年桂林共接待来自 120 多个国家和地区的入境旅游者近 270 万人次，接待总量仅次于北京、上海、广州，居全国第四位。据桂林市文化广电和旅游局发布的统计，1987 年入境游客超 50 万人次，2005 年逾 100 万人次，2014 年为 200 万人次，2019 年升至 300 万人次以上。中国入境旅游方面，桂林排头兵的位置，一直是较为稳固的。

相对于入境旅游，桂林由于不是客源地城市，虽然人口有 500 多万，但市民总体上经济收入不强，出境旅游的人不多，出境旅游桂林几乎没有地位。国内旅游，桂林是一个重要的目的地，差不多二十几年前，《中国青年报》推出中国青年最喜爱的旅游目的地和旅游景区，桂林也都进入前 10，但时至今日情况变得有些不尽如人意，不少机构评选国内旅游最佳目的地城市时，桂林很多时候位居不了前 10，个别时候甚至连前 20 的名单里也不见踪影，使得桂林面临一种窘境。

清楚自己的位置，有利于扬长补短，制定前行方略。

二说：“桂林旅游”当前所面临的窘境

接下来，我们来看看“桂林旅游”，特别是在国内旅游方面，所面临的窘境是什么。

我访谈过的很多人，他们都谈到了这个问题。

“90后”自由插画师黄柔一说，在国内，特别是现在，跟别的知名一点的城市相比，她觉得桂林不是一个排头兵的位置。平时看看街上，发现像游客模样的人，老年人居多。她说云南像丽江、洱海、大理，还有重庆、成都、广州、上海、北京、杭州、苏州、扬州，海南的三亚，年轻游客特别多。说重庆给她印象最深刻的就是吃这一方面，还有那里很热闹，感觉很值得去，而这些方面桂林是有差距的。

“00后”大三学生金鑫龙说桂林最不足的一点，是除了台面上这些景区，背后的街区或者是居民区，给人的感觉是吸引力不够，生活节奏不是很快，一副悠闲的状态，他认为桂林特别适合老年人生活。建成网红城市最重要的一点，就是在全域旅游概念下，形成全域景区化的状态。

“00后”大一学生李晴也说桂林旅游对年轻人，特别是“00后”吸引力不足，她说“00后”可以分成两部分：一是经济没有独立，跟着家长旅游；家长说桂林山水好，就跟着一块去；二是如果能够独立选择的话，她觉得桂林可能不是第一选择，她们可能更想去长沙、重庆；说她选的话，可能也不会选桂林。桂林想增强吸引力，就要打造一个城市名片。比如去长沙，可能不仅仅是因为长沙的景色，还有茶颜悦色奶茶，就是单纯为了尝尝奶茶也要去。说桂林山水甲天下，算是一个名片，但随着时代慢慢变化，这个名片会稍微有一点变弱。桂林是不是网红城市？不能说一点不是，因为网红城市很难界定，但觉得即使是也不太出名。网红城市可能客流量很大，桂林客量也挺大，但她个人感觉可能还不是，并且也不知道该怎么把理由说清楚。

他们的看法，我认为至少代表了一部分年轻人。

广西师范大学黄伟林教授说相对于其他一些城市，总体上觉得“桂林旅游”有些走向衰落，放在全中国的格局，以前能够跟北京、上海、西安相提并论，而如今发现南宁的旅游人数都超过了桂林，说如果从桂林自身看，饭店增加了，旅游收入提高了，但这些数字是自己跟自己比，如果放在整个国家的格局看，桂林在国家中的地位没有那么重要了。

桂林大型旅游企业高管周茂权说全国各地比如云南、江西、海南的同行，他们都曾把桂林当作老大哥，说桂林旅游做得很不错，过来学习一下。现在你看看，叫我们老大哥的几乎听不到了。晃眼过去一二十年，我们甚至从老师变成了学生，反过来我们要经常去外地走走学学了，他觉得这值得思考。他说现在放眼看看，感觉排名前 15 之内可能找不到桂林。当然不论任何时候桂林都需要学习别人，但现在很少有人来桂林向我们学习了，这牵涉到今后桂林应该怎么做，应该怎么改革创新。改革开放后一二十年，桂林凭借山水甲天下的资源优势以及率先发展旅游的先发优势，在旅游发展方面，无论是思想认识、行业管理，还是旅游服务、产品开发，都是全国旅游的领跑者，入境及国内旅游接待人次长期排在全国前列，是国家旅游主管部门关注的风向标和晴雨表。在广西，桂林是龙头城市，在西南，桂林是仅次于广州的旅游先锋，但现在我们成了掉队者。

中国旅游研究院院长戴斌在 2021 年 6 月桂林组织的一次研讨会上，说桂林在国家旅游城市竞争力版图中的位置与 40 年前的改革开放初期相比，与 30 年前 20 世纪国内旅游发展的起步阶段相比，与 20 年前相比，乃至从党的十八大以来旅游业的发展形势来看，都呈现出明显的后移趋势，就是从年游客接待人数、旅游总收入、增长速度等经济数据来看，桂林也明显地感觉到来自三亚、海口、黄山、张家界、洛阳、郑州、拉萨等重点旅游城市的追赶压力，和南宁、北海相比追赶的压力也是很重的。

从以上这些基本可以得出一个结论，就是现在“桂林旅游”在一定程度上落后了，“窘境”越来越明显，“桂林旅游”加快发展的紧迫感需要大大增强了。

当前，桂林已经明确了自身发展的新方向，就是党和国家最高领导人习近平总书记赋予桂林的新使命新要求——打造世界级旅游城市。这个方向，提法上比以往提出的任何目标都更加清晰和明确，也更加具有高度，虽然从桂林作为著名旅游城市的一贯追求来看，这个目标有着内涵方面的一致性，但实际上它给了桂林更多新的机会，包括在获得国家进一步支持方面，会出现更多新的可能，也让桂林在制定打造世界级旅游城市战略举措时，重新审视自己，回望以往成功的东西有哪些，同时又丢失和错过了什么，现在的“桂林旅游”在哪些方面落后了，“窘境”是怎么出现的，进而思考今后如何扬长补短夯实基础前行得更好。

因此，我认为不避讳摆出不足，充分认识前面大家谈到的那些“窘境”，清楚桂林与国内外做得好的城市相比，短板还有哪些，这对“桂林旅游”“而今迈步从头越”，对打造好桂林世界级旅游城市，十分有益。

其实认真回望过去几十年“桂林旅游”发展的历程，即便是说入境旅游，实际上桂林也还有不少值得反思之处。20 世纪的后 50 年，特别是后 30 年，桂林入境旅游者很多，应该说很重要的成因，一是桂林山水的“独一无二”，外国政要也一直在给桂林“做广告”，二是对外开放旅游率先起步的红利。这一点，我同意周茂权的观点。境外游客明知桂林接待条件简陋和不足，各种服务也很难符合作为国际性旅游目的地应有的条件，但他们为了一睹桂林独特的自然山水风光和对他们来说相对神秘的中国人的生活状况，宁可住宿条件不好也还是要过来，蚊子多了自带驱蚊药水也会过来。当时的桂林，并不具备作为著名国际旅游目的地应有的和起码的旅游接待环境，旅程中客人需要“将就”的地方还非常多。当然，同全国各地一样，桂林也一直在努力改进，条件也在一天比一天好转。但是，不能说旅游者数量很多，我们在全国排位靠前，就认为我们的入境旅游做得已经很好了。因此，即便是在入境旅游领域，实际上我们也仍然有不少属于“窘境”的地方。这一点，大家以前说得不多，但现在我们完全应该看到国内很多地方发展变化得更大更快，国外很多地方原来就很过硬现在又有新的提升，因此要想成为真正意义上的国际旅游胜地，成为世界级旅游城市，那我们需要全力改进提升的工作依然还很多。桂林应该开单列表，将其一一摆出，然后扎扎实实地去一一补上。这方面如果做得好了，前面说到的其他“窘境”，大都可以迎刃而解。

另外，国内游客为什么老年人居多，其他年龄层的游客较少，国内游客为什么对桂林的评价不像我们想象得那样好？作为国内外著名的旅游城市，桂林旅游人看到这一点，心情是复杂的。上面我列举的“90后”“00后”几个人，他们都不是桂林人，都是从外地来桂林读书，说自己爱上了桂林，期望桂林能够扭转这个“窘境”而鼓起勇气对我说出来的，我认为他们的话很有一番道理，很值得听取；黄伟林、周茂权二位的话，也是事实，很值得深思。老牌旅游城市，如何不断夯实发展基础，让“桂林旅游”不断保持青春活力，很是一个课题，应该去正视和研究。

三说：“桂林旅游”必须奋力提升保持领先地位

回过头看，“窘境”这个词准确与否，也是一个问题，但不管怎样这种情况或者现象是存在的，我们不能因为取得了巨大的成绩而忽略这种存在，与其说讨论用词合不合适，倒不如抓紧时间去扭转“窘境”，提升自己。毕竟，旅游者对一个旅游目的地城市是在“用脚投票”，是他们在每时每刻评价一个地方的旅游业，他们认为好，才是真的好。

桂林当前的建设和发展方向，是打造世界级旅游城市。世界级的旅游城市，按常理来说在中国国内就应该处于领先地位，反过来中国建设世界旅游强国也必须要有多一些世界级的旅游城市来做支撑。因此，“桂林旅游”在中国国内做好排头兵，继续处于领先的位置，应该成为桂林打造世界级旅游城市过程中一个重要的追求。在以往的发展环境下，“桂林旅游”在很多方面，尤其是入境旅游，长期都处在打头阵的领跑位置，所以要扭转各种“窘境”，就必须努力保住并巩固全国领先的地位。保持全国领先，就得改进和提升自己。究竟应该提升什么，怎样提升，就成为必须需要探讨好的重要课题。无疑这也是一个大题目，接下来在其他话题里，我都会不断涉及这个题目，在此先从总体上做一些探究。

我想多引用一些保继刚教授在接受访谈时说的一些话，来引导探讨。保教授在 20 多年前为桂林编制了 20 年期限的旅游发展总体规划，当时他就提出桂林应该建设成为“世界级、桂林化的国际一流旅游目的地”。2021 年 6 月，保教授还成为桂林打造世界级旅游城市首批特聘专家，我认为他在访谈中讲到的很多观点非常值得我们深入思考。

保教授说：“这些年我们桂林比较沉寂，不是我们没有产品，不是人们说的‘老化’，我还是不同意‘老化’的说法。实际上我们的东西依然很好，关键是说我们没有在引领中国旅游业了，……有点像是在跟随了。这一点，必须要引起注意，我非常希望桂林能够继续当好引领者。”看得出，保教授对桂林是充满感情和期望的。

保教授说：“今天要讨论的是，变化的世界变化着的旅游，消费市场上变化着的旅游方式，在产品供给上，我们有没有跟上世界的步伐？而不是说我是不是国际旅游胜地。桂林一定是国际旅游胜地，我们要研究的是桂林在变化的过程当中，能不能跟上消费观念、消费行为转变所需要的这些旅游供给。”桂林对外界的关注和研究，对发展变化了的世界，探讨了多少，跟上了多少，这的确是一个很关键的问题。

保教授说：“经过两江四湖为代表的城市改造，桂林城市匹配上了甲天下的桂林山水。在后面的发展中，我提出了桂林这座城市的功能，需要得到继续的提升，比如说跟这个城市地位相匹配的科技、教育、文化、体育、商贸等功能。……东西巷是一个旧城改造加特色街区的项目，很成功，做了一个代表性的区域，但它还只是一个片区，是整个城市大区域的一个文化街区、一个商业街区。桂林这个城市，需要的既是规模扩张更是功能的提升。”城市功能是打造世界级旅游城市和发展“桂林旅游”的必备条件，是重要支撑。多年来桂林在这个方面是欠账的，当然这与桂林城市的经济实力有关，这是今后必须要拿出硬举措来予以提升的。

保持领先地位，打造世界级旅游城市，“桂林旅游”本身必须强大起来，这在一定程度是从旅游产品上体现出来的。保教授说：“桂林现在第一没有引领中国旅游产品这样的东西，‘现象级’的产品没有出来。再一个就是旅游管理，我们进步不大。可能比最早期的时候一幅价值300块钱字画卖1万元的现象好多了，但类似的现象又出现了。在阳朔，本地人卖5块钱的米粉，一看是游客就卖10块，这种事还成了大家司空见惯的事情。消费安全不解决，怎么叫一流？我们必须注重这些方面，而不是只喊些口号，讲些概念。”保教授当时提到了《印象·刘三姐》《愚自乐园》《两江四湖》等，说这些“现象级”产品，对提升桂林形象起到了很大的作用。

“00后”大学生金鑫龙说：“自助旅游者很难从这个地方去往下一个目的地。比如世外桃源，我曾组织我的社团旅游爱好者协会去过，我的感觉就是游客大部分都在跟团。如果想单独或者大学生这样的群体过来，可能就会非常困难。”媒体和官方称作“最后一公里”的这个问题，应该说桂林至今还没有解决好，这与桂林长期形成的习惯于团进团出旅行团“地接”观念有关。现在自助旅游特别多，桂林也早已进入散客远远多于旅行社团队的时代，所以“接团思维”必须改变，这也是桂林急需提升的一个很根本的问题。

适应变化了的旅游世界，回应旅游者新的消费需求，方便国内外散客自助旅游，改善城市各方面对旅游业发展的支撑功能，多出一些引领全国旅游发展的“现象级”产品等，桂林以“世界级”为方向首先提升好这些方面，我认为对于“桂林旅游”保持全国领先地位，对于桂林打造世界级旅游城市，是至关重要的。

话题三："桂林旅游"之于全区旅游

（完稿时间：2022 年 4—6 月）

广西是全国最早发展旅游业的省区之一。多年以来，坚持把旅游业放在重要位置，强化政策支持，强化行业建设，强化资源开发，强化形象推广，还把推动各地旅游发展作为重要抓手，旅游大省和旅游强区建设都取得了十分明显的成效。目前，全区旅游业已达到较大较强规模，发展态势十分良好。从接待规模看，据广西文旅厅网站，疫情前的 2019 年当年，全区接待国内外游客达 8.76 亿人次，实现旅游总消费 10241.44 亿元。其中接待入境过夜游客 623.96 万人次，国际旅游（外汇）消费 35.11 亿美元；接待国内游客 8.70 亿人次，国内旅游消费 9998.82 亿元。

桂林是广西全区旅游发展的主要城市之一，"桂林旅游"在全区处于比较突出的位置，这与"桂林旅游"之于全国旅游一样，也可以从两个方面体现出来：一是对"桂林旅游"发展，自治区党委和政府、区直有关部门尤其是自治区旅游主管部门，多年来高度重视，始终在给予最大限度的关心和支持；二是桂林自身也极力奋进，全力在全区旅游发展中做出了较大的贡献。

全区大力发展旅游业，以及关心、支持、肯定"桂林旅游"发展的有关情况，从我对自治区老领导曹伯纯书记、袁凤兰副主席和自治区社科联原副主席成伟光的访谈录中，可以读出一些时间段和时间点上的很多往事。

说到"桂林旅游"之于全区旅游，还必须注意到一个事实，就如前一个话题里我引用的两段话所言：一是戴斌院长的"从年游客接待人数、旅游总收入、增长速度等经济数据来看，桂林也明显地感觉到来自三亚、海口、黄山、张家界、洛阳、郑州、拉萨等重点旅游城市的追赶压力，和南宁、北海相比追赶的压力也是很重的"；一是黄伟林教授的"以前能够跟北京、上海、西安相提并论，而今天发现南宁的旅游人数都超过了桂林"。因此桂林必须充分认识到全区各地发展旅游业力度都很大，一些城市的举措又很到位，桂林必须要付出更多的努力，不负自治区对“桂林旅游”的厚望。

一说：“桂林旅游”之于全区旅游发展历程

1997 年，我调到桂林市旅游局工作的第二年，曾陪同过《广西桂北经济区旅游发展规划》编制组在桂林几个县做调研，当时桂林地市还没有合并，那也是我第一次以“局内人”的身份，努力配合从全区旅游发展的角度，到原桂林地区一些县域了解当地旅游发展的状况。这次机会，让我了解到很多全区旅游发展的有关情况。《桂北经济区旅游发展规划》编制的背景，是当时自治区正在组织实施“三大战略六大突破”重大战略，其中“区域发展战略”是这个战略的一个部分，而由桂林市、桂林地区为主组成的桂北经济区，发展重点为旅游和农林，编制规划是为了桂北旅游发展得更好更快。

我在桂林市外办工作过，曾对广西外事有关情况查过一点资料，了解到 1952 年广西省政府设立外事处，当年广西高级干部疗养所在桂林成立（1959 年改为榕湖饭店），1954 年 5 月国旅南宁分社、凭祥支社成立，1956 年桂林市人民委员会设交际科，1959 年国旅桂林支社成立，桂林机场同年开航试运行等，得知在 50 年代，广西外事旅游接待就已起步。

2018 年，广西旅游发展委员会编印了《璀璨岁月 光辉历程——广西旅游委员会发展史 1978—2018》一书。书中有“发展成就篇”，介绍了改革开放以来全区旅游的发展历程、发展成就、所获荣誉奖励、重要法规和重大政策，脉络清晰，重点突出，我认为是了解广西旅游很好的一本资料“大全”。我对整个全区旅游没做过专门研究，在此借助该书，说说广西在国家改革开放后大致经历了一个怎样的发展历程。

该书认为广西旅游改革开放以后 40 年的整个发展历程，呈现出明显的阶段性特征：（一）旅游业实现从“外事接待型”向“经济产业型”转变（1978—1990）；（二）从旅游资源大省（区）向旅游经济大省（区）转变（1990—2006）；（三）从旅游经济大省（区）向旅游经济强省（区）转变（2006—2018）。按照这样的划分方法，在阶段（一），1979 年 8 月，广西壮族自治区党委和革委会出台了《关于桂林旅游区的规划建设和管理决定》，这应该是广西第一个有关旅游方面的文件，说明当时全区旅游主要是在桂林。进入 80 年代，1984 年，自治区党委、政府出台了《关于开创我区旅游事业新局面的若干规定》，这是广西事关全区旅游的第二份重要文件，指出“以桂林旅游区为重点，逐步带动全区旅游事业的开发”。之后几年里，桂林、南宁、柳州、桂东南等旅游基础设施建设日益展开，显现出了较好的势头。1988 年 8 月，自治区政府在桂林召开会议，审议通过《桂林旅游区总体规划纲要》。以桂林为重点带动全区旅游发展，是这个阶段的主要特征。在阶段（二），“八五”期间，全区各地市普遍设立了旅游行政主管部门，各地旅游业基本上全面起步，桂林等地则已发展得更好。1997 年，自治区党委、政府作出了《关于加快旅游业发展，建设旅游大省的决定》；1998 年，自治区党委、政府印发了《关于进一步加快广西旅游业发展的实施方案》，自治区层面的顶层设计接连出台。1998 年 3 月，自治区党委、人大、政府、政协联合召开了广西旅游发展史上规格最高的全区旅游工作会议，自治区党政主要领导出席大会并讲话，对建设广西旅游大省作出全面部署。1998 年、1999 年连续两年先后颁布实施《广西壮族自治区旅游管理条例》和《广西壮族自治区风景名胜区管理条例》，旅游业依法管理工作全面加强。到 2006 年，广西实现了从旅游资源大省（区）向旅游经济强省（区）的转变。在这一阶段，自治区确立了桂林为广西建设旅游大省龙头城市的地位。阶段（三），随着 2006 年年初全国旅游工作会议提出中国“建设世界旅游强国”的奋斗目标，广西也在当年 11 月提出“努力建设旅游强省”。阶段（三）的十多年里，广西始终都在采取多种举措，强化建设工作，使广西旅游产业体系不断升级，产业发展呈现跨越式态势。2013 年，自治区党委、政府在桂林召开全区旅游发展大会。这次大会，被认为是广西旅游业跨越发展的重要里程碑。大会提出全面构建“一个旅游龙头、两条旅游发展带、三大国际旅游目的地、四大旅游集散地和一批旅游名县名镇名村”，开启广西旅游跨越发展新篇章。关于桂林，自治区党委书记彭清华在会上指出，要进一步巩固提升桂林在全区乃至全国旅游业发展中的龙头地位，充分发挥辐射带动作用和改革试验示范效应。在阶段（三），“桂林旅游”也始终处于广西旅游发展的龙头地位。

到疫情前的 2019 年，本话题前面也已说到，全区旅游发展到了今天已形成相当大的规模。“桂林旅游”在这一年也交出了业绩突出的成绩单，有关数据在前面的话题里也已提到。

2019 年 11 月，全区文化旅游发展大会在桂林召开，这是继 2013 年以来时隔 6 年召开的发展大会，自治区党委政府主要领导出席并发表讲话，还以自治区党委政府名义出台了“关于加快文化旅游产业高质量发展的意见”，宣示通过努力，争取让全区文化旅游经济主要指标迈入全国第一方阵，早日成为全国文化旅游融合发展先进省区、世界文化旅游重要目的地。自治区决定今后每两年召开一次这样高层面的大会，推动全区旅游发展。关于桂林，自治区党委书记鹿心社在大会上强调，着力强龙头，对标世界一流标准，加快桂林国际旅游胜地提质升级。

2021 年 10 月，全区文化旅游发展大会在北海召开，自治区党委书记刘宁在会上提出要把广西建设成为世界级旅游目的地，并强调这是广西文化旅游发展的重大创新工程。他说，建设世界级旅游目的地，桂林要打头阵、当先锋，发挥好龙头带动作用。这次大会最重要的一点，是明确了广西旅游发展新定位，即建设世界级旅游目的地。

在全区旅游数十年发展历程中，“桂林旅游”一直处于十分重要的“龙头”位置，无论是全区旅游起步之初，还是在改革开放后全区各地风起云涌大力发展旅游之时。

二说：“桂林旅游”之于全区旅游发展格局

20 世纪 80 年代，广西一方面持续强化对桂林旅游区建设的支持，另一方面推动全区各地旅游业起步发展，全力“开创我区旅游事业新局面”，成效是明显的。进入 90 年代，自治区进一步部署全区旅游发展，在 1993 年 2 月全区旅游工作会议上，自治区副主席李振潜到会讲话，会议明确提出要努力构筑“北有桂林，南有北海”旅游大格局，进一步完善旅游产品和不断推出具有民族特色的新产品，大力宣传促销，加快旅游人才培训等。举措之到位，使全区旅游在 90 年代获得了快速发展。这些方面，在 1999 年自治区旅游局编印的《跨世纪的形象产业——世纪之交的广西旅游业之回顾与展望》一书中，可以看到。1997 年和 1998 年，自治区党委、政府接连出台《关于加快旅游业发展，建设旅游大省的决定》《关于进一步加快广西旅游业发展的实施方案》，对全区旅游发展做出“四区一带一龙头”的新布局，即以桂林为龙头，以桂林—柳州—南宁—北海 / 防城港高速公路旅游带为重点，逐步建成桂北、桂南、桂东、桂西四大旅游经济区。

《璀璨岁月 光辉历程——广西旅游委员会发展史 1978—2018》中“发展成就篇”（二），叙述了全区“旅游发展布局逐步优化”的有关情况，对“十五”“十一五”“十二五”和“十三五”初期全区旅游发展不断形成的良好格局做了介绍，在此谨引用如下：“十五”期间，广西围绕“四区一带一龙头”战略布局，大力推进旅游大省建设，有效推动了全区旅游业的大发展，奠定了广西在中国的旅游经济大省地位。2006 年，在新的历史起点、新的形势下、广西又提出了建设旅游强省，向千亿元产业迈进的目标。在新的决策下，“十一五”期间、广西全面构建“一个旅游龙头、两条黄金旅游带、两大旅游集散中心、八大旅游区”的区域旅游发展格局，深入整合开发旅游资源和产品，完善旅游产业体系，为实现千亿元产业目标和建设旅游强区奠定了坚实基础。2013 年，广西召开全区旅游产业发展大会，提出优化旅游产业发展格局，全面构建“一个旅游龙头、两条黄金旅游带、三大国际旅游目的地、四大旅游集散地”的旅游产业区域协调发展格局，全区旅游业再次迎来跨越发展时代。“十二五”期末至“十三五”初期，全区旅游业发展布局不断优化，至 2017 年，全区“一个旅游龙头、两大国际旅游集散地、三大国际旅游目的地、四条旅游发展带、一批特色旅游名县、一批旅游产业集聚区”的发展格局基本形成。桂林国际旅游胜地建设正式上升为国家战略；南北旅游发展带成为连接桂林和北部湾两大国际旅游目的地的大通道和精品旅游线路；东西（西江）旅游发展带建设不断推进；边关风情旅游发展带逐步培育；以贵广高铁为依托，粤桂黔旅游发展带的大旅游格局的培育持续推进。桂林国际旅游胜地、北部湾国际旅游度假区、巴马长寿养生国际旅游区三大国际旅游目的地建设成效显著；南宁、桂林两大国际旅游集散地不断完善。

“十五”从 2001 年开始，书中有关叙述，比较清晰地介绍了全区旅游在新世纪的发展成就。我们可以看出，在桂林一直是全区旅游发展龙头城市的同时，全区旅游呈现出前所未有的多点发展的良好态势，全区东西南北中很多城市后来居上，特别是首府南宁。

关于 2013 年全区旅游发展大会，我当时在会议现场，会后也收集了有关资料，在此我补充几句：大会提出加快建设旅游强区，努力把广西打造成为全国一流、世界知名的区域性国际旅游目的地和集散地。我认为这个目标有较大新意。大会提出的新的发展格局，一个龙头，是即以桂林为龙头；两条发展带，是“桂林—柳州—来宾—南宁—北海、钦州、防城港”和“梧州、贺州—贵港、玉林—柳州、来宾—南宁—崇左、百色、河池”两条旅游发展带；三大国际旅游目的地，是桂林国际旅游胜地、北部湾国际旅游度假区、巴马长寿养生国际旅游区；四大旅游集散地，南宁、桂林、梧州、北海。同时打造一批特色旅游名县、名镇、名村。我认为，这次大会进一步敲响了全区旅游大发展的“战鼓”。

2019 年，全区文化旅游发展大会，强调奋力开创文化旅游产业高质量发展和文化旅游强区建设新局面。基于新形势新变化，自治区党委、政府提出“三地两带一中心”战略新布局，“三地”即桂林国际旅游胜地、北部湾国际滨海度假胜地、巴马国际长寿养生旅游胜地，“两带”即中越边关风情旅游带、西江生态旅游带，“一中心”即南宁区域性国际旅游中心城市。在这里，北部湾和巴马提升到国际旅游胜地的位置，首府南宁提升到“一中心”的位置，全区旅游的“国际性”有了较大幅度的增强。

2021 年全区文化旅游发展大会，指出广西区位优势独特、生态环境优良、人文资源丰富，沿海、沿边、沿江，向海发展、海陆联袂，打造世界级旅游目的地具有得天独厚的条件，大会印发了《关于加快建设世界级旅游目的地的意见》，提出以打造桂林世界级旅游城市为龙头，加快推进建设北部湾国际滨海度假胜地、巴马国际长寿养生旅游胜地、中越边关风情旅游带、西江生态旅游带、南宁区域性国际旅游中心城市，打响“秀甲天下 壮美广西”形象品牌，建设广西世界级旅游目的地。这次大会，从全区旅游发展总体布局看，基本上是巩固完善 2019 年发展大会时提出的布局。

三说：“桂林旅游”与广西世界级旅游目的地建设

2021 年 10 月，在广西文化和旅游发展大会上，自治区党委书记刘宁在讲话中指出：“习近平总书记明确建设桂林世界级旅游城市新定位，赋予广西文化旅游发展更高使命，这是全面提升桂林城市能级和核心竞争力的难得契机。广西要坚持世界眼光、国际标准、广西特色、高点定位，全力打造世界级文化旅游品牌、建设世界级城市配套、构建世界级服务体系、实现世界级消费引领，高质量推进桂林国际旅游胜地升级发展，高水平建设桂林世界级旅游城市。建设世界级旅游目的地，是广西文化旅游发展的重大创新工程，桂林要打头阵、当先锋，发挥好龙头带动作用，其他地方要立足自身特色资源优势，大显身手、各展所长。要科学统筹，优化文化旅游发展布局，树立广西大景区理念。要做强产业，促进文化旅游转型发展，坚持政策为大、项目为王、环境为本、创新为要，优化产业结构，延伸拓展产业链，培育壮大市场主体，加快重大项目建设。要提升服务，全方位增进游客幸福体验，加快推动服务设施现代化、服务手段智慧化、服务标准国际化。要加强推广，提升广西文化旅游影响力，在品牌塑造精度、市场营销深度、开放合作广度上下功夫，促进文化旅游更好融入国内国际双循环。”

2021 年 11 月，在自治区第十二次党代会上，自治区党委书记刘宁在工作报告中指出，“要坚持世界眼光、国际标准，打造桂林世界级旅游城市，高水平建设世界级山水旅游名城、文化旅游之都、康养休闲胜地、旅游消费中心。以桂林为龙头，整合全域文化旅游资源，发挥特色优势，推进‘三地两带一中心’升级版建设，打造环广西国家旅游风景道，构建现代文旅产业体系、高品质服务体系，打造国家全域旅游示范区和世界级旅游目的地”。

广西建设世界级旅游目的地，是刘宁书记代表自治区党委、政府在全区文化旅游发展大会上首次提出，在自治区第十二次党代会上再次明确提出来的。建设世界级旅游目的地，这是广西第一次明确提出的新定位新方向。

刘宁书记在全区文化旅游发展大会的讲话和自治区第十二次党代会报告中的相关内容，不仅提出了广西建设世界级旅游目的地的新方向，也提出了实现这一发展方向的主要工作思路，同时还对桂林和广西其他地方在这一“重大创新工程”中应该怎样去做提出了具体明确的要求。

一个省区提出建设世界级旅游目的地，据我了解在全国还不多见，这是广西根据全区旅游资源优势和良好发展态势，高标准提升自身旅游发展和加快形成旅游发展新格局的一个雄心壮志。有志者事竟成，我觉得广西有基础有优势，实现这个目标应该是完全有可能的。

但在战术上，仍需要认真做出具体研究，找到短板和着力点，加大力度，扎实推进各项建设工作。同时，明确“世界级”的具体内容，以及怎样在全区布局多点支撑和全面展开的重点项目等，新起点上始于足下的工作还有很多。

对于桂林来说，自治区党委、政府的要求是“打头阵、当先锋，发挥好龙头带动作用”，明确又具体。桂林作为区内重要的旅游城市，在全区建设世界级旅游目的地过程中，自然要有强烈的使命感和责任心。

桂林应该怎么做？当然，笼统地说，要起到示范和引领作用，要能够推出一些经验做法推广到全区。具体而言。我认为就是“桂林旅游”要在全区发挥好龙头引领作用。桂林旅游，我经常会加上引号，把它引起来，主要是想强调它是具有很多含义的一个整体上的大概念，而不是一般城市的旅游这样简单的一个词语。“桂林旅游”，它是一个几百年上千年特别是当代几十年来“桂林自然景象”+“桂林人文精神”不间断的积累和沉淀；是“传统文化”+“现代旅游需求”日益堆砌起来的综合体；是“国内外旅游者”+“桂林旅游业”长期碰撞磨合的城市特色业态；是一个“城市事业”“城市产业”“城市旅游行业”+“桂林城市”“桂林县域”“桂林乡村”紧密融合的特殊现象，所以，把这样的“桂林旅游”做明白，“做大”“做强”“做优”，在打造世界级旅游城市过程中，让其内涵和外延越来越朝着“世界级”旅游现象的方向发展和完善、提升，是桂林能够在全区建设世界级旅游目的地发挥龙头作用的重要前提。这方面，桂林首先要自强，全力让“桂林旅游”不断“强身壮体”。从全区旅游发展现状来看，就目前来说，桂林还必须充分认识到全区各地发展旅游业的力度都非常大，一些城市的举措又十分到位，桂林旅游要做好自己，还要学习区内一些城市好的做法，付出更多艰辛扎实的努力，精准施策，整体发力，这样才能更好地发挥出龙头带动和示范引领作用，打好头阵，当好先锋。

同时，正如刘宁书记所言，“习近平总书记明确建设桂林世界级旅游城市新定位，赋予广西文化旅游发展更高使命，这是全面提升桂林城市能级和核心竞争力的难得契机”，在自治区层面，自治区党委、政府以及自治区文旅厅等工作部门也要强化支持举措，强龙头、壮龙头和舞好龙头。2021 年以来，自治区主要领导多次召开相关会议，专题研究打造桂林世界级旅游城市有关工作，自治区政府旅游主管部门把全区很多活动放在桂林启动等，我理解都是具体的支持。

话题四："桂林旅游"之于全市发展

（完稿时间：2022 年 4—6 月）

2021 年 7 月 26 日，桂林市政府印发了《桂林市国民经济和社会发展第十四个五年规划和二〇三五年远景目标纲要》；2022 年 4 月 25 日，桂林市统计局和国家统计局桂林调查队发布了《2021 年桂林市国民经济和社会发展统计公报》。查阅这两份资料，是了解桂林前一个五年和公报年度发展现状的直接渠道。

《桂林市国民经济和社会发展第十四个五年规划和二〇三五年远景目标纲要》，一共五篇：一、"两个建成"取得决定性成就，经济社会发展进入新阶段；二、全力打造世界级旅游城市，谱写新时代中国特色社会主义壮美广西的桂林新篇章；三、加快产业振兴，推动经济高质量发展；四、以人民为中心，创造宜业宜居宜乐宜游的良好环境；五、强化规划实施保障，全面推进规划落实。其中，第一篇总结了"十三五"时期桂林发展的总体情况；第二篇到第四篇提出了"十四五"桂林发展的目标和举措，第二篇里还提出了到 2035 年桂林要实现的远景目标。从该规划纲要中，我们能够看到，尽管桂林作为一个城市，其发展包含方方面面的领域和内容，但打造世界级旅游城市是非常明确的定位和发展方向。

《桂林市国民经济和社会发展统计公报》，对 2021 年全市经济社会发展情况做了让人一目了然的叙述。这类公报，同样可以让人看出一个城市的发展，涵盖了经济社会的方方面面。不过，相对于很多城市，"桂林旅游"对桂林城市发展的贡献和影响要大得多，只是 2021 年由于疫情影响，这方面的情况没有能够像往年一样，比较充分地显现出来。

另外，比如读读《桂林市城市总体规划》，也可以从城市发展历史、现状和前景上，了解桂林发展状况。2000 年《桂林市旅游发展总体规划（2001—2020）》、2012 年《桂林国际旅游胜地建设发展规划纲要（2012—2020）》、2021 年《桂林打造世界级旅游城市规划纲要》，这些类似于桂林城市发展"总体规划"的文件，从中也能够读出桂林发展的很多情况。当然，一些研究桂林发展问题的论文或者专著，一些专家学者在多种场合所发表的有关桂林发展的见解，都是从理论高度系统研究桂林整体或某一方面发展问题得出的结论性意见，更是我们深度研判桂林发展状况，以及“桂林旅游”之于桂林发展的重要路径。

一说：“桂林旅游”和桂林全市发展关联紧密

《桂林市国民经济和社会发展第十四个五年规划和二〇三五年远景目标纲要》第一篇概括了桂林“十三五”发展业绩，而这个业绩，不仅描述了桂林经济社会发展的现状，也总体上体现了桂林自新中国成立以来的发展成就。

“两个建成”：一是“决胜全面建成小康社会取得决定性成就”。“2020 年桂林地区生产总值 2130.41 亿元，按可比价是 2010 年的 2.1 倍；城镇和农村居民人均可支配收入分别达到 3.81 万元和 1.73 万元，分别是 2010 年的 2.2 倍、3 倍。地区生产总值、城乡居民收入提前实现‘两个翻番’。3 个贫困县全部摘帽，510 个贫困村全部出列，29.7 万建档立卡贫困人口全部脱贫，贫困地区面貌和贫困群众生活发生翻天覆地的变化，历史性消除绝对贫困，实现了从总体小康向全面小康的新跨越”。二是“基本建成国际旅游胜地”。“胜地规划纲要提出的四大战略定位逐步实现，服务业增加值占比 54.4%，旅游成为千亿元产业，在旅游产业用地改革、文化旅游融合发展等方面率全国之先，实现了从零散景点向全域旅游、观光游览向休闲度假、单一要素向多元融合转变，从旅游项目开发向文旅精品创造、市场低效竞争向集聚集约发展、服务基本规范向国际化品质转变，为‘十四五’时期打造世界级旅游城市奠定了坚实基础。”

应该说，“两个建成”是桂林发展史上重要的阶段性目标，是桂林在以往发展成就基础上，结合新的重大发展需要和发展机遇，即与全国全区同步进入全面小康社会和国际旅游胜地建设上升成为国家战略，而制定的新目标。经过扎实努力，桂林实现了这两个目标，使桂林站到了打造世界级旅游城市更新更高的历史发展起点上，这是桂林发展 70 多年到今天最为重要的发展成就概述，也是极具概括性的桂林最新发展现状。

《2021 年桂林市国民经济和社会发展统计公报》显示：（1）2021 年全年全市生产总值（GDP）2311.06 亿元，按可比价计算，比上年增长 6.6%，两年平均增长 4.4%；（2）三次产业增加值占地区生产总值的比重分别为 23.8%、21.9% 和 54.3%，对经济增长的贡献率分别为 31.5%、15.6% 和 52.9%；（3）全年接待国内游客 12234.88 万人次，比上年增长 19.6%。国内旅游总消费 1501.79 亿元，增长

22.0%。入境过夜游客 4.26 万人次，下降 56.6%。国际旅游消费 1570.89 万美元，下降 55.7%。上面是我从公报中选取的三组数据，这些数据说明：（1）桂林经济发展规模还不大，总体经济实力还不强，近两年经济发展速度还比较慢，当然这两年受到了疫情的影响；（2）桂林第三产业所占比重和对经济增长的贡献率较大，均超过了 50%；（3）疫情进入第二年，国内旅游间歇性出现，总体上还有一定的增长，但入境连续停摆。这类公报，主要反映城市国民经济的发展状况，因此上面选取的几组数据，可以看出 2021 年桂林城市经济发展方面的基本现状。

“十三五”桂林发展的主要成就之一，是基本建成了国际旅游胜地；“十四五”确定桂林发展的目标定位，是打造世界级旅游城市。桂林山水甲天下，桂林是国家首批历史文化名城，是国内外著名的旅游城市，因此桂林的发展始终离不开“桂林旅游”。1985 年桂林市委开展桂林经济社会发展大讨论，明确了旅游经济在桂林国民经济和社会发展中的主导地位；1995 年桂林市委根据新的发展形势和发展需要，将之前的建设“风景城市”“风景游览城市”“风景旅游城市”等发展目标，统一明确为建设“现代化国际旅游城市”；2012 年，启动建设已上升为国家战略的桂林国际旅游胜地；2021 年，桂林启程“打造世界级旅游城市”，桂林全市发展早已和“桂林旅游”紧紧关联在了一起。

《桂林市旅游发展总体规划（2001—2020）》，在 20 年前就首提了桂林建设现代化国际旅游城市的总目标：“世界级、桂林化”的国际性一流旅游目的地，并明确指出桂林市旅游业在国民经济和社会生活中是重要的主导产业，影响桂林社会、经济和环境的各个方面。这是在从“桂林旅游”发展的角度，又一次清晰论述了“桂林旅游”和桂林全市经济社会发展的关联关系。

《桂林国际旅游胜地建设发展规划纲要（2012—2020 年）》提出：“到 2020 年，国际旅游胜地基本建成，成为世界一流山水观光休闲度假旅游目的地、国际旅游合作和文化交流的重要平台。城市文化特色突出，城镇化率高于全国平均水平，城乡生态环境达到国际优良水准。旅游总收入占地区生产总值比重超过四分之一，旅游公共服务体系和综合服务功能完备，形成一批有影响力的旅游、会展、文化品牌。交通条件全面优化，服务业增加值比重达到 50% 以上，形成服务业为主体，现代农业、高技术产业、先进制造业协调融合发展的现代产业体系。文化、教育、卫生、社会保障等社会事业全面发展。”规划纲要既提出了到 2020 年桂林作为国际旅游胜地旅游业所要达到的状况，也提出了作为国际旅游胜地的桂林城市的发展目标，我们从中也可以看出，“桂林旅游”和全市发展是密不可分的。

1996年，我到桂林市旅游局之后，参与过《桂北经济区旅游发展规划》和《桂林市旅游发展总体规划》讨论和编制，因此对桂林城市总体规划自然也十分关注。我注意到，国务院批复的桂林城市总规和总规修编，都强调了桂林是国家重点旅游城市和历史文化名城，强调桂林发展和各项事业的建设都要与这一城市性质相适应；强调了要保证城市各项建设与自然山水、历史文化遗产有机结合和协调，营造优美和谐的城市形象。我经常不断地产生感慨，“桂林旅游”之于全市发展，是桂林独特和特殊的一个现象、一个课题。

39年前，我开始接触“桂林旅游”，其间一个说法一直在我脑中萦绕，就是在谈到旅游和城市发展时，不做旅游的人，不断地说旅游对桂林城市的贡献不大，支撑不了全市的发展；做旅游的人也经常说，桂林城市对旅游发展的支撑力严重不足，旅游发展受限之处不少。我感觉两种说法都有道理，但都有偏颇。这个问题我认为应该继续讨论，我也会在后面的话题中继续试着探讨。

二说：桂林作为旅游城市的发展历程

下面，再从桂林作为旅游城市的发展历程上，说说“‘桂林旅游’之于全市发展”这一话题。

话得从头说起，桂林于1949年年底解放，全市发展进入新的历史时期。桂林在解放时的状况怎样？在此简单说说。

桂林叫作“桂林市”，是从1940年开始的。整个40年代桂林经历了非常特殊的10年。抗日战争爆发后，从1938年到1944年，桂林作为抗战大后方，会聚了全国1000多位文化人士，其中文化名人就有200多位，桂林掀起了轰轰烈烈的文化抗战活动，当时被称为“抗战文化城”，名声很响。这个时间段，“桂林山水”之美客观上也得到了广泛的传播。1944年11月至1945年7月，桂林被日寇占领。抗战时期，桂林多次惨遭日寇疯狂轰炸，桂林古城变为废墟，5万多座房屋只剩下不到500座。抗战胜利后，时任市长苏新民，主持制定了《桂林市新市建设计划》等，希望把桂林市打造成一座风景都市，说“若欧洲之瑞士，浙江之杭州”，紧接着进入国共内战，这些计划不可能得到实施。苏新民虽是国民党政权下的市长，但仅就他对桂林城市性质的分析，对桂林城市发展方向的决策，应该说是正确的。1949年年底解放时的桂林，事实上是一座十分破烂的城市。

50年代初期，桂林定性为工业生产城市。1953年桂林市第一次党员代表大会时，据记载有一种意见，认为桂林是“文化城”“风景城”，前景及建设方向、工作重点应为文化教育和风景建设。这样的意见，实际上是正确的，但在当时不太有可能被采纳。1956 年、1957 年，国家指定桂林为对来华外国人开放的旅游地区、对一般外侨游览的开放地区。

1960 年 1 月、5 月，桂林两次召开规划建筑座谈会，提出把桂林建设成为风景优美的现代化的工业城市。1963 年，在中共中央中南局书记陶铸支持下，桂林市组织力量重新规划，1964 年完成，提出打造“东方日内瓦”，建设“住宿舒适、交通方便、服务设施完善、环境卫生、风景优美、轻工业发达的中国式的风景游览城市”。1964 年，被确定为国家 1966—1967 年对外国自费旅行者开放的若干城市之一。

70 年代是桂林作为旅游城市建设发展正式起步的年代。1970 年 10 月，桂林重新修订城市规划，确定桂林城市性质为风景优美，具有现代工业、现代农业和现代科学文化的社会主义风景城市。1972 年 7 月，桂林市革委会发出《关于认真做好对外开放的准备工作的通知》，成立了开放筹备工作领导小组。1973 年 1 月，《桂林市城市总体规划展览》举办，修改桂林市城市性质为风景优美，具有现代化工业、现代化农业和现代科学技术的社会主义风景城市。1973 年 5 月，经国务院批准，桂林市对外开放旅游，成为全国首批对外开放的旅游城市，桂林旅游业、桂林作为旅游城市建设正式起步。

1975 年，桂林市规划部门再度修改城市总体规划，将城市性质定为社会主义风景游览城市。1978 年，国家实行对外开放国策，“桂林旅游”发展、桂林旅游城市建设进入新的时期。

80 年代，桂林成为首批中国历史文化名城（1982 年）；成立具有行政管理职能的桂林市旅游公司（1980 年）、桂林市旅游局（1984 年）和桂林市旅游监察所成立（1987 年）；一批中外合资合作饭店开业，解决了“来了桂林住地下”接待设施严重短缺的问题，还成为全国七个重点旅游建设城市之一（1986 年）；提出以旅游经济为主导，从风景游览城市的特点出发，提高经济、社会、环境效益，全面发展桂林市经济（1986 年）。

90 年代，城市发展方向明确为现代化国际旅游城市（1995 年）；地市合并，形成目前的桂林市规模（1998 年）；漓江风景管理委员会、漓江风景管理局成立（1993 年）；成为首批中国优秀旅游城市（1998 年）；“中国’99 生态环境游”活动在桂林举行开年仪式（1999 年）；《桂林旅游发展总体规划（2001—2020）》编制完成（1999 年，保继刚教授主持），提出了“世界级、桂林化的国际一流旅游目的地”城市发展目标；大规模城市改造开始（1999 年），决心从总体上解决

“破烂的城市”问题。

21世纪头10年，与联合国世界旅游组织交流合作的开启（2002年）；世界旅游组织旅游可持续发展阳朔观测点成立（2005年）；大型旅游国际会议接连召开（博鳌亚洲旅游论坛、联合国世界旅游组织/亚太旅游协会旅游趋势与展望国际论坛等，其中每年一届的旅游趋势展望论坛在2009年第三届时，举办方决定，将论坛永久落户在桂林）；明确建设桂林国家旅游综合改革试验区（2009年）。

21世纪10年代，主要是打造桂林国际旅游胜地（2012年开始），2021年初宣布已基本建成。这期间，高铁兴起，桂林迅速形成“一城九站两高铁”的进出交通新格局。

21世纪20年代，主要是打造世界级旅游城市（2021年开始），制定了“三步走”、到2035年建成世界级旅游城市的具体工作目标（2021年8月，桂林市第六次党代会）。

自20世纪60年代中期，桂林城市发展目标就始终明确，也一直在大力发展“桂林旅游”，后来又着重强调了以旅游经济为主导，提高全市经济、社会和环境效益。

三说：“桂林旅游”在全市发展中的作用和意义

旅游城市，顾名思义，就是这个城市旅游资源相对丰富和旅游产品特色鲜明，能够吸引大量旅游者前来旅游；就是这个城市既是旅游目的地，同时也是旅游者集散地，旅游业发达和城市居民、城市各项服务功能对旅游者非常友好，能给旅游者提供最大程度的方便和安全放心的消费环境。旅游城市前面加上“世界级”，通常理解，就是这个城市的旅游业和城市功能要达到世界水准，要做得为境内外大多数旅游者所公认，使他们愿意云集到这里。因此，世界级旅游城市，有两点特别重要：发达的旅游业和完备的城市支撑功能。当前，桂林正在以打造世界级旅游城市为目标统揽全市发展，就要在桂林旅游业和桂林城市这两点上下足功夫。

“桂林旅游”，在过去70多年尤其是1973年在全国率先对外开放旅游、1978年国家实行对外开放国策以来，从小到大，从弱到强，成就非常巨大。“桂林旅游”已使桂林步入了国内外著名旅游城市的行列。但是，成就归成就，“桂林旅游”发展到今天，问题也还是不少的，“话题二”中说到的“桂林旅游”目前在全国旅游发展中所面临的“窘境”，就比较集中地说明了这一方面。发力做强桂林旅游业，需要在产品、服务、管理这些旅游业基本面上多做审视，制定好能够优化自身发展能力，重新保持全国领先地位的战略举措。还有在发展理念方面，我认为至少有一点需要彻底改变，就是“团进团出的接待型思维模式”。长期以来，桂林是“地接型”城市，旅游业经营直接表现为“接团”，旅行团过来，配上导游和车辆，走完规定的景点景区便结束了，这样就形成了“团进团出的接待型思维模式”。在散客旅游者数量远远超过团队旅游者数量的今天，在产品业态不断丰富和科技手段融入旅游发展的当下，自助旅游者在桂林之所以会遇到各种各样不方便的问题，我认为都与多年来惯性存在的这种思维模式有关，这也应该是一些专家说到的桂林没有跟上时代发展脚步的重要一点，需要彻底改变。关于以桂林旅游业为主体的“桂林旅游”增强“底力”和提升发展能力，后面我会用几个话题来进行探讨。

认识是行动的先导，在全市发展中，“桂林旅游”的作用和意义究竟怎样，我认为需要再认识和再强调，因为这对提升城市服务功能以强化支撑“桂林旅游”为目的之一安排全市发展，是特别重要的；对以打造世界级旅游城市统筹全市发展，也是非常重要的。

我曾长期在桂林市政府旅游部门工作，还在旅游以外的政府部门多年观察和思考过“桂林旅游”，我总体上认为，“桂林旅游”对于全市发展来说，是大事业、是大产业、是大环境、是大布局、是大战略，作用和意义很大，是全市发展必须做好的一篇大文章。

首先，“桂林旅游”是大事业。这里说的事业，不同于以前人们研究旅游发展之初提到的“接待事业型”的事业，那时的“事业”，是指外交事业，国家层面政治上的含义比较突出，包括桂林旅游在内的全国旅游，认识到位，努力作为，都做出了相当大的贡献。这里说的事业，主要是指地方层面的“事业”。推进全市发展造福当地百姓，是一个城市党委政府最主要的工作，桂林也不例外。桂林全市发展和“桂林旅游”关联密切，凭借得天独厚的旅游资源，发展“桂林旅游”，让桂林老百姓能够“靠山吃山靠水吃水”，能够就业创业、脱贫致富进而过上高品质的美好生活，是桂林“牵一发而动全身”的大事业。

其次，“桂林旅游”是大产业。据桂林市文化广电和旅游局网站数据，“十三五”期间，桂林接待旅游总人数从 2015 年的 4470 万人次增长到 2019 年的 13833.6 万人次，增长了 2 倍，年均增长 32.63%；旅游总消费从 2015 年的 517 亿元增长到 2019 年的 1874 亿元，增长了 2.6 倍，年均增长 37.98%。多年来，“桂林旅游”被认为是支柱产业、先导产业、形象产业。

再次，"桂林旅游"是大环境。"桂林旅游"使桂林进入国内外著名旅游城市行列，给桂林在政治、经济、社会、文化、自然生态等很多方面带来好的声誉和发展环境，带来很多发展机遇，招商引资都有优越于别的城市的一面。华为、比亚迪、融创等进入桂林，与"桂林旅游"的巨大影响力不无关系。

又次，"桂林旅游"是大布局。全市发展，各项布局无疑非常重要，"桂林旅游"在这方面一直发挥着十分重要的作用。桂林在20世纪90年代诞生了国家首批高新技术产业开发区，现在即将诞生国家级经济技术开发区；桂林"再造一个新桂林"，形成新、老城区的城市发展布局等，都和"桂林旅游"相关联。

最后，"桂林旅游"是大战略。城市发展，战略目标十分重要。由于"桂林旅游"对于全市各行各业发展都有着巨大的作用和意义，桂林城市的发展战略和发展目标一直是现代化的国际旅游城市。"国际旅游胜地"的表述也好，"世界级旅游城市"的提法也好，"桂林旅游"这个城市发展大战略始终发挥着重要的影响作用。

在打造桂林世界级旅游城市过程中，强化对"桂林旅游"作用意义的认识，提升城市服务功能和城市实力支撑"桂林旅游"增强"底力"，发展成为"世界级"旅游现象，是全市发展"题中应有之意"，也必将反助桂林城市获得更好发展。

话题五：跨越新冠肺炎疫情　重启“桂林旅游”

（完稿时间：2022 年 4—6 月）

2019 年年初，我开始启动编著这套以“访谈录”为主的“说说‘桂林旅游’”三部曲系列丛书，但这一年主要是把时间用在了整理《桂林旅游发展轨迹年表（1950—2020）》上，仅于 11 月完成了一篇《颜邦英先生访谈录》。紧接着，当年 12 月到 2020 年 1 月，我对资深旅游人李克强进行访谈，期间万万没有想到的是，第二次见面时我们都带上了口罩，满街也都是紧张的氛围，新冠疫情来了！更加万万没有想到的，是 2020 年一整年、2021 年一整年、2022 年年初至今，疫情还一直在持续横行着。当然，当初并不知道疫情会延续多久，以为会像 2013 年“非典”一样，几个月后就会过去，旅游业就会重启，但事实并非如此。2020 年 4 月，时隔 4 个月之后，在严格遵守防疫要求前提下，我又恢复了人物访谈。两年多下来，我总共完成了 60 篇访谈录和 4 次专题集中访谈的记录整理。2020 年 4 月以后至今的访谈里，大家也都谈到了疫情对桂林旅游业造成的残酷冲击。

回过头看，这两年做访谈，一起谈论“桂林旅游”，大家的心情都不是很好。换句话说，这两年或许就不是讨论桂林旅游发展问题的时候。

不过，疫情期间的 2021 年 4 月，也有一件让所有桂林人尤其是桂林旅游人开心不已的大事，这就是党和国家最高领导人习近平总书记视察广西第一站来到桂林，给桂林城市明确了发展方向，赋予桂林打造世界级旅游城市的新使命！在城市经济社会发展受到疫情严重影响，“桂林旅游”停顿衰落的特殊时期，桂林踏上了这个极具重大意义的新的征程，开启了桂林建设发展的历史新篇章。

新冠肺炎疫情延续时间如此之久，让桂林旅游企业深深陷入了前所未有的“高寒”之中，使桂林旅游业遭受了灾难性的损失。“桂林旅游”形势之严峻丝毫不容低估，作为旅游城市，如何让旅游市场主体走出困境，让桂林旅游业步入复苏，成为必须应对的主要问题。同时，对瞄向世界级旅游城市目标的桂林来说，又有了新的重要工作：“打造世界级旅游城市”如何开好局起好步。

新冠肺炎疫情和“桂林旅游”，跨越新冠肺炎疫情和重启“桂林旅游”，便成为近两年桂林旅游人谈论最多的大事。因此在这种背景下说说新冠肺炎疫情和“桂林旅游”，以及跨越新冠肺炎疫情和重启“桂林旅游”，就自然成为一个重要的话题。

一说：新冠肺炎疫情给“桂林旅游”带来严重冲击

5 月下旬，我参加了两次《“疫情影响下的桂林旅游业现状及对策”专题调研座谈会》，一次在桂林市区，一次在阳朔县城，这是桂林市文化广电和旅游局委托桂林旅游学会所做同题课题中的主要环节，我作为课题组成员全程参加了座谈会和课题报告稿的讨论，心情十分沉重。

香格里拉大酒店、大公馆、漓江大瀑布饭店、桂林融创国际旅游度假区、独秀峰·王城景区、全州大碧头国际旅游度假区、桂林国旅、唐朝国旅、桂林旅游股份有限公司、悦榕庄、山畔度假酒店、碧莲江景大酒店，竹窗溪语禅艺度假酒店、三千漓·山水人文度假区、如意峰景区、遇龙河景区、《印象·刘三姐》、《桂林千古情》等企业负责人，出席了在桂林和在阳朔举行的调研座谈会。从与会者构成上看，旅游业代表性市场主体，酒店、景区、旅行社等，均在其中。

参加座谈会，让我深入了解到旅游企业所面临的困境极为严峻，他们在发言时普遍认为这次疫情给各类旅游企业和整个“桂林旅游”带来的影响前所未有，冲击是灾难性的。

调研组汇总大家的发言后，结合对调研前发放的有关调查表格分析，得出了以下一些基本结论。（1）国内旅游严重受阻。2020 年全市接待国内旅游人数、实现国内旅游消费仅恢复到 2019 年的 75.7%、71.1%；2021 年恢复到 2019 年的 90.5%、86.7%。2022 年 1—5 月，预计同比负增长超过 50%。统计抽样调查数据显示，国内旅游市场一日游约占 60%，区内游、市民游成为疫情期间国内旅游中坚力量。（2）入境旅游全面停滞。2019 年，入境过夜游客人数达到 314.59 万人次，占广西总量的 50.4%。2020 年疫情发生以来，入境旅游全面停滞，至今尚未重启。（3）市场主体处境艰难。疫情的轮番肆虐，使大部分旅游企业处于持续亏损经营或半歇业状态，营收断崖式下跌。而与锐减的游客量和效益形成鲜明对比的却是“四个增加”：成本增加、负债增加、贷款难度增加、稳定员工难度增加。旅游企业全面出现现金流枯竭，基本濒临崩溃。旅游景区苦苦坚守，漓江景区，2020 年漓江精华游接待游客量骤降至 39 万人次；2021 年略有回升至 66 万人次；2022

年第一季度，仅 3.17 万人次，同比下降达 86.27%。桂林融创国际旅游度假区，园区内养殖大量海洋水族动物等，仅水电费每月就超过 200 万元。王城景区自疫情发生以来，哪怕每天只有十几个客人，150 多名员工也得全部上岗。住宿业惨淡经营，香格里拉大酒店、大公馆、漓江大瀑布饭店等企业，每月最低运营成本都不低于 300 万元，仅空调电费每天都在 2 万元以上，企业已陷入长期亏损经营、越经营越亏损的尴尬局面。旅行社全面坍塌，桂林国旅、唐朝国旅、天元国旅 2022 年分别因疫情取消团队 403 个、205 个和 50 个，累计组接团量同比下跌均在 –70% 至 –80%。以地接业务为主的旅行社业务基本清零，已有 30 多家选择申请注销。旅游演艺跌入谷底，《桂林千古情》2022 年先后 2 次闭园，其中第 2 次从 3 月 21 日闭园至调研座谈会开会之时。《印象・刘三姐》2022 年 1—5 月跌入谷底，开演了 13 场，平均每场收入 10 万元，成本开支却是每场 30 万元。旅游交通基本停运，2020 年桂林航空、铁路、公路接送旅客分别为 2019 年的 51%、60%、80%；2021 年分别为 2019 年的 53%、69%、25%；2022 年 1—5 月，同比 2021 年同期下降 74%、57%、36%。自 2022 年以来，全市 3500 多台旅游车辆基本处于停运状态。相关行业受累严重，会展、文化娱乐、体育赛事等与旅游紧密关联的相关行业受损严重。（4）从业人员流失严重。很多企业只能给员工最基础的保障，比如半薪或者最低保障工资，扣除掉养老保险等个人承担部分，一些员工最后到手甚至不足 1000 元，导致大量人员转行。此外，由于游客量大幅下降，旅游消费体验不佳等，使旅游消费全面受挫；因疫情导致游客行程取消，旅行社面临预付款退款难、客人催促退款甚至诉讼等双重夹击，导致疫情衍生次生伤害；国内旅游重启困难、入境旅游艰难无望、旅游人才青黄不接、资金断流雪上加霜等，也让企业面临极大压力。

调研组做出的综合性研判，是疫情对“桂林旅游”产生的影响巨大，市场主体已到生死存亡边缘，行业信心非常脆弱，寒冬下的“桂林旅游”若想实现突围和复苏，亟需政府果断出手，精准施策，纾困解难。

不过，就在我们第二个调研座谈会结束当天（5 月 27 日）傍晚，广西文旅厅公布了关于恢复跨省游经营活动的通知；5 月 31 日，文旅部一纸令下，也将跨省游熔断范围缩小到了县（市、区），这一重大利好消息，让旅游企业又高兴起来，感到全国性集体恢复跨省游的时刻到了，大家真切希望旅游业从此能够进入“后疫情时代”。

二说：疫情期间，桂林旅游人反思“桂林旅游”

疫情延续到第三年，也让“桂林旅游”的“苦熬”进入到第三年，不少旅游企业填光本钱在设法最低程度地维持自身生存，期盼着旅游业务的重启；旅游行政部门绞尽脑汁在努力最大限度地拿出举措帮助市场主体纾困解难，准备着旅游产业的复苏。这几年，所有桂林旅游人的期许完全相同。

旅游业相对脆弱，疫情、战争、金融危机、飞机失事等，大大小小的“天灾人祸”都会影响旅游业“钟摆”的摆动，甚至让旅游业在时间上或长或短地“停摆”。2020年以来的这次新冠肺炎疫情，让桂林旅游人一时“闲下来”了。一些做了几十年旅游、深爱着“桂林旅游”的旅游人，他们相信旅游业的“韧性”，相信旅游业的“朝阳性”，相信桂林旅游在跨越疫情以后依然会出现繁荣发展的强盛态势。他们“闲下来”，便会在这段时间里，对“桂林旅游”发展状况，特别是问题和短板，做些认真的思考。

我在访谈中，或者和一些桂林旅游人聊天时，就常常听到他们讲起对“桂林旅游”的一些反思、一些见解。

桂林唐朝国旅董事长周晓光说，国内旅游走到今天，所谓的坑团或者是零负团费等都已经出现了。很多城市都是这样，这对目的地影响很大，对整个业态整个生态圈造成了不可逆的一种损害，客人没有吃好玩好，用餐安排很差，到景点也是走马观花，体验非常不好；导游面临巨大压力，出了事便成为第一个被处罚的对象；旅行社可能在短期有点儿收益，但由于很多操作跟旅游法相抵触，事实上也存在隐患，出了事难逃干系。

桂林升辉旅游投资集团董事长戴东辉说，桂林旅游受制于旅行社、旅游购物店等诸多因素，服务品质一直上不去。一方面，政府对企业该放手就多放手，让企业守法经营、自己发展。另一方面，对于提升桂林旅游品牌价值方面，政府必须加强引导和干预，对影响桂林旅游秩序和形象的现象必须高度重视，出面干预和处理。打造良好的旅游市场环境，才是为建设世界级旅游城市奠定坚实的市场基础。

原桂林旅游发展委员会主任罗建章说，桂林的问题，一是“最后一公里”的问题。游客落地以后，怎样顺利地到达景区、到达酒店，至今没有解决；二是对年轻人游客群体吸引力不足，我们的游客里面，年轻人很少。重庆、成都，还有贵阳，游客多半是年轻人。

桂林市文化广电和旅游局调研员张志红说，桂林对外宣传造势不够。城市品牌宣传，大规模的话题制造，参与很多主流媒体的项目和活动，甚至综艺类的节目我们都很少。央视春晚这种话题和内容生产，那两年让我们受益很大，游客明显地上来了，但这要持续去做，不断炒作，不断有内容产生，不断制造故事。还有旅游产业布局方面，没有从逻辑上和系统性地去做全面思考，桂阳公路有世外桃源、园博园等 10 个园区，不知道它们是什么关系，好像有一个就安一个，游客怎么停留怎么消费，显得无序。招商无计划，产业布局不讲究，这是很要命的。旅游是市场行为，这个项目放在这，跟周边的项目是什么关系？游客凭什么到你这儿来，他们为什么不去两江四湖也不游漓江而专门来你这里？这么简单的问题，做规划的人也答不出来。

上面，我只是列举了几位桂林旅游人的一部分看法，很多人还讲到其他一些见解。作为 39 年前开始关注桂林旅游的一个老旅游人，我深感他们的见解很有道理。我在前面以及很多场合说过，这出于他们对“桂林旅游”的热爱和对“桂林旅游”高质量发展由衷的期盼。“桂林旅游”如何更好地前行，桂林怎样才能成为世界级旅游城市，在后面的话题里，我还会列举更多人的相关思考，我自己也会参与讨论。

这里，我先对晓光、东辉二位董事长说到的旅游经营市场存在的问题，说点个人的思考。旅游市场秩序问题，首先与桂林旅游业如何从疫情中更好地走出困境相关联。

桂林旅游经营市场上存在的问题，像“零负团费”“坑图”等，差不多二十几年前就出现了。我在市旅游局工作时，国家旅游局发过有关文件，国家旅游局领导也带队到一些城市包括桂林进行过调研，国内很多城市新闻媒体还做过非常多的报道和解决问题的呼吁。十多年前我离开市旅游局时，这个在全国许多旅游城市同时存在、被认为是“顽疾”的问题还没有找到彻底解决的良策。我全身心投入桂林商务工作后，碰到旅游界的人士时，他们聊到这个问题还几乎都在摇头，说已经愈演愈烈了。这两年我做访谈，更感到这个问题仍然还是“顽疾”，一直没有得到解决。

说起来有些奇怪，当时和现在，一些做国内游客接待的旅行社负责人，一方面述说着“零负团费”的害处，另一方面自己也继续站在这个队伍里面。他们说不这样做，外地旅行社就不会把客人给你，就连外地旅行社自己也组不到客人，说一个城市如果有壮士断腕的决心，坚决不接待“零负团费”团组，那这个城市就会没有客人，所有旅游企业就会没有收入，总之是这个恶性循环的链条一直“完整地”存在着，似乎谁都对此没有办法。2018 年《旅游法》出台，里面还有相关规定，但这个问题也并没退出历史舞台。

我在市旅游局局长任上的时候，桂林一位政府部门的主要领导曾找过我，说他夫人参加了赴泰国旅游的旅行团，感觉上当受骗了，被迫购物和自费加点好几次，浪费了很多时间，她们很不满意，投诉也没有用，怎么办？我向他了解了情况，得知这个旅行团每人1500元钱，9晚10天，双飞和高星级酒店。我问他，你觉得这个费用够开支机票和住宿餐饮，还有景点门票吗？他说那确实不够，可是旅行社为什么要这样组团呢？我问得有道理，他问得也有道理，可这是客观存在，我们强调了很多年消费者要理性消费，可消费者最直观的感觉就是价格高低，便宜就报名，甚至知道其中的“奥妙”，觉得我只去玩，不买东西和不参加自费加点，去了才发现有些陷阱你没办法避开，最后只能满腹怨气不了了之。

回想我在任时的情形，再看如今的状况，我认为解决这个问题，除掉这个“顽疾”，需要结合当今旅游业发展环境的变化，综合施策。

我们应该看到，近10年来，新产品新业态频繁出现，新的经营内容经营手段日益增多，信息方面的透明度不断增强，旅游服务媒介越来越丰富，自助旅游者的数量也已远远大于旅行团队，因此旅行社传统的经营方式实际上已越来越受限，“零负团费”存在的土壤正在逐步消失，“零负团费”现象从旅游业发展趋势上看正在走向消亡。政府部门、有关行业协会、一些产品业态，可以共同做好营销，大力增加旅游消费者直选旅游产品的数量和种类，供参团旅游者报名时点名选择要包括这些产品，也方便自助旅游者过来消费。与此同时，鼓励旅行社开展多项内容、多种形式的经营活动，包括对某些好的产品以量销获利，以正常正当的经营行为获利。除此之外，对于少量依然靠传统“零负团费”方式赚钱的旅行社坚决打击，铲除这类旅行社的生存空间。我相信，这样多措并举，综合施策，应该可以解决问题。

关键还是要下定决心，制订方案，真抓实抓。

三说：跨越疫情　重启“桂林旅游”

时间进入6月，对桂林来说，这个时间点上需要重点考虑的工作，无疑是跨越疫情，重启“桂林旅游”。我要说的是，“桂林旅游”自2021年4月起，就面临着如何在桂林打造世界级旅游城市上履行好使命的重大课题，面临着自2020年年初如何战胜疫情和当前怎样跨越疫情的当务之急。2021年以来，我一直认为，旅游行业和旅游企业的一切行动，都要既能快速走出困境，也要齐心协力以“桂林旅游”应有的力量，让桂林打造世界级旅游城市加快步入快车道。

在帮助企业走出疫情困境方面，政府出台并落实政策性的帮扶措施，在财税、社保、融资等企业普遍感到困难的问题上，推出一批针对性强、含金量高、高效直达的纾困政策，并保持政策的精准度、延续性，这是2022年5月我们课题组在两个调研座谈会后，写进调研报告的一个建议，当然在报告里我们也列出了一些具体的建议内容。我认为，让这些桂林旅游市场主体有能力恢复业务，这是桂林的当务之急，也是为确保他们在今后建设世界级旅游城市发挥重要作用奠定坚实的基础。填本或者筹钱坚持下来的这些企业，都是支撑“桂林旅游”的中坚力量，他们或者在桂林经营旅游业务几十年；或者是一进入旅游行业就成为树立桂林旅游形象、展示桂林旅游实力的大中型企业，支持好他们就是打造“桂林旅游”成为“世界级”旅游现象、桂林城市成为桂林世界级旅游城市重要的一个切入点。

重启“桂林旅游”，政府部门和不少旅游企业都认为旅游复苏要有序，旅游行业经不起经营乱象“砸场子”了。非节假日时段，最先出来旅游的可能是退休老人，他们工资收入几乎没有受到影响，又有时间。虚假广告、低价揽客、以次充好、强买强卖等这些疫情前就已存在的市场乱象，很可能很快就会重新出现，一些旅行商可能会打着促进旅游业恢复发展的旗号迷惑消费者，特别是老年旅游者。防范不合理低价游扰乱旅游市场复苏，是一个需要特别注意的问题。所以，我们要从打造世界级旅游城市的总目标出发，重启旅游一开始就按照有利于建构世界级旅游城市应有市场秩序的需要，加强对涉旅领域企业的综合管控，确保“桂林旅游”健康重启，也确保“桂林旅游”能够朝着成为“世界级”旅游现象方向迈出踏实的一步。

5月下旬的调研座谈会上，有企业提出旅游人才青黄不接的问题，这直接使旅游企业重启旅游业务面临困难，新招人第一比较难，第二即使招来了也不能马上接活。我觉得这个问题，也要从打造世界级旅游城市的高度去强化认识，政府、企业、高校应联手制定既立足当前又着眼长远的“一揽子”方案。这次疫情延续时间长，影响了行业内人员的从业信心，也影响了其他人员包括在校学生进入旅游行业的信心，甚至高考学生选择学习旅游专业的信心。旅游企业到外面招人，到大学招人，大学旅游专业招生都出现了难招的现象，说明了这一点。怎样使旅游行业自身强化信心，同时也能让更多的人增强学习旅游专业、进入旅游行业的信心，已经摆在了政府和旅游行业面前。因此，立即组织有关方面联合有关专家，抓紧制定一揽子解决方案，非常重要。这个问题，其实其他城市也同样存在，大家可能都在研究，但桂林完全应该走在前面，因为我们要打造”世界级”旅游现象，打造世界级旅游城市。

跨越疫情，重启“桂林旅游”，从目前情况看，国内旅游是重点。如果疫情不再出现反复，这次跨省游的恢复可能就不会像之前那样开开停停了。在入境旅游暂时还不能成规模启动的情况下，每个城市的选择，就都是国内旅游，桂林应该营造好桂林正在打造世界级旅游城市的新氛围，这样既有利当前又惠及长远，为今后有更多国内旅游者来桂林旅游打下基础。疫情期间催生的“微度假”等产品，要进一步提升，使之也适应远距离国内旅游者的需求。桂林原已销售的观光产品、度假产品、研学产品、康养产品、户外运动产品，应统筹考虑整体提升，使之从现在开始就逐步演化成为能够体现世界级旅游城市特征的旅游产品。现在很多国内游客，尤其是年轻游客，他们不光追求风景，还注意对城市风貌、城市生活和城市文化氛围等城市品位的体验感受，桂林确实应该逐步加强。

跨越疫情，重启“桂林旅游”，从长远看，入境旅游是重要的方面。2021 年年底公布的国家旅游业“十四五”规划，指出“在国际疫情得到有效控制前提下分步有序促进入境旅游”，国家已在考虑入境旅游的恢复和发展。世界级旅游城市，就应该是国内外旅游者云集的目的地和集散地。我们桂林要有计划地修复、培育入境市场。2005 年我们在努力使入境游客逾越百万大关的时候，着眼于入境游客量的增加，也考虑了结构的优化，包括地区结构和消费结构，一个一个市场地进行研究，中国台港澳、东南亚、日韩、欧美四大市场都拿出厚厚一大堆的研究意见，最后取得的成效非常不错。现在文旅部门根据入境市场新的态势，一定研究得更多，出台的意见更好。

话题六：优化旅游产品与发展“桂林旅游”

（完稿时间：2022 年 4—6 月）

第一个话题里，我讲到“桂林旅游”有“底力”在全球范围内发声。现在，我们再看看“桂林旅游”最基本的“底力”是什么？对这个问题，不同的人从不同角度，答案可能会有几种，我觉得有没有或者有多少过硬的旅游产品比较关键，毕竟是旅游产品在支撑着一个旅游目的地。因此，“桂林旅游”若要在打造桂林世界级旅游城市上履行好自身使命，成为“世界级”旅游现象，就必须增强旅游产品方面的实力，在优化旅游产品方面下足功夫。

“桂林旅游”起步之初的很多年里，国内并没有“旅游产品”这一说法，那时主要叫“旅游点”或“旅游线路”。那时桂林“三山两洞一条江”，用现在的话说就是当时桂林旅游的主打产品。放大一点，那时国内“京、西、沪、桂”，用现在的话说就是当时中国旅游的主打产品。那些年里，这些产品都被表述为一个景点、一个城市或一条线路。那些年桂林对外宣传，常常说“桂林山水甲天下，桂林旅游资源丰富独特，每年吸引着大量的中外旅游者前来旅游”。

随着中国旅游业不断发展，国内专家学者对旅游研究日益深入，“旅游产品”这一概念已被旅游业广泛使用，成为书籍、论文、报纸、文件、讲话里常常出现、谁都不再陌生的一个词汇。大家都已认识到，这个表述能够清楚反映旅游业发展的一些要素和现象，方便并适合旅游城市、旅游行业、旅游企业精准进行“生产”并做好宣传营销。

在我近三年做人物访谈的过程中，很多人都和我谈到桂林的旅游产品，联想到我自己 1997—1999 年参与《桂北经济区旅游发展规划》和《桂林旅游发展总体规划（2001—2020）》编制，以及后来从事旅游行政工作时经常思考的桂林旅游产品开发等相关问题，就更感到旅游产品对于一个旅游城市的重要性，更加感到“桂林旅游”若要在全市发展、全区旅游、全国旅游、全球旅游和跨越新冠疫情上表现卓越，桂林若要成功打造出世界级旅游城市，有没有或者有多少过硬的旅游产品，是必须认真思考的一大问题。

我认为：桂林以风景资源见长，发展好观光旅游，升级好观光旅游产品比较重要；以桂林山水为“底色”，构建起“世界级”多品类多样化多维度旅游产品新体系比较重要；全力做好桂林旅游产品营销，切实保障增强产品营销实效性的良好环境比较重要。

一说：把观光产品打造成全球“现象级”产品

有一位朋友，他以前是桂林综合设计院院长，现在是桂林一所大学的教授，前几天发来微信，说正在看中国旅游研究院《打造桂林世界级旅游城市目标体系》，说再回顾之前看过的国家发改委宏观经济研究院《桂林世界级旅游城市规划纲要》，有一个感觉好像都在有意识地回避讲述观光旅游问题，是旅游转型了吗？我回答说回避是不对的，也是不应该的，观光旅游产品可以升级，但永远不会被取代，他说好像大家现在有种感觉，谈观光旅游有点思想落后，大谈旅游转型、文化旅游、休闲旅游等，说他也认为，桂林山水是桂林旅游核心，山水除深入体验，艺术性观赏品赏本身就是一种需要。我觉得我们观点相同，但他感觉到的“好像”令人担忧。

我联想起在访谈保继刚教授时，他说二十几年前主持桂林旅游总规编制，“当时有一种认识，说‘三山两洞一条江’老化了。我们在整个调研的过程中，特别是旅行社总经理，酒店总经理，到总经理这个级别，以及政府官员，这个认识特别突出，或者说占了主导的地位。但是当我们做完游客调查之后，发现好像游客的反应不是这样，我们把漓江历年接待的游客人数累加分析，结果是漓江历年只接待了不到4000万名游客。而我们的游客问卷调查揭示，95%以上的游客是小学就知道桂林山水甲天下，小学开始就想来桂林。从中国旅游市场的发展来讲，整个漓江才接待过几千万游客，那我们的市场还大着。我们最后确定，说老化的是经常来的人，比如北京来出差的人，第一次来去芦笛岩、漓江、独秀峰，他说太美了。第二次来再去还算可以，第三次还去，他就会问有没有新东西。接待的人听多了这种话，就也说我们老化了。我们调查以后，确定这是极少数人，不是大多数游客。所以我们说三山两洞一点没有老化，对于桂林潜在的游客市场来讲，实际上市场还相当大。我们考察完后，首先是明确这些产品没有老化”，“漓江喀斯特山水是世界一流的，世界级的，具有垄断地位，要保持我们最核心的、世界级的以漓江为代表的桂林山水产品的影响力”。保教授讲到的这个事情，我当时参加规划编制时也是了解的。我想他们说的“老化”如果意思是桂林山水观光旅游产品需要升级，就是正确的，但如果是建议开发更多新产品来取代山水观光，就比较片面了。市旅游局后来研究了这些意见，提出的观点是“桂林旅游要从‘单一观光型’向‘以观光旅游为主的“多元综合型”’发展”。21 世纪头 10 年，市旅游局在充分调研的基础上，整合桂林已经出现的多种旅游产品，从 2005 年开始推出了既反映桂林旅游繁荣发展现状并且具有发展引导意义的八大系列产品，把观光旅游放在第一位，强调桂林山水是桂林旅游的生命。这个观点，我至今坚持。

2021 年 3 月，我访谈了中国未来研究会旅游分会副会长刘思敏，他原来长期在《中国旅游报》工作，担任高级记者、首席评论员、经济编辑部主任，我和他讨论了观光旅游产品问题，我们的观点也完全一样。他说：“不能把观光旅游等同于是团队旅游，特别是不能等同于零负团费旅游，也不能把观光旅游等同于简单的门票旅游。桂林有这么好的资源、气候以及区位条件，就应该不断强化别人所不具备、桂林自身所独有、令很多人很多城市所羡慕的资源优势，大力提升、发展观光旅游，不断强化桂林旅游这一别人不可攀比的‘家宝’，就应该主打观光旅游产品，提升、壮大观光旅游水平和规模，使其给桂林旅游带来更好的收益，带来更大的发展。”“桂林旅游是依托观光旅游启航，依托观光旅游发展起来的。依托观光旅游，桂林在国内外树立起了强大的影响力和知名度。桂林旅游的优势依然在观光旅游，而观光旅游的客群依然存在，观光旅游的需求依然旺盛，桂林继续做强做大观光旅游的空间、潜力依然巨大。我衷心希望桂林在强化观光旅游方面，下足功夫，花足气力。”

是的，长期以来，不少人，包括一些学者，认为观光旅游是旅游发展的初级形式，是旅游产品中的廉价产品，必将会被休闲度假等许多现代旅游需求所取代，甚至连桂林这样以山水风光称著、以风景游览为独特优势的城市自身，一些人也常常在这样谈论，也去强调要从观光旅游向度假旅游转型等。这些观点，有可能不是主流意见，但在一些不同层面、不同身份人士的发言或者讲话中却不时出现，因此我认为这种认识是有害的。简单试想一下，如果没有观光旅游，桂林凭什么去打造世界级旅游城市？

我访谈桂林旅游学会庞铁坚会长时，和他谈过我的观点，我说观光旅游产品不是转型，而是需要升级，他很赞同，他说观光的市场，对于桂林来说，一定是个大市场，但是，直到现在，桂林的观光产品也没做出细分。现在能做的，无非就是三星船、四星船、五星船，票价不一样，上去以后服务是一样的。他说漓江的游船，他原来就设想过，比如把世界围棋比赛放在漓江游船上，赛手在甲板上对弈。他认为观光旅游是很有潜力的，产品要细分，服务要细分。他说人们在认识上有个偏差，往往以为度假旅游比较高端，观光旅游比较低端。其实观光旅游有高端产品，桂林的问题是几乎没人认真研究市场本身。

说到这里，我觉得问题很清楚了，就是桂林不能犹豫，不能迟疑，在打造世界级旅游城市的进程中，抓紧研究如何提升好我们的观光旅游产品，按照“世界级”水准制订提升方案，把桂林观光旅游产品打造成全球“现象级”产品，继续吸引国内外旅游者云集桂林。

旅游业发展到今天，观光旅游产品在内涵外延上也有了一些新的变化。尽管如此，我认为观光旅游最基本的特征仍然没有改变，观赏大自然之美丽风光，本来就是人们自古以来的一个追求，如若能再看到“甲天下”之大自然中最美丽风光，那岂不更是让人们心向往之？因此桂林的观光旅游产品，只要在品质上更加“现象级”，优势一定不仅是存在的，还是很大的，前景一定是美好的。

2021 年年底我看到一条消息，全球首列全景观光山地旅游列车正式下线，列车将往返于丽江古城与玉龙雪山，头罩造型采用大型曲面前窗“天空之境”设计，客室车窗采用电动调光的大型观景侧窗，并根据日照强弱实现明暗变换，既可防晒，又能观景。尤其是从古镇到雪山一路海拔增高，车辆设计贴心，考虑到沿途仰视的视角，实现 120° 至 150° 的视野，沿途美景尽收眼底。我觉得，这或许可以说是全球“现象级”观光旅游产品，我认为它将在相当长的一个时间段里，给丽江带来更多的旅游者，也将极大提升丽江旅游的品位和形象，“桂林旅游”为什么不能出现一些强悍的“产品”？

另外，桂林值得“观光”的地方还不止漓江，桂林的美景遍布了整个桂林，听很多外地人说把桂林的一个山搬回去就不得了。可以说，桂林可以开发观光旅游产品的点、线、面非常多，桂林发展观光旅游的空间和潜力还非常大，桂林需要研究到位，有序开发和强势推出高品级的观光旅游产品。

总之，升级好已有观光旅游产品，开发好可以发展观光旅游的更多产品，有计划地打造出几个全球“现象级”观光旅游产品，是发展“桂林旅游”和打造桂林世界级旅游城市的必走之路。桂林应该特别对待观光旅游产品，比世界上任何地方都更加重视专题研究观光产品。

二说：构建多品类多样化多维度旅游产品新体系

“桂林旅游”，风雨兼程数十年，走过了波澜壮阔的发展历程。从产品角度讲，这个历程实际上也是旅游产品不断涌现、不断丰富和不断提质升级的一个过程。

1990 年起，桂林市政府、桂林旅游人在丰富旅游产品方面开始思考和行动。最先出现的是演艺产品，大型酒店内演艺项目“花园之夜”“豪华之夜”、漓江民俗风情园“民族风情”演出，在 90 年代大显身手。接着是节庆产品，1992 年，桂林推出首届山水旅游节，之后连年举办。再接着是民俗风情产品，1992 年，漓江民俗风情园一期工程完工开业。然后便是运动休闲旅游产品，1995 年，山水高尔夫球场启用，两年后惠华高尔夫度假中心开业，三年后乐满地高尔夫俱乐部建成。景点景区产品相继展现在旅游者面前，1992 年桂林评出“新二十四景”：榕湖春晓、古榕系舟、象山水月、南桥虹影、还珠试剑、拿云揽胜、木龙古渡、老人高风、隐山六洞、西山佛刻、桃江拥翠、芦笛仙宫、花桥映月、七星洞天、驼峰赤霞、龙隐灵迹、桂海碑林、靖江王陵、尧山观涛、穿山挂月、塔山清影、南溪玉屏、冠岩水府、漓江烟雨。1998 年桂林地市合并前后，荔浦丰鱼岩旅游区、龙胜龙脊梯田和龙胜温泉旅游区等在各县竞相亮相。后来是婚庆产品登场，1997 年 10 月，50 对中外新婚佳侣在七星公园“华夏之光”艺术广场举行集体婚礼。再后来是会展产品，1998 年 10 月，亚洲和太平洋地区议员与发展大会第六届年会在桂林举行。再后来，1999 年 12 月，桂林历史文化市民游启动，首批 500 余名市民分东、西、南、北 4 条线路游览各历史文化景点，为桂林历史文化旅游产品形成规模起到助推作用。

进入 21 世纪，2005 年桂林推出红色旅游产品，2005 年 1 月举办了“桂林‘红色之旅’启动仪式”。新世纪头 10 年后半期，伴随“桂林，户外运动的天堂”“桂林，国际婚典城市”“桂林，空中金三角”“桂林，西部中国”等桂林旅游形象口号的提出，各种户外运动产品不断丰富，“桂林婚礼岛”登上舞台，面向台湾地区旅游者、欧美等国家旅游者的一些产品亮相。2005 年起，桂林研究、整理桂林多年来相继开发的多项特色旅游产品，首次于 2005 年 4 月在桂林举办的中国国内旅游交易会上，推出了桂林八大旅游产品系列，即观光型旅游产品、休闲度假型旅游产品、会展商务旅游产品、历史文化旅游产品、民俗风情旅游产品、城市旅游产品、红色旅游产品、专项和特种旅游产品。之后也连年在各种场合持续宣传这些产品。值得一提的是，2002 年博鳌亚洲旅游论坛、2007 年首届联合国世

界旅游组织 / 亚太旅游协会旅游趋势与展望大会，以及该国际会议在 2009 年永久落户桂林，使桂林会展旅游产品大步走向完善和升级。如果按照文旅部 2018 年 11 月提出要重点开发的 11 种旅游新业态，除了游轮游艇游以外，桂林在这些业态上的旅游产品都已经具备了。应该说，桂林在旅游产品建设方面，已基本上能够做到满足现代人多元化旅游需求了。

可以设想，如果只有“三山两洞一条江”观光旅游产品，那桂林作为一个旅游城市可能就是之前桂林的定位：风景游览城市，而具备了后来的多种旅游产品之后，桂林才真正走向了旅游产品种类相对齐全的现代化国际旅游城市建设进程，这也为桂林国际旅游胜地建设上升为国家战略并基本建成，为桂林今天启动打造世界级旅游城市打下了坚实的基础。现在看来，桂林自 1995 年开始，把城市发展目标从“风景游览城市”明确为“现代化国际旅游城市”，是桂林市委、市政府充分研究了国内外旅游城市发展状况、国内外旅游业发展趋势和桂林旅游业发展潜力，做出的正确决策。

那么，在打造桂林世界级旅游旅游城市的今天，桂林旅游产品建设发展战略，我认为应该是按照“世界级”水准，坚持多年来从“单一观光型”向“以观光旅游为主的‘多元综合型’发展”的一贯思路，在不断升级观光旅游产品的同时，构建多品类多样化多维度的旅游产品新体系。

我认为，这需要开展专题研究，花一点时间，细化《桂林打造世界级旅游城市规划纲要》《打造桂林世界级旅游城市目标体系》中有关内容，制定一个可操作性强的《桂林旅游产品新体系建设实施方案》。

广西师范大学黄伟林教授在接受我访谈时再一次提到的建设“桂林抗战文化博物馆”“桂林抗战文化遗址公园”等，我认为它会成为高层次的文化旅游产品之一，具有“世界级”的品级，应该考虑放在该实施方案之中。

此外，这个产品体系，还要从供给侧结构性改革的理念出发，注重产品之间的结构性、关联性和互补性；还要结合年轻旅游者的特点，一些产品要加进“科技”的要素，形成“好玩”的成分，让“桂林旅游”同时增强更多的现代、时尚、有趣的特色。

三说：产品营销需要注重实效和培育良好营销环境

旅游业提供旅游产品，旅游者消费旅游产品，旅游产品营销则是把旅游者呼唤到旅游产品面前，让他们付诸行动“享用”产品。

旅游产品营销的实效性，就是指通过营销活动，看看有没有或者有多少旅游者愿意来到你的旅游产品所在地并且愿意消费这些产品。

包括桂林，但不光是桂林，在旅游产品营销方面，有些做得非常好，也有些做得并不是很到位，因此一些产品面前车水马龙；一些产品，当然要除去误判市场的不适销产品，却门可罗雀。

旅游业提供旅游产品，这是总的情况，另外旅游产品这个概念也有些笼统，需要具体分析，这两点都与营销旅游产品实效性密切相关，应该心中有数。

旅游企业是旅游市场的主体，是构成“桂林旅游”发展的基石，实际上他们是旅游产品的直接提供者。比如旅行社，把很多可以“看”和“玩”的“点”，包括自然的、历史的、人文的、社会的，编串起来，组成线路型旅游产品。这类产品比较多，看看旅行社刊登的宣传广告，比比皆是；网络上一些旅游经销商，也在为努力占据旅游市场而推出了一些旅游产品。酒店、景区、游乐园、交通公司、餐馆、咖啡厅等，也在通过各种方式面向旅游者生产和推销自己的特色产品，尽管他们的产品不是线路型的，但也可以是旅游者喜欢和乐于消费的各种组合型产品。总之，企业是各类旅游产品的生产者、提供者，产品营销主要是这些企业的业务，“卖”得好不好，与他们的利益直接挂钩。因此，设定目标客群，研究、开发和营销好旅游产品，是各类旅游企业、旅游相关企业的一项重要的、“技术性”强的经营内容。

所以，旅游市场主体，一是要生产出好的、过硬的产品，二是要做好营销，“卖”出产品，努力增强营销的实效性，这也是经济学和旅游企业，以及打算以旅游者为一定消费客群的旅游相关企业经营管理的一般常识。旅游企业按照市场需求强化产品提供，按照适合市场的销售技术强化产品营销，企业不断获利，旅游者满意度高，旅游目的地城市的旅游业又好又快发展，大家皆大欢喜。

但是，这是旅游企业按常识正常“出牌”时的状况，事实上并不完全这样。一些企业纯粹为了眼前利益或者暂时捞上一把，“搭便车”建景点，产品低劣不说，还采取不正当销售手段，以高额回扣拉客；一些旅行社企业纯粹为了获利，编串不反映旅游城市形象的“线路型”低质“旅游产品”，并采用不合理低价、零负团费等手段招徕客人，这就让旅游市场出现乱象，让正常“出牌”的企业和旅游目的地城市的旅游业严重受损。这种情况，不少城市，当然也包括桂林，都是存在的。前一个话题里列举的周晓光、戴东辉两位董事长说到的问题，就是这些。

这个时候，就需要政府出面，当好“守夜人”。他们两位董事长，在疫情期间对“桂林旅游”存在问题的反思，就是希望政府能够有效制止这些乱象。其实不光是他们两位，我访谈的很多人也都指出了这些问题，希望维护旅游者和旅游经营者合法权益，维护桂林旅游市场秩序，维护桂林声誉。

就本话题来说，增强旅游产品营销的实效性，除了旅游企业的努力奋进之外，便是政府出面给他们营造更好的生产和强化营销的环境，否则桂林声誉坏了，客人会对桂林敬而远之，桂林山水再“第一”也不行，他们不会在山水甲天下的桂林，同时经历低劣的旅游体验，因此再做营销也没有旅游者愿意过来。

打造桂林世界级旅游城市，“桂林旅游”拥有更多过硬的全球“现象级”旅游产品，是一个方面，以较高“技术性”追求营销实效性，也是一个方面，但政府对能够代表“桂林旅游”形象、有利于桂林旅游业健康发展的旅游企业和拟以旅游者为客源的旅游相关企业，给予大力支持和扶持；对贪图小利只顾自己、有损于“桂林旅游”声誉的那些制造和销售伪劣旅游产品的企业进行严厉处罚，更是非常必要的。

旅游市场主体经营旅游产品的环境，是增强旅游产品营销实效性的重要方面。营销技术是企业的事情，而企业有没有能够增强营销实效性的经营环境，则是政府的责任。

话题七：优化旅游服务和发展“桂林旅游”

（完稿时间：2022 年 4—6 月）

2009 年发布的《国务院关于加快发展旅游业的意见》，指出要把旅游业培育成为人民群众更加满意的现代服务业。2021 年年底国务院印发《“十四五”旅游业发展规划》，对旅游服务质量也提出明确意见：深入实施旅游服务质量提升行动，建立健全旅游市场服务质量评价体系。

旅游业是服务行业，旅游经济是服务型经济，这是长期以来人们对旅游业特性最基本的认识，也是旅游业发展到今天并没有任何改变的一个基本现状。做好面向旅游者的服务，让旅游者“高兴而来满意而归”，可以说是旅游业的立“业”之基，是旅游城市的立“市”之本。原国家旅游局和现在的文化和旅游部一直高度重视旅游服务，不断强调“优质旅游”，其中重要的含义，就是指要给旅游者提供优质的旅游服务。

1983 年我来桂林时，桂林境外旅游者就很多了。初识桂林旅游的那几年，桂林旅游的“硬件”并不好，“来了桂林住地下”，空调车也没有多少，但那时旅游从业人员的服务做得出色，大家能够从“民间外交”的高度对待接待服务，境外旅游者对桂林的旅游服务是满意的，这是我一踏入桂林就形成了的一种认识。2021 年 12 月我访谈榕湖饭店董事长沈林杰时，他也讲述了当时接待方面对技术和服务的要求特别严格，说当时接待人员热情的服务、精湛的技艺，给客人们的印象总是美好的。

从那时到现在，桂林始终注意抓好旅游服务质量，总体上看旅游者对在桂林旅游的满意度是比较高的，但由于一些原因所致，尤其是很多受访者在接受我访谈时谈到，现在桂林旅游服务出现了一些问题需要改进，所以我认为旅游服务既然是旅游业的立“业”之基，是旅游城市的立“市”之本，那有了问题我们就要正视，就要去解决。同时，更重要的一点，是我们要站在打造世界级旅游城市的高度，对旅游服务进行充分研究，不断优化和提升旅游服务质量。

提升旅游服务，在我看来，尤其要在细节方面做好文章。旅游者在接受旅游服务时，他们最注重的就是具体细节。

一说：旅游城市面向旅游者的服务都是旅游服务

旅游服务，常常被理解为是旅行社、景区、酒店、车船、导游等直接面向旅游者的旅游企业和旅游工作人员在接待旅游者时的态度和行为。这个认识无疑是正确的，但我认为还不完整，尤其是在越来越多的人变成旅游者，越来越多的旅游者越来越喜欢悠闲自在的自助旅游的当代，他们到了旅游目的地城市以后，更多时候是在接触“旅游工作人员”以外的人。一个旅游城市面向各类旅游者的所有服务，应该都是旅游服务，都在需要优化和提升的范围之内。

我认为，强调旅游城市面向旅游者的所有服务都是旅游服务这一点非常重要，特别是对正在打造世界级旅游城市的桂林来说，能不能营造好整个城市面向旅游者良好的服务氛围，注重提升好整个城市面向旅游者的所有服务细节，这直接关系到旅游者能否“满意而归”，关系到旅游者对“桂林旅游”和桂林这座旅游城市的满意度和认可度。

在旅游服务方面，桂林需要优化提升的地方，还真不少。

下面举几个例子，可能很多人，包括桂林本地人和外来旅游者都发现了，他们或许不说，也或许在各种场合公开谈论。我觉得这些事例，都会影响桂林的声誉。

比如，进出地下通道的地方，很多都有电梯，但电梯经常不开，包括一些重要地段，像正阳街通往东西巷的地下通道。记得还有一次，那个电梯挂了“维修”牌子，可一挂就是几个月，每走那里都会听到行人不满的议论。

又如，东西巷可以说是桂林的新地标，本地人和外地人都比较喜欢这个街巷，好评不少，但一次我在那里等人时，就听到操着外地口音的人在谈论，说顺着厕所的指引标记绕来拐去找到厕所，厕所却挂着“维修”的标牌，非常内急了也只能另寻他处。说维修是正常的，但至少需要一天以上吧，能不能在指引牌上做个临时标记让大家不用跑来绕去？我听了以后感到他们的意见非常好。我在旅游局工作过，当年也参加过桂林在全国率先开展的“厕所革命”，对厕所问题比较敏感，后来我一个人专门去看了东西巷每一个厕所，发现确实存在一些问题，比如不能及时清扫，尤其是有人不讲究如厕规矩时，那里面异味很大；还有一个厕所，可能是水管问题，流水断断续续，听起来像是如厕的人在“拉肚子”，我连续观察了一周，没人来修。我想这些时候如果有旅游者进来，他们就可能会有感觉，有议论，甚至会谈到桂林的城市管理有问题。

再如，咖啡厅是旅游者常去的地方，可一些咖啡厅门口写着九点开门营业，可一次也是外地朋友和我说，他 11 点钟去过一家，就看到门上挂着大锁，还拍了照片给我看。我解释说可能只是这一次，也可能店家有事来不及通知。他说，他不相信只是这一次。后来我注意了这个问题，发现确实不止这一次，也不止这一家店。

类似的事例还可以举出很多。

当然也有很多好的营业场所，就说咖啡厅，我访谈了一家咖啡厅经理，他的店就很受好评。访谈时他说到了咖啡厅对“桂林旅游”作用，说到“人人都要维护旅游城市热情友好的形象”，让我感到非常不错。另外我常去的其他几家咖啡厅，看到他们不仅按时营业，还热情细心服务好每一位客人，包括很多外地旅游者，我感觉外地客人都很满意。

这些看似很小的事例，对桂林和“桂林旅游”的影响却是不小的。所谓细节决定成败，就是这个道理。旅游城市对外来旅游者的服务体现在方方面面，有“硬件”上的，也有“软件”上的，但主要还在很多细节方面。其实只讲“让心灵与山水同美”这些大概念是不够的，不少旅游者同时关注桂林旅游的服务能否也是“甲天下”，他们更多是注重上面这些小的细节。城市提供的“喝咖啡”“如厕”等服务细节上做到位了，才能给桂林带来正面的声誉。尽管国内不少城市在细节上都不是非常到位，但对桂林来说我认为特别重要，因为桂林城市的发展目标不一样。

实际上，旅游城市很多看似很小的事情，都会成为这个城市吸引旅游者的资源。“00 后”大学生金鑫龙，访谈时说他经常去贵阳旅游，不是因为那里的风景有多好，而是因为第一次去时晚上在超市买东西遗忘了自己的背包，发现时自己有已经到了火车站，没办法就试着向在网吧刚认识的一位当地人求助，那人第二天一早就去帮他找到还快递了过来，他受了感动，后来还讲给很多朋友，唤起了很多人想去贵阳看看的欲望。当地人的热情和友好，起到了如此大的作用。

我认为，作为旅游城市，如果能够强化城市面向旅游者的所有服务都是旅游服务这个理念，能够把所提供的服务在细节上尽可能都做到位，同时把本地人的热情友好呼唤出来，那这个城市就是获得了成功，旅游者就会自觉自愿帮助这个城市做义务宣传。

前不久我访谈了两位在桂日籍人士时，他们专门和我讲到“待客之道”的问题，他们说日本在这方面做得比很多国家都好，让日本人自己感到很自豪，尤其是他们到外国旅行时，更感觉自己国家每一个城市每一个行业在待客服务上都能够让客人满意。他们说桂林要打造世界级旅游城市，需要研究如何让城市的每一项服务都能做好。

城市面向所有人，包括面向旅游者，能够提供令他们满意的优质服务，让旅游者喜欢上这个城市，是这个城市竞争力的体现。

二说：旅游企业对旅游者的服务是最直接的服务

前几个月，我在访谈桂林和顺旅行社董事长、1986 年开始一直没有离开过这家旅行社的张博时，他对我说，桂林的旅游资源，应该是“世界级”的，“桂林山水甲天下”，一点都不含糊。但比如说漓江的游船、旅游车、导游的素质等，确实还有差距。之前桂林坚持开展的“导游大赛”，已经多少年没有了。“一切向钱看”的倾向有点突出，很多问题就出现了。桂林要向以前那样，用心接待客人，就必须坚持一切以游客为中心的指导思想，在旅游服务上继续在全国做表率、当标兵。

张博的观点是对的。如果说整个城市的其他服务差一点，因为中国总体上处于发展中阶段，很多城市也都大同小异，旅游者接触“旅游工作人员”以外的时间又不算很多，那旅游企业的服务，就极为重要。一个旅游城市的质量，应该说主要还是体现在旅游企业的待客服务上。

一般来说，“无理取闹”的旅游者，专挑毛病以投诉方式获得赔偿换来“免费旅游”的人，不是一个没有，我在市旅游局工作时就遇到过，那时我还曾“愤怒”地“击退”了那几个“客人”，有效维护了桂林旅游企业的权益。不过，那应该是“极个别”的现象，绝大多数的旅游者是要好好体验旅游，哪怕忍受一点“小小不满”也想顺利结束旅行。这时候，旅游企业如何对待客人，如何“想客人之所想”，让他们“高兴而来满意而归”，就尤其重要，这应该是一个旅游城市所有旅游企业的必修之课。

体现旅游城市服务水准的，主要是旅游企业的服务。从我长期观察和从事桂林旅游行政工作的经历来看，旅行社、景区、酒店、车船、导游等面向旅游者的旅游企业和旅游工作人员的服务意识和服务行为，直接能够让旅游者对你这个城市打勾还是打叉，让他们选择满意还是较差。

桂林正在打造世界级旅游城市，就要千方百计强化旅游企业的旅游服务，形成桂林旅游业提供优质旅游服务的浓郁氛围，让桂林旅游服务也“甲天下”。

20世纪90年代中期，我在日本做过一次总计近50天的“日本列岛”纵向旅行，由熊本出发，向北和向南一共两次，体会了日本多个类型旅游企业的旅游服务。总体来说，让我感到十分满意，几乎无可挑剔。我当时生活在桂林友好城市熊本，请熊本一家旅行社做旅行安排。出发前这家旅行社给了我一份非常详尽的行程安排单，还向我做了十分清晰的讲解，一再告诉我旅途中不用有任何担心，所到之处交通工具等在时间上都是准确的，途中涉及的各种服务设施都没有偏差，一切都会和安排单一模一样。还告诉我途中尽量不要在任何地方遗忘东西，当然如果遗忘了也不会丢失，他们会联络行程中所有地方帮助找到并寄过来，但可能会影响你的使用。旅行社还给把每一段行程需要的交通票据分装在单独的信封内，还在信封上标明编号，说这样方便对照安排单顺利结束旅行。此外，我出发前再一次感动的，是他们还告诉我，在几个地方你下了飞机或者高铁，如果是坐出租车到酒店，大概的时间和费用会是多少。据了解，对所有外出旅游包括出国旅游的客人，旅行社都会是这样，按我访谈的在桂林日籍人士的说法，日本各个企业，哪怕是一个小小的商店，都会努力保障服务质量，因为不这样做就会没有生意，就得关门。

做优旅游服务，从旅游企业来说，就是做好细节，这是我在日本旅行的切身感受。桂林要打造世界级旅游城市，从上面我在日本旅行的例子，也可以看出我们的差距还确实不小，我们需要努力的空间还很大。当然，这也需要国内整体经营环境的进一步好转。

我做桂林市旅游局长以后，也曾多次分片召开旅游企业的会议，大讲旅游企业的服务问题。记得一次在中资酒店负责人会议上，我建议总经理要抓“小事”，抓细节。我说酒店的大事当然很多，但你们都会管好，我建议抓好“小事”。我举了国内外一些酒店的例子，我说我发现我们酒店里的“小问题”太多了。我说如果总经理每周抓好一件小事，你的酒店一年就会有52个细节上的变化。在国内旅行社“老总”会上，我也大讲总经理要抓“小事”的问题，说酒店很多还是中外合资或者外方独资，企业管理和细节服务实际上比旅行社要好得多，旅行社对客人的服务令人最不放心，我是想激将他们。一些国有景区“老板”的会上，我则强调要向外资企业和民营企业学习，他们景区在设施和服务的细节方面要好于国有景区，如乐满地度假世界、世外桃源、古东瀑布等都是学习的榜样。会上我直言一些国有景区，个别总经理不太在园区里面“转悠”，一些墙上的水泥脱落了很久都不补上，矮矮的篱笆墙倒了多时也没有及时修好，这样不负责任，怎么经营？我也是想激将他们，促进国有景区做好服务设施和服务行为细节上的管理。

旅游者看重服务细节，包括设施的细节和工作人员言行举止的细节，旅游企业就要管理好这些细节，尤其是在“桂林旅游”要为打造桂林世界级旅游城市做出贡献的当下。

三说：构建桂林世界级旅游城市优质服务新体系

旅游服务的含义和范围，主要就在两个方面：城市提供的旅游服务和旅游行业提供的旅游服务。无论是城市也好。还是旅游行业也好，旅游服务都是一个城市旅游竞争力大小和强弱的载体，旅游者对旅游服务满意与不满意，最终决定了旅游业或者旅游城市的竞争力状况。所以我认为，优化和提升旅游服务，对发展“桂林旅游”十分重要。

产品和服务，是旅游业最核心的两个要素。我在近两年整理有关桂林旅游发展方面的资料，加上对一些人士的访谈，感觉若从“桂林旅游”发展历程的角度，对旅游产品和服务发展阶段做一个划分的话，则是——阶段 1：旅游者对产品和服务好坏都不在乎，桂林山水这么好，觉得能来看看就行，主要是 20 世纪七八十年代，这个阶段早已过去；阶段 2：对产品和服务好坏开始在乎，但还都可以将就，主要是 90 年代和 21 世纪头 10 年，这个阶段基本过去了；阶段 3：产品好，服务差点就算了，主要是 21 世纪头 10 年至今，这个阶段还在持续；阶段 4：产品和服务都要好，否则宁可不去，这个阶段已经到来，时间上主要也是 21 世纪头 10 年至今；阶段 5：产品和服务都要好，但服务更要好，这个阶段正在到来。如果可以这样分析，那桂林目前则处于阶段 3、阶段 4 和阶段 5。之所以三个阶段并存，原因是旅游者群体存在层次、品位和需求上的差异。那桂林优化和提升旅游服务，如果站在旅游者的角度，就要以阶段 4 为基础，以阶段 5 为追求。

近 10 年里，桂林市旅游局、旅发委、文旅局在提升桂林旅游服务方面下了很大的功夫，取得了很好的成效，但一些老问题一时难以解决，一些新问题还在不断出现，因此在优化和提升旅游服务，增强“桂林旅游”竞争力方面，桂林城市和桂林旅游行业还必须继续努力。

前一话题，我讲到构建桂林旅游产品新体系，那这个新体系里面的旅游产品，特别是很多与现代科技相结合的产品，还有越来越多地成型于疫情前的研学旅游产品、强盛于疫情中的红色旅游产品等，新体系里的很多产品对旅游服务都会产生新的要求；现代旅游者越来于注重体验城市文化氛围、城市休闲氛围和城市市民生活的“烟火味”等，对整个城市的旅游服务也会要求得更高更多。

因此，我认为根据打造世界级旅游城市的新需要，构建起桂林优质旅游服务新体系，从总体上、根本上优化和提升“桂林旅游”，就显得十分必要。

这个新体系，将是一个以世界一流为目标，与国际通行规则相衔接，囊括所有打造桂林世界级旅游城市需要的服务品类和服务细节的大体系，操作性强且指向明确。

桂林现在有了打造世界级旅游城市的规划纲要，有了打造世界级旅游城市的目标体系，大的方面都已经有了，但同时我们还一定要构建一些更加具体、更加务实、更加注重“小事”和细节的“中”“小”体系。很多时候，这些“小事”和细节更能让旅游者产生对桂林的好感和认同。

举几个具体例子，如小学生放学要有序走出校门，但同时一定是要有如何有序走出校门的配套做法，否则老师和同学都不知道怎么才能有序走出校门；再如教育小孩子要讲礼貌，同时要指导小孩子见人要有笑脸要问好等；再比如说“人人都要遵守交通规则”，但同时一定要有对违反交通规则的处罚办法。我想强调的是，光说大概念不行，现在是大概念太多了，缺少与其配套的具体细则。多年以来，我之所以有这些切身感受，总是愿意去强调一些所谓“小事”，就是感到讲“概念”很容易，而把一件具体事情真正做好做到位却是不容易的。大一点的例子，世界旅游组织为什么对在桂林举办国际论坛有信心，最后同意把论坛永久落户桂林，徐京先生讲，就是桂林把办会以及针对会议的各项服务细节都做得比较到位。千里之行始于足下，发展“桂林旅游”、打造桂林世界级旅游城市也是一样。

打造世界级旅游城市，在推进路径上，我们一方面要强调方向性的大概念，比如：大战略布局，谱写世界级旅游城市建设新篇章；大规划引领，完善文化和旅游顶层设计；大融合发展，推动“旅游 +”“+ 旅游”；大开放合作，推动跨区域文化旅游合作；大产品开发，积极培育文化旅游新业态；大品牌建设，塑造文化旅游核心竞争力；大项目带动，增强文旅产业发展新动能；大民生落地，满足人民美好生活新需求，但我认为同时还要把具体的“推进路径”设计好。否则，这些这么好的“推进路径”恐怕实现不了。

话题八：优化旅游管理与发展“桂林旅游”

（完稿时间：2022 年 4—6 月）

我在市旅游局工作时，常常听到这样一句话：“你们要去好好管一管。”说话的人，有市领导，有市其他部委办局的领导，有普通市民，有旅游企业的人，有旅游者。不论出自谁的口中，意思都大体相同，都是出现了他们感到不满意的事情，希望旅游主管部门出面处理。这里的“管”，就是处理问题，把他们不满意的事情解决好。桂林是著名的旅游城市，慕名而来的旅游者很多，或大或小的问题时有发生，旅游局的人就要出去“灭火”。之所以让旅游局去管，是在他们看来，旅游局作为代表市政府的旅游主管部门，负责“桂林旅游”的行业管理，这也很正常。

我用这段话开头，是想说作为一个知名度在外、旅游者云集的旅游城市，旅游者现身于城市的各个角落，消费城市各个行业所提供的各种服务，是极其正常的事情。事实上，旅游者的到来，正是在为这些经营场所补充客源，这也是旅游业对城市发展的一种贡献，但一些经营场所有时见利忘义，不是感恩旅游者给他们增加了营业额，而是试图趁机再赚上一把，也由此制造了影响桂林声誉的市场乱象。

旅游城市的旅游管理，当然不只是去治理这些乱象。按照“管理学”的一般论述，管理是管理者对管理对象进行规划、计划、领导、政策制定、组织协调和控制等一系列的行为或者活动；管理学则涉及这些行为、活动的原理、理念、技能和方法。因此，旅游管理也是多方面的，内容很多，是一个体系性的东西。也因此，单说旅游管理，也需要说到具体的一些情况。对市场乱象的治理，属于“管理”上控制方面的一种行为。

旅游管理，在学校里，是一种学科、一个专业，而在旅游城市的实际工作中，就是一些行为或者活动了。我在从事旅游行政主管的实际工作中，对旅游管理有着不少的体会，也有过一定的思考。在大力发展“桂林旅游”，把“桂林旅游”打造成“世界级”旅游现象和把桂林整个城市打造成“世界级旅游城市”的当下，我们怎样鉴往开来，优化旅游管理？这是本话题的任务。

一说：“桂林旅游”有哪些方面需要优化管理

旅游者有投诉，旅游局出面“灭火”，维护旅游者合法权益，是旅游主管部门的职责。不过试想一下，一个地方的消防队如果时不时就要出去“救火”，路上的行人和车辆时常要为鸣着响笛的消防车让路，那就会让人联想到这个地方的日常管理是存在问题的。同理，一个城市的旅游业假如也是常常需要旅游主管部门出面“灭火”，那这个城市的旅游业也不能说是处在良性运转之中。一个地方的旅游业，优化好日常的旅游管理是非常必要的。

我个人的工作体会，一个地方若在平日里把旅游管理做好了，则可以有效避免出现需要紧急“灭火”的临时性事件，也能够较好保障旅游业处于良性运转的理想状态。

以各种心态进入旅游行业的人都有，一些平日还算不错的经营者很有可能在一时间见利忘义，所以旅游经营市场出现一些乱象，从某种意义来说也属正常，但通过优化日常管理，则可以有效避免一些乱象，还有利于保障旅游业健康、良性和快速发展，而后者更应该是我们重要的着眼点。“桂林旅游”在这方面，以往积累了很多很好的做法和经验，目前桂林正在奋力打造桂林世界级旅游城市，更应该在优化日常旅游管理上使出招数。

（1）管理好旅游经营市场，是一个重要方面。桂林早在 1987 年在全国率先创立了旅游监察所，90 年代还率先尝试并坚持了旅游综合执法的有效模式。在旅游经营市场管理上，积累了不少好的经验。尽管如此，也还仍需要不断加强管理。这些从我对桂林市文化市场综合行政执法支队支队长农锦的访谈录中，可以看到。

（2）我在“跨越疫情”话题中，提到桂林市文化广电和旅游局调研员张志红在接受我访谈时说过的一段话：“旅游产业布局方面，没有从逻辑上和系统性地去做全面思考，桂阳公路有世外桃源、园博园等 10 个园区，不知道它们是什么关系，好像有一个就安一个，游客怎么停留怎么消费，显得无序。招商无计划，产业布局不讲究，这是很要命的。旅游是市场行为，这个项目放在这，跟周边的项目是什么关系？游客凭什么到你这来，他们为什么不去两江四湖也不游漓江而专门来你这里？这么简单的问题，做规划的人也答不出来。”她这段话，我觉得说的是旅游产业规划布局、旅游项目招商，是需要加强管理的一个方面。我也认为，桂林在旅游项目招商上，县、市、区各自为政，全市缺乏统筹平衡的相关事例确实也比较多，低质项目导致投入市场的旅游产品不能代表“桂林旅游”形象，也影响了旅游者对桂林的评价。发展“桂林旅游”，需要政府部门优化对旅游规划和项目招商的管理，既要鼓励一些县市区、一些项目、一些企业重视招商，重视编制项目规划，也要对规划的“乱编”“乱用”行为进行规范。有些规划只是用来应付项目审批的；有些规划完全出于规划合同“甲方”的意愿而实际上不符合市场需求；有些则是规划合同“乙方”调研不足或者规划队伍力量不强而“造出”的质量欠佳的“规划成果”。这些，都需要有关主管部门关注和加强管理。张志红调研员说的对规划、产业布局、项目招商的管理，也是我想强调的，我在市旅游局分管过规划，也抓过全面工作，对此体会较深。

（3）旅游产品和桂林旅游城市形象的营销推广，我认为需要加强管理。过去旅游主管部门在宣传“桂林旅游”时，往往是替旅游企业推销产品，比如参加国内外旅游专业展时，常常在推介会上说桂林有某某景区，有某某度假区，这些景区或者度假区的特色如何如何等，这也有必要，但这是旅游部门“越俎代庖”的行为。旅游产品和桂林旅游城市形象的营销推广，政府部门和旅游企业应当分工合作，旅游部门宣传桂林目的地形象，营造有利于企业推销优质旅游产品的氛围和环境，旅游企业推销产品时，则推销既有利于企业效益更有利于维护“桂林旅游”形象的过硬产品。同时，政府部门对企业的营销行为进行有效管理，不允许虚假广告等欺骗旅游者现象的出现。

（4）旅游企业诚信经营，重合同守信用，质价相符，实际接待服务和广告宣传、合同无偏差，是旅游者所期望的，也是“桂林旅游”声誉所需要的。企业要自律，行业协会要负责，政府则要运用政府能够运用的手段进行管理，营造有利于好企业的经营发展环境。

（5）桂林城市所有面向旅游消费者提供的各项旅游服务，需要进行管理。为什么这样说？道理很简单，只要有一项服务做不好，就会影响到“桂林旅游”的整体形象。

（6）在“桂林旅游”里面，旅游管理无疑还包括旅游企业管理，但这种管理主要是旅游企业自身的事情，一般情况下，它与企业成本控制、利润获得、声誉维护和工作人员工作状态相关联，企业自己会高度重视的。不过，行业指导、行业管理也是一种服务，“桂林旅游”健康、良性发展需要更多这样的企业，政府则需要以各种方式鼓励他们，并通过制定政策等手段，推动“桂林旅游”出现更多这样的企业。

（7）前面 6 个方面，是从横向角度列举的。从纵向来看，主要是目标管理和实现目标的过程管理。比如，桂林市确定的“到 2035 年旅游核心竞争力走在国际同类旅游城市第一方阵前列”；自治区确定的广西“建设世界级旅游目的地，桂林要打头阵、当先锋”；我在前面话题提到的“‘桂林旅游’要增强在全球发声的‘底力’”“‘桂林旅游’必须奋力提升以保持全国领先地位”“构建多品类多样化多维度旅游产品新体系”“构建桂林世界级旅游城市优质服务新体系”等，优化对这些目标以及实现目标的过程管理，也在其内。

以上这些，只是信手拈来的需要优化旅游管理的一些方面，并不是全部。我认为，在打造桂林世界级旅游城市大背景下，应该研究构建一个“桂林旅游”优质服务新体系，在这个体系里面，把需要优化旅游管理的每一个方面都排列出来，把谁来进行优化、如何优化等都研究透。

二说：“桂林旅游”优化管理应该由谁来负责

优化不到位的，找得到负责人，这一点非常重要。

总体上说，“桂林旅游”的主要管理者，应该是桂林市政府，具体执行部门主要是桂林市文化广电和旅游局。但由于“桂林旅游”涉及的领域和范围比较广，桂林正在打造世界级旅游城市的特殊城市，我认为对由谁来优化旅游管理做些具体分析，补上负责管理上的缺位，是很必要的。

当初桂林在全国较早成立旅游监察所和桂林旅游综合执法的做法，对当时解决“桂林旅游”经营市场乱象由谁来负责管理，是一个成功探索。

不过现在，在对一些人士进行访谈时，与一些朋友聊天时，他们常常聊起，说有些领域不知道应该由谁来负责管理，下面我来举出其中的一些方面。

（1）乡村旅游问题。几乎全国各地都认识到乡村旅游是乡村振兴的“有效途径”，于是纷纷编制规划，招商引资，或者自己创造条件上马乡村旅游，人力财力也投入了一些，可是“谁来旅游”的问题他们根本没有研究。桂林也是一样，乡镇干部最热衷于这样的事情，也很努力去操作乡村旅游，可到最后要么是“半拉子工程”，要么就放在那里“等着”客人。再后来，乡镇干部提升了或者轮岗调走了。这一类问题怎么解决？乡村旅游由谁来统筹管理和优化布局，乡村振兴局还是文化广电和旅游局？

（2）张志红调研员说到的旅游产业布局混乱、旅游项目招商各自为政等问题，谁来管理，不管理行不行，不优化管理行不行？我认为都不行，那管理部门是谁？有一种说法，现在是市场经济，投资人亏了投资人自己负责，那产业布局乱了谁负责，规划部门、旅游部门、招商部门、发改委、工商局、市政府？最后只剩下一个事实，就是不妥就不妥了，反正批也批了，建也建了，以后再说吧。

（3）研学旅游问题。大家都比较看好桂林发展研学旅游的前景。我访谈过的刘思敏博士说桂林非常适合开展研学旅游，中小学课堂上学过的很多知识，在桂林可以找到深入学习的现场。我访谈过的市博物馆唐春松馆长、市红色文化传播中心张明道主任、升辉旅游投资集团戴东辉董事长也都谈到桂林很有条件发展研学旅游一事，那研学旅游光靠企业去推出几个研学产品就可以了吗？大家谈到市里面应该有一个统筹机构，如成立“桂林市研学旅游指导协调中心”，把全市研学旅游统筹办好，办出成效。单靠教育局、文旅局或者旅游企业行不行？

（4）特色旅游小镇，现在也大有一哄而上之势，出现类似乡村旅游的问题，怎么办？

（5）旅游者消费安全的问题。很多访谈对象说到的从旅游购物的高价、强卖，到一碗米粉对外地旅游者的售价，为什么一直存在，有没有必要管理，谁来管理？

（6）旅游业和旅游城市补短板的问题。短板在哪，怎么补，什么时候补，什么时候补好，谁来具体管理？

（7）旅游业留不住人才，旅游人才青黄不接的问题。一方面我们很多大学开设了旅游专业，还有“人才小高地”等，一方面桂林这么多高等院校旅游专业的毕业生不愿意留在桂林，旅游企业招不到人，怎么办？我在前面有关跨越疫情的话题里，建议从打造桂林世界级旅游城市的高度和大目标出发，研究并制定一揽子解决发展“桂林旅游”所需人才的方案，谁来负责？

（8）科技与旅游融合发展，是当今旅游业发展的一个趋势，桂林很多人也在谈论智慧旅游、智慧城市的问题，但我们和其他城市相比，有没有差距？差距在哪儿，如何缩小差距？谁来提出方案，科技局、文旅局？

（9）旅游国际化的问题。世界级旅游城市必须具备的国际化应该是怎样的一个状态？“桂林旅游”在这方面应该说已经有了一个很好的基础，那如何巩固，如何拓展？“桂林旅游”和桂林城市如何更加务实地开展更多更有成效的国际合作？桂林对外交往的有关部门，怎样共同努力，谁来协调？

（10）旅游研究的问题。世界级的旅游城市，是不是也应该是一个全球旅游的研究中心？这个问题，我访谈过的颜邦英先生专门谈过多次，我自己也在几个场合表达过我的观点。桂林现在也有联合国世界旅游组织的国家论坛，又有这么多的高等学校，还有一些研究机构，需要不需要把这些力量整合起来，怎样整合，谁来整合？

限于篇幅，我先列举到这里。我想说的是，这些需要优化管理的问题，应该由市政府组织专门的力量牵头，从打造桂林世界级旅游城市的大目标出发，从增强“桂林旅游”“底力”以提升桂林世界级旅游城市的支撑能力出发，从形成“桂林旅游”健康、快速、有序发展和树立好桂林世界级旅游城市新形象出发，通过规划、计划、领导、政策制定、组织协调和控制等一系列方式，投入力量切实解决。目前来看，桂林“世界级旅游城市”办公室，胜任这项工作。

三说：构建世界一流“桂林旅游”优化管理新体系

前面两个话题里，我提出了发展“桂林旅游”、增强“桂林旅游”“底力”需要构建的“新体系”：“多品类多样化多维度旅游产品新体系”和“世界级‘桂林旅游’优质服务新体系”。这里，我想再提议构建第三个“新体系”，即“世界一流‘桂林旅游’优化管理新体系”。这样，加起来一共就有了三个“新体系”。“桂林旅游”和桂林城市，是打造桂林世界级旅游城市同一方向的两个维度。从“桂林旅游”维度来说，我认为产品、服务和管理是最基本的三个方面，因此我分别讲述了这三个方面，并在每一话题里都提出要研究构建一个“新体系”。我想强调，三个“新体系”对于指导、影响和提升壮大“桂林旅游”，从而成功解决“桂林旅游”这个维度的建设发展问题，会极有帮助，这也是我多年从事桂林旅游行政主管部门工作的一个思考。

体系，是同类事物按照一定的内部联系组合起来，通过相互有序以及有效运动，促进这个系统向设定方向和以设定速度前行的一个系统。三个体系可以组合到一起，相互配合，形成合力，共同推动“桂林旅游”快速向前发展。

这一话题主要讲旅游管理方面的“新体系”，即“世界一流‘桂林旅游’优化管理新体系”。

构建一个体系，理论上的研究和阐述当然非常必要，不过我主要从从事过行政工作的体会，从我认为是旅游城市实际发展中的需要出发来说上一说。

构建这个“新体系”，要注意到我标题里面的“关键词”：世界一流、“桂林旅游”、优化管理、新、体系。同理，旅游产品新体系方面的“关键词”，是多品类、多样化、多维度、旅游产品、新、体系；旅游服务新体系方面的“关键词”，是世界级、“桂林旅游”、优质服务、新、体系。我把“新体系”也分开了，是在强调“新”。“新体系”必须要有“新意”。构建“新体系”，要在充分调研、充分探讨的前提下进行。三个“新体系”的标题，都是“关键词”，没有多余的字。只有做到这些，才体现出发展“桂林旅游”，增强其“底力”的初衷，也才能够履行“桂林旅游”这个维度的使命。

叙述前两个“新体系”时，我更多是罗列了一些应该包括的内容，这里我提出几项构建旅游管理“新体系”应该遵循的指导思想，前两个“新体系”在编制时也可以参考借鉴。

第一，站位要高。世界一流，中国特色等，这些都是高站位的表述，我的“新体系”标题里也使用了这些词语、“桂林旅游”要成为“世界级”旅游现象，桂林要成为世界级旅游城市，“到 2035 年旅游核心竞争力走在国际同类旅游城市第一方阵前列”，站位高是必需的。不过我同时认为，尽管研究好“世界级”很有必要，但也不必被“世界级”三个字所困住。我走过世界上几十个国家，我觉得让旅游者感到友好、方便、安全，就是“世界级”的。“桂林旅游”在优化管理新体系构建上，我认为应该着眼于具体做到这几点，这样，站位也就高了。

第二，以人为本。“桂林旅游”是服务于国内外旅游者的，旅游者之所需，就是“桂林旅游”之所急。不断提升旅游者对“桂林旅游”的满意度，让旅游者“满意而归”，是“桂林旅游”成为“世界级”旅游现象的应有之义。因此，研究旅游者需要什么样的旅游管理，包括旅游者对桂林城市需要什么样的管理，在“新体系”中应该体现出来。

第三，注重细节。细节之重要，我在前面已经讲了很多。世界上受到好评的旅游胜地，无不体现在服务设施和服务行为等方面细节上的过硬。我们往往“从大处着眼”有余，口号概念很多，这显得特别有研究和有决心，但“从小处着手”则严重不足，这既与“规划”“体系”等编制者研究不够有关，但指导思想不明确、不到位，也是一个方面。

第四，针对性强。“一说”里面提到的需要加强管理的那些方面，“二说”里面提到的事实上没人管理的那些方面，都是在实际工作中，大家感受比较强烈的。解决需要解决的现实问题，提升所确立的管理部门解决现实问题的能力和水平，必须是编制“新体系”的重要指导思想和切入点。

第五，富有新意。“新”，是指要充分研究全球旅游发展新变化、新趋势，体现出“桂林旅游”在管理理念、管理行为、管理领域上是适应发展需要的，是通过优化管理，能够促进“桂林旅游”获得新发展的。

第六，操作性好。很多“规划”“体系”在通过评审时，都会得到一句“具有较强的可操作性”的评审意见。这几乎成了套话。谁也不敢说没有操作性，但究竟有多少“可操作性”，真的“较强”吗？谁也说不明白。我们的“新体系”应该逾越这一点。把具体的实施举措、各个“行动计划”之间的衔接，循序渐进的方式方法等，都研究清楚，全面减少“原则上”之类的词语。

我认为，把上面这些作为“新体系”编制的指导思想，既现实又管用，比“开放合作”“系统推进”“综合协调”“改革创新”“强化实效”等，可能要更加务实一些。

话题九：提升城市实力与发展“桂林旅游”

（完稿时间：2022 年 4—6 月）

桂林“十四五”规划纲要提到，“十三五”时期桂林综合实力大幅提升，地区生产总值年均增长 5.2%；工业振兴吹响号角，园区布局全面重塑，华为、比亚迪等一批引领性重大产业项目落地实施，产业发展大格局加速形成；服务业成为拉动全市经济增长主动力，数字经济、电子商务、文化创意等新产业新业态发展迅猛；特色优势农业持续壮大，沙糖橘、罗汉果、月柿面积和产量全国领先；国家可持续发展议程创新示范区建设获国务院批复，以创新为引领的现代经济体系建设蓄势待发；航空、铁路、公路、能源、水利、信息等基础设施建设取得重大进展，城市现代化水平显著提升。

自己比较以往，桂林“十三五”期间进步不小，但横向看看，桂林需要努力的空间还非常大。

2012 年，桂林国际旅游胜地规划纲要曾指出，桂林总体经济实力偏弱，人均地区生产总值低于全国平均水平；企业规模偏小，产业链短，集聚度低；城镇化水平低，中心城市规模小，辐射带动力不强；公共服务和基础设施建设滞后，中心城市快速通达各县及周边其他地区的对外通道亟待完善。

国际旅游胜地规划纲要说到的这些情况，“十三五”期间有所改善，但很多差距还仍然存在。

中国旅游研究院编制的《打造桂林世界级旅游城市目标体系》、国家发改委编制的《桂林打造世界级旅游城市规划纲要》，都提到了这些差距，指出桂林综合实力相对较弱，地方财政能力较弱，经济内生动力不足，产业融合程度不高；指出桂林消费基础薄弱；高端人才资源缺乏；基础设施便利化、网络化、融合化程度不高，缺乏高品质的服务设施和公共空间；城市风貌亟须改善。强调这些差距，都是桂林建设世界级旅游城市的短板。

由此也可以看出，城市实力，是一个综合性概念，但主要是指城市的经济实力，指财政对各项事业的支持能力。

从“桂林旅游”角度看，桂林旅游业与桂林城市实力关联密切，若桂林城市实力较弱，则旅游业能够得到的支持和支撑就会受限。大幅提升桂林城市各项实力，主要是经济实力，也是发展“桂林旅游”所需要的。

一说：“桂林旅游”需要雄厚的城市实力

“桂林旅游”，其最核心的组成要素是桂林旅游业和桂林旅游城市对旅游业的支撑状况，因此若想把“桂林旅游”打造成“世界级”旅游现象，则要在这两个方面同时发力。

桂林旅游业自身如何做强，我在前面三个话题里做了一些探讨，提出了构建三个“新体系”建议，而桂林城市支撑方面如何做到位，我认为前提则是要有效提升桂林城市实力，缩小与其他城市相比暴露出来的城市实力上的差距。

我在“桂林旅游”做“局内人”多年，深知桂林旅游业和桂林城市相互依赖的关联性很强。20世纪七八十年代，桂林自然生态环境从根本上好转，后来成为“国家环保模范城市”，是发展“桂林旅游”起了作用；八九十年代，桂林出现了在全国领先的一批宾馆饭店新设施、桂林两江国际新机场、桂林北新客站、大规模城市改造带来的桂林城市新面貌，对发展“桂林旅游”起了作用；90年代到21世纪头10年，桂林确立了以高新技术产业为主的工业发展新路径，确立了“保护漓江、发展临桂，再造一个新桂林”的城市发展新战略，是发展“桂林旅游”起了作用；21世纪头十年，桂林形成“一城九站两高铁”的进出交通新格局，也是“桂林旅游”的贡献。桂林山水甲天下，桂林旅游业不断发展给桂林迎来了上级领导和上级部门支持桂林建设提升很多的机遇，赢得了各类知名大企业进入桂林投资兴业很多的机会。结果自然是：一方面，这些机遇、机会，加上桂林人自身的不懈奋进，使桂林城市实力逐步在增强；另一方面，这些机遇、机会也使“桂林旅游”在日益增强了的桂林城市实力支撑之下不断发展壮大。总体来看，桂林旅游业和桂林城市在相互影响和相互作用下都得到越来越好的发展，在发展中彼此都得到相当多的好处，各自的实力都在增强。从“桂林旅游”角度看，“桂林旅游”得到的支撑力度更大了。

站在今天的历史时点上，在打造桂林世界级旅游城市的全新背景下，若将“桂林旅游”打造成为“世界级”旅游现象，就有必要在“桂林旅游”需要什么样的城市实力做支撑方面做好具体分析，以便提出提升桂林城市实力的建议。

从“桂林旅游”的消费者——旅游者角度来分析这个问题，看看旅游者自准备进入桂林“旅游”到“旅游”结束离开桂林，有哪些可能发生的活动，除了旅游业者提供的服务，还需要在哪些和什么样的城市实力支撑下才能完成，我认为是一个务实的路径。

旅游者进出桂林，首先需要交通支持，桂林航空、铁路、高速公路，在国内旅游者，也包括从中国国内其他地方来桂林的境外旅游者进出桂林方面，目前的支撑实力应该说还是比较强的，甚至强过不少城市。但是，桂林国际航线还不多，对境外旅游者从境外进出桂林的支撑实力则严重不足。

进入桂林后，“住宿”和“饮食”方面，找旅馆不成问题，桂林市内、县域和大一些的旅游景区住宿设施是充足的，接待设施方面的实力是强的。市内市外的网络媒介，或者委托旅行社、朋友预订也很方便，自己走到某酒店前台直接要房也没有问题；“吃”的要素方面，不存在问题，只是饮食消费安全，桂林在保障方面的状况不是很好，治理能力需要加强。出去吃饭，桂林市内交通尚能够满足需要。

在桂林进行旅游活动时，直接的旅游产品消费体验，目前桂林各类旅游产品基本充足，能够满足旅游者需要，但这是桂林旅游业方面的实力，在此不去讨论。问题是，如果旅游者是“散客”，他自助旅游，则在往返机场、车站和酒店方面不很方便，而在酒店往返市内市外景点景区，以及个景区之间的交通上，比如从“融创”到兴坪等，就不是不很方便，而是很不方便了，我访谈过的很多人都谈到这类问题。被称为“最后一公里”的问题，桂林市域内的旅行交通，城市保障实力非常薄弱。这种薄弱，是很“要命”的，不说“世界级”，就连基本的“旅游城市级”也达不到。

残疾人，如坐轮椅的人士，当然这是为数不多的人，但他们有旅游的权利。我们试想一下，即便是有人陪着他们，他们在桂林旅游方便吗？在日本，我看到坐轮椅的人士一个人可以等公共汽车，司机会下来，放下车门上设有的可以推轮椅上车的平面斜梯，推他上车，安顿好后再去开车。这在中国很多大城市都做不到，在桂林更不行了。桂林要建成世界级旅游城市，做好针对少数人群的旅游服务，我认为比较重要。在这方面，桂林市内交通的保障实力是需要提升的。

当然，顺便说一下，桂林在对遇险旅游者的紧急救援方面，在对比如需要透析等慢性病患者的医疗服务方面，与其他很多城市一样，是有一定应对实力的。

旅游者人群里，有个性化旅游需求的人不少，一些人到了桂林以后，哪也不去，就只在城市里转悠，他们要感受旅游城市的生活气息、人情世故、特色美食、休闲氛围、城市文化等，桂林在这方面的应对实力总体上是不足的，体现在桂林在这些方面还没有构筑起相对完美的、能够满足旅游者需求的“软”“硬”件体验环境。作为一个旅游城市，作为曾经以建设现代化国际旅游城市为目标，现在以打造世界级旅游城市为方向的桂林，我认为具备这些方面的整体实力是很有必要的。

接下来，再从“桂林旅游”主要供给者——桂林旅游业角度，来看看桂林所需要城市实力的大体情况。

很多人经常会讲到，桂林作为旅游城市在城市服务功能方面存在的差距不小。城市功能，尤其是旅游城市方便旅游者进行各种旅游活动的相关服务功能，在一定程度上决定旅游业的发展规模，决定这个城市的旅游业实力，决定旅游者对这个城市的满意度，总体上影响着这个城市旅游业的竞争力。保继刚教授等多名受访者在接受我访谈时都曾说到桂林的城市功能，因此我在这里首先提及这个问题，尽管我也认为桂林在这方面的实力已经有了比较大的增强，但仍然还有较大的欠缺，希望有关方面制定专门而不是笼统的提升方案，然后强化实施举措。

城市形象推广，需要一些经费，特别是在科技影响旅游业发展，影响旅游营销手段更替等因素不断增多的今天。由于桂林长期以来“吃饭的财政”状况改善不多，经济实力有限，也很难做出与打造世界级旅游城市相匹配的城市形象宣传推广举动。

旅游业所需人才问题，桂林大专院校很多，开设旅游专业的大学也很多，满足桂林打造世界级旅游城市所需人才方面，按理说实力雄厚，没有任何问题。现实的状况却是，这些学生，尽管被“甲天下”的桂林山水吸引，尽管也认为桂林发展旅游业应该前景无量，尽管知道桂林正在打造世界级旅游城市，但愿意留在桂林发展自己的人却还是不多。问其原因，是他们认为桂林现有的经济实力、发展能力难以呼唤出桂林所具有的发展潜力，工资待遇等也没有吸引力。

从桂林旅游业角度看，桂林城市功能和城市的经济实力，是制约“桂林旅游”发展乃至制约其成为“世界级”旅游现象的最需要提升的重要因素。

换句话说，桂林城市的经济实力，是满足旅游者需求、满足旅游业发展最为关键的因素，“桂林旅游”最需要的城市实力，实际上也就是桂林城市的经济实力。有了经济上的实力，其他实力都可以解决。

二说：振兴桂林工业、提升城市实力很有必要

早在20世纪50—70年代，桂林在自身努力和国家的安排之下，逐步建立起了较为齐全、相对发达的工业体系，城市经济实力和柳州并肩，不仅在广西，在西南区域也是有地位的。1983年我第一次来桂林，知道无线电厂就有个桂林无线电八厂，还看到过精巧的、套着小轮胎模型的烟灰缸纪念品，听说这个轮胎厂可以生产飞机轮胎，对甲天下的桂林还拥有这样的工业生产实力感到惊叹。之后几年的时间里，关于桂林城市概况的介绍，都有桂林工业优势方面的内容。正好也是80年代初期那些年，为了保护漓江生态环境，桂林关、停、并、转了几十家产生污染的工业企业。漓江的水变清了，但客观上由于工厂的大量减少，桂林城市的经济实力却变弱了。当时，从对保护环境重要性的认识出发，桂林还开展经济社会发展大讨论，并确立了以旅游经济为主导的发展战略。1988年我调来桂林时，听到较多的声音是保护环境完全应该，但光靠旅游支撑不了桂林城市发展的需要，一句至今记忆犹新的话，就是“整个旅游业的收入赶不上一个小小的轮胎厂”。

我在访谈广西师大黄伟林教授时，他对我说，那时桂林有完整的橡胶工业，完整的机床工业，完整的医药工业，完整的纺织工业，完整的电子工业，无线电厂至少有8家。当时很多工厂，是五六十年代国家三线建设转移到桂林的。我们今天看到五六十年代修建的厂房像绢纺厂仍然非常好，在当时绝对是领先的，放在全国的工业体系里边都不惭愧，也为桂林人民的生活带来了重要利益。它们在八九十年代纷纷衰落，甚至不存在了。伟林教授说桂林今天讲工业振兴，觉得就非常好。不过我们也要反思，我们曾经有过非常完整的、比较高端的工业体系，后来都崩溃了，这的确是非常可惜的。伟林教授说得非常动情。事实正是这样，桂林在保护环境的过程中丧失了能为城市造血强身的、强盛的工业企业、工业体系。

80年代后期开始，一种新的认识逐渐得到了比较多的认同：桂林不是不能发展工业，而是在什么地方发展什么工业。于是，桂林高新技术产业开发区1988年成立了，1991年又争取进入了国家第一批“高新区”名单。桂林工业园区建设起步，日益发展，一直连接到了前面我提到的桂林“十四五”规划纲要上讲述的内容。

我做旅游局局长那几年，桂林提出了“工业强市”的发展战略，市主要领导在各种场合在强调大力发展“桂林旅游”的同时，也都强调工业不强城市腰杆不

硬的道理。我当时也形成了一种认识，发展旅游与发展工业并不是矛盾的，过去较长一段时间里大家争论发展旅游还是发展工业的话题，本身倒是矛盾的。在旅游局工作就做好旅游，同时有机会也要找机会为发展工业招商。

在这一方面，我认为桂林早已确定了自己城市的发展方式，就是既要大力发展旅游产业，也要大力发展包括工业在内的其他产业，而且这样的发展思路还一直不断得到强化，不断被推向深入。因此，发展工业，增强城市经济实力的共识，可以说已全面形成。

桂林"十四五"规划纲要写道：强化工业振兴，坚定不移把制造业高质量发展作为经济高质量发展的重中之重，促进各类资源要素向工业发展集聚，坚持强龙头、补链条、聚集群、抓创新、创品牌、拓市场，推动产业向高端化、智能化、绿色化转型升级，打造广西先进制造业中心城市。到 2025 年，争取全市工业总产值达 2500 亿元，工业增加值年均增长 18%，进入广西工业发展第一梯队。

桂林市第六次党代会工作报告指出：以工业振兴为引领，推进产业全面振兴，到 2025 年，力争工业发展进入广西第一梯队。强化创新驱动，推动旅游、城市、基础设施全面升级，加快构建现代化经济体系，为打造世界级旅游城市提供强力支撑。

振兴桂林工业，必将极大提升城市实力，也必将更加有力地支撑和发展"桂林旅游"。

三说：以旅游视角对振兴桂林工业的几个建议

提升城市实力最主要的手段是振兴桂林工业，那从旅游城市视角可否对振兴桂林工业提出一些建议？在做人物访谈时，我也有意识地聊到这些方面。

广西师大黄伟林教授和我说：他自己也曾亲自探访过桂林一家工厂，觉得桂林溢达可以成为国家标杆，世界标杆。他说桂阳公路上的溢达公司非常不错，桂林就要引进这样的工厂。溢达在厂房设计阶段曾邀请他在桂林甚至到香港讲过桂林山水文化，溢达非常重视工厂与桂林山水的配合。伟林教授说他前几天还专门去看了一下，说他觉得溢达作为一个工业企业，对环境生态的理解，对现代工业的理解，对可持续发展理念的理解，绝对是一流的。桂林如果再引进这样一批工厂，或者桂林现有的工厂如果都能像溢达这样去做，桂林在工业方面仍然会成为中国标杆性的城市，桂林就会真正成为不仅是桂林的桂林，不仅是广西的桂林，而且是中国的桂林、世界的桂林。伟林教授认为带高端旅游者去看桂林溢达九美桥厂区，相信旅游者都会震撼。他说他那天信手拍了一些照片，挂在朋友圈上，请大家看看究竟是工厂还是政府，抑或是旅游景区、饭店、房地产？结果普遍答复说是旅游景点或者是饭店，有人甚至讲是遇龙河的河畔酒店，没有一人猜出是工厂。效果出来了吧。他们800亩地，东面是奇峰镇，是我们桂林最美的一段风景，奇峰镇的风景尽收眼底。西面是桂阳公路，西面的风景也一览无余。他相信现在桂阳公路任何一个节点，哪怕广西师大校园，也看不到像溢达工厂这样漂亮并且人文与山水融为一体的景观。

白科阳博士说，他的建议，是发展旅游工业或先进制造业，将桂林定位为世界旅游产业的“研发中心、设计中心、实验中心、数据中心”。他认为应该走科技“转化”之路，充分利用好国家在高新技术领域的科研成果（包括5G通信技术、人工智能、物联网、新材料、干细胞、基因技术、新能源、区块链等），针对旅游业，进行转化应用。最终，桂林对外输出的是关于旅游业发展的新技术、新产品、新人才、新模式，这些内容足以引领世界，创造巨大的产值，将桂林建设成旅游科技创新之都。

白科阳具体说到，依桂林现有基础，若走技术转化之路，单凭自身的力量目前还达不到，需要借势、借智、借力。从国家层面，桂林市在建设世界级旅游城市、可持续发展议程创新示范区、国家健康旅游示范基地等方面，享有政策上的支持；其次，也是关键的一环，是技术和人才，桂林需要对接粤港湾大湾区，加快融入大湾区科技创新中心，设立政府专项科技转化基金，吸引湾区人才、技术、企业，在桂林进行有针对性的技术转化。比如，目前我国在细胞技术与治疗、基因药物研发与治疗、中西医结合治疗技术、中医（民族医）、（氢）氧医学等领域的研究与临床实验，取得了重大突破，技术水平与世界同步，部分还处于领先地位，因此可以以桂林为研发基地，攻克存在的问题，比如医疗政策、技术转化、产业融合等，最终形成一种发展模式。

白科阳说，比如，老年人出游已经成为旅游的重要现象，他们首先考虑的就是安全，而旅游过程中又难免会出现摔倒的情况。他曾经参观过深圳某研究院，他们已研发出一种技术，可以利用高精准惯性传感器及运动识别算法，在老人跌倒前0.3秒左右，在0.2秒内打开安全气囊，给予髋关节、头部等重点部位实时有效防护。类似这种防摔倒智能安全设备（可做成腰带、鞋子、帽子、夹克等），可以在桂林旅游市场上率先推广使用，进而作为一种独立商品全网销售。根据数据预测，到2030年，我国60岁以上老人数量会达到3.71亿，目标人群巨大，市场规模可想而知。再如，新技术在湿热地区建筑中的应用，在中国南方，梅雨时节湿气很重，不敢开窗开门，能不能做到可以开窗？他一个朋友是深圳大学的博士生导师，特别厉害，门窗上装一个系统，能把湿气除掉，空气还可以正常进来，这些成果桂林可以去转化。此外还有服装，南风天时来桂林旅游非常难受，如果能让衣服内里保持干爽那多好，这种东西我们能不能做转化？在全世界都可以卖。旅游过程中，如果游客穿上这样的衣服，是不是很舒服？光是这个产品就可能创造很多的价值。别人有的可以拿过来，别人没有的我们可以进行研发。未来的旅游一定是具备技术含量的，是先进思想在现实中的应用与转化，桂林可以位居这一行业的高地，努力形成一条旅游“科研—设计—转化—数据”的产业链。

白科阳说的走技术转化之路，发展旅游工业，我认为非常不错，他说的前景广阔也很有道理，桂林可以研究实施。

桂林有国家首批高新技术产业开发区，现在又有经济技术开发区；桂林还有很多大专院校和科研院所，人才和科研实力较强，面对科技影响城市发展、影响“桂林旅游”发展的新背景新趋势，强化与旅游相关的科技产品研发，并迅速形成有竞争力的生产规模，现实又可行。

5 月下旬，中国（国际）元宇宙产业生态大会在南京召开，称 2021 年元宇宙迎来爆发，正在形成一个庞大的产业链，前景可期。以高新技术产业为发展重点的桂林工业，在规划大力振兴之际，当然也可以一试。

话题十：提升城市品位与发展“桂林旅游”

（完稿时间：2022 年 4—6 月）

20 世纪 70 年代，中国入境旅游业起步；80 年代，中国国内旅游业起步，90 年代，中国出境旅游业起步。桂林作为国内最早经营旅游业务的城市，见证了中国旅游业起步发展的整个过程。桂林不属于出境旅游主要客源地，因此除出境旅游业务较少以外，入境和国内两种旅游业发展状况在桂林都可以找到典型和丰富的研究案例。

对于桂林城市的品位，在 20 世纪七八十年代，国内外旅游者是不大在意或者评论的。入境旅游者来到桂林，主要是观赏“独一无二”的山水风光，对城市风貌和吃住行条件的欠缺往往给予理解，他们知道中国是发展中国家，正在追赶现代化的路上；国内旅游者眼里，当时除少数大城市，其他地方包括桂林大体上区别不大，能看到“甲天下”的桂林山水，城市建设和吃住行条件差一点也不太在乎。

进入 90 年代，随着国家对外开放国策的实施，随着国内各地建设发展步伐的加快，国人开始追求有品质的生活和有品质的旅游，对旅游业产品和服务质量的要求，对旅游目的地城市风貌、格调、品位有了一些追求。进入 21 世纪以后，这种追求变得越来越高。

时至今日，旅游目的地城市的品位问题，已经不仅是旅游者在评论，在注重，本地居民以及在本地投资兴业的外来者也常常在谈论，在关注。从发展“桂林旅游”的视角出发，桂林城市的品位如何，已经成为桂林和国内外很多旅游城市比拼影响力和竞争力的一个领域。

旅游业在发展，旅游城市在发展，整个社会在发展，整个国家在发展，“桂林旅游”已在不断面临着日新月异的发展环境，桂林需要也必须在桂林城市品位的提升上下足功夫，这也是把“桂林旅游”打造成“世界级”旅游现象、把桂林城市打造成世界级旅游城市不可或缺的重要方面。

品位，如果从一个人身上去看，其基本含义，一是内在气质，二是这种气质带来的外在表象。对一个城市来说，同样也体现在上述两个方面。城市没有内在气质不行，不能把内在气质较好地展示出来也不行。重视、发掘、塑造和展示、提升好城市品位，对一个城市，尤其是对像桂林这样以“世界级旅游城市”为发展方向的城市，意义特别重大。

一说：桂林具有成为高品位城市的内在气质

桂林文化人一直在强调桂林有着很高的城市品位，历史文化底蕴丰厚，文化气质远超很多城市。我也非常赞同这个说法，桂林是国家首批历史文化名城，这已成为桂林的一顶桂冠，2000 多年的建城史，外加还有着被誉为“万年智慧圣地”的遗址遗迹，历史遗存多，文化故事多，比较完美地构成了桂林城市的内在气质，也有着相当程度的外在体现。

一座城市的品位怎样，不同的人，不同的视角，会给出不同的结论。不过，对作为旅游城市的桂林来说，外地旅游者的看法非常重要，他们对桂林城市品位每一个直观的感受，都会影响桂林的形象。旅游者的观点，对于“桂林旅游”的重要性，对于桂林城市的重要性，更多时候会大于文化学者在某些学术研讨会发言或发表论文所论及的研究结论。

因此，我想特别强调，重视、挖掘、塑造和展示、提升好桂林城市品位，让国内外旅游者能够在较短时间内品味到桂林的城市品位，了解到桂林是一个有品位、高品位的城市，对桂林打造“世界级旅游城市”，对把“桂林旅游”打造成“世界级”的旅游现象，有着特别重要的意义。

从桂林的实际情况和桂林文化学者的诸多观点上看，桂林在很多方面具有成为高品位旅游城市的内在气质。

桂林“甲天下”的山水风光，是“世界级”的，气势恢宏，气质不凡，是大自然的鬼斧神工，是“天绘山水”，是绝无仅有的人间仙境。“愿作桂林人，不愿作神仙”，这样一个“绿色诗境家园”，有这样一些桂林人在生活着，想想这就是多么美好、多么美妙的一幅人世间的画卷。

2010 年 11 月，史前文化国际遗产高峰论坛在桂林举行。《华西都市报》11 月 16 日报道，桂林已发现洞穴遗址 72 处，是目前中国发现洞穴遗址最丰富、最集中的历史文化名城。2017 年 6 月，“中国南方史前考古暨桂林父子岩遗址发掘学术研讨会”在桂林举行。桂林生活网报道，国家文物局、中国社会科学院考古研究所、广西壮族自治区文化厅等联合为桂林甑皮岩遗址博物馆成为“万年智慧圣地”揭牌，专家们一致认可桂林是目前世界上唯一具有三处万年古陶遗址的城市，也是目前中国发现洞穴遗址最丰富、最集中的城市之一。这些遗存遗迹，让桂林形成了独特的内在气质。

一般认为，桂林作为文化名城，主要有以下一些特色：以宝积岩、甑皮岩遗址为代表的史前人类文化；以灵渠、相思埭为代表的古代水利文化；以桂海碑林、摩崖石刻和山水诗文为代表的山水文化；以靖江王府、王陵为代表的明代藩王文化；以大圩、江头洲为代表的古镇古村古民居文化；以桂剧、彩调、文场、渔鼓和零零落为代表的本土“非遗”文化；以“西南剧展”、八路军办事处为代表的抗战文化；以红军突破湘江烈士纪念碑园为代表的中国革命文化，等等。拥有这些品类的特色文化，让桂林更增添了内在气质。

有着国家一级博物馆名头的桂林博物馆，是集中展示桂林历史人文内在气质的一个主要场所；“壁无完石”、碑刻如林的桂林桂海碑林，220余方石刻，内容包括政治、经济、军事、民族关系；形式包括诗词、曲赋、铭文、对联、图像；书体包括楷、草、隶、篆，是桂林在70年代开放旅游时最早推出的一个“参观点”；桂林王城景区、大圩古镇、东漓古村，客观上组成了桂林历史文化“城”“镇”“村”的网络体系，相对集中地反映了历史人文、生活文化的内在气质。

接受我访谈的不少受访者，像苏理立、黄伟林、唐春松、张明道、凌世君、李曦、贺战武等，他们都谈到了从历史文化看桂林城市内在气质的一些见解。

由于桂林是这样一座同时拥有绝佳自然山水风光和丰厚历史文化底蕴的特殊城市，长期以来吸引了大量的国内外文化名人，艺术家、作家、画家、学者云集于此，开展创作活动。桂林本地，当代也诞生了很多山水画家、摄影艺术家、美学学者、历史文化学者。他们的创作活动以及作品，又极大地塑造和丰富、提升了桂林包括自然、历史文化，以及两者融合在一起的城市内在气质。

阳朔西街早年形成的国际化人文环境，当地人的淳朴、友好和创业精神，当地的国际通婚现象等，体现了阳朔作为县域国际旅游目的地包容性、开放性的内在气质。阳朔如今运营着的《印象·刘三姐》《桂林千古情》演出、遇龙河国际旅游度假区和益田西街、悦榕庄和糖舍酒店等，又呈现出了当今阳朔时尚现代“高大上”的新一面。

龙脊梯田，有着数百年历史的农耕文化、少数民族生活文化，也是深受国内外旅游者好评和欢迎的高品质旅游区，我访谈过的三位龙脊梯田村寨人士，他们为自己一直以来生存生活的这种“场景”还能够吸引大量中外旅游者前来旅游感到自豪，他们发现自己的日常生活环境是有品位的，他们的生活文化是具有较高内在气质的。

桂林老城区两江四湖景区，是桂林1999年开启、历时三年大规模城市改造的一个成果，是一个不用门票、可以从四面八方自由进出的开放型大景区，它把桂林在北宋年间形成的环城水系，同时更将桂林“城在景中、景在城中、城景交融”的城市气质，以现代人比较欢迎的方式，在更高层次上恢复、重塑出来，极大改善了桂林城市风貌，成为提升桂林城市气质的典型范例。

临桂区，是桂林“再造”出来的一个新城区，“一院两馆”、环城水系、中央公园、旅游消费商圈、具有现代设计感的各式建筑物等，一方面提升了桂林城市风貌、城市功能、城市气质，另一方面也能看出在建设城市方面自强不息、不断“深耕”“奋进”“追梦”的当代桂林人的内在气质。

自然风光、历史文化、文化人、旅游项目、旅游景区景点、城市建设、桂林人等，都蕴藏着桂林城市的内在气质。

二说：“桂林旅游”需要高品位桂林城市作依托

桂林，具有成为高品位城市的内在气质。不过，桂林的城市品位不光是体现在历史文化上，城市风貌、城市“烟火味”、市民素质等也是一些重要的方面，特别是在旅游者眼里，他们到了桂林，可能首先感受到的是这座城市的建筑风格、发展面貌。在这方面，总体来看，桂林和很多城市相比还有欠缺，某种程度上说差距还比较大。此外，桂林本地人的着装打扮、言谈举止、对外来旅游者是否热情友好等城市居民文明素养的高低，也反映桂林城市的品位。这方面，旅游者褒贬不一，至少说明桂林还存在着一定的不足。

20世纪80年代，外地旅游者给桂林城市的评价是“美丽的山水，破烂的城市”，说桂林城市建设如同“美丽的少女，穿着破烂的衣服”。当时桂林的城市风貌与甲天下的自然风光极不匹配、与旅游者心目中期待的城市形象相差甚远。但那时大多数的旅游者还没有把“品位”一词和城市连在一起，桂林的口碑主要集中于“桂林山水甲天下”，仅凭山水风光就能“黏住”大量旅游者。90年代，旅游者已开始对城市风貌越来越注重，尤其是国内旅游者，他们外出旅游，一般都喜欢住在城市，住在城市热闹一些的繁华地段，方便白天到景点景区旅游之后，晚上出来逛街或者散步，感受这座城市的特色。90年代末期桂林恰好启动了大规模的城市改造，基本上一举解决了“破烂的城市”问题，很多旅游者转而为桂林点赞。“两江四湖”一经出现，马上在21世纪之初就吸引了大量对城市品位有追求的旅游者。当时我曾参加陪同日本前首相桥本龙太郎游览两江四湖，游湖中他赞美桂林城市是有品位的；2022年3月我访谈二位在桂日籍人士时，他们也说两江四湖这一新景观相当程度上代表了桂林城市的品位，说最愿意向日本游客推荐的景区，就是两江四湖。

进入21世纪至今20年间，旅游者特别是年轻旅游者，对旅游目的地城市本身变得更加注重，城市风貌、城市文化、城市烟火味、城市居民文明素养等涉及城市品位的话题不断在各种场合出现，城市品位、城市本身的吸引性已成为旅游者选择出游目的地的重要选项。

我访谈过“00后”大三学生金鑫龙，他说年轻人喜欢网络文化下创造出来的各种文化行为、文化现象，喜欢各种文化的聚合，这些会让他们觉得这个地方特别有吸引力。同时接受我访谈的“00后”大一学生李晴，说她觉得大家第一想到的可能是桂林这个城市，桂林城市怎么提高的确是一个问题，说她希望桂林旅游越来越好，桂林城市未来也越来越好。

“90后”大学教师易亚运在我访谈时说，2018年，她初次到桂林，整体感觉城市化发展比较落后，建筑的风貌、不断在维修的道路，以及卫生状况，和重庆哪怕是后来发展起来的大学城相比，都落差很大。她说可以让桂林成为一个艺术性的城市，比如经常有国家级或国际大展，同时也像香港一样，鼓励本地年轻人用心创作争取参展，也吸引外地人、外国人过来做展览，这样桂林的名气会更大，更会具有文化休闲特色的城市品位，会让年轻人喜欢上桂林。

桂林泊隐酒店总经理陶禹志对我说，桂林曾长期是广西政治文化中心，包括抗战时期，很多文人墨客到了桂林，留下了很多的故事，但能够让旅游者从很多方面很多角度感受到桂林历史以及文化相关故事的过硬项目，桂林仍然比较欠缺。他说看风光之余，旅游者更想体验当地的生活、民情、美食、文化，桂林没有给游客留下这方面的深刻烙印，仅仅是到此一游，我们应该努力让这些有品位的外地人，到桂林感受到桂林城市的品位。

这几位受访者所谈到的，我认为都涉及桂林城市有没有竞争力的问题，有没有城市品位的问题。很多受访者还谈到桂林市民的文明素养，说街上桂林本地人的着装打扮、言谈举止、对旅游者热情友好与否等，也是桂林这座城市能否吸引更多外地旅游者的一大“资源”，“让心灵与山水同美”如果做得更好，桂林的城市品位一定就会更高。

很明显，“桂林旅游”需要高品位的桂林城市作依托，桂林若能在城市品位方面增强更多的竞争力和吸引性，则会对“桂林旅游”成为“世界级”旅游现象发挥更大作用。

1999 年编制完成的《桂林市旅游发展总体规划（2001—2020）》，已经预测到旅游者对旅游目的地城市的注重这一趋势，专设了“桂林旅游发展新视角——城市旅游”一章，从“城市旅游”角度，对桂林城市要与旅游发展相匹配的问题和城市发展战略进行了探讨；对城市规划、建设、管理，对城市功能，对城市旅游服务质量，列出了很多建设性的具体意见。规划同时提出桂林成为国际性旅游城市需要努力的目标，是城市旅游职能的国际化、旅游服务功能的国际化、城市自然环境达到国际优质标准，城市环境舒适度要好，城市安全性要高，要能够为散客提供尽可能多的便利服务等。我认为这些内容，对我们今天研究提升城市品位，发展“桂林旅游”和打造世界级旅游城市，仍然具有相当的指导意义。

“世界级旅游城市”的落脚点是城市，“桂林旅游”的“所在地”是桂林，因此桂林在城市品位方面，必须要起到相应的支撑作用。

三说：提升桂林城市品位的若干切入点

提升桂林城市品位一事，需要引起重视的部门和“有关方面”很多，政府部门、县市区、各个行业、企业、社区、市民都在其中，他们都与城市品位相关联，市政府则是“总指挥部”，做出部署，整体协调，营造氛围，督促检查。虽然这些都是惯用的“八股”文辞，但像对提升桂林城市品位这样的“大型系统工程”来说，我认为是非常管用的。

重视、部署和统筹，是总的、纵向的切入点。

“横切面”上，可以切入的点最多，也最重要。

接受我单独和集中访谈的很多人都很关注桂林的城市品位问题，他们也谈到了“横切面”上切入点的一些思考。

吴忠军说：桂林城市建设的很多方面适应不了国际旅游胜地发展需要，与桂林的知名度、旅游业地位也不相匹配。每一个城区，都要有旅游街区，这是时尚生活，也是夜经济，特别是在漓江边上，一定要做这些街区。年轻人来了，都喜欢晚上热闹，喜欢夜晚出去消费，桂林要做好街区产业，把很多业态都放进去。酒吧、茶馆、咖啡、歌吧、购物，让年轻人去玩去跳舞去消费，能不能这样去做？

张博说：任何一条街上，都应该看出桂林确实是“世界级旅游城市”，哪怕是一家米粉店也可以看得出来。除了这些“硬件，最主要的还是“软件”，就是桂林市民的素质和文明程度。打造世界级旅游城市，在这方面要下很大的功夫。

刘思敏说：游客到了桂林，可以坐船去体验桂林山水，也可以在停留下来时，坐在漓江边上喝咖啡、喝喝茶。不同国别、不同地区的游客们客源有机会凑在一起，同时还能够和桂林市民交流，这是多么好的事情。应该把桂林城区的漓江两岸交给游客，变成旅游会客厅，使其成为游客、市民互动的空间。

谢雨萍说：应该尽可能借助新媒体来打造网红城市，产品也好，服务也好，人也好，场所也好，我们要赋予它标签，要赋予它话题。要有更多丰富的、多元的城市场景来共同体验打卡，有一些新的消费空间。我觉得桂林要打造网红城市。

王亚娟说：桂林整个城市就是一个大景区，山水风光在桂林随处可见，在桂林走走停停看看，喝喝咖啡休闲休闲，更能吸引人。这是一个很重要的概念，桂林要思考现代人生活方式的转变，与城市建设和服务设施之间的关联性，要能够把这些呈现出来。

黄柔一说：桂林可以成为一个艺术家愿意常来的地方，艺术家集聚的地方。我心目中的桂林，也是这样，甚至我更觉得，桂林应该经常有国际性的艺术大展，桂林就是艺术家的沃土、艺术家的圣地。桂林的艺术氛围，还很薄弱。

他们所说到的，我认为都是一些很好的切入点。

艺术氛围体现城市品位，让我想起在英国伦敦旅游时，听别人讲过伦敦有个小院子，一个画家在那里画了一辈子的画，到去世都没有出名。伦敦人认为即使是这样也很有意义，就保护了下来。院子门口牌子上写着：这是为艺术奉献了一生的画家，请游客不要惊动他。我感觉这件事非常感人，也让人认为它体现出了这座城市的品位。我虽然没能去看看这个小院子，但这件事情却一直记在了我的心中。

挖掘历史文化，展示城市品位，也是一个切入点。一次，我在临桂新区坐船游览“新桂林”环城水系，听到有人谈论新区应该把“状元之乡”这一资源用好，我也是这样的看法。临桂在历史上是中国著名的“状元之乡”，自唐代以来共出了 5 名状元，2 名榜眼，291 名进士。“独秀峰 · 王城”景区里有原考试地点“广西贡院”，景区“城门”有“三元及第”“榜眼及第”，景区外“逍遥楼”处有“状元桥”，反映了桂林自古以来的学习之风和文化气质，但临桂“新桂林”规划建设上这一资源用得就不够，这个资源完全可以用在新区建设和提升桂林的城市品位上。比如，在环城水系周边岸上安排一些石像，或者布置一些“场景”，让旅游者坐在船上欣赏水系带来的宜人风光和岸上城市风貌的同时，还可以了解“状元之乡”的故事。

我自己平日非常喜欢在咖啡馆里看书或者写东西，多少年来都是这样，我觉得咖啡馆一般都是环境优雅、店员热情、服务周到，坐在咖啡厅里的其他客人大都彬彬有礼，举止言谈也比较得体，这里还经常可以与人交流交流，客人有本地人也外地人，有中国人也有外国人，是一个品位很高、待着舒服、其乐融融的地方。我常常在想，有品位的旅游城市，应该“咖啡馆化”，经过精心策划，逐步把整个城市打造成“咖啡馆式”的城市，我认为这对提升桂林城市品位不失是一个思考点，是一个切入点。

张博说到的市民素质问题，讲得非常好。如果旅游者在桂林街边休闲漫步，或者坐在环境优雅的咖啡厅休息，看到一些市民随手乱扔垃圾、随意横穿马路，听到一些市民随口说出不雅话语、随时在街边吵闹，那肯定会影响到桂林的城市品位；反过来，本地人处处礼貌有加，方方面面都注意体现和维护桂林城市形象，就会让人感受到桂林是一个高品位的、让旅游者待在桂林任何时候都很舒服、很开心的城市。提升市民素质，可能是“工程量”较大的一项“工程”。

“横切面”上的这些点，我认为正是体现桂林作为旅游城市格调和品位的“关键点”。提升城市品位，桂林完全可以从这些点上切入进来，制定“行动计划”，做好有关文章。

“提升”本身，是一个总的概念，是指总体上的提升。在提升桂林城市品位方面，实际上是需要“具体化”的。有些“提升”是“挖掘塑造”；有些是“重塑”；有些是“补足”；有些是“横切面”上具体点的“提升”，所以我说提升城市品位是“大型系统工程”。

话题十一：提升城市形象与发展“桂林旅游”

（完稿时间：2022 年 4—6 月）

前几天在一家咖啡馆里，我和一位年轻店长聊起“形象”问题。店长说，人有人的形象，店有店的形象，城市有城市的形象，形象是非常重要的。我看店长说得在行，便请店长具体说说。店长说比如这家咖啡馆，从店面设计，到咖啡品质，都非常讲究，店员服务也细致周到，客人待在这里感觉舒服，对这里印象特别好，来了还想再来。店长说这些都给客人带来好感，咖啡馆的形象就靠这些具体的东西来体现、来维护。虽然店里也有一两句表述形象的宣传推广口号，但这些具体的东西做不好，都没用。我问店长，那城市的形象呢？店长说城市的形象可能要复杂得多吧，不过像我们这样的店铺多了，肯定会帮助到城市树立和提升形象。可能因为我平时特别关注具体事情做得如何，注重“以小见大”塑造形象，感觉这位店长说得非常好。

形象，是抽象的，更是具体的。我平日常常在想，现在各旅游目的地，省也好，市也好，县也好，乡镇也好，都非常注重旅游形象推广，努力研究、征集和推出形象宣传口号，比拼谁的用词既恰当又最美。“走遍大地神州，最美多彩贵州”“中华泰山，天下泰安”“浪漫之都，中国大连”等，这些宣传口号常常响在耳边，出现在电视里、广播中、报纸上，效果也有，至少让人知道了这些地方，虽然感觉有点抽象，但能起到让人动心的作用。不过，我和一些游客聊过，很多旅游者主要是看别人怎么说，看网上的评分和评论，已经不太在意旅游目的地自身不断推出的形象口号了。

我认为，咖啡馆店长的话很有道理，说得好不如做得好，“具体的东西做不好，都没用”，“店的形象就靠这些具体的东西来体现、来维护”，城市也一样，特别是对于一个想让旅游者云集的旅游城市，更是如此。

“桂林山水甲天下”，是长期以来桂林用得最多的形象宣传口号，但有不少人认为这句话没有说全，没有反映出桂林历史文化的厚重，也没能体现出“桂林旅游”发展进步的新貌。前段时间桂林市文旅部门又进行征集，打算找出更好、“既恰当又最美”的形象用语。

现在，打造桂林“世界级旅游城市”已经给人以强烈的冲击性印象，大家对桂林作为旅游城市的新形象充满期待，因此我想探讨的是，可以继续寻找更合适的口号，但最重要的是从“具体的东西”入手对城市形象再塑造、再提升。

一说：强化“个性的桂林”城市形象

2021 年 12 月，《桂林日报》开了一个专栏，请一些人就打造桂林世界级旅游城市发表看法，采访我时，我谈的内容是“建成‘个性、友好、方便、安全’的世界级旅游城市”。我始终认为，旅游城市是面向旅游者的，旅游者想的是什么，他们期待的或者愿意来的旅游城市是怎样的，这是桂林打造世界级旅游城市必须认真思考的。我认为从旅游者的“所思所想”出发，在“个性、友好、方便、安全”这几点上强化和提升桂林城市形象，十分重要。我有意找过很多不是学旅游也不是做旅游而只是想出去旅游，或者去了国内外很多地方旅游过的各个年龄层的人聊天，归纳他们说到的内容，发现“个性、友好、方便、安全”最为他们所注重。12 月 9 日，《桂林旅游》也以这个题目刊登了对我的访谈。

在这一“说”，我着重说说塑造和强化“个性的桂林”。

“个性的桂林”，使桂林有别于其他城市，是“桂林旅游”成为“世界级”旅游现象的“底力”，也是桂林成为世界级旅游城市的基石。找出一些代表性的“具体的东西”来强化“个性的桂林”城市形象，我认为十分重要。

我在“桂林旅游之于全球旅游”中说过，“桂林旅游”有“底力”在全球范围内发声，还举出了不少具体的“论据”，这些“论据”，也是我们今天强化“个性的桂林”的重要基础，换句话说，就是桂林有基础在国内外推出一个个性鲜明的世界级旅游城市新形象。

如何强化？第一，习近平总书记于 2021 年 4 月在桂林指出，“桂林是一座山水甲天下的旅游名城。这是大自然赐予中华民族的一块宝地，一定要呵护好。要坚持以人民为中心，以文塑旅、以旅彰文，提升格调品位，努力创造宜业、宜居、宜乐、宜游的良好环境，打造世界级旅游城市”，这是强化“个性的桂林”城市形象总的指导思想。第二，广西壮族自治区党委书记刘宁 2021 年 10 月在广西文化旅游发展大会是给桂林打造世界级旅游城市明确了四个定位——“世界级山水旅游名城、世界级文化旅游之都、世界级康养休闲胜地和世界级旅游消费中心”，这是强化“个性的桂林”城市形象具体的方向定位。第三，桂林市第六次党代会确定了打造桂林世界级旅游城市“三步走”战略部署，这是强化“个性的桂林”城市形象具体的时间要求。这三点，是总的和大的方面。

具体的强化举措，我在这里说几个意见：

第一，要从旅游业和城市两个方向着手发力。旅游业方面，是以“世界一流”为目标，构建优化产品、服务和管理三个新体系，全球“现象级”观光旅游产品和多品类多样化多维度旅游产品新体系的构建，将有效凸显“个性的桂林”城市形象；“世界级”的服务和管理新体系，将有力支撑“个性的桂林”城市形象。城市方面，是以“世界级旅游城市”为目标，做好提升城市实力、城市品位和城市形象三大工程。有实力、高品位的桂林城市，将极大强化和提升“个性的桂林”城市形象。

第二，旅游业努力方向中的旅游产品，有必要作为重中之重来考虑。“个性的桂林”，主要看旅游产品，主要靠旅游产品来树立桂林作为旅游城市的城市形象。漓江精华游、阳朔遇龙河度假旅游、龙脊梯田、两江四湖、《印象·刘三姐》、东西巷等旅游产品，都让国内外旅游者对桂林刮目相看，桂林的形象在他们心中一次又一次地提升。比如，20 世纪 90 年代先后进入桂林旅游经营市场的山水高尔夫、漓江高尔夫、乐满地高尔夫等，为桂林城市增添了休闲运动的桂林城市新形象；新世纪相继开业的乐满地度假世界、桂林地中海度假村、全州大碧头国际旅游度假区、融创国际旅游度假区，又给桂林带来了在甲天下山水环境下度假休闲的旅游城市新形象。再如，前两年我看到桂林桂海碑林这个桂林旅游业起步之初就是“参观点”的历史文化“老产品”，在壮族“三月三”庆典活动中，推出了上巳节典礼、百人乐舞快闪等多项活动，让旅游者进一步感到桂林不仅仅有清新秀丽的山水风光，更有一脉相承的文化传统，强化了人们心目中桂林是国家首批历史文化名城的原有形象。回望以往，桂林旅游产品树立和提升桂林旅游城市形象的例子非常多，也印证了旅游产品和旅游城市形象之间的相互关系。因此，今后在这一方面，桂林可以作为的空间还相当大，要把桂林观光旅游产品打造成全球“现象级”旅游产品，把桂林观光旅游打造成“世界级”旅游现象，同时构建好多品类多样化多维度的旅游产品新体系，是重要的路径。

第三，城市努力方向中的城市品位，也有必要作为重中之重来考虑。品位高与形象好，有着天然的关联，从这个意义上说，提升城市品位就是提升城市形象。在前一个话题里，我专门说了很多有关提升城市品位的问题，这里我再从城市形象的角度做些补充。当下，一般认为，影响桂林城市形象的仍然是城市特别是老城区的建筑风貌，进入 21 世纪时启动的大规模城市改造确实做出了很大的贡献，不过除了两江四湖及其周边和中心广场一带，其他地方的变化依然不大。前几年完工的东西巷历史文化街区，又做出了新的贡献，但老城区还有不少欠账的地方。再者，城市改造中也使一些原来大家认为有助于桂林城市形象的街道建筑物消失了，形成了相当程度的遗憾。我访谈过的一些人都谈到了这一问题。这是“硬件”，“软”的方面，如一些访谈对象谈到的桂林能否多办一些国家或国际艺术大展？桂林本地的艺术家们可否在提升城市品位上有更多的作为？山水甲天下的城市里面能不能再拥有更多国际艺术大师的身影？我认为这些都极有助于提升桂林城市形象。大家谈到的漓江边等区域怎样变成“世界级”的以饮食休闲为主的“城市会客厅”？这些都是彰显“个性的桂林”的载体，都应该让其尽快落地。

第四，刘思敏博士在访谈中时，说国际上很多著名城市都有一个制高点，比如多伦多塔、台北 101、悉尼电视台、伦敦眼、巴黎艾菲尔铁塔等，本身成为景观，又是地标性的建筑，识别性极强，桂林应该有这样一个既是地标性建筑，又很漂亮的观景平台，比如可以在城区最南端的漓江边上，找一个合适的地方，通过中轴线跟独秀峰相呼应，强化好设计和建设水准方面的要求，一定会产生“异峰突起、出人意料”的效果。我认为思敏博士的话很有道理，广州一个“小蛮腰”“云集”了多少旅游者。桂林如果有一个“观景台”，那一定会强化桂林的城市形象，虽然这不是“创新点”，但本着补上“不可或缺”的思路，会增强“个性的桂林”城市形象。还有什么类似这样“具体的东西”，可以广集民智。

第五，我在本话题开始时提到的那位咖啡馆店长，有一句话，是“像我们这样的店铺多了，肯定会帮助城市树立和提升形象”，那家店的确是咖啡品质好、店面设计好，让人充满好感。我去过很多咖啡馆，发现每个咖啡馆在店面设计上都很出彩，极具个性。如果像店长说的，这样个性突出的店铺多了，就肯定会“帮助城市树立和提升形象”，会进一步彰显“个性的桂林”。桂林旅游住宿酒店，大到像融创酒店、悦榕庄酒店、河畔度假酒店，中到漓江泊隐酒店、阳朔糖舍酒店，小到众多的精品民宿酒店，山水间的桂林酒店，设计上大家觉得都非常富有特色。桂林的旅游住宿业，都在树立和强化着“关心的桂林”城市形象。桂林有关部门可以重视这些现象，并给予一些具体的指导意见，有意识地让这样强化“个性的桂林”的门店变得越来越多。

二说：塑造"友好、方便、安全的桂林"城市形象

"个性的桂林"和"友好、方便、安全的桂林"一起，我认为是世界级旅游城市——桂林应该树立起来并不断强化和提升的城市新形象，因此我在《桂林日报》上专门强调了这一点。"个性的桂林"是让旅游者想来，而"友好、方便、安全的桂林"则让旅游者愿意来。这几个词语看上去非常普通，好像也没有太多的学理性，但从我从事旅游实际工作角度，特别喜欢用这些简明直白、一听就懂的表述语言。

我在前面说过，不要被"世界级"这个"大词"困住，当然它可以在学术上进行长篇大论的研究，也能够写出几本书来，但我认为，桂林如果有了"个性、友好、方便、安全"的城市新形象，反过来说桂林如果成为这样的城市，就是"世界级"的了。"个性的桂林"，是桂林独有的，别人无法攀比的，是"世界级"的基石，而"友好、方便、安全的桂林"，属于"人有我优"了，城市之间可以比拼的实际上是这方面的"功力"。桂林应该在"基石"基础之上，比赢这个"功力"。否则，会像咖啡馆店长说的"都没用"，别人没用"基石"建不起"大厦"，桂林有"基石"也建不起来。

这一"说"，我着重讲塑造和强化"友好、方便、安全的桂林"。我认为，打造世界级旅游城市，这是一"大关"。

受访者孙九霞说，"桂林要向全世界释放你是'最友好的目的地'这一形象，要把这些信息传播出去。还应利用流动性理论，增加游客的黏滞性，就是黏住游客，让游客乐意待在这里就是不想走"。

受访者王亚娟说，"作为世界级旅游城市，它应该是一个友好的城市，对所有的人都友好，对老百姓友好，对游客友好，对企业友好。我一直在想这个问题，我们需要提升桂林城市的友好度"。

她们说的都非常好，旅游者感觉到桂林的友好，看得到这个城市对旅游者很友好，也看得到这个城市对本地人、对企业都很好，城市能黏住他们，他们待在桂林不想走。城市的友好，有如此巨大的效果，桂林就应该强化"友好的桂林"这一城市形象。这里面，最不容易强化的，是让城市面对旅游者的所有人，包括商贩等，都做到热情友好。所以，如何让桂林成为"一个友好的城市"，成为"最友好的目的地"，是一个很大的课题。加强市民、城市里可能面对旅游者的所有人的素质教育是一个方面，同时还要他们明白发展旅游和打造世界级旅游城市会给他们带来什么，发展"桂林旅游"他们能够共享到什么。长期以来他们感觉

到的“出了事就严管一下”的状况，一定要彻底改变才行。

方便，主要体现在面向旅游者的服务设施和服务行为上。这一点，我认为也一定要站在旅游者的角度，设身处地地去体会旅游者在桂林会有哪些不方便，哪怕是只有少数旅游者感觉的不方便，作为打造世界级旅游城市的桂林，都要去面对、去解决。前面话题里说到的交通方面“最后一公里”等，就是让旅游者感觉很不方便的问题。很多问题可能一下子解决不了，但要有逐步“尽快”解决的安排，并坚持持续努力，直到基本上把不方便的地方都解决好。否则，“三步走”时间表上的阶段性目标是达不到的。

安全，也是桂林较为突出和急需解决的问题。保继刚教授在谈到“世界一流”时，说还有旅游安全一流，旅游消费安全一流。说他到火车北站，看到出租车还跟几十年前一样，都在抢着拉客，这就不叫世界一流。当年还是中巴车的时候，桂林到阳朔 5 块钱，老外一来就 6 块，然后老外说“no”，他就知道骗他们了。20 世纪 90 年代末期至 21 世纪初期在阳朔西街的消费，你是放心的。那时阳朔没有乱七八糟的东西，消费很放心，走到哪家都放心。消费是安全的，这就是世界一流。在消费安全方面，这些年没有进步，反而是三亚开始有进步了。三亚原来宰客宰得很严重，现在旅游警察起来之后，反而好了。桂林这些年来，我觉得我们的世界一流，还是自然景观的世界一流，但消费安全、消费服务方面，继续努力的空间还是很大的。

说到安全，我们过去常常会联想到生命、财产方面的安全，其实在发展旅游业里面，消费安全才是最重要的安全。保教授说到的这些问题，在桂林真实存在。一些我访谈的人士说到的旅游购物、零负团费等，也涉及消费安全问题。当然很多问题其他一些旅游城市也同样存在，但不可以这样去比较，桂林是要打造世界级旅游城市的，“桂林旅游”是要成为“世界级”旅游现象的，怎么可以有这类问题的存在？所以安全问题特别是消费安全问题，是必须解决好的一大问题。一些人的做法让桂林城市承受了对旅游者极不友好的印象，严重影响了桂林作为旅游城市的城市形象。

如果一个城市想要发展壮大旅游产业，又做不到友好、方便和安全，旅游者会来吗？说起来这是一个简单得不能再简单的问题，但很多城市包括我们桂林都没有解决好。很多人，包括我，都想强调，凡是影响到桂林旅游城市形象的现象，都必须扭转过来；凡是需要树立起来的桂林城市形象，都要树立和强化起来；凡是需要重塑的城市形象，也要加大力度重塑并提升起来。

我认为，从旅游者需要的城市形象的角度切入，从打造世界级旅游城市的高度着眼，强化和塑造“个性、友好、方便、安全”的桂林城市新形象，是“统揽”性质的好思路。

三说：全力维护和有效推广桂林城市形象

“个性、友好、方便、安全”，不是我研究出来的。早在 20 多年前，保继刚教授在主持编制桂林旅游发展总体规划时，当时大家一起讨论，特别是保教授结合他对美加等国际上较为发达的旅游业状况的研究，我也结合了在日本旅游时的感受，在保教授倡导下大家凑起来的。当时提出了发展桂林旅游 12 项战略举措，其中之一就是“塑造友好、安全、方便、个性的桂林”，我这次只是把“个性”排到了前面。过了这么多年，我一直认为这 8 个字非常甚至是无比重要。

城市形象，总体来说，是城市给人的感受和印象，保持、完善、塑造、提升城市形象，是城市要树立人们对城市好的认识。总体来看，首先是城市应该在人们面前形成良好的形象，同时还要维护和推广自己良好的形象。

“旅游管理”那一话题里，提到的一句话“你们要去好好管一管”，实际上说的就是要去维护桂林作为著名旅游城市好的形象。其实，产品管理、服务管理、经营市场管理，也都是桂林城市形象方面的管理。加强有关管理，是维护城市形象的一个有效举措。在此我想再次强调，构建好“桂林旅游”产品、服务、管理三个新体系，不仅对于发展“桂林旅游”是重要的，对于维护桂林旅游城市形象也有很大和很直接的意义，正所谓“管理出秩序”“管理出形象”。强化和塑造桂林“个性、友好、方便、安全”的城市形象，让“桂林旅游”增强“底力”，保持“过人之处”，进入“第一方阵”，一定要做好“形象管理”即维护城市形象的有关工作。

同时需要强化的，是城市形象的推广。

受访者刘思敏说过，要找好目的地形象及产品推广的手段，现在一个互联网营销的网红，一个旅游短视频，都相当管用。旅游就是眼球经济，注意力经济，就是要不断吸引别人的眼球。流量是有限的，眼球是有限的，注意力是有限的，你即便是很牛，也不一定能像“搔首弄姿”的人那样引人注意。天生丽质当然很好，但有时比不上善于“搔首弄姿”的人吸引人。推广上怎么跟网络相结合，怎么有所为，十分重要。

现在，用“小视频”做宣传推广比较普遍。桂林目前也有了很多小视频，文旅局在做，很多热心小视频的个人和企业也在做，很多小视频质量和效果也都非常好，短小、清新、自然，让人看起来轻松、想看。那位咖啡馆店长也曾给我看了一个小视频，并说才一天就有上百万人看了，还说以往的宣传片让人看着看着都睡着了，没什么效果。店长是年轻人，其见解代表了一个层面。我那个时代，很多城市的宣传片一放就是十多分钟半个小时，桂林的片子也是一样，解说慢慢悠悠，老生常谈，效果完全比不过现在的小视频。

但这里要说一个问题，桂林旅游产品“好玩”的成分在增加；桂林城市现代、时尚的“细胞”在增加，小视频也要多宣传桂林不仅“好看”，还很“好玩”，年轻人更关注的是“好玩”，小视频宣传要体现出桂林既“好看”也“好玩”。

小视频只是推广城市形象的一种方式，其他所有有效手段都要一并研究，统筹安排，“一起上”。

我做市旅游局局长那时，曾经就桂林城市包括城市形象营销推广请教过很多专家，还专门请现在是华南理工大学旅游管理专业教授、博士研究生导师的戴光全做过《桂林旅游营销规划》，当时感觉非常受用。现在如果要把“桂林旅游”打造成为“世界级”旅游现象，把桂林城市打造成为世界级旅游城市，在提升、维护、推广桂林城市形象方面加大力度，就是绝对必要和必需的。

附录一

桂林旅游发展轨迹年表

（2021.1—2022.6）

2021 年：

桂林新增国家级非物质文化遗产代表性项目 2 项：桂林米粉、恭城油茶（1 月）。

桂林市政府召开疫情防控工作视频会议，强调全面做好冬春季特别是春节期间疫情防控工作（1 月）。

桂林市召开长征国家文化公园（广西段）建设工作重点项目推进会（1 月）。

广西壮族自治区代主席蓝天立参加桂林市代表团审议自治区政府工作报告时强调，桂林要加快建成世界一流国际旅游胜地（1 月）。

桂林市五届政府第 75 次常务会议研究《支持桂林文化产业高质量发展的若干措施》《桂林红色文化旅游概念性规划》等相关事项，指出打造桂林文旅产业特色品牌，突出抓好长征国家文化公园（广西段）等一批示范性强、带动力大的重点文旅项目（2 月）。

2021 年春节假期（2 月 11—17 日），桂林累计接待游客 229.19 万人次，同比 2019 年增长 4.19%；实现旅游总消费 21.38 亿元，恢复至 2019 年同期的 72.67%（2 月，桂林市文化广电和旅游局网站）。

外交部长王毅与俄外长拉夫罗夫在桂林举行会谈（3 月）。

全国人大代表、桂林市市长秦春成建议将漓江生态保护与修复提升工程纳入国家相关规划（3 月）。

“桂鲁两地旅游企业对接会”在桂林举行（3 月）

2021 年桂林市红色文化旅游培训班开班（3 月，桂林市文化广电和旅游局、桂林红军长征湘江战役文化保护传承中心主办）。

桂林召开 2021 年全市旅游市场专项整治会议（3 月）。

“十三五”期间，桂林接待旅游总人数从2015年的4469.95万人次增长到2020年的10241.20万人次，年均增长18.03%；旅游总消费从2015年的517.33亿元增长到2020年的1233.54亿元，年均增长18.98%（3月25日《桂林日报》）。

“壮族三月三·夜游广西”2021年广西文旅夜游促消费活动（桂林分会场）启动。桂林市对外发布八条夜游精品线路（4月，八条夜游精品线路为：灯影漓江逍遥夜游、新“江湖”古街巷夜游、嗨食嗨购嗨玩夜游、时尚购物美食夜游、品读新桂林夜游、阳朔印象刘三姐夜游、风情阳朔·瑶韵恭城夜游、龙胜桑江温泉夜游）。

桂林荣获十大“心仪之城”称号（4月，成都，2020—2021年度“中国美好生活城市发布盛典”）。

中央电视台“沿着高速看中国”摄制组来到桂林，寻找红色记忆，探访桂林高质量发展的新变化（4月）。

桂林市召开“2021年推动文旅振兴暨‘十四五’文旅开新局”工作会议。安排部署推动文旅振兴和“十四五”文旅开启新局，以及国际旅游胜地建设、大健康和文旅产业、三产消费提质提速等工作（4月）。

中共中央总书记习近平视察广西，第一站来到桂林，指出“桂林是一座山水甲天下的旅游名城。这是大自然赐予中华民族的一块宝地，一定要呵护好。要坚持以人民为中心，以文塑旅、以旅彰文，提升格调品位，努力创造宜业、宜居、宜乐、宜游的良好环境，打造世界级旅游城市”（4月）。

广西壮族自治区副主席李彬来桂林调研，强调桂林打造世界级旅游城市，是习近平总书记对桂林旅游发展的期待和要求，体现了习近平总书记对桂林旅游的肯定和鼓励。桂林要深刻理解把握、贯彻落实好习近平总书记对桂林旅游发展的重要指示精神（5月）。

“五一”假日期间（5月1—5日），桂林市接待游客总人数235.03万人次，同比2020年增长252.16%，比2019年同期同口径增长24.22%；实现旅游总消费25.08亿元，同比2020年增长686.21%，比2019年同期同口径增长23.85%（5月，桂林市文化广电和旅游局网站）。

桂林市五届政府第77次常务会议指出，习近平总书记近期重要讲话，为桂林开启全面建设社会主义现代化新征程指明了前进方向，各级各部门要凝心聚力、担当实干，努力创造宜业、宜居、宜乐、宜游的良好环境，打造世界级旅游城市（5月）。

桂林融创国际旅游度假区旅游集散中心启幕（5月）。

2021年“中国旅游日”桂林分会场启动仪式暨“福州—嘉兴—桂林文化旅游城市联盟”签约仪式活动举行（5月）。

“红色热土　壮美广西”2021广西全域旅游大集市在桂林开市（5月）。

桂林市委书记周家斌到桂林非物质文化遗产传承中心，强调要坚持统筹思维融合理念，挖掘和保护好桂林非物质文化遗产（5月）。

“庆祝中国共产党成立100周年全国博物馆讲解大赛”决赛落幕。桂林博物馆讲解员龙文勤获三等奖（5月，国家文物局指导，中国博物馆协会和中国移动咪咕公司主办，浙江嘉兴）。

广西全域旅游大集市首届红色旅游特色美食大赛在桂林举办（5月，广西壮族自治区文化和旅游厅、桂林市人民政府主办）。

桂林市委书记周家斌在《广西日报》发表署名文章《全力打造世界级旅游城市》（6月）。

桂林市召开建设世界级旅游城市规划项目组推进会，强调对标世界一流目标，规划推动“双百工程”（即100项重点工作任务、100个重大项目）（6月）。

广西壮族自治区党委书记鹿心社在桂林强调，桂林市要深入贯彻落实习近平总书记重要指示精神，谋划好“十四五”时期特色旅游业发展，奋力打造世界级旅游城市（6月）。

桂林建设世界级旅游城市专家研讨会召开，吴文学、戴斌、俞孔坚、李迪华、唐小平、包存宽作主旨演讲（6月）。

桂林建设世界级旅游城市用地政策座谈会召开（6月）。

吴文学、戴斌、俞孔坚、李迪华、保继刚、唐小平、包存宽、李敏获聘为桂林建设世界级旅游城市首批特聘专家（6月）。

广西壮族自治区副主席李彬，桂林市委书记周家斌在北京拜访文化和旅游部、国家发展改革委，文化和旅游部党组书记、部长胡和平，国家发展改革委党组成员、副主任连维良分别出席有关活动（6月）。

桂林市委书记周家斌参加桂林市政协联组讨论时强调，坚持以打造世界级旅游城市为统领，推动桂林经济社会高质量发展（6月）。

桂林市委书记周家斌在市五届人大六次会议阳朔代表团指出，阳朔要把保护漓江生态作为第一要务，要坚持一流标准，当好桂林打造世界级旅游城市的排头兵（6月）。

桂林融创国际旅游度假区营业（6月）。

桂林举办打造世界级旅游城市专题推介会，自治区副主席李彬、融创中国董事会主席孙宏斌、桂林市市长李楚出席（6月）。

桂林市在南宁广西新闻发布厅召开“文旅大融合，产业大发展，打造世界级旅游城市新闻发布会”，桂林市委书记周家斌、市长李楚出席（6月）。

“2021百度城市大会暨百度营销创新成长季·桂林站”活动启幕（6月）。

广西师范大学桂学博物馆建成开放（7月）。

桂林市委召开桂林打造世界级旅游城市专题协商座谈会，听取各民主党派、工商联和无党派人士代表就桂林打造世界级旅游城市意见和建议（7月）。

桂林市年中工作会议召开，强调以打造世界级旅游城市统揽发展全局（7月）。

桂林市召开桂林市打造世界级旅游城市工作领导小组第一次全体会议，强调强化机遇意识，增强紧迫感使命感，加快推动打造世界级旅游城市各项工作（7月）。

桂林经典研学旅行国际旅游有限公司“追寻红色足迹，唱响理想之歌——红色研学旅行课程”“桂林龙脊梯田国家湿地公园生态系统考察”入选“中国旅行社协会百条红色旅游精品线路”与研学旅行精品课程（7月，中国旅行社协会）。

中国会展经济研究会《2020年度中国展览数据统计报告》显示，2020年桂林举办展览190场，展览面积303万平方米，展览数量和规模均位列全国地级市首位（7月26日《桂林日报》）。

阳朔县荣登“2021年全国县域旅游综合实力百强县”榜单（7月，北京，第三届全国县域旅游研究成果《全国县域旅游研究报告2021》暨“2021年全国县域旅游综合实力百强县”名单，阳朔名列“2021年全国县域旅游综合实力百强县”第36位，比2020年上升1位）。

桂林市文化广电和旅游局召开2021年文化和旅游行业疫情防控工作会议（8月）。

《光明日报》一版发文:《广西桂林：呵护“世界的宝贝”漓江》（8月）。

《桂林市灵渠保护条例》《桂林市喀斯特景观资源可持续利用条例》审议通过，将于2022年1月1日起实施（8月，桂林市第五届人大常委会第三十八会议）。

桂林市市长李楚到部分旅游企业调研，强调加快打造世界级旅游城市，在做好疫情防控的同时，做好精准营销，进一步推动桂林旅游市场复苏（8月）。

桂林市市长李楚在打造世界级旅游城市工作会议上强调，进一步提高政治站位紧抓历史机遇，齐心协力推进打造世界级旅游城市各项工作（8 月）。

中国共产党桂林市第六次代表大会召开，大会明确“以打造世界级旅游城市”为统揽，推进“两大振兴”、营造“六大环境”总体思路和“三步走”阶段性目标（8 月，“三步走”为：到 2025 年，成为国际山水人文旅游首选目的地之一；到 2030 年，成为国际高端休闲旅游首选目的地之一；到 2035 年，旅游核心竞争力走在国际同类旅游城市第一方阵前列，把桂林建设成为经济发达、城乡繁荣、社会文明、生态良好、城市宜居、人民幸福的世界级旅游城市，与全国全区同步基本实现社会主义现代化）。

《访谈与回忆：说说“桂林旅游”——来自“深耕者”的经历和思考》出版（8 月，中国旅游出版社，李志刚编著）。

2021 年可持续发展论坛在北京举办。桂林市在地方政府圆桌会议上发言，介绍桂林可持续发展经验成果（9 月）。

桂林市举办桂林打造世界级旅游城市投资环境推介会，桂林市市长李楚出席（9 月，南宁，第十八届中国—东盟博览会）。

以“行走两广　五彩纷呈”为主题的“华南五市旅游联盟川渝推广周”活动举办（9 月，桂林市文化广电和旅游局作为轮值主席单位牵头组织，其他四市为广州、清远、肇庆、贺州）。

灵川大圩古镇入选第一批全国乡村旅游指导镇（9 月，文化和旅游部、国家发展改革委，全国共 100 个，其中广西 3 个）。

《桂林市红色旅游参考资料》赠书仪式暨红色旅游培训班举办（9 月，桂林市导游协会和景区协会共同举办）。

“秋冬惠民季 欢畅游桂林”桂林研学旅行启动仪式暨《桂林市研学旅行指南》发行活动在全州县红军长征湘江战役纪念园先锋广场举行（9 月，桂林市教育局、桂林市文化广电和旅游局主办）。

《国务院首批历史文化名城之桂林解读》出版（9 月，广西人民出版社，作者：文崇礼）。

2021 年国庆假期 10 月 1—7 日，桂林市接待游客 384.82 万人次，按可比口径同比 2020 年增长 49.67%；实现旅游消费 43.48 亿元，按可比口径同比 2020 年增长 38.06%。驴妈妈旅游平台推出《驴妈妈国庆出游趋势》，其中桂林位列国庆黄金周国内游十大热门目的地第十位（10 月，根据“自治区黄金周旅游统计数据系统”测算，桂林市文化广电和旅游局网站）。

广西壮族自治区人民政府与文化和旅游部共建桂林旅游学院签约仪式在桂林

旅游学院举行，文化和旅游部副部长张旭、自治区副主席李彬共同签署《广西壮族自治区人民政府　文化和旅游部共建桂林旅游学院协议》（10 月）。

广西壮族自治区党委书记刘宁在 2021 年广西文化旅游发展大会上指出，坚持世界眼光、国际标准、广西特色、高点定位，全力打造世界级文化旅游品牌、建设世界级城市配套、构建世界级服务体系、实现世界级消费引领，高质量推进桂林国际旅游胜地升级发展，高水平建设桂林世界级旅游城市。要着力打造世界级山水旅游名城、世界级文化旅游之都、世界级康养休闲胜地、世界级旅游消费中心，通过建设"一城一都一地一中心"，增强桂林世界级旅游城市的吸引力、影响力和竞争力（10 月，此次会议地点为北海市）。

"桂林之夜"沉浸式文化旅游推介暨第十一届桂林国际山水文化旅游节举办（10 月）。

"桂林有礼・旅游商品"品牌发布会举行。"桂林有礼・旅游商品"线上服务平台微信官方公众号、微信官方商城、抖音官方号同时上线（10 月，桂林大剧院，为 2017 年"桂林有礼"旅游商品创意设计大赛、2018 年广西青年创意创新大赛暨"桂林有礼"旅游商品创意设计大赛、2020 年首届"桂林有礼"品牌产品征集活动后又一次全市大规模旅游商品征集活动）。

2021 中国—东盟博览会旅游展在桂林举办（10 月）。

第十五届联合国世界旅游组织 / 亚太旅游协会旅游趋势与展望国际论坛在桂林举办（10 月）。

"2021 中国—东盟博览会旅游展高峰论坛"在桂林举办（10 月，文化和旅游部、广西壮族自治区人民政府主办）。

"2021 中国—东盟博览会旅游展圆桌座谈会"在桂林举行（10 月）。

桂林市政协六届一次会议在桂林市举行，桂林市委书记周家斌强调，牢记重托，感恩奋进，全力打造世界级旅游城市（10 月）。

桂林市第六届人民代表大会第一次会议举行，桂林市委书记周家斌强调，牢记重托，感恩奋进，全力打造世界级旅游城市（10 月）。

桂林市召开会议部署疫情防控工作，市长李楚强调，各级各部门要严格落实各项防控举措（10 月）。

桂林甑皮岩遗址入选"百年百大考古发现"（10 月，"第三届中国考古学大会"，河南三门峡市）。

桂林市阳朔益田西街文化体验区进入第一批国家级夜间文化和旅游消费集聚区名单（10 月，文化和旅游部）。

桂林旅游学院《桂林世界级旅游城市指标体系构建与评价研究》通过国内专家评审（10月，桂林旅游学院）。

桂林市文物保护与考古研究中心、桂林考古博物馆挂牌（11月，广西人民革命大学旧址，为广西首个考古博物馆）。

桂林阳朔县、兴安县、灵川县上榜2021中国旅游百强县（11月，竞争力智库、中国经济导报社和北京中新城市规划设计研究院等机构联合发布）。

《广西推进新型城镇化三年行动计划（2021—2023）》提出：以桂林为核心，辐射带动柳州、贺州、河池、来宾等市周边区域旅游协同发展。推动建设副省级中小城市（11月，广西壮族自治区人民政府门户网站）。

桂林遇龙河休闲体育旅游度假区入选“国家体育旅游示范基地”（11月，国家体育总局、文化和旅游部，全国共47家）。

全国康养旅游城市百强榜出炉，桂林进入前十（11月，中国旅游研究院生态旅游基地、湖北大学旅游发展研究院共同发布，前十名为：海口、重庆、三亚、北京、杭州、丽江、桂林、成都、南京、武汉）。

桂林两江四湖景区入选“2021年度中国十大休闲湖泊”（12月，《小康》杂志社、中国文化艺术发展促进会主办，常州）。

“阳朔墨兰山舍”进入全国首批甲级民宿名单（11月，全国旅游标准化技术委员会，首批甲级民宿共31家，广西2家）。

桂林市进入全国文化和旅游信用经济发展试点地区名单（12月，文化和旅游部办公厅公布，全国共14个）。

2021中国旅游集团化发展论坛在线上召开，桂林为主宾城市（12月，中国旅游研究院、中国旅游协会主办）。

“湘江战役红色文化创新宣传”入选2021年中国报业深度融合发展创新案例（12月，国家新闻出版署）。

广西壮族自治区党委书记刘宁主持召开工作会议，研究推进打造桂林世界级旅游城市工作（12月）。

2021广西自驾游大会暨广西红色文化旅游协会揭牌仪式在桂林举行（12月，自治区文化和旅游厅、桂林市人民政府主办）。

《访谈与杂谈：说说“桂林旅游”——聚焦“奋进者”的脚步和思索》出版（12月，中国旅游出版社，李志刚编著）。

2022 年：

桂林市召开打造世界级旅游城市工作协调布置会，研究讨论 2022 年打造世界级旅游城市主要任务（1 月）。

五星级新能源游船“桂林旅游号”建成（1 月，桂林旅游股份有限公司承建）。

世界遗产影像学专家梅生摄影艺术照片展在桂林举办（1 月）。

象鼻山景区全面免费开放（1 月）。

桂林东西巷入选首批国家级旅游休闲街区（2 月，文化和旅游部）。

桂林市委、市政府召开重温习近平总书记视察桂林重要指示精神，全力打造桂林世界级旅游城市大会，牢记嘱托，感恩奋进，全力推动打造世界级旅游城市工作驶入快车道（2 月）。

桂林市委、市政府召开全市文化旅游发展大会，研究部署全市文化旅游高质量发展工作，全力加快打造世界级旅游城市（2 月）。

桂林市文化广电和旅游局海外社交媒体 Facebook（脸书）账号 GoGuilin 全国旅游城市 Facebook 账号传播力指数中排名第二（2 月，《中国旅游报》、中国社会科学院中国舆情调查实验室“文旅产业指数实验室”，桂林这一账号开设于 2016 年）。

桂林市召开《桂林打造世界级旅游城市规划纲要》编制座谈会，听取相关编制团队编制情况介绍（2 月）。

桂林城市宣传片《这就是桂林》在北京冬奥会冬奥村宣传屏循环滚动播出（3 月）。

桂林市委宣传部向全社会征集城市形象宣传口号（3 月）。

桂林市委书记周家斌在《人民日报》发表文章:《创造宜业宜居宜乐宜游的良好环境》（3 月 16 日）。

桂林市召开桂林国际消费中心城市规划编制工作视频会议（3 月）。

桂林市召开打造世界级旅游城市旅游品质提升工作组专题推进会，审议通过了桂林市打造世界级旅游城市旅游品质提升工作组 2022 年工作方案、桂林市打造世界级山水旅游名城实施方案、桂林市打造世界级文化旅游之都工作实施方案、桂林市打造世界级康养休闲胜地实施方案、桂林市打造世界级旅游消费中心实施方案（3 月）。

广西壮族自治区支持打造桂林世界级旅游城市若干政策专题视频调研会议召

开（3月）。

桂林市六届政府第7次常务会议，重点研究《打造桂林世界级旅游城市规划纲要》等相关事项（3月）。

《桂林旅游发展史》出版（3月，广西师范大学出版社，庞铁坚著）。

桂林市文化广电和旅游局海外社交媒体Facebook（脸书）账号GoGuilin在2022年2月全国旅游城市Facebook账号传播力指数中排名第二！（3月，全国旅游城市新媒体国际传播力指数月度报告，文旅产业指数实验室首次发布该报告）。

桂林市启动2022年“桂林向您汇报”新媒体宣传月活动（4月）。

桂林市开展2021年度“十大网红打卡地”“十大夜间文旅消费集聚区”“十大旅游休闲街区”评选活动（4月）。

《桂林日报》推出《牢记嘱托感恩奋进这一年——总书记，我们向您汇报》大型宣传报道活动（4月）。

灵渠博物院揭牌启用（4月）。

全国政协常委、自治区政协副主席、民盟广西区委主委刘慕仁作为第一提案人提交的《关于支持广西桂林打造世界级旅游城市的提案》跻身全国政协重点提案（4月）。

桂林市六届人大常委会第五次会议通过《桂林市人大常委会关于设立“漓江保护日”的决定》，决定自2022年起，将每年4月25日设为“漓江保护日”（4月）。

桂林市召开“进一步深入贯彻落实习近平总书记视察桂林重要指示精神大会”（4月）。

桂林市举办《打造世界级旅游城市一周年成果展》（4月）。

桂林市举办“漓江论坛”（4月）。

桂林市举办2022年“4·25漓江保护日”系列活动（4月）。

桂林市举行“打造桂林世界级旅游城市2022年重大项目集中开竣工暨招商引资项目集中签约活动”（4月）。

桂林市公安局生态环境保护分局成立揭牌（4月）。

桂林融媒体指挥中心和桂林国际融媒体中心在桂林文旅大厦和美国纽约曼哈顿时代广场同步揭牌（4月）。

《世界自然遗产——中国南方喀斯特》在桂林首发（4月）。

桂林市打造世界级旅游城市特聘专家服务中心成立（4月）。

桂林文化标识建设完成暨石涛雕塑揭幕仪式举行（4月，经过8年努力，桂林已完成20处抗战文化标识和13处历史文化雕塑）。

《广西壮族自治区桂林市国家森林城市总体规划（2020—2029）》通过专家评审（5月）。

广西内河首艘新能源旅游客船——“桂林旅游号”五星级新能源游船首航（5月）。

桂林市举办首场面向全球观众的“探索中国喀斯特之美”“感悟中华文化　享受美好旅程”“万名导游带您云旅游”等系列直播活动，发布推出桂林市2021年度“十大网红打卡地”“十大夜间文旅消费集聚区”“十大旅游休闲街区”等网红产品（5月）。

支持桂林市打造世界级旅游城市暨2022年重大项目政金企融资对接活动上举办。18家金融机构与桂林各领域20家企业现场签约，授信金额达45.65亿元（5月）。

桂林恢复跨省旅游业务（5月27日，根据5月27日《广西壮族自治区文化和旅游厅关于恢复跨省旅游经营活动的通知精神》）。

桂林市在七星区航院主会场、雁山区旅游学院分会场同步组织开展2022年“学在桂林·幸会山水”十万大学生乐游桂林活动（6月）。

2022年桂林水上救援工作会议强调，建设与世界级旅游城市相适应的搜救应急体系（6月）。

桂林市六届政府第9次常务会议，研究三产抓住广西恢复跨省旅游经营活动有利契机，筹划特色文旅节庆活动，促进消费回补和潜力释放（6月）。

“缤纷夏日　趣玩广西”夏季文化旅游推广2022年首届广西文化旅游消费大夜市（桂林主场）打造桂林世界级旅游城市活动在正阳街东西巷启动（6月）。

以“商旅牵手·乡约桂林”为主题的2022城乡休闲消费季活动启动仪式举行，活动旨在激发商旅消费潜力，助力桂林构建“商旅文娱体”深度融合的文化旅游消费经济发展新格局（6月）。

桂林市六届政府第10次常务会议，研究三产方面围绕暑假旅游旺季，持续加大“引客”力度，最大限度承接外来旅游消费需求（6月）。

全国政协副主席马飚率全国政协提案委员会督办组在南宁召开“关于支持广西桂林打造世界级旅游城市”重点提案办理协商会（6月）。

桂林决定7月1日—8月31日暑假期间，面向全国游客开展“八大名山免费畅游”专题活动（6月，“八大名山”，即象鼻山、伏波山、叠彩山、七星骆驼山、穿山、西山、虞山、南溪山，由桂林市文化广电和旅游局联合市林业和园林局、市旅游发展集团有限公司策划推出）。

附录二

书评 5 篇

独特视角的旅游研究成果

——评李志刚著作《说说“桂林旅游”》第一、二部

庞铁坚

在学术界，旅游学算是一门显学，有关旅游研究的论著着实不少，其中相当一部分，无论研究方法、理论归纳、观点碰撞、案例分析，都有很高的质量，让读者受益非浅。这类著作，读者们接触很多，不必在此一一细数了。不过，中国旅游出版社最近相继出版的《访谈与回忆：说说“桂林旅游”——来自“深耕者”的经历和思考》和《访谈与杂谈：说说“桂林旅游”——聚焦奋进者的脚步和思索》(李志刚编著)，却因为作者所选择的独特视角，为读者提供了非常有价值的历史资料和当事人的观点，值得推荐。

李志刚的这两部著作，其实是《说说“桂林旅游”》三部曲的前两部(第三部待出版)。从内容来说，均分为两个部分，第一部分是访谈部分，共访谈了 37 位先后工作在桂林旅游第一线的资深人士和业界新秀以及旅游关注者，均具有代表性；第二部分，则是作者从事旅游工作的相关回忆和感受(以杂谈的形式表达)。这两个部分，构成了作者对桂林旅游的客观观察与主观思考，且具有相当的理论深度，值得旅游研究者、从业者和爱好者阅读。

访谈部分，由于被访谈者都是桂林这座旅游城市几十年旅游发展的亲历者，包括旅游行政管理部门领导、大型旅游企业领导、旅游投资者、旅游研究者，等等。其中一些人，还是桂林某些重大旅游事项的策划者、组织者、实施者，他们的经历及所思所想，无疑是旅游研究者和爱好者们感兴趣的内容。为了做好访谈，作者在提问前先精心设计预案，使提问有的放矢，通过访谈挖掘有价值的旅游发展史料，也充分表现出被访谈人当时的心路历程。这样的访谈录，不但读来

轻松，而且因为针对性强，对旅游界读者就尤其具有参考价值。比如采访保继刚教授时，因保教授是1999年桂林制定第一部旅游发展总体规划的负责人，访谈就从桂林旅游发展总体规划角度切入。保教授在接受访谈时强调：旅游规划的重要角度就是处理好利益相关者的关系。这个观点，也是编制旅游规划的重要原则。保教授在答问时说："我们在规划文本中强烈建议要把象鼻山露出来，不能围起来收费。"这个观点，不但符合旅游业发展的潮流，而更容易引起读者共鸣。桂林市委市政府决定自2022年1月31日起，象山景区对游客实行全面免费，也成为地方决策层从善如流的一个经典案例。

钟新民，先后担任过桂林市旅游局局长和桂林旅游股份有限公司总裁等重要职务。对钟新民先生访谈的第一个问题就是"旅游局期间记忆深刻的几件事情"这个问题，其实极富挑战性。但钟新民如数家珍一般回答："1998年初任职，是被任命为新成立的旅游管理委员会副主任主持日常工作（旅游局的牌子依旧保留），这一年地市合并，担任新的旅游局局长。1999年，桂林市委全会通过了《关于加快旅游业改革和发展的决定》，强调了改革的内容，受到国家旅游局的高度肯定。2000年，大力推进'厕所革命'工作，桂林是全国最早推进这项工作的城市。2001年，在全国选拔20名'刘三姐'担任桂林旅游形象大使。2002年，成功举办了具有国际影响力的博鳌亚洲旅游论坛，这是创办桂林国际旅游论坛的先声。2003年，全国抗击'非典'，组织策划了《桂林永远是春天》活动，使桂林旅游市场在全国最早全面恢复。任职期间，还组织了桂林市第一部《旅游发展总体规划》的编制。"回答简练而充实，也让读者了解了旅游部门行政官员的中心工作思路。

徐京先生曾是联合国世界旅游组织亚太部主任，也是促成联合国世界旅游组织/亚太旅游协会旅游趋势与展望国际论坛在桂林召开及落户的重要推手。作者对徐京先生的访谈，自然围绕这个话题来展开。阅读此章，可知晓一些重大事项发生进程的内在逻辑。

颜邦英从20世纪70年代开始介入桂林旅游工作，是桂林旅游学会的创始人之一。对颜邦英的访谈，第一个问题就是"我同桂林旅游一路走来"，把桂林旅游这几十年的发展脉络做了清晰梳理。

李素萌是旅游投资人，他投资建设的古东景区和东漓古村两个项目，在桂林旅游界都相当有影响力，尤其东漓古村，已经成为类似桂北乡村建筑博物馆的建筑群，很受游客喜爱。他在接受访谈时强调："把文化植入进来，用心做景区，必有收获。"

刘思敏是国内较有影响的旅游学者，作者对其的采访，突出了受访者的职业特点，信息量大，观点鲜活，对阅读者而言，具有启发意义。比如，刘思敏提出“旅游恩格尔系数”，将人均收入与旅游消费支出比重联系起来，是一个有趣的概念。当然，我个人认为，这个概念借用“恩格尔系数”的概念，既不必要，也不尽准确，还不如直接命名为“刘思敏系数”更合适。刘思敏提出的旅游发展中的诸多问题，尤其值得旅游人和决策者思考。

对深爱中国建筑文化、立足阳朔耕耘旅游的伊恩·汉密尔顿（疯子鹰）的访谈，不但让我们认识了一位外国人对中国文化的热爱、对中国旅游发展的信心，也让我们理解了桂林应该如何打造和强化独特的吸引力。

作者还有一些采访是针对年轻人的。这部分内容尤其具有观察价值。不容否认，桂林旅游发展几十年来，一直比较缺乏对旅游者的研究，尤其缺乏对年轻旅游者的研究。对于这类人群的访谈，有助于我们观察旅游市场的未来发展方向。

回忆与杂谈部分，是作者对自己在桂林从事旅游工作几十年的回忆以及数十年来对旅游，特别是对桂林旅游的思考，其组成部分在内容和深度上具有递进性。

1983 年，作者作为大连外语学院的老师，每年带学生来桂林实习，从旁观者逐步到浅层涉足者，对桂林旅游有了初步的感性认识。1988 年，作者先是调到桂林市外事部门，从事外事接待工作——也是广义的旅游工作，后调旅游行政管理部门任局长助理，这个阶段，作为具体工作者，作者对桂林旅游的观察有了设身处地的更深的认识。1998 年，因为工作业务熟悉，业绩突出，作者被提拔为桂林市旅游局副局长，参与了旅游决策的相关工作。在这个阶段，作者的创造性思维开始有了用武之地，比如利用参加国际会议的机会，与世界旅游组织开始建立友好关系，并在领导的支持下促成了博鳌亚洲旅游论坛在桂林召开。这是桂林市承担的第一个大型国际活动，此举不但与世界旅游组织建立了长期的合作关系，也锻炼培养了一支较专业的队伍，还促成了世界旅游组织的第一个旅游观测点在阳朔设立，提升了阳朔旅游的国际影响力。在作者担任旅游局主要领导职务后，更是充分运用和世界旅游组织的良好关系，催生了联合国世界旅游组织 / 亚太旅游协会旅游趋势与展望国际论坛在桂林的成功召开，并在连续三年举办此论坛的基础上，使论坛永久落户桂林，桂林真正拥有了一个国际性会议品牌。

作者对“桂林山水”品牌的思考、对如何营造“诚信·优质”的旅游生态、对“民宿 + 自驾”如何助力乡村旅游振兴等旅游发展中的诸多问题，均有自己的思索。这些思索建立在作者多年从事旅游行政管理和思考的基础上，故具有较强的参考价值。

一般来说，行政工作总是枯燥无味的，但有心人同样能够在枯燥的行政管理工作平台上发挥出自己的创造力。在回忆的最后部分，作者也回顾了一些看似平淡、却有新意的工作内容，如每年推出一个主题年活动，以扩大桂林旅游的影响力；举办旅游沙龙，听取社会各界对桂林旅游发展的意见和建议；产品营销整合思路；机构改革的创新性思维；旅游宣传亮点的提炼等。对于许多新走上领导岗位的读者来说，“如何当好一个领导”是一道难题。本书的这一部分，对此题也许会有想不到的启发意义。

本书的附录也是一大亮点。《桂林旅游发展轨迹年表（1950—2020）》便是非常具有学术价值的史料索引，体现着作者在写作过程中并没有耽于行政性事务和过程性内容，而是在认真梳理桂林旅游数十年发展的基础上来开展访谈与回忆的，通过这项工作，才使作者的构思、写作具有历史性的意义。保继刚、王兴斌、阳国亮等在“以世界一流为目标，打造桂林国际旅游胜地”学术研讨会上的发言记录和整理，不但为读者留下了这几位学界名流对桂林旅游发展的宝贵建议，也从一个侧面说明了作者是一个有心人，能够在一次学术研讨会上认真录音和整理，为读者奉献一份宝贵的资料。

总之，李志刚先生的这两部书，值得旅游界人士认真阅读。我们期待他的第三部相关著作早日出版。

（作者系桂林旅游学会会长）

桂林旅游五十年：一位亲历者的生动自述与他述

——《访谈与回忆：说说“桂林旅游”——来自“深耕者”的经历和思考》书评

成伟光

无论从哪个角度说，桂林都是当之无愧的世界顶尖的旅游目的地，这算是我从热恋旅行到研究旅游三十多年的一个基本判断。桂林山水以世间仅有的“奇绝秀美”而名甲天下，如此美丽的风景竟然沿着漓江两岸一字排开，只能说这是上天的恩赐，这也是我一直关注桂林旅游的缘由。近期中国旅游出版社一本新书吸引了我，《访谈与回忆：说说“桂林旅游”——来自“深耕者”的经历和思考》，展开阅读，很快被作者李志刚的笔锋和记述内容及其形式所打动，作者自1988年进入桂林市政府外办工作，他从接待服务外宾开始认知桂林，到深深爱上这片南国的山山水水，1996年进入桂林市旅游局，真正作为“局内人”开启天天研究如何干好桂林旅游工作的生涯，直至以桂林旅游部门领导者的身份伴随桂林旅游业腾飞发展长达14年之久。直到2009年12月31日转到桂林市商务部门主要领导岗位后，志刚先生仍一直关注桂林旅游业发展的点点滴滴。初读该书，我读出志刚先生对桂林的那份挚爱，对旅游业的那份痴情，对桂林旅游史的那份尊重和孜孜追求，总的看来，《访谈与回忆：说说“桂林旅游》一书具有以下三大突出特点：

一是访谈对象均为见证桂林旅游发展重要人物，其典型性、代表性、真实性给人以强烈的冲击。本书共访谈的16位代表性人物，如原桂林市旅游局局长和桂林旅游股份公司总裁钟新民先生，从事旅行社工作近40年的桂林天元国旅有限责任公司董事长黄大东先生，国内知名的旅游专家、跟踪编制桂林旅游发展总体规划20多年的中山大学保继刚教授，长期关心支持桂林旅游业发展的联合国世界旅游组织亚太部前主任徐京先生，等等。受访对象是几十年来亲历桂林旅游业发展的领导者、设计者、建设者、经营者、参与者，他们以不同的口吻、不同的亲身感受还原了有情、有味、有看点的桂林旅游故事，是一种历史的还原，是桂林旅游发展大事的再现。他们的讲述从各自实践出发、从事物的原点起步、沿着桂林旅游业发展大道上不同的轨迹娓娓道来，欢快时有笑声，激动时有泪水。志刚先生把这些对桂林旅游业发展付出过辛劳、做出过贡献的人物叙述按照主题主线、重点要点难点，特别是那些不为人知的精彩片断，像糖葫芦那样串接起来，让读者阅读时也像品尝糖葫芦一样有酸、有甜、有营养。

二是访谈对象直接参与桂林旅游业发展的时间跨度大、存史价值大。记述史实自 1973 年至 2020 年近 50 年。访谈对象中颜邦英先生 1972 年曾参加过桂林在全国率先对外开放旅游的筹备工作，见证过桂林 1973 年前后正式开放境外游客来桂林旅游的全过程，他发表过不少桂林旅游的好文章，是桂林旅游业的活历史。还有在桂林从事旅游教育 30 年且至今工作在一线的桂林旅游学院院长程道品先生，他对桂林旅游业发展研究既深入又全面。半个世纪纪实是一种十分难得的史料，访谈对象又均为桂林旅游业发展的亲历者，是第一手材料，其真实性、客观性、完整性有极大的保证，这就决定此书有很大的存史价值。譬如从事旅游饭店工作 40 年的桂林第一家涉外旅游饭店——榕湖饭店集团董事长兼总经理沈林杰先生的访谈中回顾了榕湖饭店从 1953 年开启直到 20 世纪末的发展历程，榕湖饭店作为最早的涉外饭店和国宾馆，接待和服务过众多的党和国家领导人以及外国元首级人物，这不仅是桂林历史一张“金名片”，也是广西乃至中国旅游业早期发展的一个极其典型的代表和历史宝库。特别值得指出的是作者李志刚历经桂林旅游业腾飞发展时期，在下篇《回忆篇》和附录《桂林旅游发展轨迹年表（1950—2020）》，作者以高度负责的态度把自己 14 年来从事旅游工作中亲笔记下、个人平时积累的所有素材用心进行整理完成，反复核对、反复补充、反复完善形成了研究桂林旅游的多条“轨迹线”和多个“轨迹点”，这具有极为难得的史学价值。

三是访谈对象范围广，文字生动有趣，是一本可读性极强的书。16 位访谈者中有从事旅游管理的主要领导者，有从事旅游业企业经营的领导者，有知名的旅游专家学者，有长期从事旅游宣传的媒体领导，有世界旅游组织的官员，这些受访者不仅有桂林当地人士，也有来自桂林以外的人士，他们从不同层面、不同角度、不同领域直接或间接参与到桂林旅游业蓬勃发展的大潮中，不少人都为此奉献了青春甚至一生，他们至今一直关注着桂林旅游业的发展和未来，因此这个群体值得桂林人民牢记，也必将赢得社会尊重！如此高层面、广视野的访谈，又如此专注桂林旅游的群体，都决定了访谈内容的价值性、丰富性和故事性、可读性。譬如，颜邦英先生的“我同桂林旅游一路走来！”和凌世君女士的“一张张老照片让人更多地发现桂林”给读者以回味；邓祝仁先生“我热爱家乡，着力进行桂林旅游的研究”和阳国亮先生“希望‘泛漓江流域旅游圈’构想能实现”给读者以启发等。该书不同于许多专业访谈录，作者在访谈和回忆中穿插不少故事，文字生动，吸引读者。

桂林拥有世界顶尖的旅游资源，如何尽快把桂林打造成为世界旅游胜地，真正成为世人都梦萦魂绕的向往的地方，如何以桂林旅游为“龙头”舞起广西旅游乃至带动更大区域旅游业的快速发展，又如何把桂林旅游业与度假、休闲、康养等融合发展、整体提升，更好造福于民、造福社会？读志刚先生的这本书，上述一连串问题不断涌现在我的脑海，也是我这个三十多年前与旅游结缘的人始终萦绕于心的问题。正如志刚先生所说“桂林旅游无疑是一篇大的文章”，如何做好这篇大文章？那就是“桂林旅游”一定要实现让游客对桂林的美丽山水与灿烂文化满意并充满好感。

总之，李志刚先生的《访谈与回忆：说说“桂林旅游”——来自“深耕者”的经历和思考》是一本有重要存史价值的著作，我坚信凡是研究桂林旅游的专家学者今后都不会绕开这本好书，此书也必将为今后桂林旅游业发展带来更多有益的滋养！

（作者系广西社会科学界联合会原副主席、广西决策咨询委员会专家、研究员）

找对的人，讲对的故事，
用心用情从桂林旅游发展历史中寻找成功的密码

张朝枝

先后拜读了大师兄李志刚局长的两本新作《访谈与回忆：说说“桂林旅游”》和《访谈与杂谈：说说“桂林旅游”》，虽然一直想给李局长交点作业，谈点收获，但迟迟不敢动笔。一则是因为自己对桂林确实不熟悉，没有研究就没有发言权；二则是桂林之于中国旅游的地位，没有足够的站位就没法评价。作为一个喜欢历时性研究，并且热爱用口述史和地方志去研究旅游目的地发展的旅游学者，我将李局长的这两部大作当成研究材料反复琢磨，读之再三，终于鼓起勇气在五四青年节这样一个特别的日子里写上几句自己真实的感受。

记忆中李局长总喜欢讲故事，读博期间与他为数不多的几次交流都是听他讲桂林旅游的故事，小到宾馆的一个开水壶清洗，大到某国际政要接待，他总能娓娓道来却把这些往事讲得发人深省。我喜欢听故事，也喜欢在研究中用讲故事的方法，从这个角度来讲，李局长这两本书颇得我心。在过往二十多年的旅游地研究经历中，我经常去旅游地海淘一些当地专家编撰的一些回忆录与史志材料，也或者被称为“口述史”的一些材料，总能从其中发现些当地旅游发展与遗产保护事件演变的关键信息，对我的研究有些启发。我常想，假如没有这些本地专家根植于土地的情感和对旅游发展的拳拳之心，这些珍贵的历史也许早就湮没在声调一致的“正式”材料中，我的有些研究也许永远无法开展，对旅游地发展的很多问题也肯定是停留在人云亦云的认识。也许，我才是那些旅游地的回忆录、史志材料等成果的最大受益者，因此我始终对这些人怀有敬意与感激，这些文稿的撰写大多无关功利，只是真实情感的流露与深层理想的追寻，虽然读者不一定多，但却实在地为历史永远地打开了一扇窗。也正因于此，我觉得有必要将读完李局长的两本大作后的真实感受向他汇报。相较于之前我海淘的一些地方旅游发展的回忆录与史志材料，李局长的这两部大作至少在以下几个方面让我备受感动：

一、找对人讲对的故事

在案例研究中，最重要的是找到关键的人获得关键信息，也就是对“关键知情者”进行深度访谈。不然，纵使访谈人数再多也难以触及事情的真相，这也是质性研究常常遇到的困境。幸运的是，李志刚局长亲历桂林旅游发展几十年，并且是用心用情地参与、领导和见证的几十年，不仅熟知桂林旅游发展的大小故事，还有丰富人脉能找到各个事件的关键人物，从企业负责人到政府官员，从在校学生到行业协会负责人，从“40后”到“00后”，几乎囊括了桂林旅游发展的各行各业与各个层级的“关键知情者”，访谈总人数超过60人，无论是从信息的广度还是从内容的深度来讲，都着实不易，更关键的是李局长凭借自己的专业功底和实践经验能让这些人把一些不为人知的关键信息以及他们的观点恰当地表达出来，从我们研究的角度来讲，这些访谈本身就非常具有价值，即便这些访谈本身并不是严格意义的学术研究，但确实是历时性研究的最核心材料。

虽然历时性研究听起来好像是一个比较陌生而高冷的独门绝学，其实也就是按时间线索讲故事的一种案例研究方法。在我读博士的那个年代，虽然也用这个套路但其实我并不知道这个高冷的名字，只是当时保继刚老师不断告诫我们：“对一个旅游现象进行研究时，最好首先把这个故事的来龙去脉讲清楚，这样你才能做出判断”。听起来好像外交部发言人经常说的那句话“按照事情本身的是非曲直来决定自己的立场和政策”，不把前因后果、来龙去脉弄清楚，当然也就没法弄清楚“事情本身的是非曲直”。我想，李局长的这些材料应该也是找到了关键的人和关键的信息，帮我们去了解桂林旅游发展本身的“是非曲直”，其意义不言而喻。

二、用真心写真事悟真意

在两本书中，无论是李局长回忆自己见证、参与和融入桂林旅游的往事，还是分享当年治理桂林旅游的思想与政策方针，无一不体现其对桂林旅游用心之真，用情之深，是实实在在的“真人真事”。李局长长我十岁，刚好从事旅游业也早我十载，从他对桂林旅游发展的往事描述中，时常引起的我的共鸣。虽然遗憾不能像李局长那样长期亲临前线运筹帷幄，但能真切地感受到每一篇访谈，每一段回忆和每一篇当年的工作报告中所饱含的情感，也许这就是一代旅游人的精神，见证了中国旅游从零开始的发展历程，见证了很多西方学者一辈子都无法观察到的旅游地发展变迁，历经桑田沧海却仍然保持一种永远年轻炽热的情怀，即使从书脊纸背中也能深切地感受到这一点。

往事回忆与学术写作，看似两回事，实则相通。如何能从事情本身的是非曲直中探索与建构理论，好比“故事”与“酒”的关系，有好的故事却没有好“酒”，故事也就没有了温度与情感，估计也很难打动人。但如果“酒”太多了，故事也可能会变成事故。李局长的“故事”讲得有真心真情，因此也就有了温度，也有“酒味”，如果读者自己能加点“朗姆酒”调一调，味道会更好。

三、以专业之功谈专业之事

我读过的很多地方旅游发展回忆录或访谈录类似“口述史”相关著作中，以史志办或政协退休干部编撰为主，其中不乏关键事件亲历者的自述，这些故事也确实对旅游目的地发展研究具有重要的借鉴意义。但这些材料往往最大的困惑是概念术语使用不准确或数据使用不规范，经常发现表述同一事物时使用了完全不同的专业术语，或者数据描述粗糙，给材料使用者带来困惑。不过幸运的是，李志刚局长正宗科班出身，是我国最早一批旅游院校教师，也是师出名门的旅游专业博士，不仅实践经验丰富，国际视野广阔，而且理论功底扎实，每本书的架构设计、议题选择、内容取舍无一不反映其专业的视角看专业的问题，在一些关键事件的描述中，他将时间信息核实到具体年月日，为事件信息找出文字依据，对数字信息精确到个位数，对访谈内容的标注严格区分原引和转引、自己客观描述还是受访者主观判断，使这部“口述史”的研究价值倍增。

其实，讲好故事需要扎实的专业功底，围绕关键问题将相关人物、场景、情节进行材料与数据组织，让读者在读完故事后“其意自现”。好比写诗填词，总得有个基本的形式规矩，不然就不能被称为“诗”，即所谓“不似则失其所以为诗”，但如果只遵守那些所谓“八股”格式，故事也就失去了灵魂，也即所谓“似则失其所以为我”。但李局长的这两部口述史恰当地平衡了这一点。

虽然，你可以把这几本书当成茶余饭后随手翻翻的“闲书”甚至“八卦”的底料来分享，或者你也可以把其当成窥视中国旅游地发展的民间野史来满足好奇心，但我更愿意把它们当成研究中国旅游目的地发展的真实、宝贵的材料来典藏，以便反复搜寻旅游目的地发展的密码。毕竟，中国只有一个桂林，而桂林旅游只有一个李志刚博士局长，并且还兼职我的大师兄。

是以为读后作业向大师兄汇报。

（作者系中山大学旅游学院教授、联合国教科文组织名录遗产地可持续旅游教席主持人）

讲述桂林旅游的人和事

——李志刚编著《说说“桂林旅游”》读后

王枏

2021年秋天，蒙李志刚的厚爱，我得到了他的第一本赠书《访谈与回忆：说说“桂林旅游”》；2022年春天，有幸又得到了他的第二本赠书《访谈与杂谈：说说“桂林旅游”》。在翻阅和细品中，我沿着桂林旅游业发展的轨迹漫步，体会到了作为旅游学博士、曾任桂林市旅游局局长的作者对桂林旅游的一片丹心。

读这两本书，我个人感受最深的主要有以下三个方面：

其一，书中所涉及的旅游人。

这是一套关于桂林旅游的访谈录，所访谈的人物构成了该书的重要支撑。而在访谈的人物中，有个别访谈，有团体访谈，涉及的人将近60人；访谈对象从“40后”到“00后”，年龄跨越了70年；访谈人员中既有桂林作为中国首批对外开放旅游城市的亲历者，也有桂林作为国际旅游胜地的深耕者，还有桂林作为国际旅游名城的奋斗者……正因有了这样一大批人，才有了桂林旅游业的持续领先和繁荣发展。

在所访谈的人员中，有一些是我非常熟悉且十分尊重的专家和朋友，还有一些是我2000—2007年在桂林旅游高等专科学校担任校长和书记时给予了我以及学校无私帮助的领导和大咖。如曾任联合国世界旅游组织亚太部主任的徐京先生，在推动桂林旅游高等专科学校与世界旅游组织合作的过程中发挥了重要作用。我曾在学校接待过他，也曾去西班牙世界旅游组织总部拜访过他，但作为世界旅游组织亚太部主任的徐京先生与时任桂林市旅游局副局长的李志刚先生如何“从街边共吃一碗桂林米粉”开启了与桂林包括桂林旅游高等专科学校近20年“史诗级”的合作，其具体细节我是不清楚的。从这本书里的“徐京先生访谈录”中，我了解了全过程。为此，我要特别感谢那些帮助和指导过学校发展的所有人。

其二，书中所涉及的桂林旅游。

这两本访谈录，从访谈的内容来看，涵盖了旅游业“食、住、行、游、购娱”的六要素，且大大超出了传统旅游业的内涵。访谈主题既有美食、民宿、自驾车、风光、文创、演艺等，也有旅游市场监管、旅游城市规划、旅游会展组织、旅游教育思考；访谈范围既有酒店总经理、景区总经理、旅行社总经理、博物馆馆长，也有旅游演艺市场的追踪者、旅游产业的管理者、民宿业的推动者、旅游教育的研究者；访谈指向既有对桂林旅游历史上曾经辉煌和龙头地位的回顾，也有对桂林旅游现状及困境的忧虑和思考，更有对桂林要打造世界级旅游城市的展望和谋划。在从 1973 年桂林对外开放以来近 50 年旅游业发展的访谈与评析中，我看到了桂林旅游业的总体风貌，也感受到了旅游人对推动桂林旅游发展的自觉担当。

从书的构成来看，除了 37 篇专访和 2 篇团体访谈外，还以“回忆篇”和“杂谈篇”的方式，将作者自己在桂林旅游界的从业和管理经历以及对桂林旅游发展的思考展现了出来，这使得作者作为“主体”的身份得以凸显。如“回忆篇”中以时间为轴线，叙述了作者在 1983—2009 年的 20 多年间，从大学旅游专业教师每年带学生到桂林实习，到桂林政府从事外事工作，再到桂林旅游局担任行政管理工作，其间对桂林的印象及桂林旅游发展的思考；“杂谈篇”中重点对进入 21 世纪后桂林建设国际旅游城市的标准体系、旅游产品开发、旅游生态营造、乡村旅游振兴、民宿产业发展、世界级旅游城市建造等一系列问题发表了独特的见解。书中还有附录，呈现了桂林旅游发展 1950—2020 年的轨迹年表，以及学术研讨会和旅游沙龙的实录，这更增强了全书的历史感和厚重感。

其三，书中所涉及的研究方法。

这套书的研究方法是“口述历史”，即由桂林旅游业发展的“亲历者”和“深耕者”讲述自己的经历和相应的思考。这也是我一直比较偏爱的研究方法。从 2008 年起，我与广西师范大学文学院的黄伟林教授带领团队进行广西师范大学“口述校史”的研究，推出了《师说新语》《民国师范》《校长纪事》《英烈书生》《越南校友》等一系列校史研究的成果。我深感这一研究所具有的生动、鲜活、有趣的独特魅力，也深知进行这一研究所经历的访谈对象确立、访谈资料整理、访谈内容核实、访谈文本编校的艰难。

在我看来，“口述历史”的价值在于：一是“原汁原味”地呈现事实本身，让有血有肉的事实来说话，从而再现历史的真实鲜活与生动丰满；二是凸显小人物历史记忆的重要意义，以关注个体内在世界和经验意义为标志，强调的不是反映这个世界的大而全的形式、规则、规律，而是反映个体独特性的经历、体验、感受；三是为以史明鉴提供参照。但是，“口述历史”的难度也是显而易见的：丰富的记忆要通过交流唤起，历史的存在要依赖交谈挖掘，这就要求访谈者有明确的思路、清晰的计划；要求访谈者进行大量的访谈、及时的追踪，要求访谈者对访谈的资料做精细的整理、主线的凝练。

令人惊叹的是，这套书的完成，全凭李志刚一己之力。访谈对象由作者依据旅游涉及的“食、住、行、游、购、娱”的代表性人物而确定；访谈提纲由作者根据访谈对象的不同而个别设计；访谈第一手素材由作者写信获取文字或现场录音获取口述音频；访谈资料的整理由作者独立进行；甚至，出版及校对工作也是由作者一人承担。这不仅展示了作者对桂林旅游的深厚情怀，也体现了作为一名学者对桂林旅游的研究自觉。

我相信，这套书作为桂林旅游的真实记录将历久弥新，而其中蕴含的关于桂林旅游发展的思考将助推桂林向着“世界眼光、国际标准、中国风范、广西特色、桂林经典”目标迈进。

（作者系广西师范大学教育学部二级教授，广西师范大学原党委书记）

桂林山水何以“甲天下”

姜蕾

2021年中秋节，收到李志刚老师的微信，说刚出了一本关于桂林旅游的书，“想起当年我们联系很多，来往比较不错，你一直也关心桂林旅游，可否给个地址，寄送你一本，批评指正一下”。

接到微信，让我一下想起了跟志刚老师的初相识。2006年，中国青年报社举办了首届“中国青年喜爱的旅游目的地”推介活动。这是一个以体现“百分之百的民意”和“百分之百的社会公益性”为标尺，以“寻找适合年轻人的行走”为宗旨的公益品牌活动。桂林被青年网民推荐为10个最喜爱的旅游目的地之一，被网友提名的“桂林山水”，也无悬念地进入10个青年喜爱的景区景点之列。志刚老师作为获奖代表，来京参加了在人民大会堂召开的颁奖典礼。在休息室，我帮他跟第十届全国人大常委会副委员长顾秀莲合影留念。拍完照片寒暄时，才知道眼前这位身板挺直、气质儒雅，说话带着一丝东北尾音的男士是桂林旅游局局长。

等拿到《访谈与回忆：说说“桂林旅游”——来自“深耕者”的经历和思考》(以下简称《访谈与回忆》)一书，看到目录中有“桂林旅游发展轨迹年表”，心想，应该会提到本报的“中国青年喜爱的旅游目的地”推介活动吧？一翻，果然！

恐怕我是为数不多从“年表”开始看这本书的读者。但也因此，拓宽了我对桂林旅游的视野和认知。从1950年到2020年，一条条看似“干巴巴”的排列，是志刚老师把自己多年来从事旅游工作记下、积累的东西进行整理完成，又用了一年的时间补充、完善的，在准确性上下足了功夫，构成了研究桂林旅游的多条轨迹线和多个关键点，包含着一代代桂林旅游人的实践、思索、奋斗和付出。这既是“年表”，又构成了桂林旅游的骨架。而书里16篇对桂林旅游“深耕者”们的访谈录，则是给骨架填充了血肉，使桂林旅游的当代史活了起来。

2022年2月，我又接到了志刚老师寄来的第二本书《访谈与回忆：说说“桂林旅游”——聚焦“奋进者”的脚步和思索》。和前一本一样，在书中能结识一批有思想、善作为、热爱桂林的有识之士。通过他们的叙述、思考，勾勒出从1973年前后正式开放境外游客来桂林旅游，到21世纪以来桂林旅游的发展脉络。

志刚老师是个能干事也能成事的人。这句话来自他多年前对我的评价。当年人民大会堂的一面之交后，去广西的一次出差，使我对志刚老师有了更深入的了解。当时，广西壮族自治区旅游局以桂林市的一个村和另一个城市为试点，召开全区旅游发展现场观摩点评会。自治区14个地级市主管旅游的副市长和旅游局局长悉数到场，中青报获得了独家全程跟随深度采访的机会。

当时的与会者都开玩笑地叫志刚老师“甲天下局长”。在白天紧张的点评观摩会后，晚上大家都陪自治区领导吃会议饭，只有“甲天下局长”把我和我同事约到附近的一个小馆闲谈。我问，您怎么不去陪领导？他答：“大家不是在陪吗？足够了。我觉得你是一个能干事也能成事的人，难得来广西，好好聊聊。”

那天晚上，他一直在谈桂林旅游，有思索，有展望。具体聊了些什么我早已忘了，但他讲到桂林旅游时如数家珍、神采飞扬的样子，给我留下了深刻的印象。作为一个20多岁才到桂林工作的辽宁人，这样投入地谈论桂林，谈桂林旅游，除了热爱，我找不到别的解释。而这份热爱，在他出版的两本书里比比皆是。

借用一下我熟悉并很尊敬的原国家旅游局副局长杜一力老师的评价：“40多年，几代桂林旅游人从拓荒到深耕，从建设‘世界旅游名城’到‘打造世界级旅游城市’，奉献着‘热爱’，热爱着‘奉献’，培育了一种‘桂林旅游精神’。志刚局长显然是重度‘感染’了这种精神，不论他在何职何岗，都倾情于‘桂林旅游’，都关注着‘桂林旅游人’。”

自1996年调入桂林市旅游局，志刚老师开启了作为“局内人”探讨旅游工作的14年生涯，直接见证了桂林旅游不断向前发展的波澜壮阔的历程。两本书中，既有跨年龄段的“深耕者”和“奋进者”们的“口述历史”，也有他以亲历者身份讲述的自己的经历和思考，对于想要研究桂林旅游的后来者，无疑是“十分有趣、有味、有益”的，“他们所诉说的内容，在生动和有趣方面，会比单纯去翻阅旅游史书籍好玩得多”。

桂林山水何以甲天下？在《访谈与回忆》一书中，旅游类核心期刊《社会科学家》杂志原主编邓祝仁说，桂林山水与大多数自然景观的最大不同就是，它一直和人民朝夕相处，具有显著的平易性、亲切感和亲和力，到了桂林，就到了山水人文博物馆。确实，桂林山水的美，是与人和谐共生的美。

桂林山水甲天下，阳朔山水甲桂林。阳朔因旅游资源独具特色，旅游业起步早，发展迅猛，在国际上也有极大影响，旅游产业带动了全县经济社会的发展，早已成为我国的旅游强县，早年间就形成了“阳朔现象”。而“阳朔现象”如何形成，如何可持续发展，如何得到国际上的不断认可？在书中，在对曾担任过阳朔县县长助理和阳朔县旅游局局长的刘洪发的访谈中也许能找到初步答案。

正如志刚老师自己在前言中写的：“访谈过程中，我感到他们所讲述的，超过了只是‘口述历史’的范围，里面有旅游理论的探索，他们认为桂林就是研究旅游的最佳案例地；有对现今桂林旅游的看法，他们认为如果加上一些做法或者减去一些做法，桂林旅游可能会发展得更好；有对桂林旅游今后应该如何去做的建议，他们认为如果不去研究和实施这些建议，桂林旅游发展将会受到影响。总之，我深感他们描述问题的角度、研究问题的深度、思考问题的广度，以及他们对桂林深深的爱，对桂林旅游发展的使命感和责任心，都不是用一般的词语能够准确表达的！他们令我肃然增敬！”而他自己写这一系列书，又何尝不是热爱和使命感、责任心使然呢？

桂林旅游自1973年前后在全国率先对外开放，经历了数十年的发展历程，成就无疑是巨大的。与此同时，特别是进入21世纪以后，所面临的挑战不断叠加，加之城市经济实力、城市基础设施建设对旅游业发展的支撑能力有限，桂林旅游当前也存在诸多困难和问题。

在志刚老师即将出版的该系列的第三本中，除了访谈篇，还会有探究篇。志刚老师在三本书共60篇访谈录和“桂林旅游百人谈”的基础上，写出了自己的收获、体会和思考，并梳理出桂林旅游发展面临的十几个问题。拳拳之心，尽在字里行间。

桂林山水何以甲天下？正是在这片土地上生生不息的人民和一代代热爱桂林的旅游人，像保护自己眼睛一样保护桂林山水的生态环境，并用热爱不断造就人与自然和谐共生的人文环境，不仅保住了绿水青山，也确保了旅游产业的可持续发展。

（作者系《中国青年报》文化中心主任）

后　记

第二本书《访谈与杂谈：说说“桂林旅游”——聚焦“奋进者”的脚步和思索》交稿后，我曾休息和放松了两个月，接连不断的“劳作”也确实让我感到有些疲倦。可就在这时候，一些学者、朋友说，你虽然不能一直访谈下去，但有几位人物最好还是要访谈一下，不然总感觉缺些内容。听了他们的建议，我又振作了精神，既然已有两本，形成了一定规模和体系，那就一鼓作气，从补充和完善的角度，再做一本。

于是，我和保继刚老师报告了这个想法，保老师也说如果继续再做一本，那确实有些人还要访谈，他还为我举出了几个人的名字。随后我又和出版社段向民主任说了这个想法，她马上说“好啊，三部曲！”我得先说一下，我的这套“三部曲”说法，最初是从这里来的。没过几天，段主任还把设计好了的第三本书封面传了过来。我特别感谢保继刚老师，感谢段向民主任！保老师的意见和段主任的支持，让我下定了继续“操劳”这第三本书的决心。

于是，在去年 10 月中下旬，我一口气对常红女士、袁凤兰女士和余国琨先生作了访谈，并于去年 11 月对第二本书清样中封三的“内容简介”做了修改，加上了即将推出的第三本书的内容，写上了“三部曲”这几个字。

一晃大半年时间过去了，这 8 个月的日子里，我继续马不停蹄，一路“奔波”，排除一切不必要的“干扰”，放弃了许多自己想做的事情，专心致志去实施这本书的计划。

回过头看，还是得用自己以前描述一些经历时常用的一句话来看待这项“继续”，就是：任何事情，只要你下定决心，拿出精神，坚持去做，就一定能够做成。

衷心感谢广西师范大学原党委书记王枬教授、广西社会科学联合会原副主席成伟光研究员、中山大学旅游学院张朝枝教授、《中国青年报》文化中心姜蕾主任、桂林旅游学会庞铁坚会长！这五位专家不仅在平时给予我支持和鼓励，在多个场合还多次对我的这几本书给予较高评价，还专门为已经出版的两本书写了收录在这本书附录里的书评！他们的好评让我深受感动，也让我更加清楚了自己身上存在的许多不足之处和今后继续努力前行的方向。

衷心感谢我国著名旅游学者刘德谦老先生、感谢香港理工大学酒店及旅游业管理学院首席教授宋海岩先生，感谢广西师范大学旅游研究所所长陈伍香教授！三位教授在得知我完成了这套“三部曲”后，给予我高度肯定和鼓励，并为我写下了刊在这本书封底上的书评和推荐语！刘德谦先生等三位教授的话语，让我更加感到自己要继续努力学习，今后要更加以精益求精的态度把其他事情都做得更好。

衷心感谢成为我这一轮访谈对象的各位老领导、各位专家学者和各位业界人士，没有你们抽出大量宝贵的时间在访谈上给予我的大力支持，没有你们提供给我的历史资料和个人观点，就不会有这些“访谈篇”，也就不会有这套“三部曲”！你们对桂林城市的热爱和无私奉献，对“桂林旅游”的热爱和特别贡献，感染着我，为我们，也为从事“桂林旅游”实际工作和研究探讨的所有人做出了榜样。你们“深耕”“奋进”“追梦”的经历、脚步和作为，形成了“桂林旅游精神”最基本的成分。在此，我再一次向各位致敬！

衷心感谢桂林市经济学学会王清荣会长、桂林旅游学会庞铁坚会长、广西师范大学旅游研究所陈伍香所长！完成“三部曲”的整个过程，也有你们的心血！王清荣会长一如既往，以非常认真严谨的态度，继续审定了这第三本书的全部书稿。

衷心感谢责任编辑孙妍峰，她精准入微的工作又一次另我感佩；感谢武爱听先生，清新的封面提升了“三部曲”整体形象。

继续感谢我的妻子赵莉红女士！7个月的时间里，对我同样极尽全力照顾、鼓励和支持。第三本书，继续送给她。

我的小外孙——张沐希小朋友，已经是小学生了。第二本书出版后，他高兴地拿着书告诉他爷爷，姥爷又在“后记”里提到了他。好玩的是，他还跑过来问我，为什么不在“前记”里也提提他，为什么有“前言”而没有“前记”。很欣慰，我的小外孙都能说这样的话了。这本书，继续送给他。

当前，桂林正走在打造世界级旅游城市的大路上。最后我要说，从我的人物访谈中也完全可以相信，桂林上上下下信心满满、干劲十足，桂林城市的“追梦”精神和务实的顶层设计，以及桂林社会各界和桂林旅游人长期以来形成的“追梦”精神和务实作为，使得桂林“打造世界级旅游城市”的这个城市梦想一定能够实现！

李志刚

2022 年 7 月